传媒集刊
2018

谢清果 / 主编

Huaxia Communication Studies

华夏传播研究

中华文化立场·全球传播视野

第一辑

中国传媒大学出版社
·北京·

学术委员会

马成龙　尹韵公　吕　行　刘海龙　李　彬　肖小穗　吴　飞　吴予敏　汪　琪
陈国明　陈韬文　陈嬿如　周树华　张惠晶　邵培仁　林升栋　罗　萍　岳　淼
郑学檬　居延安　单　波　卓南生　宫承波　赵月枝　赵振祥　赵晶晶　胡翼青
郝　雨　贾文山　郭齐勇　郭肖华　郭金彬　阎立峰　黄　旦　黄合水　黄鸣奋
黄星民　程曼丽　董天策　詹石窗　戴元光　（以姓氏笔画为序）

编辑委员会

主　　任： 阎立峰　管国兴
主　　编： 谢清果
副主编： 叶　虎　史冬冬　钟海连
策　　划： 张毓强
编　　委：（以姓氏笔画为序）：
　　王仙子　毛章清　叶　虎　史冬冬　白文刚　吉　峰　朱至刚　刘大明
　　刘忠博　李　漫　李德霞　李　红　苏俊斌　沙　垚　张　放　张　骋
　　陈巧玲　陈先才　陈　谦　张兵娟　郑明阳　钟海连　姚锦云　洪长晖
　　晏　青　黄春平　黄永锋　曾一果　贾　兵　谢清果　潘祥辉　戴美玲
刊名题字： 郑学檬

通讯地址： 福建省厦门市思明南路422号厦门大学传播研究所（新闻传播学院内），
　　　　　　《华夏传播研究》编辑部　收
邮　　编： 361005
投稿信箱： hxcs2018a@126.com

主办单位： 厦门大学新闻传播学院
　　　　　厦门大学传播研究所

协办单位：
　　　　（美国）国际中华传播学会（CCA）
　　　　华夏传播研究会
　　　　中国新闻史学会新闻传播思想史研究委员会
　　　　中国新闻史学会台湾与东南亚华文新闻传播史研究委员会
　　　　全球修辞学会·视听传播学会
　　　　中国传媒大学媒体创意研究中心
　　　　中盐金坛盐化有限责任公司
　　　　两岸关系和平发展协同创新中心
　　　　厦门大学国学研究院
　　　　四川大学老子研究院
　　　　厦门大学道学与传统文化研究中心

"中央高校基本科研业务费专项资金资助"（Supported by the Fundamental Research Funds for the Central Universities）（项目编号：20720171005）

创刊词

"华夏传播研究"这一提法首见于厦门大学新闻传播学院的黄星民教授于《新闻与传播研究》2002年第4期上发表的《华夏传播研究刍议》一文,该文第一次将"传播学中国化"这一重要研究领域做了如下界定:"华夏传播研究是对中国传统社会中的传播活动和传播观念的发掘、整理、研究和扬弃。"他明确指出,研究对象包括"华夏文化"与"信息传播",研究目标是形成"传播学中华学派"。

一般认为,系统和有组织的华夏传播研究肇始于20世纪70年代末,香港中文大学的余也鲁、台湾政治大学的徐佳士等前辈学者在传播学传入中国(首先是港台地区)伊始,便提出研究中国传统文化中的传播智慧的问题,并在香港与台湾分别召开了中华传统文化的"传(播)"的问题研讨会。不过,如果从有意识运用传播学的视角来探讨中华传统文化这一层面而言,华夏传播研究领域完全可以再往前追溯十年左右。因为那时台湾已然出版了《宋代新闻史》(1967)、《先秦传播事业概要》(1973)等专著,出现了《先秦合纵连横说服传播研究》(1973)、《先秦时代的传播活动及其对文化与政治的影响》(1975)等一批硕士学位论文,还有许多在报纸上发表的文章。而且,此后以台湾政治大学传播学院为主要阵地,一批师生继续在这个领域耕耘,不断有佳作面世。

令人欣慰的是,1993年3月18日,厦门大学正式批准原来的新闻传播系传播研究室升格为厦门大学传播研究所,将其作为专门推动华夏传播研究的学术机构。在这一机构的推动下,厦门大学多次开展学术研讨活动,出版了论文集《从零开始》(1994),组织推出了首部概论性著作——《华夏传播论》(1997),出版了首套研究丛书——"华夏传播研究丛书"(包括郑学檬的《传在史中:中国传统社会传播史料选辑》、李国正的《汉字解析与信息传播》和黄鸣奋的《说服君主:中国古代的讽谏传播》三卷,由文化艺术出版社于2001年出版)。此外,还有吴予敏、黄星民、李彬、尹韵公、邵培仁等人成就突出。同时,厦门大学新闻传播学院逐步开设了此领域本、硕、博成体系的课程——"中国传播思想史""媒介发展史研究""华夏传播概论""中国传播理论研究"。特别是自21世纪的第2个10年开始,华夏传播研究发展迅猛,一批青年学者活跃在学术一线。厦门大学适时创办了《中华文化与传播研究》刊物,推出"华夏文明传播研究文库",其中已经完成编写、正在和计划编写的系列教材、教辅和专著有《华夏传播学引论》《华夏文明与传播学本土化研究》《华夏传播学读本》《华夏传播学的想象力》《光荣与梦想:传播学中国化研究四十年》《华夏传播新论》等。同时,面向社会开设"中华文化与传播大讲坛",邀请海内外专家学者围绕中华文化传播相关议题开讲,努力推进华夏传播研究领域的教学与科研工作,期望能够再度引领该领域的学术研究发展,进而使华夏传播研究这一领域成为"传播学中国化"研究进程中一道亮丽的风景线。

"华夏传播学"正是研究华夏传播思想学说的理论成果,也是构建传播学"中华学派"的理论基础。而传播学"中华学派"的最终形成必将是华夏传播学与世界传播学、中国(现当代)传播学融合而成的有中国特色、中国气派、中国话语的传播学崭新范式——"中华传播学"。具体说来,华夏传播学的使命正在于整理中国传统的传播理念、传播理论、传播制度,这不仅是理解当下中国诸社会现象的重要依据,也是反思中国传统,构建未来和谐社会所需要的传播资源;还是丰富世界传播理论的必由之路。华夏传播学是华夏传播研究的终极指向,是在对中国传统社会中的传播活动和传播观念进行发掘、整理、研究和扬弃的基础上建构起来的,能够阐释和推进中华文明可持续发展的传播机制、机理和思想方法的学说。这里包含三个含义:其一,以史鉴今,通过开展华夏传播研究,提炼华夏独特的传播理念、传播技艺;其二,华夏传播研究的目标在于既能解释中国传统社会的传播现象与活动,又能推动中国当代社会实践,实现传播理论的当代创新;其三,着力点在于将复杂的传播现象、传播制度、传播理念通过"由表及里,去粗取精,去伪存真"的功夫,建设成一套能够保持自然生态和谐、社会关系和顺、政治运作高效廉洁、民众生活有序安宁、国际关系和平互助的传播思想、传播制度,以指导当下的传播活动,实现与社会运作方式的紧密配合。总之,华夏传播学作为华夏传播研究领域的终极理论成就,为促进作为传播学"中华学派"理论表征的"中华传播学"的最终出现奠定了基础。

华夏传播研究未来可以在建构"华夏传播学"的旗帜下,继续推进。以往的华夏传播研究是"向后看",研究传统社会积淀的传播智慧,实际上,还有一个可取的方向是"向前看",探讨中华优秀文化在现当代社会传承发展的问题,这既是事关中华民族核心价值观的发扬问题,也是事关中国传播学的学术话语体系建构的问题。因为研究只有能够回应时代问题,才有生命力。而中华文化的当代传承问题,本质是传播问题,无论是国内传播,还是海外传播,因为中华文化是一种独特的文化样态,其本身正是一种有特色的传播方式和传播模式。中华文化如果在当代自然、自觉地融入人们的生活,便有了灵魂,那便是传播智慧生活化了。

2017年1月25日,中共中央办公厅、国务院办公厅印发了《关于实施中华优秀传统文化传承发展工程的意见》,《意见》指出:"文化是民族的血脉,是人民的精神家园。文化自信是更基本、更深层、更持久的力量。中华文化独一无二的理念、智慧、气度、神韵,增添了中国人民和中华民族内心深处的自信和自豪。"传承与发展中华优秀传统文化是时代的使命,也是学者的责任。传播学领域的学者应当积极投身于建设有中国特色的传播学的伟大实践,努力推动华夏传播学与世界传播学、中国当代传播学融为一体,发出传播学的中国好声音。

当今,华夏传播研究虽然远不是传播学研究的前沿热点,但是她却具有推动与深化中国传播学研究、回应传播学基本问题的理论特质,因此,我们深信它未来必将成为研究热点,此乃时势使然。因为植根于本民族文化的传播研究才是学术研究的根本生命力所在。我们倡导建构"华夏传播学",目的是团结一批从事中国文化传播、中国新闻传播史以及传播思想史研究的学者,甚至包括文史哲领域对传播媒介、信息流通感兴趣的学者,组成学术共同体,力争通过2013年创刊的《中华文化与传播研究》和此次创刊的《华夏传播研究》,以及定期和不定期组织开展的各类专题研讨会或工作坊来搭建学术交流平台,将相关学者集聚起来,分享信息与思想,共同打造"华夏传播学"的学术高地。

总而言之,我们认为传播学"中华学派"的建构需要明确提出"华夏传播学"的概念,不过,"华夏传播学"的建构应当坚持从"文明传播"观念入手,而不是从一般的"文化传播"出发,因为中华文明绵延五千年,所积淀的华夏文明传播智慧是无可替代的,深入研究华夏文明传播的观念、思想及理论体系是世界传播学对中国的期待,也是中国传播学界可以奉献给世界的最可宝贵的传播理论。以习近平同志为核心的党中央提出的建构"人类命运共同体"新理念,是中国传统"天下"传播观念的当代表述,其实质是要建构"人类沟通共同体",而这正是华夏文明传播智慧可以奉献给建构和谐世界、太平国际的中国方案。因此我们强调华夏传播学贯通古今,以传统为主,以现实为辅;以现实为导向,以传统为着力点;力图通过对华夏传播史与华夏传播理论的双重观照,寻找传统与现实的逻辑起点,以社会运作与信息传播的互动为主线,夯实中华民族圆"中国梦"的传播基础。

谢清果
于2017年国庆节

目 录
CONTENTS

创刊贺词

郑学檬(厦门大学人文学院历史系教授,原常务副校长)贺词 / 3
孙旭培(中国社会科学院新闻与传播研究所)贺词 / 4
陈培爱(厦门大学新闻传播学院教授)贺词 / 5
赵振祥(厦门理工学院副校长,厦门大学新闻传播学院教授)贺词 / 6
戴元光(上海大学教授)贺词 / 7
李　彬(清华大学新闻与传播学院教授)贺词 / 9
吴予敏(深圳大学传播学院教授)贺词 / 10
陈国明(美国罗德岛大学教授)贺词 / 11
邵培仁(浙江大学传播研究所所长)贺词 / 12
黄鸣奋(厦门大学人文学院教授)贺词 / 13

中华文化传播史

诞生与绵延的奥秘
　　——中华文明的传播内核与传播特质　毛　峰 / 17
徽州祭祖中的宗族社会文化传播研究　芮必峰　郭云涛 / 29
社会治理:中国古代格言传播的启迪　黄鸣奋 / 54
中国姓名文化中的华夏传播观念探析　李海文　谢清果 / 76

文化传播的全球化与本土化

文化传播视野下的图像与图像学研究　　　　　　韩丛耀 / 95
16—19世纪世界体系中的景德镇:文化传播、劳工抗争与遗产反思
　　　　　　　　　　　　　　　　　　　　沙　垚　曾　昕 / 138

文化传播理论视域

"中国性"与东方学:马克·吕布的影像中国叙事　史冬冬　/ 153
身体传播论纲
　　——华夏与全球的视角　赵建国　池笑琳　/ 178

中华文化海外传播研究

孔子学院塑造中国国家形象的路径探析　叶　虎　/ 219
"文化自信"作为国家战略的意义及其建构策略　许正林　陈少林　/ 232

研究动态

"中"、自我能力、社交/传播(沟通)能力:一个中国的视角　〔美〕陈国明　/ 253
用"问题意识"观照"内在理路"
　　——评谢清果新作《华夏文明与传播学本土化研究》　姚锦云　/ 265

编后语　/ 276

创刊贺词

郑学檬(厦门大学人文学院历史系教授,原常务副校长)贺词

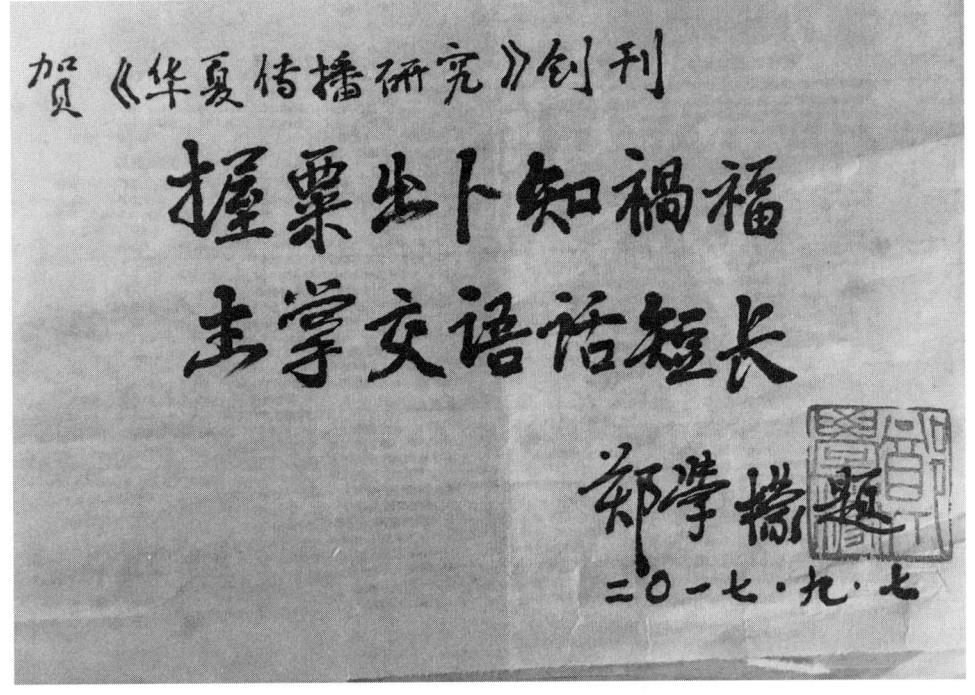

注:古人用粟占卜,意在祈祷丰收、预测祸福,这是信息传播的一种途径;击掌交语也是传播一种形式,多见于街谈巷议。

孙旭培(中国社会科学院新闻与传播研究所)贺词

在中华文明史中,有不计其数的传播事件和现象,有以各种形式体现出的传播原理和观点。把华夏传播研究打造成传播学科的一支劲旅,为传播学做出中华学人特有的贡献!

孙旭培

陈培爱(厦门大学新闻传播学院教授)贺词

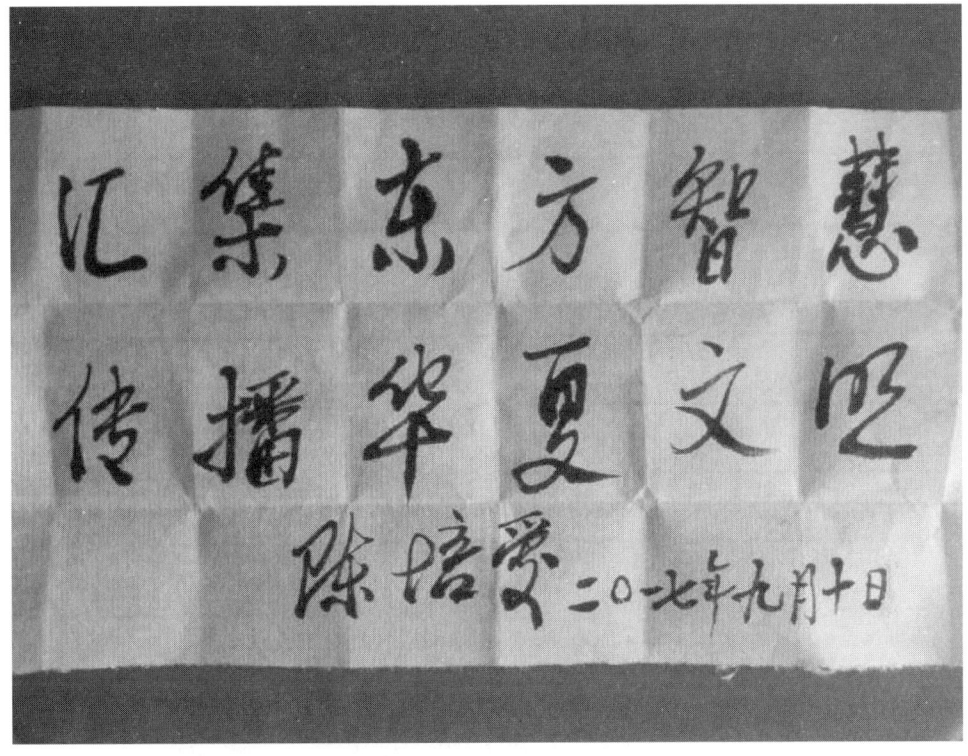

汇集东方智慧
传播华夏文明

陈培爱 二〇一七年九月十日

赵振祥(厦门理工学院副校长,厦门大学新闻传播学院教授)贺词

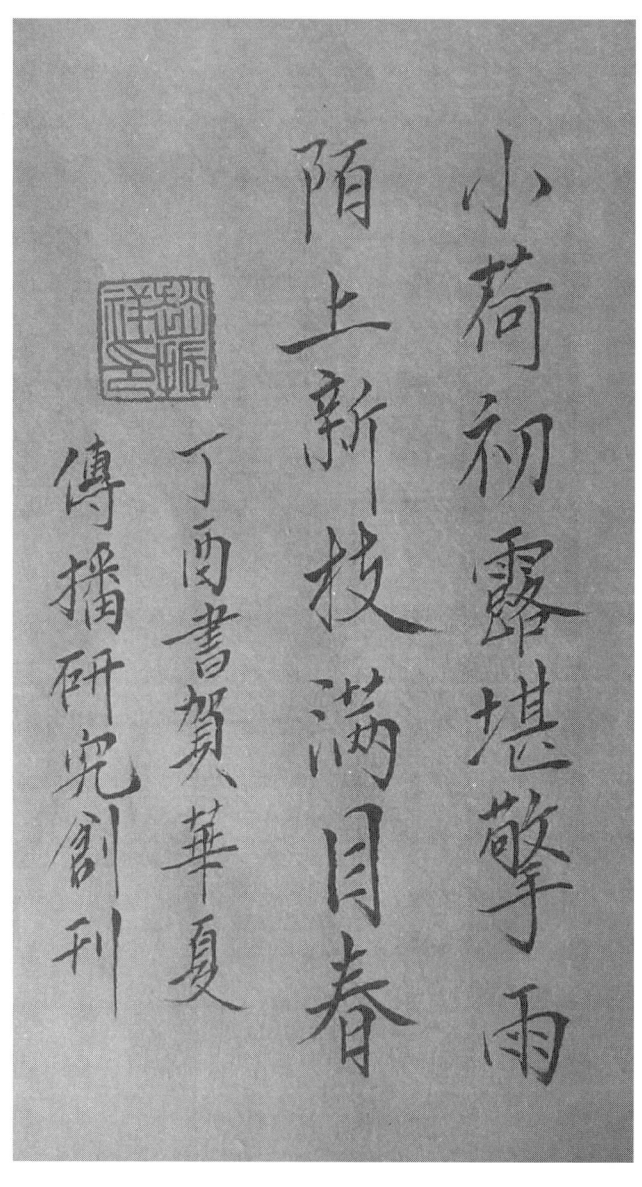

小荷初露堪擎雨
陌上新枝满目春
丁酉书贺华夏
传播研究创刊

戴元光(上海大学教授)贺词

谈到华夏传播研究,必须提及著名传播学家、香港中文大学传播研究中心的创立人兼中心主任余也鲁先生,他是"华夏传播研究"的先行者。在他的推动下,第一次中国传播学研讨会于1978年3月在香港召开。同样在余也鲁先生的推动下,1993年5月,厦门大学召开了"首届海峡两岸中国传统文化中'传'的探索座谈会",这是在大陆召开的第一次华夏传播学术会议。22位与会学者提交了论文,最后以《从零开始》为题结集出版。1997年,孙旭培主编、多位著名传播学者参与的《华夏传播论》出版。其后有《中国传播思想史》(四卷本)等著作出版。从第一次中国传播学研讨会在香港召开至今,已经过去四十年,这四十年是中国传播学研究问路、修路、走自己路的四十年!

1978年到1990年是中国开始改革开放的世纪之年,也是中国传播学研究问路的开始。在这十多年间,全国召开了四十多次传播学研讨会议。虽偶遭困厄,但中国传播学学子坚持问路之旅:一批介绍西方传播学的论文陆续发表,系统介绍西方传播学的著作开始问世,介绍、研究、讨论传播学问题的课程进入许多大学。

从20世纪90年代到2000年是中国传播学研究大发展的传播学修路之旅。传播学学术交流迅速从全国范围的交流发展到中美、中欧的交流,近千所大学开设了传播学、大众传播学课程,学界每年发表传播学研究论文数百篇,出版专著译著数十部,一批由国内学者撰写的优秀传播学教材走进课堂,传播学研究者从20世纪80年代的几十人发展到数百人。

21世纪以来,中国传播学研究开始走传播学中国化之路:以中国为本,吸收西方传播学的理论精华,创造中国传播学。一方面,不管西方理论还是东方理论,都是人类共同的文化财富,是人类共同的创造;另一方面,每个民族都有自己的历史文化,有自己的社会制度和文化价值。因此,对西方理论,既要了解消化,也要批判吸收。这十多年来,中国传播学发展迅速:在继续引进西方先进传播理论的时候,更加强调西方传播理论与中国实际的结合,更加注重中国传播学本土理论的发掘、整理和研究,传播学研究呈现多样化的新气象。

在当前背景下,我们研究中国传播学,一方面深感研究深度的不足——缺乏对中国传播学的理论的挖掘研究,另一方面,也感到中国传播理论的博大精深,正如传播学大师余也鲁先生所说:"我们除了可以在中国的泥土上学习与实验这些(西方传播)理论外,以中国人的智慧,应该可以从中国的历史中找寻到许多传的理论与实际,用来充实、光大今天传学的领域。"因为,"传的艺术已深潜于中国文化中,流漾在中国人的血液里,只差作系统性的与科学性的发掘与整合。"

应该看到,第一,中国文化是内涵很深、历史悠久、结构严密的文化系统,"两庭"(家庭、朝廷)是中国文化的核心,治人、立身是文化之本,为国是使命,与欧美自由主义文化背景下的个人主义有本质的区别。第二,我们遇到了前所未有的问题:大众文化逐渐成为当代的主流,当代媒体生态急剧变化。新媒体是当前信息传播重要的渠道,其发展日新月异。新媒体技术的不断革新给当前的文化体系、传媒结构、法律体系、社会道德甚至国家主权等都带来了挑战。新媒体的发展成为当前大多数国家,包括我国在内,在政治治理中面临的一个比较棘手的问题。我国同样处于传媒的意识形态属性以及社会政治变革急剧变化的时代。

面对媒体生态的变化,当务之急是培养创新思维,而不是寻找所谓的"解决方法"。我在《超越传统》里提到:全球传媒西强我弱的局面没有改变;全球传媒市场结构是垄断竞争性的,西方少数国家占据主导地位;我们对西方传媒制度、理论和政策仍不够了解;中国传媒议题生产能力很弱,无法主导世界舆论;传媒产业结构不合理,生产机制落后。

值得庆幸的是,时隔四十年,学界在较早开展华夏传播研究的厦门大学创办了《华夏传播研究》,对中国传播理论进行"系统性的与科学性的发掘与整合",并研究把西方传播理论中国化(去西方化)的问题。时间晚了点,但意义仍然非凡。我想,《华夏传播研究》一定会遵循学术自由、百花齐放、坚持真理、包容悖论的学术传统,开展探索、争鸣、批评、反批评的学术讨论,研究华夏传播的思想和观念。

在《华夏传播研究》即将问世的时候,编辑部的朋友要我写点东西,我就奉献这几个文字以飨诸位。

戴元光
中国-上海合作组织培训基地中亚文化研究首席专家
上海大学特聘专家、博士生导师
上海纪录片学院教授
二零一七年十月于上海佘山

李彬（清华大学新闻与传播学院教授）贺词

大同云际　祖国以光

祝贺《华夏传播研究》创刊

李彬
2017于清华园

吴予敏(深圳大学传播学院教授)贺词

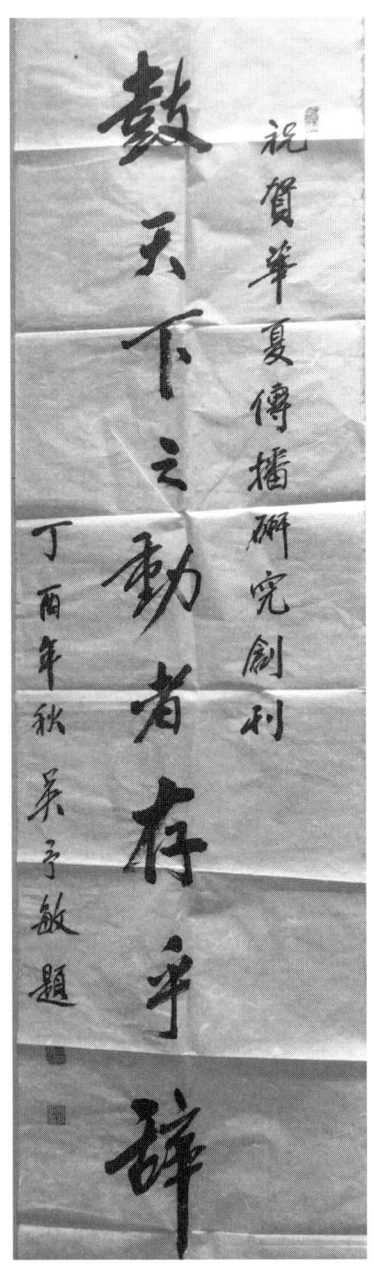

祝贺华夏传播研究创刊

鼓天下之动者存乎辞

丁酉年秋 吴予敏题

陈国明(美国罗德岛大学教授)贺词

THE
UNIVERSITY
OF RHODE ISLAND

HARRINGTON SCHOOL
OF COMMUNICATION
AND MEDIA

DEPARTMENT OF COMMUNICATION STUDIES
201 Davis Hall, 10 Lippitt Road, Kingston, RI 02881 USA   p: 401.874.2552   f: 401.874.4722   uri.edu/artsci/com

祝賀《華夏傳播研究》創刊。願本刊能以中華文化的特色，提供一個嶄新的發表平台，為當今傳播研究，貢獻多元文化的理論與實踐視角。

陳國明（美國羅德島大學教授）

邵培仁(浙江大学传播研究所所长)贺词

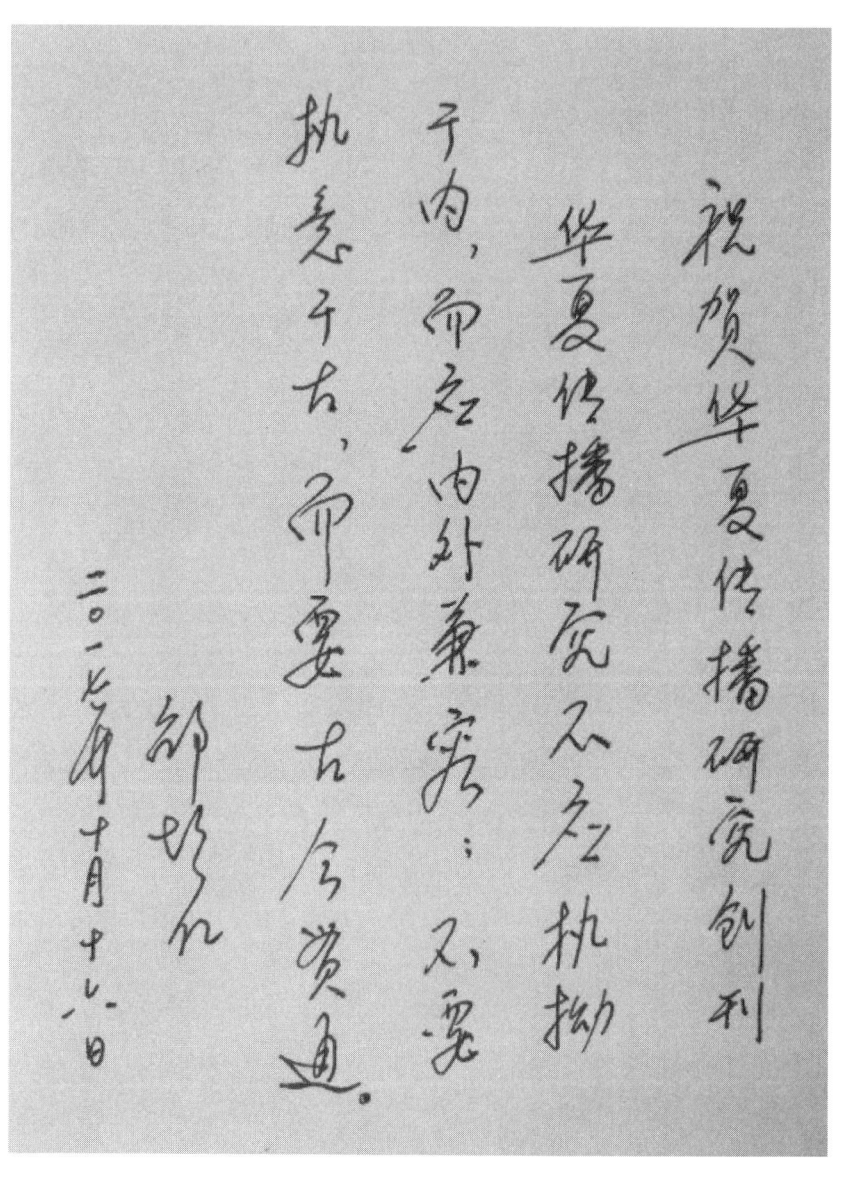

祝贺华夏传播研究创刊

华夏传播研究不忘初心,执着于内,而名扬外兼容;不要执意于古,而要古今贯通。

邵培仁

二〇一七年十月十八日

黄鸣奋（厦门大学人文学院教授）贺词

《华夏传播研究》
创刊志庆

正本清源启心智
弘文乐道臻大成

黄鸣奋丁酉年贺

中华文化传播史

诞生与绵延的奥秘
—— 中华文明的传播内核与传播特质

The Mystery of Birth and Continuity: The Communication Core and Characteristics of Chinese Civilization

◇ 毛　峰*
　　Mao Feng

摘要：中华大一统文明是高度可持续文明的全球典范。在传播内核即传播精神上，中国人把握世界的方式，注重文明价值的有序传播和万物生命的协调统一；在传播特质上，具有融贯统一性等十大特征。

Abstract: The Chinese unification civilization is a global model with highly sustainable. On the aspect of the core or the spirit of communication, the way in which Chinese learn about the world places emphasis on the orderly dissemination of civilization value and the harmony and unity of all life. Chinese civilization has ten peculiarities, such as coherence, on the communication characteristics.

关键词：中华大一统，高度可持续，融贯统一性

Keywords: grand unification of China, high sustainability, coherence

　　1949 年新中国成立后，日渐成为世界事务中不可忽视的力量。这种力量的源泉，不仅是中国人的祖先在 5 000 年的漫长历史中为子孙后代留下的极其丰厚的自然遗产和文化遗产，更是人们通过对中国社会的长期观察得出的结论：每个新兴的朝代如果致力于正确的"休养生息"政策，这个朝代就会迅速地走向繁荣。

　　雅斯贝斯在《历史的起源与目标》(1949)这一里程碑式的作品中预言："今天，世界上有因工业发达造就其实力的大国，与现存大国并列的，还有未来的强国。首先是中国。它凭借其原料、人口、才能、文化遗产和地理位置，也许在不太遥远的未来，成为政治事件的中心。"[①] 与他有同感的，是与之双峰并峙的历史哲学大师汤因比。汤因比于 20 世纪 70 年代一再预言中国的崛起。在《人类与大地母亲》(1976)第四章"文明中心"的结尾，汤因比写道："在 20 世纪，当西欧人由于发动了两次自相残杀的战争而丧

---

* 毛峰，北京师范大学新闻传播学院教授、博士生导师，研究方向为文化传播学、国学传播。
① 雅斯贝斯.历史的起源与目标[M].魏楚雄，等，译.北京：华夏出版社，1989：91.

失了世界霸权后,主导作用转移到了美国。在本书写作的年代里,人们已经看到,美国在各个文明中心中所处的优势,似乎也将是昙花一现的,就像蒙古人曾经取得的优势那样。未来是难以预测的,但在文明中心历史的下一个章节中,主导作用可能会从美洲转移到东亚。"自古以来,中国就是整个东亚的"文明中心"。①

一、中华大一统文明是高度可持续文明的全球典范

中国之所以能继美国之后成为世界各主要文明中心的主导,关键在于她所具有的使不同种族、文化、信仰和社会阶层融合为一体的惊人力量。与罗马帝国、蒙古帝国一旦崩溃则无法复原不同,中国社会经历了晚周500余年的分裂和汉末400年的分裂,最终仍能统一,并且成功地复原、扩大。每一次政治统一体的破碎,其结果却是种族、文化的大融合,从而为新的政治统一准备了条件。雅斯贝斯对此论述道:"所有统一的一致性,在中国建立了大一统帝国之后达到了顶峰。文化、宗教和国家,全体一致。对于中国人的意识来说,这是一体的人类世界,是独一无二的帝国。……倘若把'中央帝国'与罗马帝国相比,差别是相当大的。罗马帝国是个较为短暂的现象……"②

秦朝统一中国和汉朝成功地巩固这种统一,是决定世界历史格局的最重大事件之一。在享有盛誉的史诗般的巨著《历史研究》(1920—1972)中,汤因比提出了人类文明史的两个基本模式——希腊模式和中国模式。汤因比分别论述道:"希腊世界在文化上的统一与政治上的分裂形成了鲜明的对照。……如果一个社会在政治上不能团结,那么它必然要分裂。""在东亚,历史运行中的革命成分较少。……直至1911年,中国的大一统国家依然故我,受过儒学教育的文职官员仍旧治理着国家。这种大一统的国家、治理国家的传统制度、知道使这个制度如何运转的文职人员、儒家思想熏陶下的贵族士绅作为文职人员长期的招募来源,所有这些构成了一个绝无仅有的、完整伟大的体制。这一体制的连续性,即使是在中华文明的其他要素发生最严重断裂的情况下,也没有出现任何中断。……中国历史具有漫长的跨度,它表现在一个大一统国家的理想不断变为现实……在公元前221年政治统一之前,中国早已实现了文化统一。在这方面,中国最伟大、最富创造性的思想文化运动,发生在兵连祸结的春秋战国时代,即完成政治统一之前。这是包括孔子在内的几乎所有中国哲学学派奠基人所在的时代,儒学最终被推崇为经典。……由始皇帝完成并经刘邦加以拯救的那种有效的政治统一,实际上必定是史无前例的成就……中国模式同希腊模式一样,在历史中闪烁着耀眼的光芒,如把这两种模式联系起来观察,它们则更加光彩夺目。"③

汤因比是真正洞悉了中国历史之奥秘的伟大思想家。与希腊模式相比,中国模式是人类社会的更为成功的模式。在《展望21世纪》(1972、1973)中,汤因比指出:"从整体上看,帝政中国的历史是一部在政治上富有成功经验的历史,而且今天还在以'人民

---

① 汤因比.人类与大地母亲[M].徐波,等,译.上海:上海人民出版社,1992:43-44.
② 雅斯贝斯.历史的起源与目标[M].魏楚雄,等,译.北京:华夏出版社,1989:294.
③ 汤因比.历史研究[M].修订插图本.刘北成,郭小凌,译.上海:上海人民出版社,2000:33-39.

共和国'的形式继续存在着。这跟在西方企图实现持久的政治统一与和平而没有成功的罗马帝国的历史,形成了鲜明的对照。罗马帝国崩溃后,西欧世界再也没能够挽回原来的政治统一。……不仅如此,西方对政治的影响是使世界分裂。西方对自己以外地区推行的政治体制是地区性民族主权国家体制。罗马帝国解体后,西方的政治传统是民族主义的,而不是世界主义的。由此看来,今后西方也似乎不能完成全世界的政治统一。"①

汤因比在比较历史的基础上,提出了影响深远的对中国历史的伟大预言:"将来统一世界的,大概不是西欧国家,也不是西欧化的国家,而是中国。并且正因为中国有担任这样的未来政治任务的征兆,所以今天中国在世界上才具有令人惊叹的威望。中国的统一政府在以往2 200年间,除了极短的空白时期外,一直在政治上把几亿民众统一为一个整体。而且统一的中国,在政治上的宗主权,是被保护国所承认的。文化的影响甚至渗透到遥远的地区,真是所谓'中华王国'。实际上,中国从纪元前221年以来,几乎在所有时代,都成为影响半个世界的中心。最近500年,全世界在政治以外的各个领域,都按西方的意图统一起来了。恐怕可以说,正是中国肩负着不止给半个世界而且给整个世界带来政治统一与和平的命运。"②

浸透了深沉历史感、时代感和责任感的汤因比的历史哲学,将因这一伟大预言而永铭史册:"按照我的设想,全人类发展到形成单一社会之时,可能就是实现世界统一之日。在原子能时代的今天,这种统一靠武力征服——过去把地球上的广大部分统一起来的传统办法——已经难以做到。同时,我所预见的和平统一,一定是以地理和文化主轴为中心,不断结晶扩大起来的。我预感到这个主轴,不在美国、欧洲和苏联,而是在东亚。……世界统一是避免人类集体自杀之路。在这点上,现在各民族中具有最充分准备的,是两千年来培育了独特思维方法的中华民族。"③

二、中国人的世界观:文明有序传播、万物协调统一

中国之为中国,就在于她数千年一贯的伟大历史传统,尤其是这种传统孕育出的"独特思维方式"——笔者称之为"中国世界观"。这种世界观的核心是"中华民族一直保持下来的美德":"今天高度评价中国的重要性,与其说是由于中国在现代史上比较短时期中所取得的成就,毋宁说是由于认识到在这以前两千年间所建立的功绩和中华民族一直保持下来的美德的缘故。中华民族的美德,就是在那屈辱的世纪里,也仍在继续发挥作用。……在现代世界上,我亲身体验到中国人对任何职业都能胜任,并能维持高水平的家庭生活。中国人无论在国家衰落的时候,还是实际上处于混乱的时候,都能坚持继续发扬这一美德。"④正如中国圣贤所一再教诲的,如果中国人抛弃了数千年形成的美德与教养,就如同现代中国人在"现代世界观"的实用主义、虚无主义的教唆下所做的那样,中国社会的繁荣和稳定就会被断送。

---

①②③④ 汤因比,池田大作.展望21世纪,东西文化议论集:上册[M].北京:经济日报出版社,1997:276-285.

中国世界观,是对天地万物"一视同仁"的生命主义、生态主义、自然主义世界观,是不分种族、文化、信仰,对人和万物一体尊重的、"天下大同"的世界主义世界观,是超越了西方人道主义的、堪称"仁道主义"的伟大世界观。这种世界观对世间万物采取合理的态度,主张对人、对一切生命"一视同仁",不因种族、文化、信仰、社会阶层、进化程度的差别而予以区别对待。这种世界主义的仁爱精神,并不过分张扬人对万物的宰制,因为人和万物同样受制于更高的、更神秘的力量——道(自然)。汤因比精确地概括了这一极其宝贵的精神遗产的价值:"东亚有很多历史遗产,这些都可以使其成为全世界统一的地理和文化上的主轴。依我看,这些遗产有以下几个方面:第一,中华民族的经验。第二,在漫长的历史长河中,中华民族逐步培育起来的世界精神。第三,儒教世界观中存在的人道主义。第四,儒教和佛教所具有的合理主义。第五,东亚人对宇宙的神秘性怀有一种敏感,认为人想要支配宇宙就要遭到挫败。我认为这是道教带来的最宝贵的直感。第六,这种直感是佛教、神道与中国哲学所有流派共同具有的。人的目的不是狂妄地支配自己以外的自然,而是有一种必须和自然保持协调而生存的信念。"①

中国世界观因其深湛的仁道主义与神秘主义的结合,蕴藏着高度尊重自然、与自然相和谐的伟大的生态智慧。汲取这一智慧,探索出一条不同于西方现代化的可持续发展的道路,不仅是中国当代社会的燃眉之急,也关系着整个地球、人类和全部文明的命运。正如同富于创造性的中国古人成功地将来自印度的佛教"中国化"一样,当代中国人正摸索一条"富有中国特色的市场社会主义的道路",从而把来自西方的两种对立的意识形态——资本主义的市场活力与社会主义的国家集权融合在一起,使之一步步"中国化",同时发挥具有悠久文化传统的道德力量,使中国社会走上可持续发展的康庄大道。

汤因比在为《历史研究》(修订插图本)第78幅彩色插图《中国的回应》所写的说明文字中,精辟地概括了现代中国的历史:"……中国为了清除传统的那种稳定但压抑的士大夫统治的残余而借鉴了西方技术;然而,西式工业化虽然能医治某些社会弊病,但也制造出一些新的社会弊病——工业化的西方发起者们既没有预料到,也没有提出任何解救的方案。不过,西方观察者不应低估了这样一种可能性:中国有可能自觉地把西方更灵活也更激烈的火力,与自身保守的、稳定的传统文化熔于一炉。如果这种有意识、有节制地进行的恰当融合取得成功,其结果可能为文明的人类提供一个全新的文化起点。"②

伟大的文化新生将从无尽的历史之泉中汲取生命的甘霖。汤因比在1973年的伟大遗著《人类与大地母亲》最后一章的最后几节中,再次将饱含希望的目光投向中国:"公元前2世纪,汉武帝在中国首倡以政绩征募文职官吏的制度,并通过考试对候选者的能力进行评判。中国皇帝的文职官吏是人类文明世界中的佼佼者;他们长期平安有

---

① 汤因比,池田大作.展望21世纪.东西文化议论集:上册[M].北京:经济日报出版社,1997:276-285.
② 同①:344.

序地管理着这么庞大的人口,这是其他国家的文职人员所不可企及的。但是,他们也一次次地失去民心,他们为了自己个人的特权而滥用权力,从而一次次地把中国带入灾难。中国的领袖们正在采取措施防止悲剧的重演。……如果中国人真正从中国的历史性错误中吸取教训,如果他们成功地从这种错误的循环中解脱出来,那他们就完成了一项伟业,这不仅对于他们自己的国家,而且对处于深浅莫测的人类历史长河关键阶段的全人类来说,都是一项伟业。"①

汤因比的话就像是针对当代中国社会的"反腐倡廉"说的一样。与"反腐倡廉"紧密相连的紧迫时代课题是如何保证社会公正与可持续发展。可以预言,中国社会的长治久安与中华民族的全面复兴,有赖于经济上的可持续发展和文化上主流意识形态的进一步"中国化"。实用主义的、不可持续的西方意识形态,最终将被中国本土的世界观所吸收、消化。政治自由、开放和稳定,将被强调道德自我约束的中国文化传统大大充实与提升;市场经济、可持续发展、秩序与公正,也将从这一伟大传统中获得强有力的支持。

世界观察研究所的经济学家梅根·瑞安和克里斯托夫·弗莱文在探讨"中国发展面临的限制"这一至关重要的问题时,一开始便称赞道:"数千年来,中国文化和中国哲学中就一直存在两个在当今世界引起强烈共鸣的主题,这就是:与大自然保持和谐,对家人——不仅现存者,也包括祖先和未来的子孙——负有责任。与大多数主要文明相比,中国的传统和哲学更符合关于可持续发展的社会——一种能满足当代人的种种需求而又不以损害自然环境为代价、人的行为举动有益于子孙后代的现代观念。"②

久经历史和时间考验的中国世界观,是当代社会可持续发展的智慧源泉。文化也是一个生态系统:只有本民族的独一无二的文化,而不是仿造、复制他民族的文化产物,才能以其独一无二的特性,加入到全世界各民族之间的"文化循环"中去;同样,活跃于历史传统中的文化因子,作为生命遗传,也同样不可抗拒地活跃于现实中。只有民族的,才是世界的;同理,只有传统的,才是"现代的"。因为历史传统浓缩了不为时尚以及眼前需求所迷惑的文明经验和永恒的人性真实。每一时代必然涌现的问题以及回应这些问题的或成功或失败的实验,都被记录在历史中。真理蕴藏于历史中。历史中从不缺少真理,只是缺少发现真理的眼睛。

在此意义上,公元20世纪的历史哲学,超过了一度指引西方知识体系前进的纯粹哲学,因为20世纪的历史灾难多于以往任何一个历史时期。曾经与西方科学革命交相辉映的近代哲学,自叔本华、尼采、柏格森、狄尔泰、海德格尔等人之后日渐沉沦。雅斯贝斯由纯粹哲学向历史哲学的跨越,给世界带来了丰硕的思想成果。而纯粹哲学由于职业哲学家日益精细的专业分工、油滑的学术风气、对媒体作秀的渴望、现代学术体制的无知而窒息,正如同工业化分工以及商品化将完整人性挤压至破碎一样。

恢复学术的完整、生命与人性的完整,是中国世界观的伟大使命。1918年,荷兰

---

① 汤因比.人类与大地母亲[M].徐波,等,译.上海:上海人民出版社,2001:529.
② 瑞安,弗莱文.世界现状·1995[M].刘静华,刘铁毅,译.北京:科学技术文献出版社,1998.

学者、政治家德·格鲁(de Groot,1583—1645)的遗著《天下大同》出版,该书异常深刻地指出:"大同是中国精神文化发展的最高点。能削弱它的力量和造成它衰落的,是彻底的科学。只要科学在中国认真培育的时代来临,在中国的精神生活中无疑会发生彻底的革命,这将使中国的骨架彻底脱节,或者使它再生。然后,中国将不再是中国,中国人也不再是中国人了。"①

尽管这位学者确有洞见,但历史却并非如此悲观。现代科学从解剖、分析开始,最终与强调自然完整和生命完整的中国文化的古老智慧——大同精神殊途同归。现代技术尽管弊端多多,但最终会被人的自觉努力所克服,对现代技术的批判与限制,就是这种自觉努力的一部分。分崩离析的现代世界,终究会因全人类的自我觉醒而获得拯救。这是"存在的天命",是阴阳不测、神秘不言、生生不息的"道"本身。一切人生,由于贴近它、体会它、依偎它,而被真理的微光所照亮。

三、中华大一统文明的华夏传播特性

中华大一统文明,具有极高的普世价值,是人类文明中具有高度可持续性的普世秩序典范。中华文明的华夏传播结构,凸现出人类文明的基本秩序结构,就其精神内核、观念集束、传播机制的特质而言,可以用"一"到"十"这一组"文明传播学元理论"的符号表达加以概括、理解。

《易传》《春秋经传》《春秋繁露》《白虎通》皆云"推一合十谓之道",中国人对个人或文明的命运,谓之自然、天命、"天数",毕达哥拉斯称"万物源于数",古今一贯,可见一斑。天命之数,也就是人类观念贯穿在文明传播实践中所遭遇的历史际遇,余谓之传播奥秘。

汤因比的巨著《历史研究》把中国模式与希腊模式并列,称之为"人类历史发展的两大基本模式"②。

笔者认为,中国历史发展,饱含全球普世价值和人类史上时空跨度最大,绵延持续1万年之久的文明传播秩序,深藏着希腊模式、犹太模式和近代西方模式所不具备的高度可持续性、可传播性的特质。笔者将这一传播特征概括为"广大绵延",或分开称为广大性和绵延性。中华文明的传播奥秘,不仅可以最大限度和规模地揭示中国历史和世界历史的重重谜团,更可以启迪全人类冲破希腊模式、西方近代模式的不可持续性与传播失衡性,重建一个广大绵延、稳定繁荣的全球文明。

中华文明的文明传播奥秘,深埋在中国人关于天地、人、宇宙三大秩序的哲学观念中;深埋在其海纳百川、有容乃大的文明传播实践中;深埋在其经一万年的文明绵延、不断探索、建树、创制起来的组织人类公共生活的宪政制度体系中;深埋在其广大自由、均衡协调、温柔亲切的生命境界与文明境界中。

---

① 雅斯贝斯.历史的起源与目标[M].魏楚雄,俞新天,译.北京:华夏出版社,1989:158.
② 汤因比.历史研究[M].修订插图本.刘北成,郭小凌,译.上海:上海人民出版社,2000:第一部第七章"希腊模式和中国模式".

华夏古称之一乃"齐州",李贺诗云:"遥望齐州九点烟。"齐者,齐一也。华夏古人在漫长的文明传播实践和深湛的生命体验中,逐渐领悟、洞悉人类一切活动、宇宙万物的生命活动在本体、根源、归宿、终极价值上是完全同一的,这个与自身同一,同时把宇宙万物存在的外在差别、对立、冲突完全消融而达到同一的生命过程、传播过程,就是中国人所谓"道",西方人所谓"神"。《大易》曰:"形而上者谓之道。"孔子《论语》曰:"朝闻道,夕死可矣。""天何言哉!四时行焉,百物生焉,天何言哉!"庄子《齐万物》诸篇所谓"磅礴万物而为一""道通为一"等古今名论,皆然。

今从华夏大一统之"一"元宇宙观、社会观、人生观等文明传播学的观念、方法入手,对中华文明何以万年绵延持续、长期稳定繁荣的传播特性,亦即中华文明的传播奥秘进行诠释。

(一)中华文明传播的第一华夏特性——融贯统一性

这一特性又称大一统性,指全人类、全时空、全宇宙的价值统一性。中华文明传播的根本特征就是从"一元道体"这一宇宙哲学的根本认知起步,反复确认:一切宇宙进程、生命进程,包括人类的一切文明传播活动,都是价值均等的、统一的、和谐的。从宇宙"一元"这一宇宙万物之间生命讯息、生命能量的交流,到人类生命活动、文明活动的道德秩序与传播秩序,及其价值准则(仁义礼智信)、道德本源(博爱感通之谓仁)、宪政根基(天地君亲师)、终极归宿(天命)等,中华文明内在传播机制的价值内核就在于反复确认"全人类、全宇宙的价值统一",常存者(道、天地、山川)、已逝者(神灵、祖先)、暂存者(人与万物)、未来者(子孙后代、万物不尽的繁衍),均寄托在一个宇宙大系统内(道、神、自然)。因此,万物外在形态上的一切差异、分别、对立、冲突,更不用说人类生活方式上的细微差别(种族、宗教、信仰、生活方式等),均不具有实在性,均是瞬息演变、因缘和合、主观虚妄构造出来的短暂物,最终都将融合为一体,汇入宇宙性的安宁、协调、和谐与完美。人类的一切文明活动、传播活动,就是对宇宙统一性(道)的认识、体验、觉悟、效法,中国人称为"德"。

全人类的价值统一体,中国人谓之"道",西方人谓之"神",即从超越的、广大的意义视界上俯瞰,融会贯通地、统一地诠释人类文明活动的价值根源与价值归宿。庄子的"道通为一"即为这一进程的精妙概括。从全人类的生命交流、繁衍、沟通、共享等文明传播学的开阔视野上立论,宇宙生命讯息、人类生命信息之间以及一切生命体之间的生命物质、讯息、意志和情感的交互沟通,奠定了具有"全人类的统一性、可传播性、可分享性、可交流性、可沟通性"的宇宙生命统一体的基础,是人类传播活动的价值源泉原极——"文明传播的融贯统一"。

人类一切生命活动、传播活动,无论古今、中外等虚妄分别,均从这一元内核中萌芽、发动,又在人类理智和语言的层面上,难以捕捉、神秘莫测、微妙难言。佛家所谓"不可思议",老子所谓"夷、希、微",但在人类个体、社群之间的互动的每一瞬息间独体呈露,真真切切、毫厘不爽;孟子所谓"良知良能",人类凭此良知而扩展生命,建构公共生活秩序和私人空间内个体生命之间的深度交流、共振、分享。

在全球史上,中华文明传播的融贯统一性,早在伏羲《河图》时代就萌发幼芽,历经炎黄、尧舜、夏商周的宪政建制和孔子的博大诠释而固化为"中华文明的灵魂",更成为中华文明迥异于西方古典与近代思维的根本所在:中国人既然已确认了古今一切文明、一切生命体(已逝者、暂存者、未来者)的终极统一,中华文明就不可能像西方文明那样凭空想象、推断出一个现象世界之上的形而上本体世界;也不可能像近代西方人那样力图借助科学方法,探测出鲜活流动的现象世界背后有一个自足的、实则虚假的物理性的本质世界。因此,中国人的思维方式避免了两种西方思维的根本流弊。一种是将想象、推断出来的形而上本体世界作为唯一正确、合理与值得追求的世界而孤立隔绝出来,这种古典宗教神学、形而上学的独断论与偏执性,与西方近代哲学上的自我夸诞的西方中心论、独断论与偏执性一道,造成了西方史上连绵不断的种族、宗教战争,巨大规模的、空前惨烈的社群冲突、世界大战,一度灿烂的西方文明因此不断遭到毁灭和阻断。

中国人很早就确立了"全人类的价值统一"这一普世主义的大同信仰和终极智慧,因此中国历史上很少发生宗教冲突、种族战争、奴隶制度、殖民战争、种族歧视、宗教迫害、种族灭绝以及卡尔·波普所谓"对开放社会的各种压制"。

西方思维的另一大流弊,就是启蒙主义思维。它自我夸诞地错误判定"近代以前的历史是野蛮、蒙昧、僵化、黑暗的",是近代文明以巨大科技进步"启蒙"、解放了全人类。这一近代历史哲学的独断性、偏执性,促使法国大革命初期以及中国新文化运动等近代主流思潮错误主张否定、割裂、质疑古典文明的伟大完整的传统,造成今日全球宪政秩序、思想学术如"无源之水"日益贫瘠。相反,中国人自尧舜、孔子时代以来,不断加强对文明传统、道德遗产的巨大价值的主观确认,尧帝主张"稽古",孔子主张"损益",都是融贯古今中外文明的正确合理的伟大主张。

(二)中华文明传播的第二华夏特性——广大自由性

中华文明的传播活动直接受思维方式的影响,中国人"如其本然地看待世界",既不夸诞地想象、推理出一个"更高的世界"(神界、天国),也不贸然宣称现象之物理世界就是"唯一世界",而是"知之为知之,不知为不知",即以清明的理性如实亲切地看待世界,精确博大地把握、顺应外在世界的神秘莫测,采取自然主义、现象主义的呼应方式,即"物来顺应,廓然大公"的诗意方式,获得个人生活、社群生活的广大自由。

在社群秩序上,中华文明一向包容广大、兼容并蓄,任凭各个种族、宗教、生活方式自由融合、凝结汇聚为多民族的"中华民族"统一实体;在个人空间上,中国人也不强求一律、标榜绝对真理,而是"此亦一是非,彼亦一是非"(庄子)地顺应情境伦理,恰如同宇宙万物的生命活动,遵循着阴阳两仪的传播结构展开其源源不竭的生命能量一样,两大对立、冲突的传播质素——"阴"和"阳"之间,乃至多元相异的要素间,相反而相成,构成互动-生发-辐射的传播结构与内外驱动力,短暂对立、冲突的要素之间彼此转化提升,最终和解为一。这一传播特性奠定了中华民族对内协调、对外包容、兼容并蓄、海纳百川地将一切种族、信仰、生活方式融贯统一,最终把全人类融合为天下一家、举世大同的文明统一体的基础。

全人类的普世人性架构,是生命体验与理性认知、肉体与精神、阴柔与阳刚质素互动的二重、多重统合架构。阴是感受力、接纳力、柔德,阳是认知力、意志力、刚德。前者是顺承延续,即"传";后者是开辟创建,即"播",二者合成"传播质",其互动辐射结构促使生命意志贯彻其繁衍生息、不断扩大之不朽冲动。

《易》之阴阳互动,柏拉图《斐德若篇》所谓"肉体繁衍的族类不朽冲动"和"心灵繁衍的灵魂不朽冲动"二元模式,以及一切近代哲学的二元模式,均表征着"一不独成,分二而合"之"太极原理",人类传播活动的巨大辐射力由此发端,并激荡不已。

(三)中华文明传播的第三华夏特性——社群有序性

中华文明虽一贯奉行兼容并蓄的种族、宗教、文化政策,但同时也一贯在社群价值和宪政机制上,确保天、地、人三大文明传播秩序的稳固有序,贯彻"天地君亲师"所谓纲常礼教的严整规范,严格督导每个社群成员担负公共责任。天文秩序旨在确保农耕、养护山林水土;地文秩序旨在确保华夏大一统的稳定繁荣,确保天子、诸侯、群臣、士绅、庶民一体,接受宪法约束,实行宪政文治治理体系,以确保全国公共服务体系运转正常;人文秩序旨在确保儒家思想的独尊地位,即赋予人类经验的脆弱性、动摇性、迷乱性一个稳固规整的价值秩序,以便合理高效地组织公共秩序。儒家思想实际上处于开放状态,随时根据现实需要和学术进展而自我调整、吸纳更新。原始儒家、汉唐儒家、宋明新儒家、现代新儒家等,均充分吸纳融汇诸子百家,佛、道、耶、回众教及西方学术的积极成果,对全民族进行道德人文主义的公共教化,使全社会上下深明并严守华夏大义——"敬天保民"的宪法原则、养民选士的宪法制度、普遍同情的仁爱观念、公平协调的社群秩序、"仁义礼智信"的文明大一统的道德观念与公共责任。

中华文明所有传播活动的最高价值预设,就是"仁义礼智信"这"五常信仰"。这五大普世价值构成了华夏"道统",即公共信仰体系,是中华民族历经伏羲、炎黄、尧舜、夏商、周秦、汉唐等古典文明的灿烂辉煌,迭经每一朝代末期宪政紊乱、礼崩乐坏并致天下大乱、生灵涂炭这一正反传播经验的反复摸索,而凝聚成的、颠扑不破的全民族共识;儒家思想主导的中华宪政文治政府模式和全民族的自我约束,确保了华夏古典文明在生态—经济—社群—人文四大系统上的均衡协调,是中华文明长治久安的传播奥秘的重要核心。

与此同时,道家、佛教、伊斯兰教、基督教等诸子哲学、各大教派也都确认万物生成进程中的自我确立、自我展开和裂变、自我返回道德本源之三大个体与社群价值的生成机制,也都遵循天、地、人之宇宙大秩序,依次展开并融汇到华夏宪政秩序中,合成人类文明传播"秩序体系"、文明传播的均衡扩散力。

《老子》曰:"一生二,二生三,三生万物。"《易》所谓天道、地道、人道,《一万年的诞生》所谓天文、地文、人文三大文明轴心论,《史记》所谓义例之父、子、孙三代"世家"(君王、诸侯、上卿等"贵族世家"和孔子、陈涉等一切平民世家),华夏大一统之天子世袭、敬祖归宗的家族世系(家谱)制度、《尚书》《周礼》之"世官"制度,现代生命哲学、历史哲学、现象学、诠释学等都试图为安顿性灵提供思想资源。

(四)中华文明传播的第四华夏特性——高度可持续的大一统性

中华文明传播的高度可持续性,建基于其高度尊崇自然生态系统的宇宙哲学,建基于农耕文明对大自然的敬畏、崇拜、效法、顺应,举凡《大易》时空流转之"四象",《尚书》"光被四表"的文明理想,《礼记》春夏秋冬不同内容的教育学术内涵,一直到依据天地感通的宇宙原则设计的所有人文制度,包括祭祀制度,教、治、政、令的古典宪政制度等,这些儒家"政统"的最高宗旨,就是规避华夏文明的动荡瓦解,保证其稳定繁荣。这一点与希腊城邦制度、近代西方自由宪政制度起源于狭小城邦截然不同,中华广土众民、种族繁杂、地区差异极大的特殊国情,决定了儒家思想一贯主张约束权贵阶层、豪强势力,有效保障小民(自耕农)的合法权益,促使人类合理有序地分享物质、精神利益,从而确保了华夏文明的传播活动不断扩展并融汇众多的民族、地区。

(五)中华文明传播的第五华夏特性——公平开放性

中华文明自炎黄尧舜时代就确立了公平开放的华夏民主宪政制度,天子、诸侯、群臣经普选或公开推举产生,接受宪法约束和民意监督。汉代更完善了选士制度,华夏宪政文治政府因此稳固确立。《尚书》确立的羲和、四岳等(九卿)制度,《周书·周官》和《周礼》确立的三公、三孤、夔龙等保傅、规谏、政情、民意、舆论制度,指导诸侯各国的民意代表机关,公平推举天子和摄政百官,执掌天文历法,督导万民农耕,严格贯彻华夏民主制古典宪政之公共治理体系与华夏宪法原则"敬天保民"的行为范式;巡守、封禅、禅让的天子制度,针对诸侯的"考订制度"(宪法契约)、朝觐制度,国家天文制度,山林养护制度,祭祀制度,九州朝贡体系,五服军事拱卫体系,公共服务体系,中央政府与地方政府之间分摊赋税劳役的制度,水利土壤制度,水陆交通体系,邮政通讯体系等,集聚为华夏文明的标志性成果——《伏羲八卦图》(又称《伏羲历》)、《黄帝历》、《颛顼历》、《夏历》、《尚书》、《周礼》……这文明传播的第一圈宪政秩序的确立、实施和价值设定,奠定了中华文明一万年间稳定繁荣、稳步扩大的宪政体系根基。西方近代自由宪政制度体系虽在制度建构与民意诉求方面有优点,但也有无序化的流弊。

(六)中华文明传播的第六华夏特性——道德人文性

中华文明传播的精神秩序核心在于道德人文主义,即人有道德操守以稳固合理地担当公共责任,这一点构成了中国人理解的"人格独立"的根本内涵,与西方近代文明标榜的"权利人文主义"判然有别:中华文明传播确立的父子、君臣、夫妇、兄弟、朋友等五教伦常体系,以"仁义礼智信"这一全人类的普世价值为基本伦理道德规范,建立起全社会普世一贯、古今一如的公共信仰体系,这种文明传播的价值秩序就是儒家伟大"道统",即无人可以逾越的道德界限与宪法约束;再配合、补充以佛、道、耶、回等各大内外宗教信仰和道德规范,促使人类社群的传播活动合理、有序扩展,确保中华文明传播活动的稳固开展、社群生活的安定和谐。

文明在传播第一圈确立制度的基础上,精准设立起人类公共社群关系的五教伦常体系,家族、社群、万邦以此相互协调、紧密合作,在价值上认同、归附中华文明的所有种族,均可加入华夷同体的华夏文明联盟,不论其地域、种族、生活方式有何差异,于普世价值"五常信仰"下一视同仁,中华文明遂得以接纳众族、不断扩大,在传播第二圈发散出巨大的文明辐射力、扩展力、凝聚力。

(七)中华文明传播的第七华夏特性——个体独立性

中华文明传播标举个体生活的"道德自治",即个体在遵从社群规范的前提下的自我独立、个性自由与道德提升,这与西方近代片面强调个人权利诉求和个人欲望满足的自由主义观念有很大不同。古典六艺之学、儒家经史体系、华夏太学、书院教育、礼教－风俗制度、普选人才的官吏选拔制度、乡邻自治制度等,构成华夏文明公共教化的博大体系,儒家光辉灿烂的学术教育体系——"学统",确保全社会尤其是青少年的健康有序成长与人类道德生活的广大自由。

礼乐射御书数之六艺,被孔子提升为诗书礼乐易春秋六经学统,锻造出举世无双的人才培育选拔模式和儒家学术系统。这一模式和系统在天下太平或道术分裂的不同年代,都傲然守护着人类文明的一切精神火种与宪政蓝图(从传播内核到各级传播圈),从而一再缔造出中华文明的不断扩大、复原、新生的传播秩序,确保了全社会的公共信仰、教化与价值评判的准绳不遭废弃。普泛深广的中华道德教化和人文教育,凝聚全国才智贤德人士从事中华文明的创造、传播事业,这是华夏学制、官制、中央地方各级教化制度体系远远超越希腊、罗马、印度、犹太等古典文明的最大传播秘诀之一,一如近代欧美大学制度的合理,确保了西方发达国家的全球领先地位。

(八)中华文明传播的第八华夏特性——内安外足性

从资源和能量平衡的角度看,人生不过是从自然中获取资源、能量以从事生命活动的过程而已。古今中外的哲学家都教诲人类:在获取了一定量的物质资源以供给自身生命活动所需的能量后,人类应当"内安外足"地投入公共社群的各项服务与不断提升精神、道德境界的活动中。不幸的是,人类社群里的大多数难以运用理智和智慧洞悉这一文明生活的内在奥秘,却把主要精力投入到物质资源的占有和控制上。对物质占有的古老贪欲,在近代西方功利主义、拜金主义思潮的刺激下,使全人类的工商、科技、传媒等所有社群活动都陷入对金钱、权势、资源占有的疯狂贪欲中而难以自拔。人类情欲来源于人类旺健的原欲本能、生命活力,本有一定的合理性。人类情欲、生命能量的合理释放推动着人类生命体验和文明经验的扩大,也推动着生命向外、向上提升的精神动力的集聚。西方工商科技文明在满足人类情欲方面收效显著,但如今无度而贪婪的索取,正置全球文明于崩溃边缘。中华文明儒道佛三家"内安外足"的智慧,恰成为引导全球文明走出迷误的道德资源。

(九)中华文明传播的第九华夏特性——诗意神秘性

中华文明传播荟萃八方神灵、诸神信仰、形而上学的玄思、传统与时尚的审美体验等各种生命活动所编织成的传播节点,这些构成人类活动的生命场与能量辐射网,使中华文明放射出优雅诗意光芒。

大地山川、百物群神、诸子百家、佛道耶回诸教、近代人文思潮、艺术品位、时尚美学等,恰如八面来风,把各种层级的价值预设随机而诗意地编织成万千"传播节点",任其尽情发挥,构成文明活动的强大"传播场"。这些传播节点、传播场域彼此分立、互动、汲取、融合,散发出无穷、迷人而神秘的传播魅力,仿佛建筑学上的马赛克风格、编织物上的波斯地毯风格,义海渊深、不可思议,条分缕析亦难穷尽其奥妙,类似希腊人的"诸神"信仰、秘教崇拜、巫术法门一般,可敬而赏玩也。

(十)中华文明传播的第十华夏特性——生命有机性

上述九种文明传播特征之间,恒久处于错综变化、交互影响、层层升华的活动过程中,《易》形容其为"日新""天行健,君子以自强不息",是鲜活生动的文明传播进程的写照。"天地君亲师"的宪政制度规范与"仁义礼智信"的普世价值信仰,深度交汇、匹配为九大传播特征、机制与生命过程:"仁义"融贯天地万物,"礼"匹配君、亲、社群,"智、信"融贯师道尊严、学术崇拜,自由、公平、博爱等西方近代价值建构可融汇到中华文明对人生广大自由、道德建树的传播进程中,构成"文明传播的九大集束群",散发人类存在与文明传播的秩序感、真实感、生命感、恒久感与价值美感。传播活动的第六圈扩展,古今中外文明的鲜活互动,在中华文明传播秩序的主导下融会贯通。

上述传播特征、传播内核、传播质素、传播场域、传播节点、传播集束等,构成人类文明传播秩序的创建、组合、变形、断裂与重合等传播进程。《易》以"六爻"凸现"九九归一"、神龙不见首尾之权衡渐变与激变,形容中华文明博大而神秘的自我新生能力。当代全球文明正在这一劫尽变穷、一阳来复、九阴积聚的传播进程中摸索,众生惶惑而茫然不知命,唯君子之国(中国)自爱知命、奋然变通、吸纳推进、主导大同。

文明传播学在两个层面展开:一是重新梳理人类文明活动的内在生命机制、传播秩序与运行规律,即"大规模解释历史";二是以全新的视角和思路探寻中国全球话语权的近代迷失与重建,即"大规模建构现实",二者合力探索出华夏文明与全球文明的稳定、自由、繁荣之"道"。综合本文所论,中华文明传播实乃人类通达天地,囊括人类崇高传播天命与进步价值的最高设定与巅峰建构。

徽州祭祖中的宗族社会文化传播研究
A Study on the Social and Cultural Dissemination of Clan in Huizhou

芮必峰 郭云涛[*]
Rui Bifeng, Guo Yuntao

摘要：本文以文化传播学的视角，从文献研究法和参与式观察两条线出发，辅以深度访谈，全景呈现休宁祖源家祭、歙县云岚山墓祭、婺源汪口俞氏宗祠祠祭的景观，并对每种祭祖形式中的祭祖成员、对象、内容等进行传播学考察。研究发现，徽州传统社会的宗族文化传播网络是以宗族祖先血源谱系为主线，以家庭为基本传播单元，以家族各支脉为支撑，借助媒介、仪式及物质化的特殊空间来进行的，基于强关系的宗族文化传播体系。而这样一个传播体系可能也是华夏传播体系的缩影。文章还进一步从对内传播和对外传播两个层面阐释宗族文化传播的意义，认为祭祖中的各种传播活动，通过家庭、家族、宗族把个人与乡土、民族以及家国连接起来，这是宗族传播文化体系的核心和精髓。

Abstract: In this paper, Xiuning ancestral home festival, Shexian Yunlan mountain grave and Wuyuan Wangkou Yu ancestral temple sacrifice were showed as panoramic view from the perspective of cultural communication, based on the two lines of literature research and participation in the observation, supplemented by in-depth interviews. The rituals, objects and contents of each ancestral form were studied. It is found that the clan culture communication network of Huizhou traditional society is the family branches based on the lineage of the ancestral blood line, the basic communication unit of the family, and supported by the special space of the media, the ritual and the material, based on the clan culture communication system. And this communication system may also be a microcosm of the Chinese communication system. The article also further explains the meaning of the spread of clan culture from the two aspects of internal communication and external communication. It is believed that the various kinds of communication activities in the ancestors connect the individual with the native, the nation and the country through the family and the clan

---

[*] 芮必峰，安徽马鞍山人，安徽大学新闻传播学院教授，安徽大学博士生导师，国家教育部新闻学教学指导委员会委员，主要研究方向：新闻传播理论。
郭云涛，安徽界首人，合肥工业大学出版社助理编辑，主要研究方向：新闻传播理论、文化传播学。

which is the core and essence of the clan culture system.

关键词：祭祖，关系网，宗族社会，仪式，身份认同

Keywords：Ancestor-worshipping Celebration, relationship network, lineage society, ritual, identity

传播学进入中国近40年来，不乏"本土化"的研究成果，但也存在"牵强附会""水土不服"的问题。如何从本土传播现象入手，让研究助力中国传播实践和社会发展，并展开与外来理论的平等对话，这是本土传播学者应该关注和解决的问题。根植于中国社会的历史文化逻辑，本研究聚焦徽州祭祖仪式，从文化传播的视角来探究中国宗族社会的传播实践。经过在徽州地区（指古徽州地区一府六县所在地）近一年的调研，笔者有针对性地选择了休宁祖源家祭、歙县云岚山墓祭和婺源汪口祠祭三个区域、三种祭祖形式进行参与式观察，着力探究徽州祭祖中宗族社会文化传播的相关问题。

一、基于古徽州三地的祭祖考察

（一）研究缘起

梨花风起正清明，游子寻春半出城。2016年是古徽州汪氏第四十四世祖汪华1430年诞辰。黄山市汪华文化研究会定于4月初举办清明祭祖活动，地点在歙县云岚山。笔者所在的挂职实践基地休宁，作为汪氏主要发源地之一，此次也组织了宗亲代表团前往云岚山祭祖，因而笔者有幸参与了相关的采访报道活动。典型的徽州祭祖仪式以及宗族文化传播在整个仪式中得到了极大彰显，给笔者留下了深刻的印象，并让笔者产生了对祭祖活动进行深入研究的兴趣。

笔者所研究的三种祭祖形式分别是休宁祖源的家祭、歙县墓祭和婺源汪口的祠祭，三个地点各具有一定的代表性。第一，休宁祖源地理位置优越，历史悠久，为古徽州六邑商贾辐辏地，较之已成为现代开发重地的西递、宏村，其家祭活动保存了相对原始且未被商业侵袭的完整仪式。歙县作为中国保存最完好的古城之一，当地对传统习俗保护力度较大，经过对徽州人文始祖越国公汪华墓祭的考察发现，汪华逝后，宗族血脉传承千年未断，歙县自然成为调研的绝佳样本地。婺源作为古徽州六县之一，今天虽然在行政区域上已不属于黄山市管辖，但是共同传承着古徽州祭祖的"基因"，其中，汪口俞氏宗祠的祭祖活动在当地闻名遐迩。考虑到地域的广泛性以及调研的可操作性，笔者最终选择以上三个地方作为样本调研地。

第二，我们将所选择的三个区域的祭祖分为家祭、墓祭与祠祭三种形式，分别展开述说，力图全景式展现整个徽州地区的祭祖情况，全面勾勒祭祖文化传播网络以及在此基础上的宗族文化传播。

詹姆斯·凯瑞认为："传播是社会实践的一个整体，它以概念、表达方式和社会关

系为切口,这些实践建构了现实。"①人类社会实践不仅是"物化"的,更是"文化"的,作为社会实践的人类传播同样不仅是工具性或手段性的"传递",更是一种文化"仪式"。这便是凯瑞"作为文化的传播"的要旨。按图索骥,追寻这种对传播的理解路径,仪式可以被我们理解为一种真切的社会体验,是建构社会实践和符号化社会现实的一个过程。进一步而言,仪式展演的过程就是一个社会建构的过程,同时也是文化传播的过程。仪式具有象征性、表演性和一定文化规约作用。

余志鸿将人类交流的原始传播媒介分为三类,分别是"理性的符号系统,与之对应的是语言文字等;实物系统,如石头、陶器等;人体系统,如人际传播、祭祀等"②。在人体系统的说明中,祭祀仪式是古代祖先们重要的传播方式与工具,充当着重要的传播角色。中国先哲对仪式尤其是祭祖仪式的思考与实践发声早且认识深刻。柯林斯认为,"历史上,最早关于仪式的社会学思考是由中国思想家提出的,孔子和他的追随者强调了礼仪对社会秩序的重要性"③。与西方的信仰体系不同,中国人尊崇"身体发肤,受之父母",而人来源于物,物来源于天地。自然界给了我们衣食,祖先给了我们生命,所以要报本答恩,这表现在自古以来中华民族敬天尊祖的优良传统上。在今天徽州民间的很多地区,还有很多家庭、家族保持着祭祖的习俗,同时祭祖也在塑造民众价值观念、维系宗族社会关系、传播宗族文化等方面起到举足轻重的作用。

(二)纸灰飞作白蝴蝶,飘摇蹁跹到心间:基于休宁祖源家祭的考察

始建于北宋的祖源村④位于安徽休宁溪口镇东南部,地形三面环山,家祭活动早在建村时就开始并逐步盛行,如今的祖源村在某种程度上延续了家祭发展的完整脉络。祖源作为徽州古村落的典型代表,于2013年11月被国家住建部、文化部等七部门列入第三批"中国传统村落"。2016年3月,"梦里祖源"项目正式动工,休宁县政府投入2亿元对溪口镇祖源村等古村落进行集中开发保护,祖源固有的传统习俗和底蕴被极大地挖掘出来。相对封闭的山区环境、特殊的地理区位,加上当地的有力保护,使这个以林茶生产为主的典型山区村落成为我们研究的不二之选。

1.传播的缘起:千古传唱话祖源

笔者在实地调研中发现,祖源村的两大姓氏为朱、项,其他还有顾姓、吴姓等。其中,朱姓为朱氏革拱门之下的"春、满、园、林、秀"之林公之后,与明代开国谋士休宁回溪人朱升为同宗关系,奉朱子文化为显学。村内原存的朱姓祠堂内悬挂的就是朱熹画像,这里年年举行祭祖活动,大行朱子之礼,但朱氏家谱在"文革"中被毁。项姓则是婺源项家湾的项忠携子项慈迁休宁江潭,慈生四子:勤、俭、恭、恕,勤字伯祯,居小丙;俭字伯祥,迁勾溪;恭字伯礼,迁木瓜源(木家坑);恕字伯祉,于天圣元年(1023)正式迁居祖源,距今已有995年。其孙德威迁居阳台。伯祉公为祖源项姓的始迁祖,据民国十

---

① 凯瑞.作为文化的传播[M].丁未,译.北京:华夏出版社,2005:62.
② 余志鸿.中国传播思想史:古代卷(上)[M].上海:上海交通大学出版社,2005:25.
③ 柯林斯.互动仪式链[M].林聚任,等,译.北京:商务印书馆,2009:79.
④ 休宁县地方志编撰委员会.休宁县志:第一版[M].合肥:黄山书社,2012:1024.

八年(1929)编修的《祖源项氏家谱》记载:当时祖源的项氏已历35世,至今已历39世左右。历史上,祖源村共分为朱文公、里屋、中间屋、项大公、燕窝(又名项家充)五门。完整的家谱脉络使祖源人更加崇文重教,视朱子家训为村人行为准则,读书风气浓厚,诗书传家。无论是学成归来的游子,还是固守家园的祖源村民,都怀有对祖先的敬仰和崇拜。明清以后,祭祖活动"刻上了"朱熹《家礼》的深深烙印,直到现在,以家庭为基本单元的祖源家祭形式依然保存完好,并不断传承。

2.传播的现状:小山村里的祭祖日常

为了更全面地了解家祭的面貌,笔者在得到祖源村农户朱福成[①]的允许后,在其家中进行了一次家祭观察,下面为观察记录的笔记:

2016年5月7日,农历四月初一的早晨,山村的鸡鸣伴随清新的空气迎面而来,令人感觉神清气爽。作为土生土长的祖源人,朱福成和他的妻子操着一口浓重的休宁乡音。这一天,她(朱福成的妻子)早早起来开始张罗祭品,首先将昨天买来的一块猪肉在沸水中煮熟后捞出,放置在祭盘上,并插上了一双筷子。她说:"祭品用的肉不能全是瘦肉,一定要肥瘦相间,这样祖先才有油水可吃。"

进入朱家堂屋(农村的客厅),一幅由于自然氧化而发黄的朱熹画像悬挂在正屋面南的墙上,堂屋正中的桌子上摆放着祖先的牌位。整个堂屋已经被女主人打扫得干干净净,尤其是摆着香案的桌子,被擦得一尘不染。朱福成的妻子将祭品正式摆上桌。桌子中间摆放着一个香斗,香斗上面印着一个大大的福字。长年累月散落在体积并不是很大的香斗四周的香灰,在木质的桌子上围绕香斗烙成了一个黑色的圆圈。

一切准备就绪后,朱福成、妻子、两个儿子全部来到堂屋,在缭绕香火的映照下,朱福成的两个孩子似乎还未从睡梦中醒来,耷拉着脑袋。8点左右,仪式正式开始。

朱福成点燃桌子上的蜡烛,将分好束的香把在上面点着,一边点一边念念有词:"今天初一了,您老人家上来收香火钱吧。多多保佑啊。""您老看看香火多旺啊,好好保佑啊。""两个小孩子最近读书有点不用功,一直念着玩,您老人家多多管管啊。""保佑家里人平平安安,没病没灾的。""有什么做得不好的地方,您老多担待。"……婉转的祖源方言加上声调有节奏的起伏,颇显和谐而虔诚。祷告完之后,(朱福成)将点燃的香插入香斗。

接下来,朱福成退回到香案桌后,叩头行礼:先拱手作长揖状,然后弯腿(屈膝)下跪,磕完第一个头后,保持跪姿,直起上身之后,再磕第二个头,同样再磕第三个头,在磕头俯仰之间,嘴里依然在念叨着祈福语。朱福成行完礼后,他的妻子和儿子们相继叩头。结束后,一家人才开始吃早饭。

这样的家祭仪式每个月都会在朱福成家举行两次,成为他们固定的"生活习惯",仪式简短而不简易,摆贡、焚香、磕头也是基本的流程,家庭是传播的基本单元,祭祖的空间则是家庭的正室。这里给家庭成员提供了一个简约但相对正式的交流空间。

3.传受模式:"单向度"的传播

2016年5月初,在休宁溪口乡原党委书记吴福昌的帮助下,笔者一行赴祖源进行

---

① 朱福成,祖源村村民,现年48岁。

了"家祭情况"的问卷调查,并同时对村中辈分较长者、村支书、村民、大学生村官等相关人员展开深访。祖源目前辖6个村民组276户908人,由于人力等诸多客观原因的限制,我们选取了其中两个较大的村民组共84户发放问卷,每家发放一份问卷。需要说明的是,由于大批青壮年男性外出务工,所以很多问卷由其妻子或者留守老人填写,加之一部分老人阅历丰富,也极大地提高了调查结果的可信度;此外,在调查的过程中,针对大部分文化程度较低的村民,笔者采取一问一答访谈的方式,代为记录答案,这部分问卷也作为有效问卷一并统计,共收回有效问卷80份。

如表1所示,有74户村民举行过家祭活动,占总样本数据的92.50%,在农历新年、清明节、中元节三个时间节点进行家祭的最多。样本分析显示,每月农历初一、十五,祖源进行常规祭祖活动的家庭数目约占总数的65%。参加的人员以家庭直系亲属为主,包括户主、妻子(丈夫)、儿女。其中,允许妻子参加家祭活动的比例高达88.75%;男性户主作为家庭的主人,参加家祭的比例最高,表明家祭在祖源有较高的普及率且家庭成员均有较高的出席率。在特殊的节日,如中元节、中秋节、除夕,祖源人也会举行家祭。在以家庭为单位的祭祖活动中,参与人员只涉及直系血缘关系的家庭成员。在家祭活动中,家庭的男性户主充当传播者角色,这与其在家庭中的绝对主导地位和角色是契合的,家庭中的其他成员以及他们所祭拜的"祖先"则作为受传者。

表1 祖源家祭基本情况调查

变量	指标	频数	所占比例(%)
性别	男	18人	22.50
	女	62人	77.50
您家举行过家祭仪式祭祀祖先吗?	没有举办过	6户	7.50
	举办过	74户	92.50
家祭日期	清明节	68户	85.00
	中秋节	32户	40.00
	中元节	68户	85.00
	农历新年	74户	92.50
	冬至日	35户	43.75
	每月农历初一或十五	52户	65.00
	每天	0户	0.00
您家都有哪些成员?	长辈	80户	100
	户主(家庭男主人)	73户	91.25
	妻子	71户	88.75
	儿子	37户	46.25
	女儿	32户	40.00
	其他	15户	18.75
家祭时允许参加的人员	长辈	54户	67.50
	户主(家庭男主人)	80户	100
	妻子	71户	88.75
	儿子	32户	40.00
	女儿	10户	12.50

家祭的举办场地为家屋正室(即客厅),参加家祭的成员之间的语言交流不多。问卷统计显示,在有儿子的 37 户家庭中,儿子参加家祭的家庭数为 32 户,占据这一类家庭总数的 86.49%;在有女儿的 32 户的家庭里,仅有 10 户家庭允许女儿参加,占据这一类家庭的 31.25%,表明家庭中女儿参加日常家祭的比例远远低于儿子,在家祭上依然存在"男女有别"的现象。家庭其他成员在接收男主人的讯息时严格遵守长幼尊卑之序,面对面、在场的传受关系使家祭传播呈现出单向度的传播流向,具体表现为家庭男性主人占据核心位置,借助直系血缘关系的纽带,完成以家庭长幼尊卑为序的单向传播模式。掌握话语权的男主人在仪式中完成了跪拜、教导、祈福、反思等一系列传播活动,从焚香祈福就已经开始口头传播,通过回忆祖先的家族历史、奋斗历程等,表达对祖先的怀念之情,同时也讲述朱子事迹,以达到教导子女用功读书的目的(如图 1)。

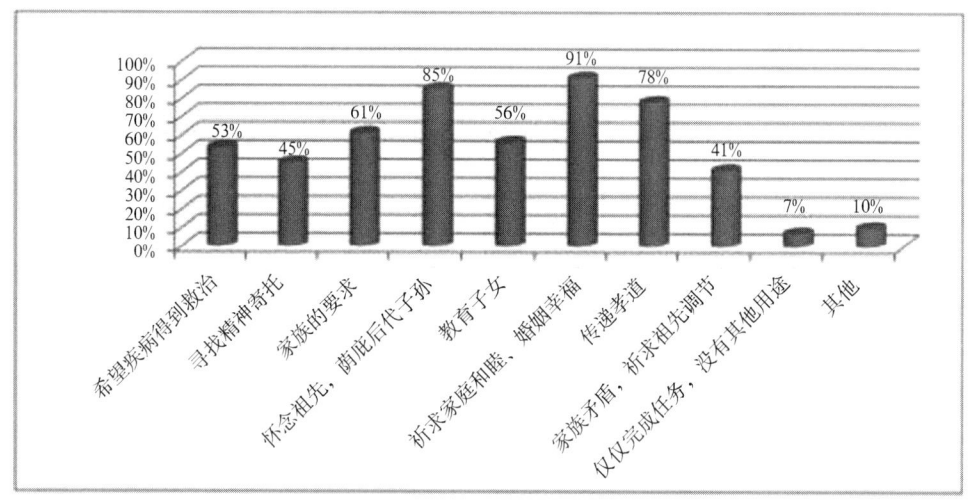

图 1　家祭原因柱状图

在问卷中,以"教育子女"为目的的家祭所占比例为 56%,教化功能在整个流程中较为突出。主人在祭品上会花费大量心思来表明祈福的诚心。比如会在折叠的金元宝上写字祈福,将精神内容转化为具有物质形式的符号。主人也会向祖先倾诉家里最近遭遇的一些事情,或喜或忧,同时向祖先祈求保佑家庭成员。不同家庭对祖先的诉求不尽相同,其中"祈求家庭和睦、婚姻幸福、仕途畅通、生意兴隆"的达到 91%,其他依次为"怀念祖先,荫庇后代子孙""传递孝道""家族兴旺",也都占据了较高比例。

4. 效果的抵达:从"传他"到"心传"

家祭所使用的家屋正室是一个相对封闭的传播空间,也是一个相对封闭的权力"场域"。掌握话语权的主人在仪式的过程中完成跪拜、教导、祈福、反思等一系列传播活动。传播学中认为,人内传播(intra-personal communication)是作为对外界事物的反应而发生的,并非单纯的生理层面上的刺激—反应关系,而是具有能动性的意识和思维活动。在常规场景之下的家祭活动中,家庭成员之间的交流是不频繁的,更多地表现为祭拜者各自的内心独白与思维活动,强调的是仪式过程的完整以及家庭参与人员的虔诚。在常规的家祭中,每个人面对祖先都有不同的诉求,但家祭一般是家庭内部较为私密的纪念仪式,诉求的内容常常不为他人所知,这具体表现在每个人在行礼焚香时,都有着丰富的内心活动。

(三)人淡如菊伴墓旁,细雨纷纷思念长:基于歙县云岚山墓祭的考察

墓祭,即在坟墓前祭祀,在徽州民间,又被称为上坟、拜墓、祭扫等。宋朝以前,宗庙祭祀作为士大夫的一项特权长期存在。宋朝以后,新的祭祀制度确立,也明确规定了庶民不得建庙祭祖,这使得平民化的墓祭形式在民间非常流行。清明时节,庶士"自此三日,皆出城上坟"①"官员士庶,俱出郊省坟,以尽思时之敬"②。至清代徽州社会,对墓祭的推崇更是达到了前所未有的高度,"乡落皆聚族而居多世族。世系数十代,尊卑长幼秩秩然,同敢僭成。尤重先茔,唐宋以来丘墓松楸世守勿懈,盖自新安而外所未有也。"③程盛锦在《仁里程世禄堂世系谱》中指出:"祠所以聚祖考之精神,而墓则以藏祖宗之体魄。二者皆子孙之所宜慎守者也。"④

1.恪守家礼——严苛的墓祭流程

明清以后,徽州地区以家庭为单位的墓祭活动开始盛行。墓祭活动的热烈程度在清明节前后达到顶峰,墓祭在大的环节上以《朱子家礼》为准,也有根据具体条件进行调整的情况,仪式和时间安排也不尽相同。

祭礼,尽遵文公《家礼》,各乡小异大通,曰挂钱,亦曰挂纸。举于清明,标识增封也。族祖则合族祭之,支祖则本支祭之。下及单丁小户,罔有不上墓者。⑤

每届清明节,五日内务备祭物,举各房长少,遍历先垄,拜扫致奠,将胙分食。⑥

徽州当地风水俱佳,很多家庭都有所属的山地,以自家山地为主,可作祭田、茔田。在徽州大族墓祭之前,会有族人专门提前到墓地查看,清理坟茔上的杂草,砍除荆棘。如果遇到祖坟上有倾颓的现象,还必须进行培土修整,这又被称作"添土"。墓祭场景盛大,场面隆重,许承尧曾作过这样的描述:"鼓吹喧阗拥不开,牲牷列架走舆台。问渠底事忙如许,唐宋坟头挂纸来。"⑦今天的徽州人依然有着浓重的墓祭情结,且仪式和流程较为完整。

2017年清明节前后,笔者跟随由休宁组织的徽州教育文化爱好者,进行了为期两日的休宁、屯溪、歙县游览。3月15日,笔者一行驱车来到屯溪鬲山。鬲山在大区位上位于歙县,与休宁相邻,途中拜谒戴震墓是我们此行安排的一个重要环节。我们一行人中就有戴氏后人,一同下车参观祭拜后,笔者作了如下的记录:

戴震墓坐落在玉几山头,占地约40平方米,墓向坐南朝北,地面封土大概有1.5

---

① 孟元老.东京梦华录:卷七[M].上海:古典文学出版社,1958:39.
② 吴自牧.梦粱录:卷二[M].陕西:三秦出版社,2004:22.
③ 刘光宿.(康熙)婺源县志.卷风俗[M].安徽省图书馆藏,1669(康熙八年):8.
④ 资料引自(绩溪)仁里程世禄堂世系谱(光绪年本)。
⑤ 许承尧.歙事闲谭:卷十八·歙风俗礼教考[M].合肥:黄山书社,2001.
⑥ 资料引自(隆庆)歙县泽富王氏宗谱卷八宗规(明隆庆六年刻本)。
⑦ 许承尧.歙事闲谭:卷七·新安竹枝词[M].合肥:黄山书社,2001.

米高,墓前方有一块葫芦形的开阔平地,墓正好坐落在葫芦形的底部,背面有一个小山林。戴冕带着自己的儿子戴灿去自家祖坟祭祖,将准备好的祭品按次序摆放在坟墓前面,在坟前的香斗上点燃三炷香。祭品中有清明粿子、豆腐(取有福之意)一碗,坟前会挂纸钱,焚烧锡箔做成的纸钱,同时燃放鞭炮。等香烧尽时,(戴冕)拿起贡品向四周祈福,以安慰周围的孤魂野鬼,不让他们在上坟人走后,到列祖列宗的坟堆上抢吃的。等纸钱燃尽,开始行大礼,磕头表示敬畏。整个流程结束。

2.从祖先到神明——徽州墓祭中的抬汪公

徽州当地有"十姓九汪"的说法。唐朝初年,汪氏后代汪华起兵救民后,被任命留守在徽州,自此汪氏子孙开枝散叶至今。自唐朝以来,先后有9位皇帝15次下诏加封汪华,16次下令保护他的墓祠和王庙。千百年来,徽州当地的老百姓对汪华崇拜之情不减,每年都会举行丰富的墓祭活动仪式来纪念他,其中以汪公墓跪拜仪式以及抬汪公最为典型。

清明前夕,笔者来到歙县富堨镇承狮村,正值抬汪公巡游大型民俗活动,下面是笔者对所见所闻的一段记录:

锣鼓喧天,鞭炮齐鸣。全国各地的汪氏后人汇集在云岚山脚下,当地村民恭敬虔诚地拿着祭拜用的香和蜡烛,行走在一条铺着青石子的山道上。浩浩荡荡的墓祭队伍中,有年逾古稀的老人,有坐手推车、蹒跚学步的小孩。汪公大帝像从山脚村文化中心启程,大锣开道,汪公大帝随后,司仪队、锣鼓队、唢呐队齐备,60人高举着写有"保境安民""越国世宗"等字样的各色大旗,火马队、火狮队、双龙队浩浩荡荡,场面盛大。汪华神像每到一处,家家户户都会放鞭炮迎接,仪式热闹且隆重。仪仗队最终回到汪华墓,举行越国公汪华墓祭仪式(如图2)。

《茗洲吴氏家典》中也有关于墓祭准备和仪式环节的详细记录:"前期具馔,如家祭之品,届时就墓所清扫,陈馔。"其中,墓祭有一整套规范的礼仪:"序立,鞠躬,拜、兴、

图2 抬汪公仪式

拜、兴、拜、兴、拜、兴、平身……礼毕。"①

墓祭准备的祭品与家祭大抵相同,但在仪式上比家祭更加严谨。在当今的墓祭活动中,汪华后代子孙基本按照自古传承下来的仪式流程进行,并融入了现代墓祭的一些元素:在墓旁燃放鞭炮,寓意提醒长眠在地下的祖先来接受子孙的祭拜;焚烧纸钱,献上花圈;也有人在墓前痛哭,追忆先祖。

在徽州老百姓看来,墓祭留下的祭品是祖先"享用"后带有福祉的吉祥食物,同时也为了不让祭品浪费,所以会将其进行分配。只有到场参加墓祭的后裔子孙才有可能分到祭品,年龄、辈分及对宗族的贡献是分配祭品的主要标准,对家族贡献越大、辈分越高的人获得的份额也就越多,反之即少。整个环节气氛庄重,不得出现对祖先亵渎和不敬的行为。

(四)木本水源恩泽厚,春露秋霜孝心存:基于婺源汪口俞氏祠祭的考察

祠祭,是徽州人最大的祭祖仪式,一般分家族支系,在冬季进行,时间由宗族中长者提议,并提前一到两个月谋划准备。祭祀的主要目的是祈求先祖灵魂不灭,让生者人丁兴旺、家族繁荣,家族精神面貌得到净化和升华。据《婺源县志》记载,民国前,婺源县就有祠堂340多幢,平均50多户230人就建有一座祠堂;新中国成立后虽一再被毁,至1982年,全县祠堂尚存160多幢。② 徽州人寻根文化底蕴深厚,徽州人在与同姓人员交谈时常用的一句话就是"都是一个祠堂的",祠堂在寻根之旅中有标志性作用。

2016年国庆期间,笔者来到婺源俞氏宗祠,参与了一场完整的俞氏宗亲祭祖仪式。祭祖当天,汪口村的俞氏后代以及来自海内外其他地区的俞氏子孙齐聚宗祠,身着礼服,队伍浩大。整个祠祭包括准备、陈器、仪节、宣读祝文四大部分。俞氏宗祠负责人俞贞表示:"一个完整的祭祖仪式中包含了众多族员的参与,其中主要包括的角色有通赞③、引赞④、司樽⑤、司帛⑥、司祝⑦、司馈⑧、司盛⑨、司过⑩、毛血⑪、散胙⑫、饮福⑬。"在祭祖之前,俞氏宗亲就已经建立官方的"安徽俞氏宗亲群""俞氏宗亲网"等,借助这些平台,发布族内活动。这次俞氏祠堂的祭祖日程发布之后,得到了海内外宗亲的广

---

① 胡益民.茗洲吴氏家典[M].合肥:黄山书社,2006:269.
② 资料引自(民国)婺源县志卷12。
③ 协助族长指挥整个祭祖仪式。
④ 作为通赞的副手,负责引导祭礼的次序。
⑤ 祠祭中管理祭器的专门人员。
⑥ 祠祭中管理钱物的专门人员。
⑦ 祠祭中诵读祭文的专门人员。
⑧ 祠祭中捧送祭品的专门人员。
⑨ 祠祭中负责仪式开始前净手的专门人员。
⑩ 祠祭中监督、纠正违反礼节的行为的专门人员。
⑪ 祠祭中埋葬祭牲的毛血的专门人员。
⑫ 祠祭中负责祀后发放祭肉的专门人员。
⑬ 祠祭中负责发放祭酒的专门人员。

泛响应,来自北京、江苏、上海等地的俞氏宗亲及社会各界人士1 000多人参加了活动。作为俞氏宗族成员的重大活动,祠堂祭祖需要做很多准备工作,包括司礼人员的召集和祭祀用品的摆放等。司礼人员又叫"礼生",族内具有一定社会地位的人才能担任。俞氏宗祠的祭祖一般规模很大,所需要的礼生自然也就很多。礼生阵容庞大且分工明确,各自负责祭祖活动的一个重要环节。

祠祭有着一整套严格的流程和准则。第一个环节为陈器。关于各种祭品摆列的位置、顺序,都有不同的规定。"于堂中间用一桌,为读祝受胙用。又前用一桌,为香案,两桌上各置香炉、香盒、香烛,桌下束茅聚沙。……每席放毛血两盘,腥肉一盘,熟肉一盘、饭一杆……鸡一盘,鱼一盘,米食六品,茶酒务令精湛。"①第二环节为宣读祭文。祭文是后裔子孙为了感恩、怀念先祖而在仪式上当众宣读的纪念文章,目的是颂扬先祖的品德功绩,寄托哀思,激励后代。第三环节为行礼。祠祭有着严格和规范的仪式流程,包含质明、迎神、降神、参神、亚献、终献、肴食、阖门、启门、饮福、辞神、送神等环节,最后一步为分胙,即分发祭品,也称散胙,有专门的散胙人员负责。《锦谷程氏宗谱》中记载:"夫祭毕而颁胙,为宗庙之巨典,所以示恩惠也,非以树私恩化;所以报功也,非以容冒滥也;所以明激劝也,非以伤廉惠也。故所及有定例,所颁有定数。"②

分发对象有针对性,每个人分的祭品也有一定的数量控制,"祝以胙授主人,主人受之,亦授执事者。"分胙结束之后,已至中午,族内人员便开始集体聚餐。整个仪式从上午进行至中午,气氛愈加活跃,来自五湖四海的俞氏宗亲身着节日盛装,在宗祠准备的宴席上相互寒暄、互话家常。借助现在的传播方式,上午还进行了相关的民俗文化表演。

李红艳在《乡村传播学》中提到,中国的乡村形态和乡土文化在50余年社会结构的变迁中曾被遗忘,如今成了不同学科伸展触角的场地。笔者实地参与调研并结合相应的文献记载,选择了徽州乡村祭祖的三个典型区域和模式,全景式展现了祖源家祭、歙县墓祭、婺源祠祭中的传播活动,以古照今,传播的概念在这里没有被遗忘。家祭中单向度的传播模式具备了传播关系网的单线雏形,家庭男主人掌握着家祭仪式中传播的主导权,祖先、妻子、子女则是这个独立话语空间体系内的受传者。墓祭在家礼的规制下,有严格的章程,同时在后代的祭祖仪式中又突出了祭祖场景的典型性,最终将祖先人物神化,实现了传播效果的最终抵达。对婺源汪口祠祭的考察,着重突出其祠祭文化传播的共性,祠堂所具备的叙事功能将宗族文化彰显得淋漓尽致,陈器、宣读祭文、行礼、分胙等祠祭流程鲜明体现并无声地传播着祭祖中长幼尊卑、血缘远近的等级秩序。

---

① 胡益民.茗洲吴氏家典[M].合肥:黄山书社,2006:269.
② 锦谷程氏宗谱:卷四(凡例)[C].清光绪互千年木活字本//卞利.明清徽州族规家法选编.合肥:黄山书社,2014:331.

二、徽州祭祖中的关系传播网络

叶显恩认为,从中原正统分化而来的徽州宗族制,在适应社会变迁的进程中,虽形式和内容几经改变,但前后发展一脉相承。朱熹《家礼》中一整套宗法伦理的规制,在宏观格局上都是为了夯实、维系和发展宗族制度。当代徽州宗族社会依然存在古徽州社会的深刻烙印,在此基础上,以父系为中心的血缘关系和有着鲜明徽州地域特色的宗族制度不断得到完善,其根本目的是寻求和发展本族本宗既有的社会特权地位。在尊卑长幼等级鲜明的制度之下,崇文重礼,建祖宗祠堂,修坟墓,睦亲族、敬先人、恪守祖训,成为尊祖敬宗、巩固和提高家族社会地位的重要途径。本节将继续结合实地调研对祭祖传播关系网的要素进行划分,并阐释划分的标准、目的和意义,勾勒出祭祖仪式中的关系传播网络。

(一)祭祖关系网要素的划分

1.家庭

家庭作为徽州宗族社会的基本单元,也是基本的传播单元。唐力行将徽州宗族制度下的家庭结构分为四种:一为累世同居的"共祖家庭",二为"直系家庭",三为主干家庭,四为核心家庭。[①] 根据文献梳理及家庭数量类型进行判断,徽州目前以核心家庭为主,即家庭的成员包括一对夫妻及其未成年或者是未出嫁的子女,其传播活动也最为突出。笔者将以文献为佐证,来分析说明在整个祭祖仪式中,作为基本单元的家庭及成员发挥了哪些功能,扮演着何种角色。

《朱子家礼》的文本对夫妻的活动做出了大体规束:"男治外事,女治内事。"[②] 这种由《朱子家礼》规定的体制在很大程度上决定了丈夫与妻子在社会关系和家庭事务中的角色和地位。回归到祖源的家祭活动,也是男性占据着家庭的主导地位。那么家庭中妻子又受到怎样的规束?我们以《茗洲吴氏家典》中的描述为例:将"贞洁起家"的先祖妣句荣夫人谢氏供奉于祠堂,本族历代"砥行苦节"的妇女灵位一同入祠配享。

入祖祠,接受后代子孙的祭拜,是徽州人逝后的无上荣耀,也体现了族人对其生前的族内贡献的肯定。但这种"荣耀"也似一副"精神枷锁":一则要求妇女必须坚守贞洁,勤俭持家,忠于丈夫;二则要求妻子须尽孝。否则入祖祠无从谈起。所谓"节之道,亦若是也"。

《铭洲吴氏家典》在春祭活动方面有十多条严格的法纪,主旨是培养妇女温良贞洁的品德:"妇女必须安详恭敬,奉舅姑以孝,事丈夫以礼,待娣以和,无故不出中门,夜行以烛,无烛则止。"一系列家规礼制都在强化家庭中妇女的从属地位。从春祭及日常家祭的行为准则来看,妻子的角色不仅是祭祖的重要践行者,也是传播者。

---

① 唐力行.徽州宗族社会:第一版[M].合肥:安徽人民出版社,2005:44-46.
② 朱熹.家礼:卷一[M].上海:上海古籍出版社,1999:45.

子女作为祭祖的重要个体,也是整个祭祖传播网络中的重要传播分子。在一个家庭中,儿子是父亲传达信息的核心接受者。

《茗洲吴氏家典》在通礼考证中指出:"祭祀需是用宗子法。"又曰:"父在时,父主祭,子出仕宦不得祭。父殁之后,宗子主祭,庶子出仕宦,祭时其礼亦合减杀,不得同宗子。"①这段话强调了家族长子在祭祖中的地位,其中规定"仕宦"、非宗族长子都不得主祭。笔者观察到,现代宗族大规模的祭祖活动依然保留着这样的传统。在上节所论及的家祭活动中,祭祖的教育、教化功能得到了较为贴切的展现,核心表现为父母通过祭祖活动教育子女,子女通过祭祖活动懂得孝敬父母;男主人作为核心领导者也是这一级网络中的宗族文化的传播者,拥有核心话语权;妻子是重要的参与者并深受祭祖礼法的约束;子女则是仪式信息被动的接受者。而这种以家庭为核心的传播元所组成的家族,将是我们下一段讨论的重点。

2.家族

家族,是以家庭为核心实体、以血缘与性关系为纽带的人类社会自我协调的结构性产物和基本单位,是人文环境和地理环境互动的结果。家族在规模上大于家庭、小于宗族,在整个徽州宗族社会关系中起到承上启下的作用。笔者在这里以绩溪龙川的胡氏家族为例进行分析。

绩溪的北部是胡姓的聚居地,在今天的绩溪龙川村,99%的村民姓胡,数目庞大的胡姓家庭群在这里奠定了胡氏家族的主导地位。在今天胡氏宗祠祭祖活动中,以家庭为单位参与祠祭仪式依然是主要形式。

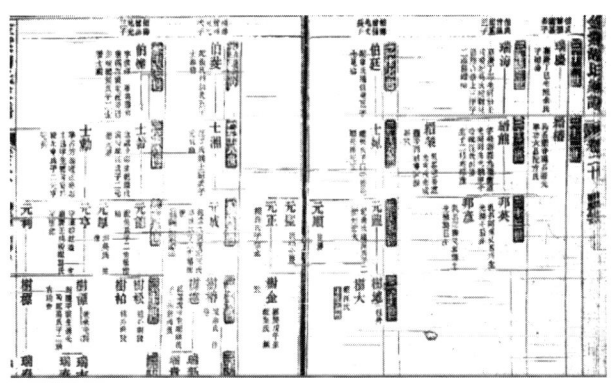

图3 绩溪金紫胡氏族谱(1)②

在龙川,翻看胡氏家谱,"长有内外,宜法肃辞严"直接点明了在一个家庭中,不论尊卑长幼,男性还是女性,都应该遵守家中的生活规范。长者应给予幼者关怀教导,幼者与长者讲话时应恭敬端正,不得不分长幼,口无遮拦。以家庭为单元的家族社会,关

---

① 胡益民.茗洲吴氏家典[M].合肥:黄山书社,2006:269.
② 资料引自梁安高氏宗谱卷12(光绪三年木活字本)。

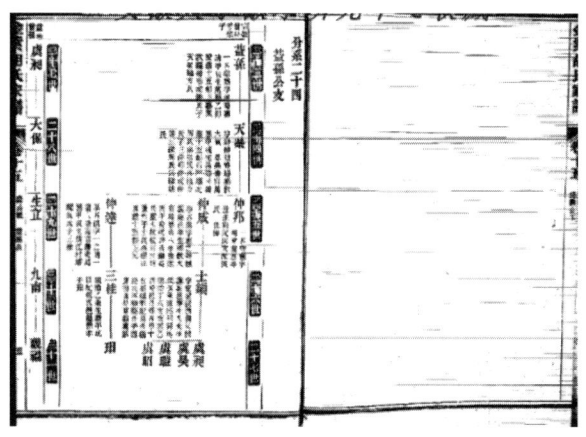

图 4　绩溪金紫胡氏族谱(2)①

系网络缜密而有序,这种基本形式在其家族史上由来已久(如图3、图4)。以绩溪金紫胡氏二十七世为例,共有胡伯廷、胡伯斐、胡伯燦兄弟三人,其中胡伯廷娶章氏为妻,其子胡士冕;胡伯斐娶张氏为妻,其子胡士湘;胡伯燦娶程氏为妻,其子胡士著、胡士勤。由此可以看出,以家庭为单位组成的同一时代的家族社会是当时显性的关系网络。再回到祭祖仪式中来看,男性在家族的传承中占据着主导地位,处于一个家庭的核心位置。在一个家庭中,除了家庭的核心——夫妻双方外,只有儿子才有资格入谱,儿子延续着家族的血脉,这与一直以来祭祖由男性主导不谋而合。

那么我们还要探究一个更重要的问题:家族祭祖传播关系网如何在宗族关系网络中发挥承上的作用?由于宗族支系庞大,在安徽绩溪一带居留下来的胡氏族人慢慢分成四个支脉,被称为"绩溪四胡",即"龙川胡""金紫胡""遵义胡"和"明经胡"。每逢大型的胡氏宗祠祭祖,每个支脉都要选派胡氏宗亲前去祭祖,四胡的关系网络组成了更大的胡氏宗族网络。历经数百年,胡姓宗族依靠家族网络这一元素实现了家族的繁荣昌盛。

3.宗族

宗族作为祖先相同的人群的大集合,通常在同一聚居地形成聚落,属于现代意义上模糊的族群概念。一个宗族最鲜明的特征往往表现为使用同一个姓氏,居住地部落式分布。但是由于宗族的不断扩大或经商需要,宗族的支系迁居外地,并在异乡重建宗族。例如安徽桐城人方苞②在迁居今天的南京后,通过义居、义法、义礼迅速建立起宗族势力,大大扩展了宗族囊括的范围,所谓"其父之党为宗族"。

在现代社会,宗族常表现为同一个男性祖先的子孙经若干世代聚居在某一区域,按照一定的规范,以血缘关系为纽带结合成的一种特殊社会利益共同体。宗族的一个

---

① 资料引自梁安高氏宗谱卷12(光绪三年木活字本)。
② 方苞(1668—1749),字灵皋,亦字凤九,晚年号望溪,亦号南山牧叟。汉族,江南桐城(今安徽省桐城区凤仪里)人,生于江宁府(今江苏南京六合留稼村)。桐城"桂林方氏"(亦称"县里方"或"大方")十六世,与明末大思想家方以智同属"桂林方氏"大家族。清代散文家,桐城派散文创始人,与姚鼐、刘大櫆合称桐城三祖。

较为突出的功能便是祭祖,为了增强宗族的凝聚力,每一个宗族都把祭祖作为神圣的职责。

发展到当下,宗族势头依然强劲。近代自然经济逐渐被商品经济所替代,徽州乡村的封闭性被打破,徽州商人在与外地来往的活动中借助宗族关系发展业务。在商品经济发展的同时,移民大量出现。他们从国内人口稠密区流向东北、台湾等地。19世纪60年代以后,大量的移民出洋,到南洋、美洲、非洲各地,并在新居地建立起自己宗族的组织。与此同时,宗族也表现出了极大的适应性。在组织管理上,它经过了从宗子制到族长制,再到今天的理事会、监事会制的演变。在吸收成员方面,由男系血缘关系原则改为同姓原则,甚而有一定关系的异姓亦可;从以家庭为成员单位发展到个人成员;由男性组织扩大到女性亦可加入。宗族的外延在不断扩大,但随着政治功能的削弱,此消彼长的社会功能在加强,文化功能逐渐得到彰显。即在物质文化高度发展的社会,人们文化需求提高,需要了解自己的祖先,了解祖先所创造的文化。伴随着旅游业的发展,寻根问祖者越来越多,一批"走出去"的徽州人热衷于纂修族谱、家族聚合与宗祠祭祖。这也是徽州祭祖在今天得以延续的重要原因之一。

上文中提到的对"汪华"的祭拜,就是以汪华为核心的汪氏宗族活动。到了今天,汪氏宗族在继承全国性的祭祖仪式家族传统的基础上,不断创新形式。在以血缘祖先为主构建起来的家族网络祭祖活动中,组织者通过修纂家谱、修建祠堂等仪式将各地的汪氏族人联系在一起。在汪氏家族中,祭祀活动以宗族为单位可分为三个层次,一是家庭型的祖先祭祀,二是宗支型的祖先祭祀,三是全国性的祖先祭祀。全国性的祭祖活动自民国时期中断,在2008年以后得以恢复,参与的人数规模和覆盖范围逐渐扩大。与此同时,随着黄山市汪华文化研究所、漳县汪氏文化研究会等宗亲机构的快速发展,以及一系列宗族网站的开通,相关历史文献资料的收集编纂以及各种学术研讨会的召开,都极大地发挥了宗族作为传播网络中的重要一环的作用。

(二)祭祖关系网划分的标准

1.家族辈分

辈分在徽州宗族社会里面有着独特的含义,辈分越高,也就意味着在家族中地位越高,话语权越大。当然,在论辈分的时候,仍然是以传统男性视角为出发点,传统辈分从高到低依次为高祖辈、曾祖辈、祖辈、父母辈、平辈以及晚辈。辈分的大小和高低在一个人出生时就已经决定,同一宗族内不同成员的辈分大小在祭祖仪式中有鲜明的体现。在本族成员之中,直呼长辈的名字是被禁止的,这被视为极不尊重长辈的行为。[①]

在徽州传统的家规中,关于对家族长辈地位的描述以及对晚辈的要求的内容就有很多。宗族长辈在宗族事务中享有一定的特权,例如《茗洲吴氏家典卷之一·家规八十条》写道:"祠堂祭毕,燕胙照昭穆次序坐定,司年家于尊长前奉爵斟酒以致敬,如尊

---

① 黄涛.语言民俗与中国文化[M].北京:人民出版社,2002:332.

长未到,卑幼不得先坐,或尊长已坐,其次尊长有事后到,弟侄辈皆起立,不得箕踞不顾,致乖长幼之序。"①这段话表现出了长辈在祭祀结束后拥有行礼的优先权,而晚辈则受到严格的约束。又曰:"卑幼不得抵抗尊长,其有出言不逊,制行悖戾者,姑诲之,诲之不悛,则众叱之。"②即在传统宗族的规制之中,基于辈分的言行举止都受到宗族礼法的束缚和传统道德的影响。

2.血缘

血缘关系是宗族社会存在的基础和前提。将这种关系作为纽带,实则是协调家族集体利益、内部关系,维护家长、族长特权地位的一种手段,这鲜明地反映出宗法观念的深远影响。由血缘到宗法,数千年来,"孝亲、敬老、尊祖"的观念一直在中华民族的文化传统中占据着无可替代的地位,即由祭祖发展而来的亲亲、尊尊的规则。

程子曰:"管摄天下人心,收宗法,厚风俗,使人不能忘本,须是明谱系,立宗子法。"③这着重强调了确立宗法制对治理国家的重要性,其实现路径为通过明晰的宗族谱系来确立宗法制度。

"而宗子者,有谱系之骨干也,故立宗尤为重。"④在管理家族的过程中,立宗子是作为族内的核心事务在宗族的历史发展过程中被不断确立下来的。作为家族谱系的核心,宗子的血缘正统性显得尤为重要。当然,血缘关系的远近也是决定族人在族内的影响力和传播力的核心因素之一。

《丧服小记》曰:"庶子不祭殇与无后者。"这直接表明了,如果不是宗子,就没有资格行使祭拜权。在《四时祭》中也有描述,只有作为家族核心领导人物的宗子才有资格"率众丈夫致齐于外"进行祭祖。这些都表明在祭祖的关系网络中,血缘关系是作为祭祖的核心要素而存在的。

3.性别

性别作为关系网划分中的一个显性指标,自然也是祭祖传播网络中的一个重要划分指标。在上一节的考察中,我们已经看到男性在祭祖活动中的特权地位,无论从祭祖的主体人群还是从祭祖流程的设置来看,都是以家族男性为核心的。与男性在祭祖中的主体地位相比,性别之于女性表现出的则是苛刻和压制。如"少母但可受自己子妇跪拜,其余子弟,不过长作揖,诸妇并同。"⑤"妇人喋言无耻及干预门外事者,众公叱之。"⑥

上一节我们所分析的血缘关系是划分关系网的重要参照标准。笔者在调研中发现,在血缘关系上,虽然宗族中的女儿和儿子一样继承了祖先的血脉,但是却因结婚前未对本家族作出实质性的贡献,而不具有宗族社会公认的上谱资格。

---

①② 胡益民.茗洲吴氏家典[M].合肥:黄山书社,2006:37.
③④ 同①:26.
⑤ 同①:21.
⑥ 同①:23.

"妇人莫大于节,能守节至死,则众公表之以励风俗。"[①]女儿只有坚守"贞洁烈操",才能获得进入自己家族族谱的机会。同样,嫁入本族的媳妇也要遵循这一标准。"妇人义宜从一而终,有夫亡再醮,有故被出者,虽有子亦不书,夫妻之义尽矣。"[②]贞洁烈女、传宗接代的思想是宗族组织评价一个女性在宗族关系网中地位的重要标准。

需要指出的是,以上三种划分标准只是我们提供的划分视野,并非严格意义上相互独立的体系,在一定程度上存在相互重叠或交叉的部分,例如辈分中的长幼有序又包含了性别中的"男女有别"或年龄中的大小之分。

(三)徽州祭祖中的关系传播网络

通过以上两节,我们将祭祖关系传播网络要素进行划分,具体分析了家庭、家族与宗族三个基本关系要素。在以血缘关系为基础的关系网络中,家庭作为徽州宗族社会的基本单元,以夫、妻、子、女为主要构成元素,而家庭又是构成家族的基本单位。家族在规模上大于家庭,小于宗族,是连接家庭和宗族的关系网要素。徽州传统的宗族在家庭和家族关系要素的基础上,又可分为大宗、小宗关系网络。在这些关系网络中,我们将辈分、血缘、性别作为区分各个子关系网络的标准。辈分在宗族中有着特殊的含义,它规束了长幼有序、尊卑有别的关系体制;血缘是宗族形成的一个核心指标,血脉正统与否关乎宗族的存续问题;性别对宗族成员所行使的祭祖权力有决定性影响。综上,我们认为,徽州宗族社会的整体关系网络可总结为是以父系为中心,严格按照血缘、辈分、性别分类,深受地缘影响,恪守尊祖敬宗规则,崇尚孝道,秉持官本位的价值观,并在社会上谋求和维护本宗族地位和特权的关系网络。

借助上面的宗族关系网络,笔者进一步勾勒出祭祖活动中宗族文化传播关系网络。在家祭活动中,家庭中的男主人掌握着祭祖活动的主导权,进行祷告等一系列行为,家庭中的其他成员以及他们所祭拜的"祖先"则为受传者。在墓祭中,宗族文化传播更多表现在仪式进程上,恪守《朱子家礼》中对祭礼的要求。在歙县抬汪公的墓祭中,受徽州后裔子孙的崇拜和信仰,汪华完成了从祖先向徽州民间神明的转化。在祠祭中,祠堂作为这一类型仪式活动举行的重要场所,本身就是一种传承宗族文化的叙事媒介。在严谨而隆重的祭祖流程中,从祭文的宣读到最后的分胙,每一部分都包含丰富的宗族文化。如果从仪式中抽离出来,就会回归到祭祖活动中最关键的因素——人。祭祖中的每个参与者都是一个传播的个体单元,他们依靠血缘关系网络相互连接,进行交流和沟通,并在祭祖活动中承担自己的职责。祭祖中的关系网依托于家族社会,在徽州特殊的时空内形成了自己特殊的传播体系。

从祭祖中表现出来的宗族关系网络,我们不难看出,徽州传统社会的宗族文化传播网络是以宗族祖先血源谱系为主线,以家庭为基本传播单元,以家族各支脉为支撑,

---

① 资料引自嘉庆霞川汪氏重修家谱。
② 资料引自光绪梧川汪氏宗谱。

借助媒介、仪式及物质化的特殊空间来进行的,基于强关系的宗族文化传播体系。而这样一个传播体系可能也是华夏传播体系的缩影。

三、祭祖仪式中的宗族文化传播

我是谁?我们是谁?这既是社会学问题,也是哲学着力解决的问题。我们将这些问题置于文化传播学的视野之下,尝试从新角度解决这些问题。本文认为,祭祖中的个体有着丰富的自我诉求和内心活动,通过祖先崇拜和自我建构实现自我认知,也是古代徽州知识分子安身立命的重要追寻。祭拜者在祭拜过程中获得对事物的深刻认知,对祭祖本身所包含的孝道进行更深层次的践行,对自我做深刻的反省和认知,从而实现内心的平衡与和谐,发挥"灵性"作为内生动力对自我的认知作用。处于祭祖中的群体,通过祭祖中的职能分工、宗族谱系等来完成群体中男女的性别认同、血缘认同以及组织认同。祭祖活动使族人对性别差异的认知达到了一定高度,宗族也因明确了男人和女人的区别,形成有序的生活团体。祭祖与我们的民族和家国情怀、乡土情结相关联,是宗族传播的文化体系的核心和精髓。从家祭出发,最终引发祭祖中个体的家国情怀,使祭祖活动的意义实现了升华。

(一)祭祖仪式中的族人身份认同

1.我是谁?——"心传"中的自我认知

自文明诞生以来,人类就对世界的本原孜孜以求,在对个体确证的过程中也在不断追问自我存在的意义。祭祖仪式中被神化的祖先是一种"灵性"的集合体,这种灵性统合并超越个人身体、心理而彰显社会完整性的本质,同时也是人类求生存的原则。[1]因为它往往指一个人的超越性追求,即与自身以外的更强力量的一种联结,抑或是建立以更强力量为核心的信仰、价值体系或者获取相关体验。[2]

祭拜者在仪式中获得对事物的深刻认知,对祭祖本身所包含的孝道进行深层次的践行,对自我做更深刻的反省和认知,从而达到内心的平衡与和谐,实现祭祖作为内生动力对自我的认知作用。此外,祭拜者还通过与族员进行关联而获得认同感,无论是祭祖过程中的教化作用还是个体的内心活动,都会通过实在的组织活动完成。当然,在这个过程中,视角是祭祖者本身对自我个体的关注,强调独自认识自我、实践自我。不管是与具体的个体之间进行的真实的交往,还是人为构造出的精神世界的符号"祖先",都是在着力建构一种以血缘关系为依托的社会连接和情感连接,从这个角度出发,祭祖就是个体对自我认知的一种追寻。

在相对封闭的祭祖环境里,徽州人将耕读传家、读书做官和经商致富等人生目标统一起来,无论是经商还是从政,依靠儒家思想和道德规范,徽州人最终都会将自己的

---

[1] 李可钰.祖先崇拜与自我构念、社会/灵性支持关系的研究[D].曲阜:曲阜师范大学,2014.
[2] JAMES W.The varieties of religious experience:a study in human nature[M].London:Longman,Green & Co.,1925.

成就与财富体现在对祭祖的重视上。徽州祠堂祭祖成为许多徽州人日常生活不可或缺的部分。在徽州传统宗族社会中,被逐出祠堂是非常严厉的处罚,意味着其身份得不到宗族的承认,个人也得不到祖宗力量的支持,身处异乡自然更不会获得接纳,以至于难以获得生存和立足之地。时至今日,许多徽州人成名成家后,毅然重归故里,将自己的财富投向故乡:修祠堂,续族谱,借助祭祖来实现自我安身立命、光宗耀祖的理想。祭祖中的人客观上是宇宙中渺小的一分子,但是祭祖本身所承担的生命丰富性,将个体的生命扩展到家族、宗族、社会甚至天地之间,使个体的生命与生生不息的天地精神相贯通,从而突破个体生命的有限性,使个体得以认识自我、定位自我,超越有限而融入无限,最终获得安身立命的依归。"我"从祭祖中获取优良的家风传统,汲取祖先最荣耀的精神品质,赢得社会的赞同,进而与时代提出的道德要求相匹配,强化自身的道德素质,成德成己。

2.我们是谁?——宗族成员的集体身份认同

在中国传统思想体系内,男性与女性社会角色有着显著的区别,血缘谱系中祖先崇拜的宗法观念也对男女角色扮演做出了规制。在我们分析的三种形式的祭祖活动中,各个流程的负责人均由家族成年男性担当,这与长期以来依靠家庭血缘宗亲关系来维系的宗亲制度有直接关系。男性作为家族与家庭的继承者,在祭祖中承担着主要角色,虽然女性在祭祖中并不居于显性位置,但是角色依然重要、不可或缺。在笔者调研的俞氏祠堂祭祖活动中,女性在祭祖各流程的事务操办中均有参与,家族中的女性负责祭品的采购以及财务的管理。与此同时,正式祭祖前,打扫庭院、清洁供桌、整理祖先牌位以及贡品摆放上桌都由女性来完成。无论何种规制的祭祖形式,都能看出男性与女性在仪式中分工的差异,但在现代文明体制之下,传统的男尊女卑思想早已被冲淡,只有分工不同,并无高低之分。唐力行认为,宗族组织包含族语、祠堂和族田三个基本要素,即所谓"敦睦之要有三,若祖庙,若祀产,若宗谱。……三者相须,不可缺一"①。祠堂是宗族组织中的核心要素,而祠祭就是在宗族组织中成形的。宗族组织作为专门的机构进行祭祖活动,参与祠祭的族员与本宗族组织里的成员在认知上达到统一,即"我们"是"宗族组织的成员"。祭祖中的个体都是宗族组织的一分子,有义务扮演好自己在宗族里面的角色,各司其职、有条不紊地履行他们的岗位责任。

3.我们的民族——祭祖中的情怀

(1)从家祭从发——祭祖中的家国情怀

"一玉口中国,一瓦顶成家。"无论是家祭中家庭成员对祖先虔诚的祈福,还是对子女真诚的教诲,都为徽州文明风尚的形成奠定了基础。家庭活动作为家庭教育的初始"课堂",其功能是任何组织都无法替代的,而家祭所具备的教化功能是社会文明体系中不可或缺的部分。家祭中的言传身教、上行下效都为良好家风的形成奠定了基础。家祭活动的延续是塑造文明家庭的重要途径。新时期我们注重家庭、家教、家风,让优秀的传统文化落地生根,这在某种程度上与家祭活动的初衷不谋而合。再来看墓祭和

---

① 资料引自歙县方氏会宗统谱卷20(乾隆十八年刊本)。

祠祭,每逢徽州大族祭祀活动,宗族成员都会精心策划、准备每一个环节,海内外的宗族子孙也都会尽量赶回来参加仪式,"不忘祖,不忘根,不忘本"这股原始诉求精神成为他们回来的动力。

徽州祭祖是中国祭祖活动的缩影和代表,也是渴望、祈求多子多孙的潜意识的物化形态,不仅包含着深刻的宗法观念,也是国家发展、民族进步、社会和谐的重要根基。祭祖在传达对先人的尊重和对后人的激励的同时,更强调增强家族的凝聚力,祈愿家兴族旺、国泰民安。通过庄严的墓祭和祠祭仪式,宗族后代子孙构建起自己的精神家园,在中华儿女慎终追远的传统和文化血脉之中沉淀,凝结成"忠诚为国、慎身勤业、诗礼传家"的家国情怀。源于对祖先的崇拜,突出表现在宗族的团结以及对宗亲的深情大爱上,这种爱上升到国家层面,则希望我们的国家和人民团结一心,体现着强烈的民族凝聚力、认同感、责任感和使命感,最终推动修身、齐家、治国、平天下的人生理想的和谐统一。

(2) 故乡依在——祭祖里的乡土情结

遍布徽州的祭祖活动与乡土密不可分,祭祖不仅是同一宗族"根"的纽带,也是中华民族传统文化与乡村文化的载体。笔者所考察的祭祖活动正是依托于徽州乡村的母体而延续的。春节返乡,即使归乡的路再艰难,万千在外的人也要回家,回乡最重要的事情之一便是祭祖。俞贞认为:"回乡祭祖是实现自我归属、群体认同的一个重要途径。在很多人眼里,乡村已经变成了一个诗意的想象,停留在人们的记忆之中,而祭祖活动将这种遥远的想象拉回现实。祭祖这天,人们从快节奏的生活工作中抽离出来,成为乡村里的主角,乡村与乡愁被拉回现实。在城市生活所带来的压抑中,祭祖成为人们释放自我内心的契机,在这一过程中,重建道德秩序和价值信仰体系也便有了契机。"乡村的建设要融入现代体系,祭祖也不可避免地要与时代共同进步。中国传统社会原本建立在农耕基础上,中国优秀传统文化深深植根于农村之中。依托家乡山水的独特风光,延续乡村的生命脉络,丰富多元的祭祖活动让生活在城市的人的精神得以还乡。

(二) 祭祖仪式中的宗族文化传播

1. 虔诚的祭拜:被唤醒的宗族记忆

对记忆的探索,尤其是对集体文化记忆,我们往往通过对记忆文本进行解读,最终勾画出特定时期的历史面貌与社会图景。作为集体记忆储存工具的文本主要来自两个方面,"一方面是通过文字形式的物质化,文字使得语言成为不可变更的存在;另一方面是通过固定化或经典化,它们保证了文本成为历经岁月的无可指摘的形态"[①]。"只有通过阅读或听人讲述,或者在纪念活动和节日的场合中,人们聚在一块儿,共同回忆长期分离的群体成员的事迹和成就时,这种记忆才能被间接地激发出来,所以说,

---

① 埃尔,冯亚琳.文化记忆理论读本[M].北京:北京大学出版社,2012:32.

过去是由社会机制存储和解释的。"①徽州祭祖使宗族集体记忆被唤醒,在特定时间和空间内不断固化并长久流传于人们的日常生活中。在笔者所考察的祭祖活动中,祭祖场所的楹联、文书以及陈列在祭祖场所的家谱文书,将集体记忆以文本形式呈现给后人。卷帙浩繁的宗族家谱,内容广泛,全面翔实地记录了祭祖的场景。以清《茗洲吴氏家典》为例,内容包括序、参阅校正姓氏、凡例、家规……祭礼仪式分类齐全、面面俱到,这些以文字形式保留下来的关乎宗族历史的文献、匾额、楹联等,历来受到宗族的重视。鉴于修谱、撰写祭文的特殊性,这一工作在选拔人员时往往偏重有威望的本族长辈,这也使得由宗族集体祭祖的实体机构所拟定的"法则"具有宗族成员认可、信服的合法性和神圣性。借助文本、仪式以及特殊的时间和空间,祭祖活动完成了对宗族集体记忆的唤醒、固化并最终神化的过程。祭祖仪式也提供了一个将过去和现在联系起来的机会,既为徽州宗族后代子孙实现宗族集体追忆提供了途径,也是祭祖得以传承的重要手段。

2.信仰的共同体:被强化的宗族"精神"

首先是孝观念的传递。强化宗族精神中孝的观念是徽州祭祖活动的主要目的之一,这在现代的祭祖活动中也被极大地彰显出来,并不断得到认同和传承。在祖源家祭中,通过各家各户言传身教来传递"孝";在歙县墓祭中,汪公大帝像巡游的盛况展示了孝;在婺源汪口俞氏祠祭中,隆重的仪式充满对祖先的敬意、对逝者的重视。中国古老哲学伦理体系里面就有"家和万事兴"的说法,孝作为一个重要指标,发挥着核心作用。孝亲作为一种家庭伦理追求,起到稳定家庭、团结人心的作用。家祭中妻子儿女对父母的尊敬,墓祭中家族成员听从族长的指挥,以及祠祭中族员对家族长辈拥有的诸多权利的认同等,都是孝发挥作用的具体表现。

其次是血缘关系的强化。涂尔干在《宗教的基本形式》中提出:"宗教仪典的首要作用就是使群体集合起来,举行仪式。所以说宗教仪典的首要作用就是使个体聚集起来,加深个体之间的关系,使彼此更加亲密。"②中国的祭祖活动与西方的宗教信仰活动发生的客观环境不同,但是都具备涂尔干笔下的宗教仪典的功能。"不管宗教仪典的重要性多么小,它都能使群体诉诸行动,能使群体集合起来,举行仪式。"③笔者在前期的调研中发现,大部分青壮年男性外出务工等现象,使传统的宗族血缘关系不可避免地受到现代社会发展的冲击,然而在徽州一系列的祭祖活动中,传统的家族关系重新得到强化。在墓祭和祠祭活动中,由于共同筹办祭祖仪式的各项活动,宗族中的各个分支家庭又重新走到了一起,家族的关系得到回归,家庭成员的家族意识被重新唤醒,"他们的思想全部集中在了共同信仰和共同传统之上,集中在了对伟大祖先的追忆之上,集中在了集体理想之上"④。

最后是宗族的延续。祭祖活动展现的祖先崇拜为宗族延续提供了一种合法的内在动力。费孝通先生认为,汉族传统社会结构得以延续的重要基础是祖先观念与祖先

---

① 哈布瓦赫.论集体记忆[M].毕然,郭金华,译.上海:上海人民出版社,2002:43.
②③④ 涂尔干.宗教生活的基本形式[M].北京:商务印书馆,2011:476.

崇拜。家族延续的一个重要表现是传统男权社会中父系血缘的不断传承。他还认为中国人是心中有祖宗、有子孙,而把自己作为上下相连的环节来看的。① 也就是说,对祖先的崇拜推动宗族的延续。笔者在考察越国公汪华的家谱时发现,随着家族内部子孙的繁衍,同一主系不断延续并分出不同的世代和支系,从汪华开始为"华"字辈。从第68代起,直到今天的第148代,汪氏宗脉依然发展昌盛。由此可以看出,一方面,家族的延续使得祖先血脉相承、后继有人,并使对祖先的继续祭拜也成为可能;另一方面,对祖先的崇拜也成为家族维系、扩大的动力。② 在徽州不同种类的祭祖仪式中,男性在祭祖中地位的强化保证了男性继承人的延续。在祭祖活动中,男性被赋予了诸多特权,宗族男性成员越多,家族的地位越容易得到确立和巩固。反之,男性继承人一旦缺失,宗族就可能面临危机,宗族延续也就无从谈起。男性继承人的繁衍也推动徽州祭祖仪式不断发展,是推动家族延续的内在动力,而强化祭祖仪式同时也是对这一观念的隐形固化。

3.仪式作为媒介:复活的宗族权力

宗族权力表现在每个成员的控制力上,也表现在族员对宗族的认同感和归属感上。涂尔干认为,仪式中的模仿仪轨不仅追忆了过去,而且还借助戏剧的表现形式将过去呈现在人们面前。按图索骥,笔者认为,祭祖的实质是宗族权力话语体系扮演关系媒介的角色,通过仪式使族人对宗族权力的认知得以苏醒,重新赋予宗族在新时期的权力,使宗族权力得到强化。这种权力被宗族重新掌握以后,在其他领域重新被行使,使得由祭祖仪式重新唤醒的宗族权力发生异化。

徽州地区的各种形式的祭祖活动,使得不同宗族的成员借助仪式流程实现宗族权力在时空上的延续成为可能。身处同一时间和空间的族人,由于参加仪式而获得文化认同,进一步形成彼此之间对宗族行使祭祖权力的认可,这种认可是唤醒宗族权力的"引线",共同体的文化记忆不断被延续,宗族成员明确自己的角色定位、权利以及义务。

与此同时,祭祖活动在特定的空间内进行,家祭在家中正堂,而墓祭以及祠祭的举行场所更是有着特定的权力象征意义。需要指出的是,祠堂的布局为以宗祠为中心,然后延伸出各个分祠,最后到家祠,这种布局的脉系与宗祠的族谱一脉相承,数量众多的祠堂群把徽州分割成不同的权力区域。

再来看作为媒介的祠堂仪式,其首要功能是怀念祖先,本身便是一种宗族的控制手段。为了突出乡贤文化的特权地位,宗族还规定在祭祖中担任引赞、通赞、倍通等职位者必须是本族辈分较大且有一定文化程度的成员。在祭祖仪式上宣读祖先族谱时,如果读出祖先的名讳,将被认为是大不敬的行为,会受到族人道德上的谴责与族规的惩罚,即"谱牒所载皆祖宗名讳,孝子贤孙,目不可睹,口不得言"。置身于"等级森严"的祠祭之中,加之仪式的"重复性"和"表演性",仪式使跨越几百年的历史得以传承,又

---

① 费孝通.费孝通文集[M].北京:群言出版社,1999:41.
② 崔娟.祖先崇拜的当代意义研究[D].沈阳:辽宁大学,2014.

使得隐藏于仪式之下的宗族权力在当今社会得以重现。

祭祖仪式作为一种宗族控制机制，使得宗族权力得到复苏，但在新时代语境之下，这种宗族权力并不可能一成不变地沿袭，而是发生了变化。在抗战前夕，大批徽商在杭州从事商业运作，并成立吴山汪王庙管理委员会。他们将徽州本土祭祀汪华的仪式从安徽完整地复制到了杭州，通过祭祖仪式增强汪氏在杭族人的凝聚力和团结力。祭祀之后，在汪氏族人之间还有"聚餐月会"，每月聚会一次，在觥筹交错之间，在浓浓的亲情、乡情氛围里，族人们互通信息；一旦有事，便互济互助，实现跨行业的合作。① 新时期，这种宗族权力的发展和扩展体现在各个方面，并影响着每一个宗族子孙。

4.媒介作为仪式：传承与改变中的宗族文化

将祭祖仪式作为媒介解读，似乎并不难理解。然而，如果反向将媒体对祭祖活动的传播理解为一种仪式，来探究媒介对祭祖中宗族文化的传播，我们认为同样是一条有价值的路径。近些年来，随着国家对传统文化的保护和传承力度不断加大，在特定节点，祭祖的宣传如祭孔大典直播、祭奠汪华诞辰网络直播以及清明节各地的祭祖直播已经成为一道标志性的媒介景观。媒介作为一种仪式，又是如何唤醒、激发甚至改变宗族文化的？安德森认为，"通过仪式性的媒介接收活动，如同时或一起收听某一广播节目或观看某一媒介事件，人们可以获得共同的文化感受，以及对拥有相同体验的其他社会成员的感知……这不是政客操纵人们的幻影，而是一种与历史文化变迁相关的，根植于人类深层意识的心理建构"②。媒介尤其是现代传播手段，通过呈现的文字、视频，对具有共性的祭祖文化的内涵进行解读，并以世俗化的阐释迎合受众的需求，使受众对根植于徽州大地的祭祖仪式产生认知。媒介记录者以旁观者的视角所观察到的家祭、墓祭以及祠祭的仪式程序、内容以及氛围，再现了祭祖的原貌，极大地扩展了仪式的传播空间。

徽州祭祖仪式的电视直播在一定程度上激发了徽州宗族乃至华夏社会同宗同源的文化记忆与祖先信仰。媒体在记录的同时，本身也成了仪式；媒体记录的镜头、留下的画面、定格的瞬间，使现场的仪式参与者和受众在广阔的空间里相互连接，最终完成宗族祭祖中的寻根之旅。

但是，我们在极力褒扬媒介仪式对宗族文化的传承之时，仍需考虑的是在大众传媒营造的媒介仪式之中，具有神圣意义的祭祖仪式是否沦落为世俗的陈述和表演。媒介呈现替代了现场的经验，在仪式中，参与者与受众发生了分离，"参加的仪式"变成了"观看的仪式"，媒介的介入对现场的场景进行重构，这种重构是否"另有所图"？如关于新华网2006年对清明节徽州祭祖的报道，就不断有声音指出，其用心和目的明显不在于学术考证，甚至也不在于文化传承，而更多的是商业利益，被商业功利左右。这将造成宗族文化传播异化的后果，正如曾庆香所言："有一种脱离自己土地的倾向，对自己生存的土地上的文化、人们，在认识、情感乃至心理上，产生陌生感，这可能导致民族

---

① 唐力行.从杭州的徽商看商人组织向血缘化的回归——以抗战前夕杭州汪王庙为例论国家、民间社团、商人的互动与社会变迁[J].学术月刊,2004(5).
② 安德森.想象的共同体：民族主义的起源与散布[M].吴叡人,译.上海：上海世纪出版集团,2008:17.

文化的危机。当年轻人缺乏和母体文化的血肉联系时,甚至可能会出现'无根'的一代。"①

四、讨论与思考

随着国家对传统文化保护力度的不断加大,一批带有鲜明中国"符号"特色的传统习俗被国家以法定节日的形式固定下来,尤其是与本文所探讨的内容相关的清明节。清明时节祭奠祖先、缅怀先人、远足踏青、亲近自然,感受万物重新获得新生的萌动,不仅是中华民族亿万儿女骨子里的情怀,而今也与时俱进地体现在国家的大政方针之中。

2017年1月25日,中共中央办公厅、国务院办公厅印发了《关于实施中华优秀传统文化传承发展工程的意见》,明确指出,"文化是民族的血脉,是人民的精神家园。文化的自信是更基本、更深层、更持久的力量。中华文化独一无二的理念、智慧、气度、神韵,增添了中国人民和中华民族内心深处的自信和自豪"②。新的时代呼唤新的气象,新的责任呼唤新的使命。如何将优秀传统文化更好地融入到人民的生活之中,让文化生产力促进国家的进步和民族的发展,成为摆在我们面前的一项重大课题。此次颁布的《意见》中也明确要求我们深入开展"我们的节日"主题活动,实施中国传统节日振兴工程,丰富春节、元宵、清明等传统节日文化内涵,形成新的节日习俗。2017年春,安徽省非物质文化遗产研究会在合肥成立。我们听到了越来越多的声音,呼吁让优秀传统文化留下来、活起来、传开来。

(一)祭祖新气象

随着时代的发展,徽州祭祖活动正在从繁杂的仪式流程中脱离出来。在笔者的观察中,很多徽州人已经不再严格履行过去的叩拜礼仪,在供桌前也不需要全家人行磕头大礼,简单真诚地鞠躬即可,原有祖先牌位和家谱也被先人的画像和书写的名讳所取代。在徽州,一些从外地大学归来的学子并不被严苛的祭祖仪式束缚。每年春节的祭祖用品也不需要刻意去准备,水果、鲜花均可。在传统墓祭和祠祭等大型祭祖活动中,简化的流程使准备仪式的时间大大缩短。以前往往需要进行一两天的祭祖仪式,现在一上午基本可以完成,不耽误正常的生产和生活,节省了大量的人力、物力和财力。

在传统的祭祖中,女性的地位一直被压制,其作用也被长期以来的男权思想刻意"掩盖"或弱化,传统家礼规制对女性祭祖权力也有很多约束。但在新时期的环境下,女性的权力不断得到解放,笔者在休宁的走访调研中也发现,在清明节的墓祭中,由于一些乡村男劳动力外出务工,祭祖事宜均由留守的女性和老人来负责。无论是主观原

---

① 曾庆香.论文化公民身份及其建构[J].新闻与传播研究,2008(6).
② 新华社.关于实施中华优秀传统文化传承发展工程的意见[EB/OL].(2017-01-25)[2017-08-25].http://news.xinhuanet.com/politics/2017-01/25/c_1120383155.htm.

因还是客观原因,根深蒂固的祭祖习俗逐渐被打破,女性在祭祖中开始享有同样的权力。在湖北省黄石市区白沙镇石清村,90名已经出嫁的女儿在娘家亲人的陪伴下,带着水果、糕点、鲜花等祭祀品首次上祖坟山祭奠逝去的亲人,出嫁女不能回娘家扫墓祭祖的陋习似乎正在逐渐被破除。

(二) 徽州祭祖中的社交新态

互联网已经形成了一张庞大而绵密的网络,每个人都身处这张大网之中。近些年来,随着互联网服务的不断完善,网上祭祖勃兴。借助网上祭祖平台,将现实中的祖墓和祠堂通过三维技术,生动真实地移植到互联网上,并配置虚拟的电子祭品,方便人们随时祭拜。作为现实祭祖活动的一种有益补充,这条祭祖的网络产业链条正在形成,传统的祭祖形式也借助这股力量,正在重新建构祭祖文化的传播网络,规模空前的网上互动扩展了祭祖文化的传播范围。网络环境使祭祖的物理空间和关系空间分离,祭祖的时空界限被打破,虚拟关系与现实关系的叠加以及强关系主导的传播空间使得新的传播形态产生。

1. 从徽州祭祖到熟人社交

现实中的徽州祭祖受制于各种主客观的原因,如很多宗族成员分布在不同区域,甚至是全球各地,很难在特定的时间到达祭祖的地点。因此,网络祭祖的形式极大地迎合了一部分祭祖人员的心理需求。网上祭祖使祭祖行动得以从特定的地域中脱离出来,在与宗族成员同时进行仪式的流程中,祭祖的积极性被极大地调动起来,"使用与满足"得以实现,时空对熟人关系的限制被削弱。与此同时,网络祭祖将现实中基于血缘关系的宗族成员的互动搬到了虚拟空间,祭祖是图景,回归家族圈子才是通过网络祭祖最终达到的目的。在祭祖之外,网络还可以帮助人们认祖归宗、寻找同宗亲人,线上线下进行互动,实现祭祖的"双赢",并最终服务于宗族组织成员的交流。

2. 从虚拟祭祖到社交新态

网络技术的使用需要使用者具备一定的媒介素养,网络祭祖的参与者以年轻用户为主。依托于强关系的网络祭祖人员本属同宗一门,彼此信任度高。参与祭祖的人员还可以在宗亲群里面进行平等的互动和交流,并在指定的祭祖网站自愿祭祖。网络祭祖的推广使客观存在的祭祖仪式和祭品转化为依托于网络技术的虚拟存在形式,无论"祭"与"不祭",都由祭祖者本人决定。依附于现实祭祖的情感包袱被卸去,宗族族长的中心地位在某种程度上被解构。祭祖中的个体成员与宗族组织拥有了平等的地位,宗族之间严格的等级关系在无形之中被逐渐弱化,一种新型的平等关系开始建立。

3. 从虚拟符号到关系维系

在网络祭祖过程中,祭祖人员之间、祭祖者与祖先之间的交流,依赖于传播符号的分享、解读和理解。在祭祖过程中,祭拜者根据不同的情感诉求,既可以购买网络虚拟祭品,也可以发送祈愿文字来传递感情、表明态度。祭拜的网页上会留下祭拜者的访问记录,以此为媒介,祭拜者之间的线上"交流"进一步加强,虽互不接触,但有着血缘关系的宗亲之间的距离被拉近。网络祭祖带来的真实感和亲切感维系了宗族成员关系。当然,作为刚刚兴起的祭祖形式,互联网祭祖行业是否能真正带来祭祖关系网络的根本变化?脱离了传统,是否能走得更远?宗族体制的权威是否正在坍塌?我们在这里还只能停留在观察和尝试探索阶段,实际影响还有待于进一步研究。

(三)冲击与应对

道格拉斯认为,仪式中最重要的内容是重复的标准化行动,远离传统仪式的文化背景,仪式便丧失了其意义。笔者所考察的区域虽然都保存着较为完整的仪式流程,但是受现代社会浪潮的冲击,一部分祭祖活动覆盖区域急剧萎缩,祭祖本身的意义也正在弱化。在物化和具象的仪式之外,祭祖更像是一种陪伴,在单薄的乡村文化传播体系中,陪伴着一代代宗族子孙找寻自我心灵归属。着力去除商业因素,要让祭祖走得更远,就要回归祭祖本身所具备的含义,使之更接地气。

而今,徽州祭祖正在重新引起我们的关注,释放出的也多是与我国主流核心价值观相符的积极信号。当然,要消除祭祖中与现代文明不相符的一些消极因素,还需要一段时间的尝试和探索,但是如何传承优秀传统文化,建立与经济发展相适应的"孝"文化体系,让后人汲取祭祖中"经商富国、读书报国"的精神品质,汲取初心的力量,建立与时代发展相适应的祭祖新体系,是当前乃至未来的一项新任务。

进入21世纪以来,资本主义发达国家继续以先进的传播技术、贸易手段对中国实行文化渗透战略。与西方节日文化的"叫座"相比,中国传统节日中的文化传承频频受到冷遇。在维护我们传统文化尊严的同时,如何根据时代的变化在传承中发展我们的优秀文化,值得我们每个人认真思考。以徽州祭祖为例,我们也看到现代的传播语境与祭祖仪式在不断地融合,其自身强大的文化体系所包含的精华——家祭的家庭和谐、墓祭的孝道彰显、祠祭的成员团结,都值得我们在文化传播中大力弘扬。与此同时,无论是传承还是发展,只有从古老的仪节中寻找本土的力量,我们才可能继承传统;只有从时代出发,与时俱进,我们才能将传统文化发扬光大。总之,唯有从传统和现实的交汇处,我们才能准确找到中国传统文化的生命力,找回文化自信的根源。

社会治理:中国古代格言传播的启迪
Social Governance: the Enlightenment by Maxims Spreading in Ancient China

黄鸣奋[*]

Huang Mingfen

摘要:若说我国古代格言是中华文化的精粹的话,那么,宋代潘自牧所编《记纂渊海》便是我国古代格言的宝典之一,对研究中华文化的传播具有重要价值。就社会治理而言,此书所辑录的格言从多种角度汇集了相关智慧的结晶。其中,"坐以致人"篇重点在于社会影响的力量所在,不仅阐发了社会交往的不对称性、社会聚合的若干纽带,而且为当今社会治理提供了有用思路;"与人为地"篇着眼于社会得失的因果审视,论述了社会博弈的因人成事、社会遗憾的因缘凑合、社会治理的因势利导等内容,为后世提供了值得借鉴的历史经验。

Abstract: If the ancient Chinese maxims is the essence of Chinese culture, then, *Recorded Wisdom Vast as Sea*, compiled by Pan Zimu in the Song Dynasty, is one of the treasury of ancient Chinese maxims, which is valuable for the study of the spread of Chinese culture. In terms of social governance, maxims in the anthology is the collection of the relevant wisdom of a variety of perspectives. The chapter "Attraction without Attention" focusing on the power of social influence, not only elucidates the asymmetry of social interaction, the links in social agglomeration, but also provides useful ideas for today's social governance. The chapter "Aimlessly Help Others" focusing on causes of gains and losses in social interaction, discusses the social game in the term of success relying on the power of others, social regret caused by different unseemliness, social governance in the principle of making the best use of the circumstances, which provides a useful historical reference for sociology of today.

关键词:格言,社会治理,交往,博弈

Keywords: maxims, social governance, communication, game theory

---

[*] 黄鸣奋,福建南安人,厦门大学人文学院中文系退休教授,主要研究领域为中国古典文论、新媒体艺术理论等。

中华文化博大精深,蕴含着诸多为当代社会治理所需要的智慧,它们通过格言、范例、经典等形式流传至今。就此而言,宋代潘自牧所编《记纂渊海》具备重要文献价值。关于他的生平,史料记载不多。我们只知道他是浙江金华人,字牧之,宋宁宗庆元二年(1196)进士,担任过福州州学教授、龙游(今属浙江省衢州市)县令等职。《记纂渊海》成书于庆元六年(1200)左右,嘉定二年(1209)增补,共195卷,分为22部,即论议、性行、识见、人伦、人道、人情、人事、人己、物理、叙述、接物、问学、言语、政事、名誉、著述、生理、丧纪、兵戎、释、仙道与阃仪。每一部又细分为若干门,如论议部的"方兴未艾""光焰不长""一视同仁""肝胆楚越"等。此书有宋、元、明等朝的刊本或钞本,笔者所见到的是中华书局1988年影印本。《记纂渊海》各门所汇集的史料以记言为主,一般根据出处按"经""子""史""传记""集"与"本朝"的顺序编排。编者按照点到即止的原则,未对前因后果加以阐释。这留给我们寻绎不尽的空间。社会治理作为动词既指对社会加以治理,又指由社会实施的治理;作为名词既指为政之理,又指公共利益最大化的目标。为实现社会治理的目标,需要洞察社会治理的规律。下文从《记纂渊海》选取"坐以致人""与人为地"两组格言,分别从社会影响的力量所在、社会得失的因果审视的角度予以阐释,以期求得某种借鉴。

一、坐以致人:社会影响的力量所在

安居无为,就能影响别人,或者吸引人才。有这样的好事?宋代潘自牧不仅列举了历史上的相关材料来印证,而且发明了"坐以致人"这个术语概括这类现象。[①]"坐"在这里指止息,"致人"指施加影响或吸引别人。《孙子兵法》说:"凡先处战地而待敌者佚,后处战地而趋战者劳。故善战者,致人而不致于人。能使敌人自至者,利之也;能使敌人不得至者,害之也。故敌佚能劳之,饱能饥之,安能动之,出其所不趋,趋其所不意。"[②]"致人"在军事斗争中是争取主动以克敌制胜之意,在社会交往中主要是指使人信服而趋从。以其无为而求有为,这正是"坐以致人"的宗旨。

(一)社会交往的不对称性

对称既是广泛存在的自然现象、社会现象和心理现象,也是人们观察和分析问题的常见角度、思维范畴和心理定势,尽管如此,不对称同样广泛存在于自然、社会和心理领域,甚至其范围比对称更大,以至于可以说它是事物的常态,对称只是特例。对称之所以格外受到重视,很可能是由于它可以让我们相当方便地进行推理,从已知的部分推导出未知的部分。不过,它也经常诱导我们出错,令我们在社会交往中持一厢情愿的态度。相比之下,不对称无一定之规,它使我们意识到事物存在形态的复杂性、不确定性,明白在社会交往中具体问题具体分析的重要性、必要性。"坐以致人"正是社会

[①] 潘自牧.记纂渊海:卷四十论议部之四[M].清文渊阁四库全书本:156.
[②] 孙武.孙子:中虚实第六[M].续古逸丛书景宋刻武经七书本:3.

交往不对称性的体现。它告诉我们:生活中并非总是你来我往、你欢我爱、你求我应。

1."匪我求童蒙":认知不对称与道义的起源

根据潘自牧列举的例证,"坐以致人"最初是指社会交往中某种非对称现象。《易经·蒙卦》称:"匪我求童蒙,童蒙求我。"①巫者自谓以卜卦为人解惑,是别人有求于己,而非自己有求于别人。从道理上说,"暗者咨明,明者不咨于暗。"②一方向另一方咨询,被咨询者根据上述逻辑就占了先机,至少比咨询者主动。

为什么童蒙要向巫者求教呢?首要原因当然是巫者懂得多。巫者所擅长的未必是日常生活知识或基本劳动技能,而是星象、幽明、交感之类常人觉得神秘的东西。卜卦既是他深入到神秘领域进行探索的途径,又是向常人显示天意或玄机的方式。从蒙卦可以看出:启蒙不只是认知的问题,它必须考虑如何使所谓幼稚者或蒙昧者接受巫者的观点。"初筮,告。再三,渎,则不告。利贞。"人家第一次来求教,我便将占筮的结果如实相告。对方若不相信,再三来问,那就构成了侮慢、亵渎,我便不会告诉他什么了。这样做,体现了有理、有利、有节的原则,不失诚信,又维护了卜筮的权威,因此说是"利贞"。其实这个问题还有未经道出的一面,即同一问题若诉诸多次卜卦,答案可能不一致,巫者与其自打嘴巴、骑虎难下,还不如采取回避的策略。

在上例中,"信"是问题的关键。巫者信神明,童蒙信巫者,天意因此得以贯彻于人事,自然规律因此转变为社会规范,这就是神道设教视野下的道义起源。在这一过程中,存在种种障碍,不信可能意味着不诚实(巫者未据实告知卜筮结果及其含义),也可能意味着不相信(童蒙对卜筮结果持怀疑态度)。巫者虽然如实相告而童蒙居然疑心不解,或者童蒙虽然相信但巫者其实是相诳,这类事态都属于不对称交往。因此,要想真正实现神道设教视野下的教化目标,必须解决"信"中存在的矛盾。

当然,"匪我求童蒙,童蒙求我"只是社会交往中的一种态势。相反的情况也是存在的。清代袁枚《续诗品·求友》称:"游山先问,参禅贵印。闭门自高,吾斯未信,圣求童蒙,而况于我,低棋偶然,一着颇可。临池正领,倚镜装花。笑倩旁人,是耶非耶?"③其中的"圣求童蒙"亦有根据。据《论语》记载,"樊迟请学稼。子曰:'吾不如老农。'请学为圃。子曰:'吾不如老圃。'"④抛开孔子是否认可子路的意向不论,就答语本身而言,他还是颇有自知之明的。美国文化人类学家米德(Margaret Mead)的《文化与承诺:代沟研究》(1970)一书根据传递模式中的代际关系将人类文化划分为三种基本类型,即前喻文化、并喻文化和后喻文化。⑤ 上文提到的"童蒙求我""求友""圣求童蒙"可以分别作为这三种文化的代表。古代智慧基本上是在前喻文化的大背景下产生和发展的。基督教主张:"年老的有智慧,寿高的有知识。"⑥代际鸿沟早就存在。因此,

---

① 卜商.子夏易传:卷一"蒙"[M].清通志堂经解本:8.
② 《易经·蒙卦》之《象传》注,引自潘自牧.记纂渊海:卷四十论议部之四[M].清文渊阁四库全书本:16.
③ 袁枚.续诗品三十二首之三十"求友"[M]//小仓山房诗集卷二十一.清乾隆刻增修本:245.
④ 何晏.论语集解:卷七,"子路"第十三[M].四部丛刊景日本正平本:31.
⑤ MARGARET M.Culture and commitment:a study of the generation gap[M]. Garden City, N.Y.:Natural History Press, 1970.
⑥ 旧约全书·约伯记[M].香港:圣经公会,1980:635.

我们可以在文献中读到清代李光地这样的见解:"后生小子辈一无所知,满腹不以长老为然,率以长老为迂阔、不达时务,为人所欺。渠自以为聪明智慧,其实见得长者不好处,即是自己对病之药。那一点小慧弄巧尖新处,岂惟坏了心术,即以利害论,未必不是取祸招尤处。得人阴私事,彼人一发口即能一语塞之以为快,岂如长老知之而不言为深厚,就是不知也。好一番太平,必生如此笃厚之人。如今总不见后辈有如此者,所以可忧。"①相比之下,当今世界在技术前沿等问题上具备后喻特征,原因是年轻人掌握新知识的速度快、思想上的框框套套较少。

2."羊肉不慕蚁":情感不对称与角色担当

非对称现象不仅存在于咨询领域。庄子曾谈到:"卷娄者,舜也。羊肉不慕蚁,蚁慕羊肉。羊肉,膻也。舜有膻,行,百姓悦之,故三徙成都,至邓之虚,而十有万家。尧闻舜之贤,举之童土之地,曰:'冀得其来之泽。'舜举乎童土之地,年齿长矣,聪明衰矣,而不得休归,所谓卷娄者也。"②羊肉和蚂蚁的关系是个比方,说明二者在需求的意义上是不对称的。蚂蚁没有羊肉所要的东西,因此羊肉对于蚂蚁没有感觉;反过来,羊肉有蚂蚁所要的东西,因此蚂蚁表现出对羊肉的倾心。舜和百姓的关系也是如此。舜的身上有百姓所看重的品质,就像羊肉所散发的、令蚂蚁欲罢不能的膻味,因此百姓愿意追随他。反过来,百姓的身上估计没有舜所需要的品质,因此他不愿百姓追随自己,三次离开自己所建的都邑,但百姓仍对他紧追不舍。后来尧听说他的贤能,将他安排在不毛之地,希望他尽点力。结果舜只好奉献自己的年华,到衰老时还无法回来休息,背都累驼了。庄子从养生葆真的人生观出发,对传说中舜作为圣王和百姓的关系做了自己的解读。他这么说并非完全臆测,因为尧舜时代的部落领袖和其后的君主、皇帝颇不相同,产生的途径是推举而非世袭,个人辛辛苦苦,没有什么安富尊荣的享受。潘自牧将舜作为"坐以致人"的例子,重点在于说明他即使什么都不做,仍然对百姓有巨大的影响力。

话说回来,即使是后世的君主,仍然不可能无求于人。毕竟人是社会动物,具有群居本能。与此同时,一定数量的人口是各类社会群体赖以存在的条件,从原始群、氏族、部落、部落联盟、国家,到当今各种国际共同体,概莫能外。人口不仅有数量要求,而且有质量要求,后者体现为贤明之人、有识之士、专长之匠等所占的比例,往往决定了国家兴衰。对于统治者或社会组织来说,能够不用气力而实现招贤纳士的目标,当然难能可贵。不过,士人往往择时而从、择君而事,并非都应者如云。

3."不即人而人即之":意向不对称与人品的分化

在这种不对称的交往中,占优势的反而是貌似被动的一方。逃避正好显示他们的高贵、高雅或不苟流俗。逃避是相对于进取而言的,既是某种行为趋势,又是某种人格特征。不过,逃避的内涵必须进行具体分析,可能是官职、责任,也可能是名望、荣誉,不宜一概而论。"坐以致人"所寓指的意向,并非单纯的逃避或单纯的进取,而是介于

---

① 李光地.榕村语录续集:卷十六[M].清光绪傅氏藏园刻本:167.
② 庄周.庄子南华真经卷:八杂篇"徐无鬼"第二十四[M].四部丛刊景明世德堂刊本:182.

二者之间的淡定、从容。倘若只是一两件事情上如此,那或许是情境因素使然。如果为人处世都秉持这种原则,那么"坐以致人"就成为某种人格特征。所谓"不即人而人即之"已经成为针对上述人格特征的褒语。苏轼在给黄庭坚的信中就使用了这一说法:"轼始见足下诗文于孙莘老之坐上,耸然异之,以为非今世之人也。莘老言:'此人,人知之者尚少,子可为称扬其名。'轼笑曰:'此人如精金美玉,不即人而人即之,将逃名而不可得,何以我称扬为!然观其文以求其为人,必轻外物而自重者,今之君子莫能用也。'"①南宋刘克庄《赠郑潜》也使用了这一说法:"衢人郑君潜善风鉴,然未尝出山,而四方名士莫不接识。余闻古之有道术者如严君平、司马季主,皆下帘闭肆,人即而问,非即人而售也。君之术余不能知其浅深,然不即人而人即之,有严马之风矣。"②

在有关"坐以致人"的文献中,需求一方的动机相对比较隐晦,被需求者的特征则往往被置于比较显著的地位。这些特征大致可以归纳为以下几方面:(1)有修养。《晋书》说:"仲尼修礼兴学于洙泗之间,四方俊髦,靡然向风。"③孔子德高望重,自然一呼百应。司马迁《史记》说郭解"入关,关中贤豪知与不知闻其声争交"④。汉代这位侠客为人仗义,受朝廷将各郡国的豪富迁往茂陵的政令影响而不得不移居(尽管他并不富裕,却因其在社会上的影响力而被点了名),但其名望早就为世人所知晓,关中贤人豪士都抢着与他交朋友。《史记》还赞美李广,用"桃李不言,下自成蹊"来褒扬他。"其身正,不令而行;其身不正,虽令不从,其李将军之谓也。"⑤(2)有才学。《史记》说:"自董仲舒及窦太后崩,武安侯田蚡为丞相,绌黄老刑名百家之言,延文学儒者数百人,而公孙以春秋白衣为天子三公,天下之学士靡然乡风矣。"⑥上述西汉名臣公孙弘是草根出身,因为精通儒家经典而被征为博士,后来虽然遭遇波折,终于拜相封侯,成为当时读书人的楷模。另据南北朝王嘉记载:后汉贾逵少时家贫,无法上学,通过隔篱听邻中读书而能暗诵六经,声名远播。"门徒来学,不远万里,或襁子孙,舍于门侧,皆口授经文。赠献者积粟盈仓。或云:'贾逵非力耕所得,诵经口倦,世所谓舌耕也。'"⑦贾逵之所以能够吸引学生,靠的就是自己的学问。经学家如此,文学家也有类似的情况,但更偏向于才华。试以王勃、柳宗元为例予以说明。据唐代诗人张著记载,"王勃能文,请者甚众,金帛盈积。人谓'心织而衣,笔耕而食。'"⑧据韩愈写的墓志铭,柳宗元少有才名,"其后以博学宏词授校书郎、蓝田尉。俊杰廉悍,议论证据古今,出入经史百子家。踔厉风发,率常屈其座人。名声大振一时,皆慕与之交,诸公要人争欲令出我门下,交口荐誉之。"⑨(3)有志向。司马迁《史记》说陈平"以弊席为门,然门外多有长者车辙"⑩。

---

① 苏轼.答黄鲁直书一首[C]//苏文忠公全集:东坡集卷二十九,明成化本:308.
② 刘克庄.赠郑潜[C]//后村集:卷一百九.四部丛刊景旧抄本:1009.
③ 潘自牧.记纂渊海:卷四十论议部之四引[M].清文渊阁四库全书本:156.
④ 司马迁.史记:卷一百二十四"游侠列传"[M].清乾隆武英殿刻本:1195.
⑤ 司马迁.史记:卷一百九"李将军列传"[M].清乾隆武英殿刻本:1051.
⑥ 司马迁.史记:卷一百二十一"儒林列传"第六十一[M].清乾隆武英殿刻本:1162.
⑦ 王嘉.拾遗记:卷六后汉[M].明汉魏丛书本:31.
⑧ 祝穆.事文类聚别集:卷五文章部笔耕引[M]//张著.翰林盛事.清文渊阁四库全书本:1918.
⑨ 韩愈.柳子厚墓志铭[C]//昌黎先生文集:卷第三十二.宋蜀本:219.
⑩ 司马迁.史记:卷五十六"陈丞相世家"第二十六[M].清乾隆武英殿刻本:679.

这位未来的西汉丞相此刻尚未发迹,因家贫而又无所事事,为俗人所笑。尽管如此,他好读书、有大志,仍然有许多上了年纪的人来到其茅庐。另据陈子昂所著碑文,友人赵贞固"元精冲懿,有英雄之姿。学不常师,志在迨远。年二十七褐衣游洛阳,天下名流翕然宗仰"。①当然,上文所说的修养、才学和志向很可能是综合起作用的,只是人们在观察、记载和分析时有所侧重而已。否则,有志向、无才学便成了志大才疏,有才学、无志向便成了甘愿平庸;有修养、无才学便成了空头讲章,有才学、无修养便成了不良浪子;有修养、无志向便成了碌碌之人,有志向、无修养便成了野心勃勃。有修养而不显摆,有才学而不邀誉,有志向而不促狭,合而言之,才是真正的淡定品格。这正是"坐以致人"的精髓所在。

(二)社会聚合的若干纽带

社会交往与社会聚合互为因果。人们总是通过交往而聚合,也总是在聚合中进行交往。社会孤立是社会聚合的逆范畴,正如社会分散是社会聚合的逆范畴一样。理解社会聚合,才能理解社会孤立和社会分散。维系社会聚合的纽带究竟是什么呢?基于道义的同类相亲、基于角色的功能互补、基于经济的利益分享,最为常见。

1. 道义聚合——"德不孤,必有邻"

孔子说:"德不孤,必有邻。"②这句话至少可以从两方面理解:一是有德之人绝对不是孤立出现的,而是有相应的社会关系作为依托的。简言之,邻人有德,而我有德。二是有德之人肯定不会被彻底孤立,因为他的言行必然对周边社会环境产生影响。简言之,我既有德,邻人亦然。还可以再补充一条:这句话不仅可以用作对风清气正的社会环境的事实性描述,也可作为在歪风邪气的社会氛围中坚持个人操守的心理期待。从认知的角度看,这是将个人修养和社会环境结合起来的辩证观点,也是移风易俗的潜在信念。

如何成为有德之人呢?《坤·文言》:"直其正也,方其义也。君子敬以直内,义以方外。敬义立而德不孤。直方大,不习无不利,则不疑其所行也。"③由此看来,对内要讲"敬",对外要讲"义"。牟宗三认为:"宋、明儒所弘扬者无能越此'成德之教'之弘规。"④

2. 角色聚合——"良医之门多病人"

角色是指与所占有的社会位置相适应的行为模式,可依其来源分为先赋角色和自致角色。构成人类社会三大支柱的物种生产、物质生产和精神生产所形成的社会关系,是角色分化的基本前提。因物种生产而形成的主要是血缘性角色,因物质生产而形成的主要是物缘性角色,因精神生产而形成的主要是志缘性角色。它们之间的相互依存是社会聚合的基本条件之一。

---

① 陈子昂.昭夷子赵氏碑[C]//陈伯玉文集卷五碑文:33.
② 皇侃.论语义疏:卷三 里仁第四疏[M].清知不足斋丛书本:51.
③ 卜商.子夏易传:卷一[M].清通志堂经解本:6.
④ 牟宗三.心体与性体(上):第一部[M].上海:上海古籍出版社,1999:7.

角色互补指的是人们出于分工协作的需要而表现出社会聚集的倾向。典型的例子之一是医生与患者的关系。从人口地理分布的角度看,医生所在之处,患者必定特别密集。这通常不是指医生和患者是同类角色,也不是指医生因传播疾病而导致患者大量出现,而是指因为医生能够治疗疾病,所以患者纷纷前往求医。在医疗资源相对匮乏的条件下,通常是医生"坐以致人",因为是他们占主导地位。相反的情况也是有的,那时是患者"坐以致人",封建时代几个太医围着皇帝转,可以为例。若从人口流动的角度看,要是只考虑供求关系,那么,医生多数情况下是朝患者密集的地方走的,正如患者多数情况下是朝医生密集的地方走那样。类似的情况也见于物质流动,工具和材料的关系可以为例。工具所在之处,往往也就是它所能加工(或者说它所预定用于加工)的材料密集之处。反过来,某种材料的分布密度非常高的场所,往往也是相应工具被发明、使用和保管的地方。因此,找不到工具可以从找材料入手,正如找不到材料可以从找工具入手那样。上述道理在春秋战国时期就已被认识到了。根据荀子记载,"子贡曰:君子正身以俟,欲来者不距,欲去者不止。且夫良医之门多病人,檃栝之侧多枉本,是以杂也。"①文中的"檃栝"是指用来矫正曲木的工具。另据汉代刘向记载,子贡说的是:"夫隐括之旁多枉木,良医之门多疾人,砥砺之旁多顽钝。夫子修道,以俟天下来者不止,是以杂也。"②"檃栝"与"隐括"应是一回事,"枉木"则比"枉本"更易理解。刘向记载的这段话多了一个例子,即"砥砺之旁多顽钝",在道理上和前面的分析相通:用来磨砺的工具和被磨砺的对象在不少情况上是相互依存的,磨石旁边有钝刀,反之亦然。值得注意的是:子贡将这类现象看成君子修道的比喻,说明兼容并蓄的可贵。循此而推,正人君子和鸡鸣狗盗之徒混在一起,也就没有什么可奇怪的了。说到底,没有病人就没有医生,没有医生也就没有病人(看起来有点奇怪,但谁是病人确实是由医生来界定的),正如没有法官就没有罪犯,没有罪犯也就没有法官那样。

从"良医之门多病人"出发,可以推出"多病人处有良医",这些良医可能是由病人转变而来的(所谓"久病成良医");也可以推出"治病多人为良医",这牵涉到良医的社会责任、职业操守和技术历练等问题。根据庄子记载,"(颜)回尝闻之夫子曰:'治国去之,乱国就之,医门多疾。愿以所闻思其则,庶几其国有瘳乎!'仲尼曰:'嘻!若殆往而刑耳。'"③由此看来,颜回相信"治病多人为良医",进而相信为人处世也是如此——应当离开太平国家(因为那里不需要自己这样的有为之士),前往混乱国家(因为君子可以在那里实现自己的抱负)。出于这样的考虑,他想前往君主刚愎自用、社会危机四伏的卫国,以便实行从老师那里听来的主张。孔子听了之后,不但没有嘉许,反而泼了一盆冷水,认为此行相当危险,因为颜回自己修行不够,也未能让卫国人了解自己的心意。

3. 利益聚合——"财积而人自依之"

北齐《刘子》写道:"夫山阜非为鸟植林,林茂而鸟自栖之;江湖非为鱼凿潭,潭深而

---

① 荀况.荀子:卷二十法行第三十[M].清抱经堂丛书本:214.
② 刘向.说苑:卷十七杂言[M].四部丛刊景明钞本:119.
③ 庄周.庄子南华真经卷:第二人间世第四[M].四部丛刊景明世德堂刊本:32.

鱼自归之。处世非为人积财,财积而人自依之。非其所招,势使然也。"①人类社会依托一定的经济基础而存在,财富正是社会聚合的前提。如果没有必要的经济条件,任何社会组织都无法维系。物质财富可以充当吸引人的条件,精神财富也可以充当吸引人的条件。史载东汉班彪"幼与从兄嗣共游学。家有赐书,内足于财,好古之士自远方至,父党扬子云以下莫不造门"②。这种现象并不鲜见。天下熙熙,皆为利来;天下攘攘,皆为利往。必须看到:财富积累和财富分享是一对矛盾。如果一味积财,而不注意分享,日久生变,冲突必不可免,不妨称之为"财敛而人自叛之",同样是"非其所招,势使然也"。因此,不仅要懂得"积财",而且要懂得"散财"。其实西汉贾谊早就看到了这一点。他说:"虚囹圄而免刑戮,去收帑污秽之罪,使各反其乡里;发仓廪,散财币,以振孤独穷困之士;轻赋少事,以佐百姓之急;约法省刑,以持其后,使天下之人皆得自新,更节修行,各慎其身;塞万民之望,而以盛德与天下。天下集矣耶?四海之内皆欢然各自安乐其处,惟恐有变。"③

上述道义聚合、角色聚合和利益聚合并不是孤立起作用的。我们宁可将它们看成社会聚合的三个层面。道义、角色、利益的相互关系构成了社会生活错综复杂的矛盾,也构成了理解"坐以致人"的关键。同时拥有道义、角色和利益上的优势,不言自威,不行自重。如果这三种因素彼此冲突,那情况就比较不确定了。在一定意义上,"趋炎附势"是"坐以致人"的反义词,或者说是不对称交往的主动追求方所表现出的趋向,通常带有贬义色彩,因为它放弃或违背了道义原则,将角色互补和利益分享寻租化。

(三)社会治理的有用思路

《汉书·刑法志》云:"夫人……爪牙不足以供嗜欲,趋走不足以避利害,无羽毛以御寒暑,必将役物以为养,任智而不恃力,此其所以为贵也。"④人虽然有生理上的种种劣势,却有着智力上的种种优势,完全可以将对社会聚合纽带的认识转变成为社会治理的思路。针对上文所说的道义聚合、角色聚合和利益聚合,可以采取"劝学""致士""解蔽"三种对策,战国时期的荀子已经言之凿凿。

1. "劝学":加强教育以减少排斥力

人口聚集可能引发社会问题,这对立身处世是严峻的考验。荀子以此作为劝学的理由:"树成荫而众鸟息焉,醯酸而蚋聚焉。故言有招祸也,行有招辱也,君子慎其所立乎。"⑤有德则慕之者众,失德则臭味相投者众,因此君子必须谨言慎行。"醯"指醋。"蚋"本作螨,又称醯鸡,状若酒上蠛蠓(小飞虫)。据王夫之考订,"醯鸡好聚酒瓮上,似厨中饭蝇而绝小,俗谓之酒蚊,非蚊也"⑥。《淮南子》中有云:"羊肉不慕蚁,蚁慕于羊

---

① 刘昼.刘子·辨施[M]徐元太.喻林卷:三十九人事门引.清文渊阁四库全书本:493.
② 班固.汉书:卷一百上叙传第七十上[M].清乾隆武英殿刻本:1608.
③ 贾谊.过秦论:新书卷第一[M].四部丛刊景明正德十年吉藩本:2.
④ 班固.汉书:卷二十三,刑法志[M].清乾隆武英殿刻本:237.
⑤ 荀况.荀子:卷一,劝学第一[M].清抱经堂丛书本:2-3.
⑥ 王夫之.四书稗疏:卷二,孟子[M].清光绪十三年潞河啖柘山房刻本:33.

肉,羊肉膻也。酰酸不慕蚋,蚋慕于醯,(醯)酸(也)。"①照此看来,"蚁慕于羊肉"好像是褒义的(喻百姓追随舜,见前引),"蚋慕于醯"好像是贬义的,其实也不尽然,它们都只是一种譬喻。《庄子·田子方》云:"丘之于道也,其犹醯鸡与!微夫子之发吾覆也,吾不知天地之大全也。"②说的是孔子得到老子指教后的感受,重在自知不足。此言多少有点酸味,这不只是说"醯鸡"本就追逐醋,而且是说孔子对老子的赞叹出自庄子的折射,令人想到道家的自诩。

在《荀子》一书中,"劝学"为32篇之首。文中谈到教学程序是"始乎诵经,终乎读礼",培养目标是"始乎为士,终乎为圣人"。因此,这一篇可以和前述"德不孤,必有邻"相互印证。如果大家都通过学习而接受了共同的社会规范、人生理想,那么,许多社会矛盾都可以化解于无形、防患于未然。从"坐以致人"的角度看,劝学的功效在于通过加强教育来减少排斥力。后世以"劝学"为主旨的文章比比皆是。其中,清代张之洞的《劝学篇》洋洋洒洒,"同心"为24篇之首,声言:"今日时局,惟以激发忠爱、讲求富强、尊朝廷、卫社稷为第一义。执政以启沃上心、集思广益为事,言官以直言极谏为事,疆吏以足食足兵为事,将帅以明耻教战为事,军民以亲上死长为事,士林以通达时务为事,君臣同心,四民同力。"③最有名的观点则是论学校课程设置时所说的"旧学为体,新学为用",可用以概括其思想宗旨。④

2."致士":治理环境以增强吸引力

统治者要想吸引百姓归附、增加人口数量,必须为百姓创造良好的环境;要想吸引人才归附、使之为己所用,也有类似的要求。即使统治者没有上述意图,只要所在之处具备合适的条件,同样可能出现类似的种群流动现象。因此,荀子说:"川渊深而鱼鳖归之,山林茂而禽兽归之,刑政平而百姓归之,礼义备而君子归之。故礼及身而行修,义及国而政明,能以礼挟而贵名白,天下愿,令行禁止,王者之事毕矣。"⑤这段话是他在《致士》篇中说的。所谓"致士",即招贤纳士,说到底是任良退奸、重用君子,即让有德之人扮演重要的社会角色,使之有权有位,这样,就能通过社会分工将道义聚合贯彻到角色聚合。

至于如何"致士",这可是大文章,一言难尽。不过,周代尸佼有这样的心得:"夫禽兽之愚而不可妄致也,而况于火食之民乎?是故曰:'待士不敬,举士不信,则善士不往焉;听言,耳目不瞿,视听不深,则善言不往焉。'孔子曰:'大哉河海乎,下之也!'夫河下天下之川故广,人下天下之士故大。故曰:'下士者得贤,下敌者得友,下众者得誉。'故度于往古,观于先王,非求贤务士而能立功于天下、成名于后世者,未之尝有也。夫求士,不遵其道而能致士者,未之尝见也。然则先王之道可知,己务行之而已矣。"⑥归根

---

① 刘安.淮南鸿烈解:卷第十七,说林训[M].四部丛刊景钞北宋本:208.
② 庄周.庄子南华.真经[M].四部丛刊景明世德堂刊本:152.
③ 张之洞.劝学篇卷:上内篇同心第一[M].清光绪二十四年中江书院刻本:2.
④ 张之洞.劝学篇卷:下外篇设学第三[M].清光绪二十四年中江书院刻本:25.
⑤ 荀况.荀子:卷二十[M].清抱经堂丛书本:96.
⑥ 尸佼.尸子:上明堂[M].清平津馆丛书本:7.

结底,一要"敬"(尊敬人才),二要"信"(相信人才),三要"下"(从善如流)。

3."解蔽":恪守清明以消除扭曲力

在历史上,荀子早就倡导"解蔽",宣传"虚壹而静",所针对的主要是主观武断和迷信鬼神。"解蔽"的渊源可以上溯到道家的致虚守静、儒家的无欲则刚,旁推于佛家的明镜止水,基本精神是保持清明以消除扭曲力,使道义聚合、角色聚合的基本要求得以贯彻于利益聚合层面。唐代张说为已故中书令韦嗣立(654—719年)作传,说他"迄践宰衡终厥有成,凡化二邑,理七郡,三入中书,再统兵部,选兵吏各两冬,典枢密共五载,光弼四主,历政三十有馀。其间累有谤及,官因左退,日月蚀而更明,随和幽而不昧。尔其为邦设教,遵德闲邪,身勤心苦,诚感物化,礼让兴於私室,刑罚废於公家,衡镜高悬,文武矫首,才无我失,善若已有。风流名教,作法垂后"①。韦嗣立之所以能够"衡镜高悬",前提是"遵德闲邪"。据说宋代吕公著(1018—1089年)为官持正,苏轼称赞他说:"譬如止水之在槃,岂复劳心而鉴物。"②这段话也可以作为"解蔽"之注解。如果能够摒除私欲之念,不为名缰利索所困,就具备了心如明镜的某种可能性。这无疑有助于达到"坐以致人"的境界。

潘自牧所举证的典故中,下述例子是存在歧义的:唐代白居易晚年辞官后居于洛阳,与同样在此地养老的名相牛僧孺一道玩收藏,对象是石头。白居易为此写下《太湖石记》,称颂牛僧孺这一雅好。"古之达人,皆有所嗜。玄晏先生嗜书,嵇中散嗜琴,靖节先生嗜酒,今丞相奇章公嗜石。石无文无声,无臭无味,与三物不同,而公嗜之,何也?众皆怪之,我独知之。"关键在于"适意",即称心合意。牛僧孺愿意与石为伍,尤好太湖石。"先是,公之僚吏,多镇守江湖,知公之心,惟石是好,乃钩深致远,献瑰纳奇,四五年间,累累而至。公于此物,独不谦让,东第南墅,列而置之,富哉石乎。"白居易花了不少笔墨描写这些石头的形状:"撮要而言,则三山五岳、百洞千壑,觑缕簇缩,尽在其中。百仞一拳,千里一瞬,坐而得之。此其所以为公适意之用也。"笔锋一转,白居易追问起原先分散在各地的石头流动到牛氏府第的契机来:"尝与公迫视熟察,相顾而言,岂造物者有意于其间乎?将胚浑凝结,偶然成功乎?然而自一成不变以来,不知几千万年,或委海隅,或沦湖底,高者仅数仞,重者殆千钧,一旦不鞭而来,无胫而至,争奇骋怪,为公眼中之物,公又待之如宾友,视之如贤哲,重之如宝玉,爱之如儿孙,不知精意有所召耶?将尤物有所归耶?孰不为而来耶?必有以也。"③他很聪明地只是设问,而不道破。事实上,石头之所以流来洛阳,在牛氏是雅好,在送石者则是雅赠,若有私下进行的相关利益输送,则可能成为雅贿。大臣沉溺其中,难免为害一方;皇帝沉溺其中,势必危害国家,宋代的花石纲已是证明。也许白居易当年是将牛僧孺坐而得石作为好事予以称颂,今天这却是"坐以致之"异化的证明。

"坐以致人"的逆命题或许是"躺着中枪"(即"坐致于人"),它们分别是就积极性影响和消极性影响而言的。当事人没有任何行动、任何表示或任何意念,却必须承担某

---

① 张说.中书令逍遥公墓志铭[C]//张说之文集:卷第二十二.四部丛刊景明嘉靖本:132.
② 苏轼.赐吕公著乞罢相不允批答[M]//潘自牧.记纂渊海.卷四十论议部之四引.清文渊阁四库全书本:157.
③ 姚铉.唐文粹重校正:唐文粹卷第七十一[M].四部丛刊景元翻宋小字本:732-733.

种消极后果,仅仅是因为其影响大、旁人推定其与事情有关,这就是"躺着中枪"。它的反命题或许是"粉丝经济"。"坐以致人"的主体是大众媒体兴起之前最有社会影响的人。当时社会生活所能运用的传播渠道非常有限,尽管如此,某些人仍然声名远播,能够产生广泛的影响,这证明了口耳相传的力量。大众媒体造就了明星,也造就了粉丝,同时还消除了"坐以致人"的光晕。在这一意义上,"粉丝经济"是对于"坐以致人"的否定,其要旨是"致人得坐",即充分利用既有媒体平台的巨大影响,造就看起来光鲜的明星,使之处于社会注意的中心。"坐以致人"的逆反命题或许是"致人于坐"。后者的精神在于充分利用自己的影响使交往对象获得某种安宁、某种淡定。所谓"心理治疗",或许可当此称。

二、与人为地:社会得失的因果审视

宋代潘自牧发明了"与人为地"一词,用以概括和"坐享人利"相反相成的社会现象,即不经意间造就了别人成功的条件。[①] 此之所失,即彼之所得。这种现象可称为"社会得失",类似于我们今天所说的零和博弈。对于上述现象所包含的因果联系,下文拟从三个角度加以考察,即社会博弈的因人成事、社会遗憾的因缘凑合、社会治理的因势利导。

(一) 社会博弈的因人成事

所谓"因人成事",指的是依赖别人的力量做成事情。这种现象在社会博弈中广泛存在。在被"因"一方看来,这好比为人作嫁,有时难免惆怅;在"因人"一方看来,这是借力打力,事情本该如此;在作为第三方的观察者看来,相关个案可以为策略研究提供参考。

1."桀、纣是汤、武之梯":社会历史的政权更迭

从政权更迭的角度看,社会博弈是成王败寇的历史过程。江山在改朝换代的社会动荡中易手,有人崛起的前提是有人败亡,反过来也可以说有人败亡的前提是有人崛起。在这一意义上,曹魏周生烈说:"桀、纣是汤、武之梯,秦、项是大汉之阶也。四逆不兴,则三顺不胜也。"[②]夏桀要不是那么残暴无道,商汤也许没有机会取代他。殷纣王要不是那么荒淫好战,周武王也许没有机会消灭他。就此而言,前朝君主的劣绩成为新朝开国的铺垫。类似的兴替也出现在秦汉之交,始皇大帝和西楚霸王虽然豪气干云,到头来都成了大汉登台的前奏。在周生烈之前,汉代的扬雄已经发表过类似的观点:"周建子弟,列名城,班五爵,流之十二,当时虽欲汉,得乎?六国蚩蚩,为嬴弱姬,卒之屏营,嬴擅其政,故天下擅秦。秦失其猷,罢侯置守,守失其微,天下孤睽。项氏暴强,改宰侯王,故天下擅楚。擅楚之月,有汉创业山南,发迹三秦,追项山东,故天下擅

---

① 潘自牧.记纂渊海:卷四十论议部之四[M].清文渊阁四库全书本:157,161.
② 周生烈.周生烈子[C]//李昉.太平御览.卷第八十七皇王部十二项籍引.四部丛刊三编景宋本:559.

汉,天也。"①他看到了六国竞雄对于削弱西周王朝所起的作用,也看到了汉朝兴起是时运变化的结果。

2."假手于嬴":社会地盘的多方角逐

根据《春秋后语》记载,齐、赵将伐燕,苏代为燕说赵王曰:"今者臣来,过小水,见小丰(蚌。下同。引者注)方出暴,而鹬啄其肉,丰合而挟其喙。鹬曰:'今日不雨,明日不雨,必见丰脯!'丰亦谓鹬曰:'今日不出,明日不出,必见死鹬!'两不相舍,渔父得而并擒之。今赵且伐燕,燕、赵久相支以弊其众,臣恐强秦之为渔父也。故愿大王熟计之。"赵王于是乃止。② 这个故事亦见于西汉刘向的《战国策·燕策二》,是成语"鹬蚌相争,渔翁得利"的出处。它告诉我们:作为地盘的社会是多方角逐的空间。赵王之所以放弃攻打燕国的计划,是由于担心苏代所说的让秦国借赵、燕交战之机占便宜,正如渔父从鹬蚌相争中得利那样。《战国策·齐策》中有一则类似的故事。"齐欲伐魏。淳于髡谓齐王曰:'韩子卢者,天下之疾犬也。东郭逡者,海内之狡兔也。韩子卢逐东郭逡,环山者三,腾山者五。兔极于前,犬废于后;犬兔俱罢,各死其处。田父见而获之,无劳倦之苦,而擅其功。今齐、魏久相持。以顿其兵,弊其众,臣恐强秦、大楚承其后,有田父之功。'齐王惧,谢将休士也。"③齐王之所以放弃攻打魏国的打算,同样是担心淳于髡所说的齐魏之争导致两败俱伤,让秦国与楚国得到好处,正如田父从犬兔之逐获利那样。由此看来,权衡得失、分析利弊,是说服君主的关键。"春秋无义战。"④战国也是如此。因此,以道义为根据去谏劝,很难得到君主的认可。但从博弈的角度说明战争可能被第三方钻空子,倒是一个突破口。

与此同时,纵观全局,利用别人的力量达到自己的目的,不失为佳策。柳宗元在《沛国汉原庙铭》中谈到汉高祖时说:"假手于嬴,以混诸侯;凭力于项,以离关东。"⑤由此看来,这位开国之君虽然早年有点无赖气,举事之后在战略上却是很高明的。他借助项羽的兵力使秦国灭亡,又利用项羽的多疑来瓦解其军队。项羽被打败之后,如何对待其旧部,是摆在刘邦面前的问题。如果旧怨不解、赶尽杀绝,可能激起新的反抗。反过来,要是争取他们的归附,使之为己所用,则有利于稳定局势。对名将季布的处理就体现了这种考虑。根据《史记》记载,"季布者,楚人也。为气任侠,有名于楚。项籍使将兵,数窘汉王。及项羽灭,高祖购求布千金,敢有舍匿,罪及三族。"后来救下季布的是大侠朱家。朱家通过汝阴侯滕公向刘邦说了如下道理:"臣各为其主用,季布为项籍用,职耳。项氏臣可尽诛邪?今上始得天下,独以己之私怨求一人,何示天下之不广也!且以季布之贤而汉求之急如此,此不北走胡即南走越耳。夫忌壮士以资敌国,此伍子胥所以鞭荆平王之墓也。"即如果汉王朝把季布逼急,他不是逃向北方投奔胡人,就是逃向南方投奔越族,无疑将成为劲敌。其结果可能就像当年楚平王逼得伍子胥投

---

① 扬雄.扬子云集:卷一法言·重黎[M].清文渊阁四库全书本:14.
② 李昉.太平御览:卷第九百四十一鳞介部十三蚌[M].四部丛刊三编景宋本:5562.
③ 高诱.战国策注:卷第十齐策[M].士礼居丛书景宋本:62.
④ 孟轲.孟子:卷十四,尽心章句下[M].四部丛刊景宋大字本:115.
⑤ 柳宗元.沛国汉原庙铭[C]//河东先生集:卷二十铭杂题.宋刻本:241.

奔吴国那样。伍子胥引来吴兵打败楚国，平王虽已死，仍被鞭尸。刘邦明白了这其中的利害关系，因此赦免季布，拜为郎中。①

3."国之兴亡不由积蓄多少"：社会积累的分布转移

小盗盗钩，大盗盗国。前者为常人单凭耳目之知所能详，后者则系哲人经深思熟虑所以发。庄子说："将为胠箧、探囊、发匮之盗而为守备，则必摄缄縢、固扃鐍；此世俗之所谓知也。然而巨盗至，则负匮、揭箧、担囊而趋；唯恐缄縢扃鐍之不固也。然则乡之所谓知者，不乃为大盗积者也？故尝试论之，世俗之所谓知者，有不为大盗积者乎？所谓圣者，有不为大盗守者乎？何以知其然邪？昔者齐国邻邑相望，鸡狗之音相闻，罔罟之所布，耒耨之所刺，方二千余里。阖四境之内，所以立宗庙、社稷，治邑、屋、州、闾、乡、曲者，曷尝不法圣人哉？然而田成子一旦杀齐君而盗其国。所盗者岂独其国邪？并与其圣知之法而盗之。故田成子有乎盗贼之名，而身处尧舜之安，小国不敢非，大国不敢诛，专有齐国。则是不乃窃齐国，并与其圣知之法，以守其盗贼之身乎？"②用通俗的话说，盗国的特点是通过政变等方式连锅端。《荀子·大略》云："非其人而教之，赍盗粮，借贼兵也。"③看来，这句话颇有警示意义——不要培养出野心家、阴谋家！当然，盗国者可以得逞一时，未必能运气亨通。南朝萧梁文学家任孝恭为汝南王檄魏文曰："大盗移国，终继枭獍之诛，凶狡凭凌，必致歼夷之戮。所以董卓称乱，徒藉群雄之手；王莽偷安，卒成光武之业。"④他相信盗国者免不了被"枭獍"（歼灭），正如凶顽狡诈之人必然被惩罚那样。王莽、董卓都是这样的下场。

秦统一六国，不仅在政治上实现专制，在财富上也实现了高度集中。原先六国积累的财富，几乎全都归秦王朝所有。就此而言，国家仿佛空前强大。不过，横征暴敛很快就导致了它的崩溃。这是继六国之灭后的秦朝之灭。杜牧《阿房宫赋》感叹："燕赵之收藏，韩魏之经营，齐楚之精英，几世几年，剽掠其人，倚叠如山。一旦不能有，输来其间。鼎铛玉石，金块珠砾，弃掷逦迤，秦人视之，亦不甚惜。嗟乎！一人之心，千万人之心也。秦爱纷奢，人亦念其家。奈何取之尽锱铢，用之如泥沙？使负栋之柱，多于南亩之农夫；架梁之椽，多于机上之工女；钉头磷磷，多于在庾之粟粒；瓦缝参差，多于周身之帛缕；直栏横槛，多于九土之城郭；管弦呕哑，多于市人之言语。使天下之人，不敢言而敢怒。独夫之心，日益骄固。戍卒叫，函谷举，楚人一炬，可怜焦土！呜呼！灭六国者六国也，非秦也；族秦者秦也，非天下也。嗟乎！使六国各爱其人，则足以拒秦；使秦复爱六国之人，则递三世可至万世而为君，谁得而族灭也？秦人不暇自哀，而后人哀之；后人哀之而不鉴之，亦使后人而复哀后人也。"⑤

我国历史上的盗国、灭国现象屡屡发生，这其中有什么规律呢？唐代马周上疏太宗称："自古以来，国之兴亡不由积蓄多少，在百姓苦乐也。且以近事验之。隋贮洛口

---

① 司马迁.史记：卷一百季布传[M].清乾隆武英殿刻本：984-986.
② 庄周.庄子：卷四外篇"胠箧"第十[M].四部丛刊景明世德堂刊本：79.
③ 荀况.荀子：卷十九[M].清抱经堂丛书本：204.
④ 欧阳询.艺文类聚：卷五十八杂文部四檄[M].清文渊阁四库全书本：797.
⑤ 杜牧.阿房宫赋[C]//李昉.文苑英华：卷四十七.明刻本：238.

仓,而李密因之;积布帛东都,而王世充据之。西京府库亦为国家之用。向使洛口、东都无粟帛,王世充、李密未能必聚大众。但贮积者固有国之常要,当人有余力而后收之,岂人劳而强敛之以资寇邪。"①这段话相当精辟。国事如此,家事亦然。国之兴亡不在于积蓄多少,家族兴盛也不在于快快发财。沈约的《宋书·谢弘微传》记载:"(谢)混女夫殷叡素好樗蒲,闻弘微不取财物,乃滥夺其妻妹及伯母、两姑之分以还戏责。内人皆化弘微之让,一无所争。弘微舅子领军将军刘湛性不堪其非,谓弘微曰:'天下事宜有裁。衷卿此不治,何以治官?'弘微笑而不答。或有讥之曰:'谢氏累世财产,充殷君一朝戏责。理之不允,莫此为大。'弘微曰:'亲戚争财,为鄙之甚。今内人尚能无言,岂可导之使争?今分多共少,不至有乏。身死之后,岂复见关?'"②东晋谢家是望族,谢混是谢安之后第二个出任宰相的谢家子弟。谢弘微是谢混的侄子,在谢混因卷入政治斗争被处死之后受其妻晋陵公主之托代管家事。他对钱财看得很淡。谢混的女婿殷叡将几个亲戚分内的钱都拿去还樗蒲(一种棋类游戏)之债,谢弘微也不在乎。旁人责备他连家产都管不好,如何去当官,嘲笑他让谢家多年积蓄打了水漂。谢弘微说明自己鄙视亲戚争财,钱不在多,够用就好。他的这种观念后来被证明是增强了家族的凝聚力。谢家虽经多年离乱,但仓满屋新,上千名家僮仆人无一逃散。此事被宋代司马光写入《资治通鉴》,可见有借鉴意义。③

至于如何防盗,苏洵下述论史事之言值得记取。他指出:"吾尝论项籍有取天下之才,而无取天下之虑;曹操有取天下之虑,而无取天下之量;玄德有取天下之量,而无取天下之才。故三人者,终其身无成焉……是故古之取天下者,常先图所守。诸葛孔明弃荆州而就西蜀,吾知其无能为也。且彼未尝见大险也,彼以为剑门者可以不亡也。吾尝观蜀之险,其守不可出,其出不可继。兢兢而自完,犹且不给,而何足以制中原哉!若夫秦汉之故都,沃土千里,洪河大山,真可以控天下,又乌事夫不可以措足如剑门者,而后曰险哉!今夫富人必居四通五达之都,使其财布出于天下,然后可以收天下之利。有小丈夫者,得一金,楼而藏诸家,拒户而守之。呜呼!是求不失也,非求富也。大盗至,劫而取之,又焉知其果不失也?"④诸葛亮以西蜀为根据地,认为剑门关可以防范风险,历史证明这种决策并非明智。不论是在个人还是国家的意义上,真正防范风险的方法是开放。诸葛亮如果能够着眼于秦汉故都而非西蜀一隅,未始不能把控天下,固守蜀地。正好比"小丈夫"。若能利用交通枢纽的便利开拓财源,才可以"收天下之利"。守财奴未必真能守,亡国奴千万不能当。

以上所说的社会历史的政权更迭、社会地盘的多方角逐、社会财富的分布转移都包含了因人成事的要素。"桀、纣是汤、武之梯"重在历时性因果关系,"假手于嬴"重在空间性因果关系,"国之兴亡不由积蓄多少"则重在逻辑关系。这些观点至今仍有借鉴意义。例如,清朝的腐败是民国兴起的条件,旧中国的没落是新中国诞生的条件;国共

---

① 欧阳修.新唐书:卷九十八列传第二十三马周传[M].清乾隆武英殿刻本:899.
② 沈约.宋书:卷五十八列传第十八谢弘微传[M].清乾隆武英殿刻本:709-710.
③ 司马光.资治通鉴:卷一百二十二宋纪四[M].四部丛刊景宋刻本:1342.
④ 苏洵.嘉佑集:卷三权书下·项籍[M].四部丛刊景宋钞本:14.

两党政治斗争和军事斗争的态势,由于日本侵略中国而发生了巨大变化;共产党在战略和策略上都高出一筹;新中国经过半个多世纪的发展,如今即将成为世界上首屈一指的经济体。尽管如此,我们仍然要具备危机意识,牢记"国之兴亡不由积蓄多少"的历史教训。

(二)社会遗憾的因缘凑合

人生诸多乐事,也不乏遗憾。下文所说的"社会遗憾"特指因为在乎得失而产生的否定性情绪。从缘起来看,它至少涉及三个方面:一是社会分工的必然取向,二是社会利益的分布失衡,三是社会变迁的无奈回眸。

1. "匠刀者不必自用割":社会分工的必然取向

社会遗憾有着深刻的原因,它在很大程度上是由人作为社会动物的特点所决定的。人们与其说是独自满足其全部需要,还不如说是通过交往,彼此满足各自的需要;与其说是单打独斗提高其能力,还不如说是通过分工协作发展其能力。正因如此,供分享而非自用的成果在人类财富中占有极大的比重。从物种繁衍的内在需求出发,分享是一种快乐;从个人中心主义出发,分享就成了一种遗憾。凭什么我就不能享受自己的生产所得呢?《淮南子·说林训》的下述观点就由此而来:"屠者羹藿,为车者步行,陶者用缺盆,匠人处狭庐。为者不得用,用者弗肯为。"①杀猪的吃菜,造车的走路,制陶的用有缺口的盆子,工匠住在狭小的房子里。制造者当不了使用者,使用者又不肯自己动手制造。这类现象看起来颇不合理。

或许是针对上述观点,唐代程晏写了《工器解》:"匠刀者不必自用割,匠弓者不必自用射,善为器而已。善割者不必善匠刀,善射者不必善匠弓,善用人之器而已。庖丁岂自锻而后操之耶?由基岂自斫而后射之耶?然则匠刀者不嫉庖丁之解,匠弓者不嫉由基之中。业已之为器,而惧刃之不利,弦之不劲也。我器既利既劲,称彼之用,是器得其所,又何嫉哉?萧、张为汉之器,既利既劲矣。不嫉汉祖之能刃我而解羽,弦我而中羽,天下是业已之为器也。反是者所谓己匠刀不欲人之善割,己匠弓不欲人之善射,然则器安适乎?范增之器也,既利既劲矣,鸿门之言不用。羽非善割善射者,终不能用其器也。是器岂嫉人也哉?痛哭之失其所也。是言也,不足为儒者道,用警乎贪冒嫉上之臣也。"②他已经将道理说得相当透彻了。社会分工的必然性决定了工具生产由自用向他用扩展,生产方和使用方分离,生产技能和使用技能也出现分化。生产方不应因使用方所取得的成就而嫉妒,而应感到高兴才是。由此推广到用人的道理:萧何、张良是大汉的出色的工具,不应当因为自己被刘邦用为利刃和强弓去对付项羽而心怀嫉妒。若反其道而行之,将自己的才能和所生产的兵器都当成私有,不愿让别人使用,那它们就找不到合适的归宿了。项羽不听范增之言,在鸿门宴上杀了刘邦,表明他自己不是善于发挥属下才能之人;范增为自己找不到施展才能的地方而难过。以上分析

---

① 刘安.淮南鸿烈解:卷十七,说林训[M].四部丛刊景钞北宋本:211.
② 程晏.工器解[C]//姚铉.重校正唐文粹:卷第四十六.四部丛刊景元翻宋小字本:511.

并非用来和读书人讲道理,而是用来警告那些对百姓和君主怀有嫉妒之心的官员们。马周的言外之意应当是:这些官员必须摆正自己的位置。他们再有才华,也要秉承经世济民的宗旨。若其主张为君为民所采用,他们应当感到高兴而非嫉妒才对。如果因此心怀不满,那就是大错特错了。当然,君主也应当知人善任,给官员们施展才华的机会。百姓对官员的贡献予以肯定,那是题中应有之义。

这番话到如今仍然具备现实意义。必须看到社会条件所发生的变化,当今的领导者不等于昔日之君主,当今的公务员不同于昔日之官员,当今的人民也不同于昔日之百姓,因为民主政体不同于专制政体。尽管如此,每个人作为工具和作为主体的矛盾仍然存在。只想当主体、不想当工具,只想让别人听自己的话(当自己的工具)、自己不想听别人的话(当别人的工具),这是产生社会遗憾的重要原因。事实上,能动性和受动性是有生命的存在物所固有的基本矛盾,主体和工具的矛盾不过是上述基本矛盾在角色扮演这一问题上的具体化。所谓"主体间性",强调人们作为交互主体的地位,有助于舒缓上述遗憾。如果能够促进社会角色的流动化、平等化,那才有望为彻底消解这类遗憾创造条件。

2."万物安得不烦":社会利益的分配失衡

更大的社会遗憾来自分享的不平均,即社会利益分配失衡。以中唐为例。安史之乱后藩镇割据,经济不振,军队剧增,官员队伍庞大,而社会人口大减。于是出现了下述状况:"国家自天宝已后,中原宿兵,见在军士可使者八十余万,其余浮为商贩,度为僧道。杂人色役,不归农桑者,又十有五六。则是天下常以三分劳筋苦骨之人,奉七分坐衣待食之辈。今内外官给俸料者,不下一万余员。其间有职出异名,奉离本局,府寺旷废,簪组因循者甚众。况敛财日寡,而授禄至多;设官有限,而入色无数。九流安得不杂!万物安得不烦?"①生产者在人口总数上所占的比例反少于非生产者,社会矛盾怎么会不尖锐!

这类现象并非只见于中唐。北宋王禹偁指出:"方今虽务农桑,尚多凉(应作"浮"。引者注)薄。耕织者鲜矣,衣食者众矣。加以飞刍挽粟之劳,妨凿井耕田之力。若无条禁,曷御凶荒?臣请陛下先问户部,则输税之家可见矣;又问吏部,则食禄之人可知矣;又问兵部,则军人受食者可数矣;又问祠部,则僧道蠹人者可明矣。复有台寺之小吏、府监之杂工,揔其数而计之,聚其人而校之。臣恐以三分勤耕苦织之人,赡七分坐衣待食之辈。欲望民泰,不亦难乎!"②

英国学者哈耶克(Friedrich August von Hayek)认为:在"社会公正"这个称呼中,"社会"一词很容易被"主体化",即它会让人错误地联想到社会可以成为一个"公正分配的主体"。在他看来,"社会"(social)作为一个形容词只能用来表现一种状态(status),因此它不可能成为一个"公正的分配者"。由此可以得出结论:"在不存在分配者的地方,也不可能有分配的公正。"③如果将"社会"当成虚名而非实体的话,那么,

---

① 刘昫.旧唐书:卷十四,本纪第十四宪宗上引元和六年(811)元月中书门下奏[M].清乾隆武英殿刻本:209.
② 王禹偁.上太宗答诏论边事[C]//赵汝愚.诸臣奏议:卷一百三十边防门.宋淳祐刻元明递修本:1298.
③ 哈耶克.社会公正的返祖现象[C]//冯克利,译.哈耶克文选.南京:江苏人民出版社,2007:262-272.

3."谁乐谁辛苦":社会变迁的无奈回眸

社会遗憾的另一种来源是人生无常、芳华易逝。唐代白居易以此为题写了不少诗歌。例如,《自感》:"宴游寝食渐无味,杯酒管弦徒绕身。宾客欢娱童仆饱,始知官职为他人。"①《有感》:"莫养瘦马驹,莫教小妓女。后事在目前,不信君看取。马肥快行走,妓长能歌舞。三年五岁间,已闻换一主。借问新旧主,谁乐谁辛苦?请君大带上,把笔书此语。"②《感故张仆射诸妓》:"黄金不惜买蛾眉,拣得如花三四枝。歌舞教成心力尽,一朝身去不相随。"③他感叹宴饮聚会只是欢娱了客人,喂饱了童仆(潜台词是忙坏了自己);调教妓女的功夫白费了,因为她们居然很快就找到了新主人。不仅自己有这样的体验,别人也会有这样的感受。不信请看:昔日的高官也无法让诸妓对自己始终相随啊!这类诗歌算不上白居易的精品,所显示出的胸襟相当狭窄。它们的价值或许是让我们进一步明白社会遗憾存在的原因:凡是付出的都要求回报,凡是传授的都要求为我所用,凡是自己眷恋的都要求追随自己,殊不知这些都是不可能的事情。因此而计较得失、产生遗憾,才是令人遗憾的事情。

以上所述的三种社会遗憾,分别来源于对社会分工的必然取向、社会利益的分配失衡与对社会变迁的无奈回眸。它们固然都伴有某种消极的内心体验(因此才构成"遗憾"),但所具备的正当性却是颇为不同的。人们固然有理由抱怨社会分工造成的某些消极后果(如前述"为者不得用,用者弗肯为"),但不能不肯定社会分工整体上所起的进步作用。如果生产者只生产自己所需要的生产工具和生活资料,或者说消费者必须从事自己所消费的一切资料的生产,那么,整个社会只能停留在自然经济阶段,无法形成能和高度分工协作相媲美的社会生产力。当然,这不是说任何时代任何形式的社会分工都是合理的。例如,虽然工农分工、体脑分工、城乡分工有其历史必然性,但马克思主义者将消灭由此而产生的三大差别当成自己的使命。实际上,社会利益的分配失衡经常是社会批判的对象,"朱门酒肉臭,路有冻死骨"中所蕴含的愤怒具备道德正当性。至于来自对社会变迁无奈回眸的"谁乐谁辛苦",毋宁说是一种贻笑大方的牢骚。

(三)社会治理的因势利导

对于社会博弈和社会遗憾的考察,可以为社会治理提供参照。下文重点阐述如下三项:"民之归仁",指着眼于社会演变的大势所趋;"人人自坚",指着眼于社会心理的及时体察;"欲辨觉梦",指着眼于社会争端的是非辨析。

1."民之归仁":社会演变的大势所趋

孟子说:"民之归仁也,犹水之就下,兽之走圹也。故为渊驱鱼者,獭也;为丛驱雀

---

① 洪迈.万首唐人绝句诗:卷第十四,七言一百首[M].明嘉靖刻本:109.
② 白居易.有感三首之二[M]//白氏长庆集白氏文集:卷第五十一.四部丛刊景日本翻宋大字本:456.
③ 白居易.感故张仆射诸妓[M]//白氏长庆集白氏文集:卷第十三.四部丛刊景日本翻宋大字本:117.

者,鹯也;为汤、武驱民者,桀与纣也。"①生活在战国时期的人回顾历史,令其感到最为震撼的社会剧变就是所谓"汤武革命"。曾经盛极一时的夏朝、商朝就这样崩塌了,民心向背的力量由此显示出来。孟子因此将"民之归仁"作为百姓之本性、社会之潮流,将商汤王、周武王作为仁君的代表,认为夏桀王、商纣王的倒行逆施起了为渊驱鱼、为丛驱雀的作用。革命的发生和成功,不仅在于仁君的引领,而且在于暴君的驱动。暴君之失,恰好是仁君之得。二者的合力造成了百姓在政治上的认同变化,改朝换代势在必行。在君主制条件下,社会治理的历史教训就是必须将"民之归仁"当成座右铭,而非"君权神授"。如果说暴君之暴也有什么历史贡献的话,那或许就是充当上述座右铭的注脚。如果说仁君之仁也有什么历史局限的话,那或许就是充当上述座右铭的必要补充:君主施行仁政通常仅仅是想让自己的王朝天长地久,但"民之归仁"作为历史运动所趋向的目标却是人民当家做主,而不是成为顺民。

2."人人自坚":社会心理的及时体察

不论是社会革命还是社会治理,都需要某种信心。这种信心可能是基于革命者对于自身正义性的认知,也可能是基于治理者满足社会需要的能力,当然还可能受其他复杂因素的影响。若就封建朝代的统治者而言,单靠他们的自信明显是不够的,至少必须坚定追随者的信心。官爵利禄,就是他们将自信转化为臣下追随自己的信心的重要手段之一。

在历史上,由乱世到治世的重大转变往往是通过改朝换代的战争实现的。对于开国君主来说,如何建立以自己为中心的统治秩序,是事关重大的问题。据《汉书·张良传》记载,"上已封大功臣二十余人,其余日夜争功而不决,未得行封。上居雒阳南宫,从复道望见诸将往往数人偶语。上曰:'此何语?'良曰:'陛下不知乎?此谋反耳。'上曰:'天下属安定,何故而反?'良曰:'陛下起布衣,与此属取天下,今陛下已为天子,而所封皆萧、曹故人所亲爱,而所诛者皆平生仇怨。今军吏计功,天下不足以遍封,此属畏陛下不能尽封,又恐见疑过失及诛,故相聚而谋反耳。'上乃忧曰:'为将奈何?'良曰:'上平生所憎,群臣所共知,谁最甚者?'上曰:'雍齿与我有故怨,数窘辱我,我欲杀之,为功多,不忍。'良曰:'今急先封雍齿,以示群臣,群臣见雍齿先封,则人人自坚矣。'于是上置酒,封雍齿为什方侯,而急趣丞相、御史定功行封。群臣罢酒,皆喜曰:'雍齿且侯,我属无患矣。'"②汉高祖通过给和自己有过宿怨的功臣雍齿封官,强化了追随者对自己的忠诚,化解了可能存在的谋反企图。此后历朝历代,论功行赏一直是惯例。难怪唐代杜荀鹤《塞上》诗云:"草白河冰合,蕃戎出掠频。戍楼三急号,探马一条尘。战士风霜苦,将军雨露新。封侯不由此,何以慰征人?"③

在中央集权的体制下,权力来源主要是自上而下的授予。想要功名利禄,就得设法获得统治者的赏识,而上书进言是常见的途径之一。汉代梅福对这一点看得很透。他说:"士者,国之重器;得士则重,失士则轻……昔秦武王好力,任鄙叩关自鬻;缪公行

---

① 孟轲.孟子:卷七[M].四部丛刊景宋大字本:57.
② 班固.汉书:卷四十[M].清乾隆武英殿刻本:646.
③ 杜荀鹤.杜荀鹤文集:卷二[M].宋刻本:11.

伯,籍余归德。今欲致天下之士,民有上书求见者,辄使诣尚书问其所言,言可采取者,秩以升斗之禄,赐以一束之帛。若此,则天下之士发愤懑,吐忠言,嘉谋日闻于上,天下条贯,国家表里,烂然可睹矣。夫以四海之广,士民之数,能言之类至众多也。然其俊杰指世陈政,言成文章,质之先圣而不缪,施之当世合时务,若此者,亦亡几人。故爵禄束帛者,天下之砥石,高祖所以厉世摩钝也。孔子曰:'工欲善其事,必先利其器。'至秦则不然,张诽谤之罔,以为汉驱除,倒持泰阿,授楚其柄。故诚能勿失其柄,天下虽有不顺,莫敢触其锋,此孝武皇帝所以辟地建功为汉世宗也。"①这段话很长,核心就是一句:"爵禄束帛者,天下之砥石。"皇上用功名利禄来激励士人,矫正风气;予取予夺,要掌握在自己手里,决不能倒持宝剑,让一般人说三道四。梅福认为秦朝灭亡的原因是"张诽谤之罔",这就值得推敲了。刘邦曾说:"父老苦秦苛法久矣,诽谤者族。"②这句话道出如下事实:秦朝禁锢言路,将"诽谤"作为重罪,结果秦朝并没有因此实现长治久安,而是激起民众强烈不满,将老百姓逼到起义军那边去了。"诽谤"在古代至少有三种含义:一是指以不实之词毁人,二是指进谏(忠心之言),三是指怨望(不满情绪)。从上下文分析,梅福并非着眼于"诽谤"的具体内容(不实之词、谏劝之语或不满之情),而是着眼于管控言路的权柄,认为最高统治者应当广泛听取意见、奖励可取之言,而不是像秦朝那样利用手中权力堵塞言路、激起民变。根据《吕氏春秋》记载:"尧有欲谏之鼓,舜有诽谤之木,汤有司过之士,武王有戒慎之鼗。"③这类让人提意见的做法在我国古代早期就有。不过,封建时代将任命权力、奖罚权力和监察权力都集中于一人之手,只是激发了士人对君主的忠诚和依赖,却未必能从根本上解决社会危机、维护社会和谐。

3. "欲辨觉梦":社会争端的是非辨析

在社会生活中,有得,亦有失。有所得,有所失;有人得之不义,有人失之不该;有人多得,有人多失;有人之得源于他人之所失,有人之失变成了他人之所得;有人为一己之得而欺诈勒索,也有人因一己之失而祸国殃民……为了化解矛盾、维持平衡,既要有一套评价是非的社会规范,又得有某种仲裁判定的社会机制。二者的相辅相成,是社会治理的重要保障。

社会生活中某些得失问题涉及是非判断。《尹文子·大道上》有云:"魏田父有耕于野者,得宝玉径尺,弗知其玉也,以告邻人。邻人阴欲图之,谓之曰:'怪石也。蓄之,弗利其家。弗如复之。'田父虽疑,犹录以归,置庑下。其夜,玉明光照一室。田父称家大怖,复以告。邻人曰:'此怪之征。遄弃,殃可销。'于是而弃于远野。邻人无何盗之,以献魏王。魏王召玉工相之。玉工望之,再拜而立,'敢贺大王得此天下之宝,臣未尝见。'王问价,玉工曰:'此无价。以当之,五城之都仅可一观。'魏王立赐献玉者千金,长食上大夫禄。"④上述故事所包含的是非至少有三重:(1)认识论意义上的是非,主要

---

① 班固.汉书:卷六十七,梅福传[M].清乾隆武英殿刻本:1030.
② 司马迁.史记:卷八,高祖本纪第八[M].清乾隆武英殿刻本:187.
③ 吕不韦.吕氏春秋:卷二十四,不苟论第四·自知[M].四部丛刊景明刊本:207.
④ 尹文.尹文子·大道上[M].四部丛刊景明覆宋本:4.

指田父所得究竟是否为宝玉。答案应当是肯定的。(2)伦理学意义上的是非。主要指邻人的行为是否构成利己主义的欺骗。答案也应当是肯定的。(3)社会学意义上的是非。主要指魏王对献玉者的赏赐是否得当。这种赏赐不问宝玉由来,只是评估其价值,根据魏王自己的收益来进行封赏,客观上对献玉者基于利己主义的欺骗行为起了强化作用,显然不利于公正治理。

值得注意的是作者尹文(战国时期思想家)由上述故事引申出来的看法:"凡天下万里皆有是非,吾所不敢诬。是者常是,非者常非,亦吾所信。然是虽常是,有时而不用;非虽常非,有时而必行。故用是而失,有矣;行非而得,有矣。是非之理不同,而更兴废,翻为我用,则是非焉在哉!观尧、舜、汤、武之成,或顺或逆,得时则昌;桀、纣、幽、厉之败,或是或非,失时则亡。五伯之主亦然。"①他肯定了是非作为属性或现象的普遍存在,也肯定了是非作为判断或者信念的相对稳定,同时又指出是非与成败之间的矛盾。如果是者必成、非者必败,那么,这天下自然清明。反之,人们便要质问:"天理何在?"实际情况估计介于二者之间,既不那么清明,也不那么混乱。为了解释上述矛盾,尹文引入了"时"(时运,时势)的概念,认为是它左右了王朝兴替。这样的解释看起来很有力,但"时"本身可不那么容易把握,至少和"是非"相比是如此。"是非"可以通过道德教育来传授其基本原则,"时"却往往只能靠摸索或直觉来把握。

和《尹文子》类似,《列子》也是一部包含许多有趣故事的书。其中有一则是:"郑人有薪于野者,遇骇鹿,御而击之,毙之。恐人见之也,遽而藏诸隍中,覆之以蕉。不胜其喜。俄而遗其所藏之处,遂以为梦焉。顺涂而咏其事。傍人有闻者,用其言而取之。既归,告其室人曰:'向薪者梦得鹿而不知其处;吾今得之,彼直真梦矣。'室人曰:'若将是梦见薪者之得鹿邪?讵有薪者邪?今真得鹿,是若之梦真邪?'夫曰:'吾据得鹿,何用知彼梦我梦邪?'薪者之归,不厌失鹿。其夜真梦藏之处,又梦得之之主。爽旦,案所梦而寻得之。遂讼而争之,归之士师。士师曰:'若初真得鹿,妄谓之梦;真梦得鹿,妄谓之实。彼真取若鹿,而与若争鹿。室人又谓梦仞人鹿,无人得鹿。今据有此鹿,请二分之。'以闻郑君。郑君曰:'嘻!士师将复梦分人鹿乎?'访之国相。国相曰:'梦与不梦,臣所不能辨也。欲辨觉梦,唯黄帝孔丘。今亡黄帝孔丘,孰辨之哉?且恂士师之言可也。'"②上述故事可谓列子版的"盗梦空间"!里面的"梦"其实皆非睡觉意义上的梦,而是幻觉意义上的梦;"真梦"也不是真的做梦(梦见不存在之事),而是做关于真实事物的梦(将存在之事当成幻觉)。它们重重叠叠,大致有以下几个层面:(1)"薪者"(即樵夫)释梦。他将真事误当成梦境(为便于分析,下文称之为"原梦"),因为忘记了自己藏鹿的地方。(2)"傍人"(路边的人)释梦。特点是将听到的梦境当成真事,因此找到了"薪者"之藏鹿,从而证明薪者之梦非梦。(3)"室人"("傍人"之妻)释梦。她认为做梦的是自己的丈夫,而且他做的是在现实生活中有对应物的梦。估计她从来没有见过樵夫,却看到了丈夫拿回来的鹿,因此会有这样的看法。(4)"薪者"再梦。这回樵

---

① 尹文.尹文子·大道上[M].四部丛刊景明覆宋本:4-5.
② 列御寇.列子:卷三,周穆王第三[M].四部丛刊景北宋本:25.

夫不仅梦见自己原先藏鹿之处,而且梦见了拿走它的人。这虽然有点奇妙,但仍然有可能——估计他回忆起有谁听他唱失鹿之歌。再梦其实是对原梦做了新的阐释。原梦将事实当梦境,再梦让梦境回归实情,樵因此找到了"傍人"。(5)"士师"(执法官员)释梦。他面临着必须做出是非判断的问题。从其言论分析,他认为樵夫谓是为非("若初真得鹿,妄谓之梦"),"傍人"谓非为是("真梦得鹿,妄谓之实");樵夫与"傍人"之争既是真实层面的诉讼("彼真取若鹿,而与若争鹿"),又是虚幻层面的争议("室人又谓梦仞人鹿,无人得鹿")。标的物到底是否真的存在呢?果真有的话,就请平分吧。这是士师做出的判决。估计原告和被告没有将鹿拉到士师面前,因此士师弄不清二人是在现实层面还是在想象层面发生了纠纷。(6)郑君释梦。他觉得这个案子有点可笑,因此说士师大概是在做梦给别人分鹿吧。估计郑君没有见到当事人,只是听了法官的报告。(7)国相释梦。估计他既没有见到当事人,也没有见到法官,只是听到郑君问起。可能他心里犯嘀咕:"真有这回事吗?或者是国君在考我的水平呢?"不过,国相即使心里这样想,嘴上也不会说出来。他的回答既很圆滑(以退为进,说明无法辨别当事人是否在做梦),但又很实在(维护了士师的判决)。

根据《列子》作者自述,"神遇为梦,形接为事。故昼想夜梦,神形所遇"。梦和事本是两回事,一个是纯粹的精神活动,另一个是纯粹的形体活动。尽管如此,二者又可能相互转化。平常我们关注的是"日有所思,夜有所梦",即清醒时候思考的问题如何进入梦境。上述故事所关注的则是真实的事情如何被当成是梦境,或者说要想区分是梦与非梦有多么困难。在故事中,是非问题已经不只局限于实践层面、认识层面、道德层面,而且深入到法律层面。由于当事人提起诉讼,梦鹿之争进入了司法程序,而且被上报给君主,最后由国相一锤定音,维护了案件初审时士师的判决。而这个貌似"各打五十大板"的判决体现了如下基本倾向:各有是非而难断,利益平衡是原则。

上述扑朔迷离的故事的主题是"欲辨觉梦"。美国电影《盗梦空间》说的是造梦师如何带领特工团队进入他人梦境,窃取机密、植入思想或重塑他人梦境。列子版"盗梦"说的则是现实生活中的人如何产生梦、利用梦、仲裁梦。如何分辨清醒("觉")与做梦的区别呢?从樵夫失鹿的经过看,梦境是失去现实线索的深层记忆,好比没了锚而四处漂移的轮船。从傍人得鹿的经过看,现实是找到索引标的梦境。从打官司的经过看,没有现实索引的梦境之争是无法辨明是非的。因此,这则故事实际上肯定了"欲辨觉梦"必须尊重现实,尽管作者将希望寄托于圣人(黄帝与孔丘)。在没有足够现实证据的条件下,国相只能维持士师让当事人各得一半鹿的裁决。实际上,"薪者"和"傍人"都是既有过失又有贡献的。前者打了鹿,这是最大贡献。但他忘记了埋藏地点,如果没有"傍人"的介入,很可能从此就和鹿无缘了。"傍人"揭示出樵夫误以为是梦境的事情所包含的真相,将鹿找了出来,但他由此擅功,不愿和最初的物主分享。在这样的背景下,士师和国相所做出的裁决可以说是公平合理的。

以上分别从民心、政策和规制的角度阐述了社会治理的因势利导问题。社会治理以民心向背为出发点,以政策(特别是干部政策)为着力点,以规制为关键点。只有明白"民之归仁",才会端正社会治理的指导思想;只有"人人自坚",才能建设一支团结奋战的队伍作为社会治理的中坚;只有"欲辨觉梦"(区分梦想与现实),才能维护正常的社会秩序。当然,上文在论证过程中所援引的故事都可以从多种角度加以解读。其中,引自《列子》的故事可以激发诸多联想。试析如下:(1)纯粹梦境之得失,只具备想象的意义;纯粹现实之得失,并不具备想象的意义;梦境与现实交织之得失,不只具备想象的意义。(2)社会得失果如梦乎?对"薪者"和"傍人"来说,一方得鹿,另一方失鹿,确实存在社会得失之争。对于"室人""士师""郑君"和"国相"来说,作为讼案的得失已经虚化了。(3)梦具备三重意义上的真实感,一是梦中觉得所经历的景象是真实的,二是梦醒后认识到自己曾经做过梦,三是梦醒时在现实生活中发现梦境的对应物。与此相应,"真梦"至少有三重解释:一是做梦时伴随真实体验;二是梦醒后断定此前所见并非虚像;三是可以通过解析找到现实证据的梦。"假梦"亦有三重解释:一是缺乏对真实进行反省活动(如设问"我不是在梦中吧?")的梦;二是梦醒后断定此前所见为虚像;三是无法通过释梦在现实生活中找到梦境的对应物。《列子》这则故事所描写的樵夫的第一个梦是"似真实假之梦"。(4)从得失的角度研究梦,至少涉及如下问题:一是做梦的得失。梦中之所得,是否现实之所失?换言之,梦做得越多越美,是否和现实所得之多之美成正比?二是做梦的权利和义务。人人应当都有做梦的权利,是否也应当都对因梦而导致的行为负责?三是裁量梦境之得失。人们对自己的梦境拥有"知识产权"吗?对别人梦境的阐释必须符合什么社会规范?

本文分别从社会博弈、社会遗憾、社会治理的角度考察了因人成事、因缘凑合和因势利导。它们其实是彼此相关的。正因为社会博弈有得有失,才会萌生社会遗憾;正因为社会遗憾可能(或者已经)引发社会问题,所以才需要进行社会治理。

以上是借助《记纂渊海》来阐发社会治理要旨的尝试。一级标题采用《记纂渊海》所设立的门的名称,加上我们今天可从中领悟到的社会学含义;二级标题则是根据相关社会现象所包含的逻辑关系新设的;三级子标题基本采用该门所收入的史料的精彩之言,同样加上我们今天可从中领悟到的社会学含义。文中包含但不限于《记纂渊海》所收入的史料,引文主要根据中国基本古籍库校订。《记纂渊海》细分为1 246门,若不计有目无文者,实为1 195门。发掘其中所包含的智慧,无疑是一项浩大的工程。本文目前所取的研究对象只是其中的一小部分而已,希望将来有机会继续推进这项工程。谨以此就教于大方之家。

中国姓名文化中的华夏传播观念探析
The Study on Huaxia Communication Conception in Chinese Name Culture

李海文　谢清果 *
Li Haiwen, Xie Qingguo

摘要：姓名是人类区分个体的符号，具有人际交往功能，与人类传播活动关系密切。相对于西方，中国姓名文化源远流长，内涵丰富，颇有民族特色，是中国传统文化的重要组成部分。华夏传播研究注重从传播学视角研究中国传统文化，因此研究中国姓名文化不失为研究华夏传播的重要切入点。本文综合运用文化学、传播学、符号学、历史学等学科视角，整体观照中国姓名文化的特点，辅以历朝历代的名人姓名为例证，抽丝剥茧地分析姓名文化中的传播内涵，提取它在人内传播、人际传播、群体传播和组织传播、大众传播以及跨文化传播中蕴涵着的具有华夏特色的传播观念。

Abstract: Name is the symbol of human distinction among individuals, which has the function of interpersonal communication and related to human communication activities closely. Compared with the western countries, the name culture of China has a long history with rich connotations and ethnic characteristics and becomes an important part of Chinese traditional culture. The Huaxia communication research pays attention to the study of Chinese traditional culture with the perspective of communication, therefore the study of Chinese name culture can be regarded as an important entry point. In this paper, we firstly study the general characteristics of Chinese name culture in the perspectives of culture, communication, semiotics, history etc., supported with famous names in the past dynasties as examples, then gradually analyze the communication connotations in Chinese name culture, extracting the communication conceptions with Huaxia characteristics which lie in intrapersonal communication, interpersonal communication, group communication and organizational communication, mass communication, and intercultural communication.

关键词：人内传播，人际传播，群体传播，组织传播，大众传播，跨文化传播

---

* 李海文，福建农林大学金山学院讲师，主要研究方向：文化传播史论。电邮：heavenleechina@qq.com。
谢清果，两岸关系协创中心研究员，厦门大学新闻传播学院教授、博士生导师，厦门大学传播研究所所长，主要研究方向：华夏传播研究。电邮：weirai2002@126.com。

Keywords: intrapersonal communication, interpersonal communication, group communication, organizational communication, mass communication, intercultural communication

一、相关界定

（一）中国姓名文化

姓名是姓氏和名字的合称。中国是世界上最早使用姓氏的国家，姓氏起源于原始社会的母系氏族时期，流传至今，历史悠久，内涵丰富。相比之下，其他文明古国如古巴比伦、古埃及、古印度的人们都只有名而无姓；英国的贵族到11世纪开始使用固定姓氏，平民到16世纪才普遍使用姓氏；意大利各城邦国家在19世纪开始使用，日本平民在19世纪70年代开始使用，泰国、土耳其等国家甚至进入20世纪后才开始使用。[1] 作为一种标志社会结构中血缘关系的符号[2]，它在历史进程中还被赋予了时代性、社会性，进而成为文化的重要组成部分。姓氏拥有较高的稳定性，往往数百年甚至上千年一脉相承，可谓传统文化的活化石。名字是随着人口的增多和社会交往的发展而诞生的，作为标记符号用以显示个体之间的区别。在中国五千年的文明史上，人名从产生到成熟，基本格局大体未变。若从历史的视角观照，中国人的名字在发展过程中被打上了时代文化的烙印，与整体文化同步发展，富有华夏文明特色。

在汉语里，姓氏最初都是独立词，"姓者，统其祖考之所自出；氏者，别其子孙之所自分"[3]。也就是说，姓是一种由母系氏族公社发展而来的称号，氏是姓的分支，用于标示一个人的家族血缘关系。随着社会的发展，姓氏在秦汉以后合而为一，演变成为一个合成词，意为人的姓，同等于英文的 family name 或 surname。名字是名与字的合称，是人的称谓符号。依据《新华字典》，"名"的基本释义是人或事物的称谓，是一种指代符号。古代中国人最早有姓无名。《说文解字》说："名，自命也。从口从夕。夕者，冥也，冥不相见，故以口自名。""夕+口"意为晚上打招呼，以便晚上进行人际传播。字是人的别名，亦称"表字"。古时，名与字有区别，所谓"古者，名以正体，字以表德"[4]。辛亥革命后，民国推行"一名主义"，名与字逐渐合一，人有名无字。时至今日，名字演变为人的姓名或单指名。

何为姓名文化？在本文中，姓名并不仅指狭义上表家族的姓加上表个体的名，而是一个广义上的姓名，包括乳名、自号、艺名、笔名、学名、法名、地望称等。至于文化的概念，十分宽泛，内涵颇多，古今中外学者下过的定义不下百种，在这并不是研究的重点，不做过多探讨。本文采用比较通行的概念，即文化指人类在社会历史实践过程中

---

[1] 谭舯.中国姓氏文化[J].黄埔,2013(1),75-77.
[2] 程裕祯.中国文化要略:第3版[M].北京:外语教学与研究出版社,2011:55.
[3] 刘恕.通鉴外纪[EB/OL].[2017-05-01].http://www.guoxuedashi.com/.
[4] 颜之推.颜氏家训[M].檀作文,译注.北京:中华书局,2007:64.

所创造的物质财富和精神财富的总和。① 为便于研究,笔者为姓名文化圈定一个范围,即有关取名赐姓、改姓易名、谥号谥法、称呼用法、编修族谱等的人类文化实践,属于民俗文化的范畴。

中国人对姓名非常重视,在长期历史发展中总结出了"名如其人""行不改名,坐不改姓"等俗语,把姓名与为人处世结合起来,并融入到中华民族的血液里。姓名文化具有三大特性,首先是普遍性。它不仅影响平头百姓,也影响王公贵族,每个社会成员都会或多或少参与其中。其次是规约性。在历史与政治的影响下,姓名文化形成了一套较为稳定的系统,拥有一定的规则,约束着人们的行为。最后是传承性。姓名具有家族传承的因子,又深受社会与传统的影响,一代影响着一代。这三大特性,冠以中国之定语,使得中国姓名文化极具特色,代表传统文化极具说服力。

(二) 华夏传播

20 世纪 70 年代末,西方传播学大举进入中国,以美国经验学派为主流的传播学迅速在神州大地发展起来。与之对应的本土化研究也随之肇始,香港中文大学的余也鲁、台湾政治大学的徐佳士等人开启了关于中华传统文化中的传播智慧的研究。接着,吴予敏、孙旭培、尹韵公、李彬、黄星民、关绍箕、陈国民、贾文山、邵培仁等一批海内外华人学者开始探究中华文化中的传播智慧。他们筚路蓝缕,殚精竭虑,推出了《无形的网络》《华夏传播论》《中华传播理论与原则》《唐代文明与新闻传播》《中国船舶思想史》等诸多鸿篇巨制。近五年来,一批青年学者异军突起,如白文刚、陈谦、谢清果、李漫、姚锦云等,从深厚的中国传统文化(文史哲)出发来研究华夏传播理论,研究成果虽非壮观,但也可观,使得"华夏传播"研究日渐热门,成为中国传播学研究的重要一派。

中华文化根深叶茂,随便摘取一叶,即可开启研究之旅。根据前辈学者的研究,华夏传播研究的是中国传统社会中的传播活动和传播观念,对其进行发掘、整理、研究和扬弃,构建能够阐释和推进中华文明可持续发展的传播机制、机理和思想方法。② 古人的传播活动多种多样,上至朝廷发布公文,中至书院讲学刻书,下至坊间街谈巷议,若借用西方传播学的社会传播分类,则有人内传播、人际传播、群体传播、组织传播、大众传播和跨文化传播等基本类型。在具体对象方面,目前华夏传播相对集中于文艺传播、政治传播、语言传播、符号传播、舆论传播和精神传播等。从民俗文化的角度来探寻华夏传播理论,当下研究文献着实不多,而且主要集中于节日、俗语、艺术等主题。若以姓名为主题查阅中外现有的传播学文献,几乎凤毛麟角。

传播与文化的密不可分,堪比鸡与蛋的关系。美国文化传播学者詹姆斯·凯瑞(James Carey)认为"传播即文化"③,人类社会生活的意义在传播中得以产生和建构。反之,笔者认为"文化即传播"亦成立。借用美国社会学家塔尔科特·帕森斯(Talcott

---

① 该定义为各大学者所用,亦被《新华词典》所采纳。
② 谢清果.传播学"中华学派"建构路径的前瞻性思考[J].新疆师范大学学报(哲学社会科学版),2017(6):63-76.
③ 此观点来自詹姆斯·凯瑞曾出版的一本名为 *Communication as Culture* 的著作。

Parsons)的话:文化系统提供了共享的有意义的符号,从而使得社会行动者能够实现沟通。① 既然华夏传播研究关注对象之一是中华传统文化的传播,②那么研究传统文化的重要一块——姓名文化,从中探讨出华夏传播的若干观念,进一步构建和完善华夏传播理论体系,进而繁荣中国传播学,不仅合理可行,而且很有必要。借用清华大学传播学教授李彬的思维,我们一定要有文化自觉和文化自信,将姓名文化化解为历史与逻辑有机统一的学理,赋予中国传播学更多的想象力、创造力和生命力。③

二、姓名文化中的传播观念

姓名是传播活动中的重要媒介,是实现个人与社会互动的重要桥梁。作为一种符号,它除了本身具有的意义,在人类传播的过程和环节中也具有意义。多种姓名符号元素组合在一起,按照一定规则运行,姓名文化便由此产生了;植根于中国这块土壤,浇上时间的水分,这一文化便成为中国文化大观园里一株美丽的花朵。这株花朵从泥土里汲取养分,从天空中吸收阳光,在草丛中吸引蜂蝶采粉,在人群中引人驻足观赏,信息内外流通,无声地演绎着多彩传播。

(一)姓名发挥着注重内省明忠、坚持长期导向的人内传播功能

人内传播,又称自我传播,是人体接受并处理外部信息的活动。在这个传播过程中,传播者和受传者都是同一个人,人体就是一个完整系统,能够独自运行完成信息的接收、传递、处理和输出。人内传播既有感觉、知觉、记忆、思维、情感等正常形式,也有做梦、酒精中毒、毒品麻醉等异常形式。④ 其中,内省是人对自己的一种反思活动,也是一种重要的人内传播形式。中华民族深受儒家文化的浸染,倡导以"诚意正心,修身齐家"为安身立命之本,培养了一种善于自我反思的民族品格。

1.名字是"客我"期待,用于内省激励

在姓氏文化中,"姓"归属于家族传承,"名号"则代表个人。《说文解字》说:"名,自命也。"面对不确定的社会环境,传统中国人为实现某种理想或追求,常在"名号"方面下功夫,用字用词特别讲究意蕴。例如,西汉国力较为强盛,上下盛行祈求长生不老的风潮,人名多用"延寿""安国""去病"之类。南北朝时期,宗教信仰较为盛行,佛教信徒常用"僧""惠""昙"等字,如王僧达、陆惠晓、王昙首;道教信徒常用"道""玄""灵"等字,如萧道成、王玄谟、谢灵运等。唐末五代时期,世风日下、朝中乏人、社会动荡,人们希望成为有才德之人,喜用"彦"字,如有唐末宰相徐彦章、后梁都指挥使杨彦洪、南汉大将伍彦寿等。明清时期,科举考试盛行,世人追求金榜题名,于是"魁""奎""元""第""恩""光""禄""士"等字大量出现在人名中。民国时期,社会动荡,人们希望丰衣足食、

---

① 霍尔,尼兹.文化:社会学的视野[M].周晓虹,徐彬,译.北京:商务印书馆.2004:25.
② 谢清果.2015年华夏传播研究的回顾与评价[J].中国传媒报告,2016(2):75-81.
③ 李彬.传播学引论:第三版[M].北京:高等教育出版社.2013:82.
④ 董璐.传播学核心理论与概念[M].北京:北京大学出版社.2008:2.

光宗耀祖,取名多用"满仓""满囤""耀祖""光宗"之类。新中国成立后,为了建设国家、保家卫国,以及拥护党的领导,取名带有政治意味,"建国""援朝""卫国""卫东"之类比比皆是。从古至今,"仁、义、礼、智、信"是取名常用字,用于规范、提升自我,体现人内传播基本准则,即"注重主观意志力量与责任的'五常'观念"①。男女取名,性别意识明显,各有偏向,都寄予了父母长辈之希望和祝福。男性取名所用字词偏阳刚,如"雄""刚""伟""勇"之类,寓意要成为有担当的男子汉;女性取名偏阴柔,如"娜""丽""香""雅"之类,寓意要成为温婉有德的贤妻良母。美国社会学家米德把人分为"主我"与"客我",自我是"主我"与"客我"的统一。② 名字作为一种外部信息,是家族长辈对后代的角色期待,即"客我";它与"主我"不断互动,以实现内省激励。

2. 自号是"主我"诉求,用于自我明志

如果说名字代表家族之希望,让后代用以自我激励,属于被动型内外互动的话,那么自号就代表着自身的追求旨趣,用以寄托心声,是一种主动型的自我互动。号起源很早,春秋时期已经有了称号,但直到唐宋以后,号才开始流行,明清时期达到鼎盛,上至帝王,下至庶民,都爱取号。例如,东晋诗人陶渊明自号"五柳先生",唐朝诗人白居易又号"醉吟先生",北宋诗人苏轼号"铁冠道人""东坡居士",南宋史学家郑樵号"西溪遗民",元代散曲名家冯子振又号"怪怪道人",明代画家唐寅又号"逃禅仙吏",清代文学家袁枚号"简斋",近代思想家、教育家和政治家梁启超又号"中国之新民",中国同盟会首位女会员何香凝号"双清楼主"等。号不像姓名、表字那样要受家族、宗法、礼仪以及行辈的限制,可以自由地抒发和标显使用者的志向和情趣,因此受到文人雅士的喜爱。五四运动之后,自号逐渐由笔名、艺名等所代替。例如,鲁迅原名周树人,笔名来源有二:一是母亲姓鲁,而周鲁是同姓之国;二是取愚鲁而迅速的意思。③ 冰心原名谢婉莹,笔名出自她喜爱的诗句"一片冰心在玉壶",以表明她不与黑暗社会同流合污。民国电影皇后胡蝶,原名胡瑞华,报考中华电影学校时,考虑改名"胡琴"为艺名,转念一想,胡琴、胡琴,岂不是整天让人拉来拉去吗?她也不知哪来的一丝灵感,脑子里浮现出"蝴蝶"二字,"蝴"与"胡"谐音,做一只"蝴蝶",可以自由自在地飞来飞去。④ 自号通常由成年人自取,用什么字、不用什么字,无不体现出个人的志向心愿。

3. 名号的人内传播时效长远

选择什么样的名号,体现出特定的情感。名号所含志向高于现实,并非一朝一夕之功可实现,有待日积月累,甚至奋斗终生。在社会生活中,个人有意无意地把名字之意与自己的人生目标结合起来,造就了一种"人如其名,名如其人"的现象。苏联学者穆尔扎甚至说:"物品携带着对日常意识产生重大影响的'信息'……成为具有决定意义的力量。"⑤如果把名号看作物品,天天使用,所含的信息自然会跟我们的潜意识打

---

① 谢清果,祁菲菲.华夏传播理论的内涵、特征及其未来展望[J].今传媒,2017(1):4-12.
② 郭庆光.传播学教程:第二版[M].北京:中国人民大学出版社.2011:44.
③ 李祥.姓名文化与名人[M].北京:群众出版社,2006:136.
④ 傅杰.梨园忆旧——中国著名表演艺术家自述[M].杭州:浙江大学出版社,2008:134.
⑤ 穆尔扎.论意识操纵:上[M].徐昌翰,等,译.北京:社会科学文献出版社,2004:4.

交道。例如,《水浒传》的作者施耐庵,原名施彦端,崇拜东林庵老和尚耐心念佛,认为写书亦要有这种锲而不舍的精神,遂改名为"耐庵"。在这新名字的不断告诫下,终于完成这一名垂历史的皇皇巨著。再如战国名将王翦,破邯郸,消灭燕、赵,大破项燕,攻灭楚国,南征百越,不愧是剪灭诸国的剪刀手;两汉之际的王莽,位极人臣,代汉建新,但性情狂躁,轻易改制,最后失败被杀;东晋政治家谢安,先安身自立,后定国安邦,指挥了以少胜多的淝水之战;宋朝大将董先,作战勇敢,"每战,冒矢石为诸军先"①;明代思想家、军事家王守仁,主致良知,行事仁义,发展儒学,成为心学集大成者,名列孔、孟、朱、王;清朝政治家曾国藩,镇压太平军,主办洋务,是清王朝的救命恩人、中兴名臣,不能不说是国家之藩篱;近现代作家、翻译家、文学研究家钱钟书,原名仰先,后改为此名,一辈子钟情于书;近现代药学家屠呦呦因发现青蒿素获得诺贝尔奖,其名字取自"呦呦鹿鸣,食野之蒿"②。外部的名号信息与人体内部形成意识交流,"客我"与"主我"不断接触,知情意行相互转化,从而打造一个新的自我,因此名号使人重视自身的修养,并且愿意长期坚持。换言之,我们以名号管理自我,实现意识与行为的内外互动,强调传播的"时间倾向"。传统中国人注重内省明志,放眼未来,这一民族性格使得传播者特别注意自身品行,追求长期的传播效果。

(二)姓名体现着以礼为重、等级观念明显的人际传播取向

中国人为人处世具有两面性,即"道德人"与"关系人"。③ 如果说"道德人"上接人内传播、克己修身、内省明志的话,那么"关系人"便开启了人际传播,其以礼为重,等级观念明显。人际传播即人与人之间的信息传播活动,它通常在两人或多人之间以面对面的形式进行,或凭借简单媒介实现交流,例如与邻居聊天、山歌对唱、书信往来等。人际传播范围小,渠道非常直接,反馈迅速,非语言符号(手势语、衣着、神情等)影响较大,个体之间相互影响、相互作用。这些特点更使得我们在交际时谨言慎行,不敢违背待人接物的通行规则。

1.姓名用法讲求礼仪,是人际传播的准则

中国素有礼仪之邦的美称,人际交往看重"面子"。在姓氏文化中,称名称字大有讲究,名一般用于谦称、卑称,或上对下、长对少的称呼,即所谓"父前子名,君前臣名"④;而字则用于下对上、少对长或对他人的尊称。在多数情况下,直呼其名是很不礼貌的。古人取名,通常出生后由父亲命名;取字,则是在成年之时。《礼记·曲礼》云:"男子二十岁,冠而字。""女子许嫁,笄而字。"⑤男女成年之后,社交活动多了起来,称呼也会正式起来。《仪礼·士冠礼》说:"冠而字之,敬其名也。"⑥例如,毛泽东字润

---

① 脱脱,阿鲁图.宋史·卷四百五十三·列传第二百一十二[EB/OL].[2017-09-22].http://www.guoxue123.com/.
② 刘毓庆,李蹊.诗经:下[M].北京:中华书局.2011:392.
③ 刘忠博.从华人文化观点再思考集体主义脉络下的人际关系[J].中华文化与传播研究(香港),2016(4):1-12.
④⑤ 胡平生,陈美兰.礼记·孝经译注[M].北京:中华书局.2007:26.
⑥ 仪礼[M].任晓彤,译注.北京:中国社会科学出版社.2006:18.

之,其少时被长辈叫为"石三伢子",青年在校时则被其同辈称为"润之兄",中老年时被党内外人士称为"主席"或"毛公"等。字是古代人际交往的称谓符号,与名相表里。

在先秦时期,"贵者有氏,贱者有名无氏"①,姓氏是家族显赫与否的标志。如今询问陌生人的称呼,往往用"您贵姓?""请问尊姓大名?"此种问法不管实际是否为贵姓,就高不就低,是给对方"礼"。古往今来,中国人称呼他人(平级或下对上),还常以用姓氏加职务、职称等代替全名,诸如张大人、刘县令、李局长、王教授之类。倘若上对下,称呼会随意些,如今"小+姓氏"几乎成为机关事业单位称呼的标配。谦逊是中华民族的传统美德,对内(自己、自家人)使用谦称,对外(他人)使用尊称,就连国君帝王也遵守。《老子》说王侯自称孤、寡、不谷。② 帝王称呼他人,如臣子,常用"爱卿"或姓氏加上职位。

每个人都处在多种人际传播网络之中,社交称谓的不同反映的正是所处人际关系网的不同。马克思说,"人的本质是人的真正的社会联系"③,人际传播实际上是在构造社会联系。传统中国社会是熟人社会,靠礼仪来规范,特别注重关系,因此人际交往注意对方的身份,"礼"成为必须遵守的一大法则。中国人喜欢并善于自省,倘若与人交往,则希望对方悦纳自己,与他人建立社会协作关系。在人际传播中,中国人特别注重受传者的感受,注重自己在他人心中的印象。因此,非礼勿视、非礼勿听、非礼勿言、非礼勿动,不仅是对传播内容的要求,还是规范传播者行为的准则。

2.姓名体现等级,等级制约人际传播

礼仪塑造等级,等级对礼仪提出要求。"礼"并不仅仅是举止中的礼貌,更是生活中的理智与秩序。④ 传统中国社会有较明显的等级观念,儒家思想核心之一是"秩序"⑤。在姓氏文化中,少不了论资排辈,区分远近贵贱亲疏,以立威严。"左昭右穆""伯仲叔季""王子王孙""公子公孙",如此种种划分,是以求"父慈子孝,兄友弟恭"。唐宋以后形成的族谱辈次取名法,秩序井然,世次整肃。辈分事关等级,等级影响称呼。《论语·子路》曰:"名不正,则言不顺;言不顺,则事不成。"⑥名被赋予了权力,是礼(道理)的化身,是影响传播者权威的重要因素。

不仅儒家讲究等级,佛家亦是如此。世俗之人出家当僧尼之后,会有另取的名字,即法名或法号。法名是根据所入的宗派及辈分,由寺院师父给予的,一般不得更改,伴随一生。例如,从宋朝禅师福裕开始,河南嵩山少林寺便按"七十字诗法裔辈分"的先后顺序,以命法名;这七十字诗是:福慧智子觉,了本圆可悟;周洪普广宗,道庆同玄清;净一真如海,湛寂淳贞素;德行永延恒,妙本常坚固;心朗照幽深,性明鉴崇祚;衷正善禧禅,谨悫原济度;雪庭为导师,引汝归铉路。⑦ 现任住持释永信,其师为释行正,其弟

---

① 郑樵.通志·氏族略[EB/OL].[2017-05-22].http://www.duwenxue.com/zixun/.
② 《老子》原文为:人之所恶,惟孤寡不谷,而王公以为称。
③ 中共中央编译局.马克思恩格斯全集(中文版):42卷[M].北京:人民出版社,1979:361.
④ 胡河宁,孟海华,饶睿.中国古代人际传播思想中的关系假设[J].安徽史学,2006(3):5-10.
⑤ 祖晓梅.跨文化交际[M].北京:外语教学与研究出版社,2015:70.
⑥ 杨伯峻.论语译注[M].北京:中华书局,2006:150.
⑦ 登封县志办公室.新编少林寺志[M].北京:中国旅游出版社,1988:50.

子有释延邦(下院资寿寺现任住持),俗家弟子有释延依(疯狂英语创始人李阳)、释延舍(原盛大文学CEO侯小强)等,此三代辈分对应其中的"行""永""延",他们互相称呼的方式因辈分关系而异。僧人上对下称呼法名,同辈僧人之间也互称法名;下对上称"上×下×",如师父的法名为"虚云",则称为"上虚下云"。"上下"因此成了法名的代称,问出家人姓名使用"请问师傅上下"之类的话,显得礼貌得体。简而言之,所处等级或地位不同,称呼也不同,人际传播也随之不同。

(三) 姓名塑造着注重集体主义、体现差序格局的群体传播规范

人类是群居动物,群体是个人的重要信息来源,个人总是要与群体打交道。而中华文明源自典型的农耕文明,生产实践讲究精耕细作,需要密切合作,因此中国社会更具有群体意识,深厚的集体主义观念成为中华民族的另一标签。群体传播是群体内部或外部群体间的信息传播活动。美国社会学家库利根据群体在个人社会化过程中所起作用的直接程度和间接程度,把群体分为初级群体和次级群体。[①] 这里所要探讨的是初级群体传播,即家庭、邻居、亲友等自然形成的非正式群体里的传播。

1.姓名凸显初级群体,重视集体观

比较英汉姓名结构,英语姓名,名在前,姓在后,强调个性,突出自我价值;汉语姓名,姓在前,名在后,强调宗族优先,突出集体价值。中国姓氏来源多样,其中以族号为姓、以先辈的名与字为姓等,更是体现了这种集体观。在名字方面,传统中国男子,包括今日的乡村社会,崇祖观念强,取大名常使用"光宗耀祖"的词语。例如,唐朝有诗人柳宗元,官员张昌宗;宋朝有官吏蒋兴祖,词人史达祖;元朝有将领汪世显,戏曲家郑光祖;明代有戏曲家、文学家汤显祖,抗倭名将戚继光;近现代的翻译家、教育家严复,原名就叫严宗光,还有新加坡华裔富商李光前,新中国原铁道部部长盛光祖等。之所以使用该类词语取名,用意在于勉励子孙努力奋斗,日后光耀门楣。在单名家族中,为了显示共性,有些人还会取同一偏旁的字,例如三国刘表的儿子刘琦、刘琮,宋代苏洵的儿子苏轼、苏辙。唐宋以降,家族观念增强,同姓同族人以族谱辈次取名,格式为"姓+谱名+名"。凡同宗同辈,皆用一个谱名代表一个辈分,一代选一个,颇具传承性。例如,晚清重臣曾国藩同辈谱名为"国",其弟为曾国潢、曾国华、曾国荃、曾国葆,其妹为曾国兰、曾国蕙、曾国芝;其子女为"纪"字辈,有曾纪泽、曾纪鸿、曾纪静等。行辈字派上承下接,跨越时空,以求宗族延续和昌盛。再如浙江《唐氏宗谱》的行辈字派是"福禄永昌隆,和良端世美,才智瑞宁聪";湖北《汪氏宗谱》的行辈字派是"正大光明,成先于后,世泽延长,齐家有猷"。[②] 中国人强调集体价值,并不忽视个人价值,个人价值是在群体中实现与发展的。在宗族中,族长管理编修族谱、祭祀婚丧等对族民的认知与行为改变具有引导作用的宗族事务,可谓群体传播中的意见领袖。为保宗族整体利益,族长会有意无意地把宗族规范融合在日常传播活动中,使得集体意识成为解决纷争的

---

① 郭庆光.传播学教程:第二版[M].北京:中国人民大学出版社,2011:79.
② 李春燕.辈分与名字[N].西安晚报,2011-8-21(10).

共识。

不仅大名体现了集体主义,乳名也是如此。乳名也叫奶名、小名,是一个人在孩童时期使用的名字。例如,在多子家庭常会有"阿二、阿三、阿四""大妹、二妹、三妹"之类的乳名,让人一听,立即明白他们属于同一群体。乳名一般在初级群体中使用,有时用字不够文雅,甚至粗俗,如古代的刘禅小名"阿斗"、陶渊明被唤为"溪狗"、王安石被唤为"獾郎"、朱元璋小名"重八",现今农村地区有"铁蛋、狗剩、丑娃、黑妞"等叫法。乳名的鄙俗粗野和绰号的鄙俗粗野色彩不同,乳名的背后仍是浓厚的家族之爱,即希望小孩能够健康成长起来。而绰号意在讽刺调侃,是由外人使用。乳名属于内部信息,只适于家族内部传播,其他群体通常是不知晓的;即使知晓,也是不能使用的。

群体内部传播,以集体主义为原则,以实现群体利益最优化为宗旨。传统取名的出发点之一,是谋求代际之间的福佑,讲究阴阳五行。木生火,火生土,土生金,金生水,水生木,如此循环。例如,南宋理学家朱熹,家族取名按五行排列,寓意生生不息,子孙绵延。朱熹的"熹"意为"炙",五行属火。其父为朱松(木),木生火而旺之。其子为朱塾、朱埜(野)、朱在,名字五行属土,火生土是也。其孙有朱镇、朱鑑(鉴)等,名字五行属金,土生金是也。其曾孙有朱浚、朱澄,名字五行属水,金生水是也。其玄孙有朱林、朱彬等,名字五行属木,水生木是也。明朝皇帝朱元璋对子孙后代取名更是重视,要求报备宗人府,命名用字谨遵五行相生之理,成为一大典范。明成祖朱棣(木),其子明仁宗朱高炽(火),其孙明宣宗朱瞻基(土),其曾孙明英宗朱祁镇(金),其玄孙明宪宗朱见深(水),而后为明孝宗朱佑樘(木),五行相生,一目了然。可见,集体主义不仅体现在横向传播中,还体现在纵向传播中。姓名文化不仅存在于语言中,还存在于文字中,兼具空间性与时间性,是既偏倚空间、也偏倚时间的媒介,这使得集体主义长期活跃于中国社会中。

2.姓名体现差序格局,塑造群体传播规范

"差序格局"一词由社会学家费孝通所创,旨在描述有亲疏远近之分的人际关系。这种格局以个体为中心,像石子投入水中一般,形成水波纹,一圈圈推出去,愈推愈远,也愈推愈薄。[①] 也就是说,按离自己的远近来划分亲疏、处理社会关系,这在中国传统社会中占据主流。这种格局不同于西方社会个人之间平等、权利义务明确的"团体格局"。中国姓名文化体现了社会关系的差序格局,直接或间接地塑造着群体传播规范。

在很长一段时期内,古代女性通常有姓无名(大名)。群体内部传播,有乳名即可;群体间传播,称姓不称名,婚前多以排行称谓。例如,孟姜女并不姓孟,"孟"为"庶长"之意,"姜"是其姓氏,"孟姜女"是指姜家的大女儿。女子出嫁之后,冠以夫姓,格式为某某氏。如刘王氏,"王"属父姓,"刘"属夫姓。已婚妇女从夫姓的习俗大约形成于汉魏之际,到南朝末期成为社会上普遍遵守的规定。新中国成立后,这一习俗废除,但在香港地区却还有遗留,如知名女士陈冯富珍、林郑月娥、方黄吉雯、范徐丽泰等。如此改称,可见不容否定的是,女子加入某个群体之后,会接受新群体规范,顺从新群体规

[①] 费孝通.乡土中国[M].插图本.北京:中华书局,2013:28.

则,先前的群体意识则在淡化。"在家从父,出嫁从夫",女性的权力中心点(集体核心)虽在婚后发生了变化,但集体意识倾向仍不变,仍从属于以高于自己的人为中心的圈子。女性的话语权始终依附于由男性主导的群体传播。

每一个群体都可谓一个系统,群体与群体之间交往,讲究系统的对等性与兼容性。汉魏以来,门阀制度盛行,"郡望"受人推崇。高门大姓通婚,非常讲究门当户对,重视家族名望。在南朝时期,羯族人侯景倚仗朝中地位,想与王谢结亲,梁武帝说:"王谢门高非偶,可于朱张以下访之。"①侯景想把自己的工具性圈子扩大到王谢家族,怎奈王谢是大族,有以自己为中心的熟人圈子。相对弱势的群体,其张力有限,难以开疆拓土,与强势群体产生交集。每个群体都有自己的群体价值取向,但不论哪种取向,都从以自己为中心的集体出发。

对于个人而言,谱名让人别尊卑、分老幼,为人提供远近亲疏的图景。个人以自己为中心,图景的边界便是集体意识触及的范围。信息传播也就在这样的差序格局中,如同水面上泛开的涟漪一般,一圈圈推出去,愈推愈远,也愈推愈薄。每一代人从自己出发,承上启下,与他人形成有交集的新的集体。例如,每位平民开国皇帝都会追封自己近几代的祖先,重新打造家族的历史,除了光宗耀祖,更是塑造自己的正统。明朝朱棣抢了侄子的皇位,为自身的合法性做了不少形象塑造工程,比如修改《太祖实录》,硬把自己说成嫡子。② 历史信息被取舍改造,也就是讯息发生改变,势必影响传播的基本过程和结果。

违背群体规范者,势必受到群体的压力,甚至将为群体所不容。不孝子弟,做了严重违反家规门风之事,常会被断绝某种关系,被尊长逐出门户,除其名以保群体之名声。中国传统社会,重男轻女,讲究男娶女嫁。倘若男子入赘,则视为退群,在原族谱上就无后了。"小子无能,改名换姓",入赘女婿写入女方族谱。除名或更谱活动,对内有利于增强群体意识,提高凝聚力;对外有利于提高群体的辨识度和传播影响力。

(四)姓名彰显着重视象征符互动、强调政治功能的组织传播作用

组织传播是以组织为主体的信息传播活动,包括组织内部、组织之间以及组织与环境之间的信息互动。与初级群体相比,组织是一个结构秩序更为严密的次级群体。它具有较强的社会性,需要传播才能实现成员协作,进而实现组织目标。组织目标是组织传播的出发点和落脚点,一切传播活动都以它为中心。组织传播大体分为组织内传播和组织之间传播。组织内正规传播又分为横向传播(相互对话)和纵向传播(上传下达)。组织内也有非正规传播,如传闻、小道消息等,但不是主流。因此,在这里,我们探讨的是组织内的正规传播,是有目的、有安排地对成员进行的传播。

1.姓名的组织象征功能较强,意在传达政治意图

在古代,组织传播主要是组织内传播。在官僚组织中,国君帝王常以赐姓赐名赐

---

① 李延寿.南史·侯景传[M].北京:中华书局.1975:1996.
② 姚广孝,等.明太祖实录·卷八[EB/OL].[2017-06-02].http://www.cssn.cn/.

谥号的方式,对文武官员传递信息,实现政治意图自上而下的传达贯彻。例如,《国语·周语下》有言:"皇天嘉之,祚以天下,赐姓曰姒,氏曰有夏。"①舜给大禹赐姓,使他有了代表自己的符号,以示最高领导的恩宠,鼓励大禹并感召其他臣子积极为组织服务。汉代刘敬,原名为娄敬,因建言定都关中,被刘邦赐姓刘,拜为郎中。此后,刘敬多次为汉朝建功立业。唐朝大将李勣,原名为徐世勣,因有赫赫战功,被赐姓李,又因避李世民之讳而省略"世"。李勣为唐朝平定四方、开疆拓土,成为主要战将。明朝郑成功抗清有功,南明王朝隆武帝赐其国姓朱,因此便有了"国姓爷"一说。郑氏打着这一符号,被视为勤王正统,在社会上招兵买马,实力与日俱增。郑氏祖孙三代皆致力于反清复明,长达四十余年,这与组织的影响是分不开的。

赐姓是一种组织规范,既可作为正能量的象征,也可作为负能量的标签。东汉外戚梁冀独揽朝政,骄奢淫逸,为汉桓帝所诛,桓帝将其家族贬为"薄氏"。南朝辅国将军萧子响因罪伏诛,齐武帝恶其叛逆,赐姓为"蛸"(一种蛛形动物)。隋朝将领杨玄感谋反,被枭首示众,其后人被赐姓"枭氏"。一代女皇武则天也赐过不少恶姓,如赐唐高宗的王皇后为"蟒氏",所用字眼饱含贬义。所谓"士可杀,不可辱",赐恶姓如同"赐死",成为一种镇压和惩罚的手段。作为组织的主要传播者,帝王想通过姓名字词符号传达组织意图,形成某种共识,以加强组织凝聚力和战斗力。

国君帝王除了赐姓,还给世家大族(官僚组织的依靠力量和后备力量)御赐排名用字,传达政治意图。例如,明洪武三十三年,朱元璋向孔府御赐十个字:希言公承彦,宏闻贞尚衍;清乾隆五年,乾隆皇帝再御赐十字:兴毓传继广,昭宪庆繁祥;清道光十九年,道光皇帝又御赐十字:令德维垂佑,钦绍念显扬。②诸位皇帝御赐排名用字,主要显示尊孔重道,以教化天下,维护统治秩序。孔氏家族视皇帝赐字为殊荣和标准,严格遵守。如若弃之不用,则被视为违抗旨意,对朝廷不敬,犯了大逆不道之罪。

谥号是古代帝王、诸侯、大臣等具有一定地位的人死去之后,根据他们的生平进行评定,给予的一个或褒或贬的称号。对臣子赐予谥号,朝廷通常有所规定,如汉朝规定只有生前封侯者有得谥资格,唐朝规定职事官三品以上有得谥资格。到了明清时期,群臣谥号规范更为严格,谥号字数定为二字。根据《明会典》记载,文官谥号以"文"为第一字,等级最高的是"文正",其次是"文贞",再次是"文成";武官谥号以"武"为第一字,等级最高的是"武忠",其次是"武勇",再次是"武穆"。谥号不仅有特定含义,而且具有特定的等级。官僚组织利用死后的"姓名"作为殊荣,引导群臣为组织多做事。晚清四大名臣之一左宗棠在平定新疆叛乱期间曾向朝廷提出另择良将,自己回来参加科举考试。其意在中进士、入翰林,死后获"文"字谥号。因为,按照清朝谥法,只有进士入翰林者才有资格享配"文"字谥号。当然,临阵不能换帅,而朝廷知其意,便破例赐他一个进士,并授予翰林院检讨职务。受封后,左宗棠便专心于新疆军务大事,结果成功平定回乱。

---

① 韦昭,等.国语[M].上海:上海古籍出版社,2008:46.
② 李春燕.辈分与名字[N].西安晚报,2011-8-21(10).

如果说赐姓赐名赐谥号是生成符号、传递信息的话,那么以人名命物则是使用符号,同样具有传播意义。长期以来,中国地广人多,用某人的名字来命名某种实物,对于个人来说是殊荣,是光宗耀祖、荫庇子孙之举;对于组织而言,亦是一种控制手段,是组织价值取向的象征符。例如,河南省的清丰县古称顿丘,"清丰"之名源自隋朝的张清丰,因他至善至孝,感人至深,唐朝政府钦定把顿丘更名为清丰县。中草药徐长卿,其药名不管是来自唐代名医徐长卿,还是宋代大臣徐长卿,都是以人名来命名,含有政治信息的。近现代出现的中山市、志光镇、黄骅市、晋元路、张自忠路等,基本上都是以壮烈牺牲的爱国人士之名来重新命名的。政治组织用人名替代地名或命名事物,实际上是借物名的传播力来扩大人名的传播范围和影响深度,进而实现组织意图的传播。

除了官僚组织,佛教、道教等宗教的组织亦是如此。世俗之人加入某一教派时,会被禅师或道长赐予法名,象征皈依。皈依后,教徒以教法为行为导向,改恶向善,传道济世,过宗教生活。例如,南朝的梁武帝,四次出家,法号冠达。入佛期间,不问政事,潜心研佛。唐朝诗人贺知章,晚年辞官,出家为道,以本乡旧宅作为道观,求周宫湖数顷为放生池。元代书法家柯九思,晚年出家为道,号丹丘、丹丘生,过上道士隐居生活。清朝思想家魏源,晚年遁入佛门,法名承贯,不问世事,辑有《净土四经》。近代李叔同于1918年剃度出家,号弘一,至死弘扬佛法。法名作为组织身份的标签,不仅表征着成员在组织中的位置,还表征着相应的权利和义务。法名的使用不仅能传递信息,而且具有仪式效果,即能实现宗教政治功能。教徒在法名的暗示下,遵守教义,遵守社会对他们的道德期许,协助组织实现有序的内外传播。

2.姓名在组织形象的塑造中被传播者所重视

赐姓赐名不仅象征功能较强,而且富含政治意味,因此被组织高度重视。组织是组织信息生成者,也是最初的传播者,使用的传播符号会影响传播效果。姓名词汇是日常生活中的高频符号,具有较突出的视听传播效果,是政治教化的重要载体。古代开国之君为了证明正统、维护权威,发展和维护自己的组织,常借用名人符号,甚至牵强附会地认祖归宗。例如,三国西蜀刘备,自我介绍时常称中山靖王刘胜之后、"皇叔";唐朝皇帝姓李,以同姓的老子李耳为始祖;明朝朱元璋,曾想认祖宋儒朱熹。另外,帝王的谥号也被古代政权所重视。它由礼官确定,继位帝王颁布,代表朝廷的意见。谥号始于西周初年,谥法制定时只有"美谥""平谥",没有"恶谥"。武则天开创了皇帝生前叠加谀词,即自己定谥的先例。北宋做出规定:不立恶谥,只作美谥、平谥。由此可见,谥号由一个相对客观的盖棺定论的评判语,走向了具有主观虚美倾向的预定书,塑造自身形象的意图溢于言表。由此可见,古代中国政府借用姓名的象征符号,赋予其政治意图,以符号的软实力代替国家机器的硬实力,从而减少、清除组织及组织成员对自身所处环境的不确定性,加强内部联系。他们还把符号与社会舆论、道德规范等杂糅为一体,促使臣民与政府良性互动,以期实现垂拱而治。姓名符号在组织传播中成为一套话语体系,体现特定的权力关系和利益诉求。在古代中国,政治组织成文制度较少,官民比例较低,治理上偏重教化,因此重视象征符号互动,喜用组织文化传达政治意图。

其他类型的组织,如学校、寺院、商行、会馆等亦有共同之处。第一,先看牌匾的题字,除了字迹外,人们更为看重的是由谁署名。名家的落款是面子的符号,有利于组织形象的塑造。所以,新创立的组织通常寻求,甚至"冒用"名家所题的牌匾,持久悬挂,格外珍惜。例如,北京的老字号六必居(明朝大学士严嵩题写)①、鸿宾楼(清朝两榜进士于泽久、现代郭沫若以及溥杰都曾题写过)、荣宝斋(清朝状元陆润庠、近现代书画名家徐悲鸿以及启功等人先后题写)。同仁堂的牌匾最初是由清代礼部侍郎孙岳颁题写的;1900年遭遇火灾,险救成功,之后增加了清朝的刻勒郡王寿耆公题写的两块副匾,分店使用拓印复制的牌匾;"文革"期间,牌匾遭到破坏,改革开放后由启功重新题写。1996年农历二月二,同仁堂开创了龙抬头净(敬)匾仪式,从2011年起,每逢二月二都举办此仪式,②可见他们对富有价值的牌匾的重视。现代大众媒体《经济参考报》,刊名由邓小平所题,在报头下方专门有一行字——"邓小平题写"。该报之所以这么做,不外乎是塑造自身形象。第二,组织领导者谁来担任,打谁的旗号,个人名分是否充分,也是组织考虑的要事。例如,秦末陈胜、吴广打着扶苏、项燕的旗号发动农民起义,号召天下反抗暴秦。他们起义失败后,项梁召集楚地各路义军首领于薛县(今山东滕州)议事,拥立前楚怀王孙熊心为王,仍号"楚怀王"。清朝戊戌变法,维新派领导人康有为借用孔子的名义来宣传西方的政治制度,推进了维新思想的进一步传播。1911年武昌起义成功后,革命党人强迫旧官僚黎元洪担任湖北军政府的都督,就是看重其个人名气,借来为革命党人所用。在中国社会,不管是政治组织,还是教育组织,抑或是工商组织等,崇尚名正言顺,重视名义,力求塑造良好的组织形象,获得良好的传播效果,最终实现组织目标。组织中的太常、军师、门客、知客等主要传播人员提供信息来源,或多或少参与组织决策。不言而喻,良好的名号是良好传播的开端,运用得当对内有利于提高内聚力,增强组织力量;对外有利于塑造形象,提高知名度。如果信息比较有来头、有讲究,不管是职业传播者如说书人,还是普通传播者,也就是受众,都更愿意进行二级(多级)传播。

(五)姓名传递着以和为贵、追求和谐共赢的大众传播旨趣

大众传播是面对大众进行的一种传播活动,它有广义与狭义之分。狭义上是指使用机器媒介进行传播;广义上是指不一定要使用机器媒介,③只要是面向大量的具有不确定性的受众,即可视为大众传播。古代中国并没有现代化的机器媒介,但仍不乏大众传播的活动。诸如皇帝下发谕民圣旨、政府张贴通告,形式公开,对象是广大百姓,信息从点到面,不能不算是大众传播。传播者既可以是机构,比如通政司、刻书坊、报房等,也可以是个人,比如皇帝、社会贤达、江湖人物等舆论领袖。古代大众传播的媒介比较简单,如口耳、布告、书报等,效果主要是靠社会舆论或人际传播间接起引导作用。

---

① 据历史学家邓拓考证,牌匾并非严嵩题写。至于牌匾的来历,存在多种说法。
② 吴文娟,郭谦."二月初二"同仁堂迎来第五个净匾仪式[N].北京晚报,2015-03-24(A04).
③ 黄星民."大众传播"广狭义辨[J].新闻与传播研究,1999(1):2-7.

1.姓名避讳讲究以和为贵,追求效果和谐

在姓名文化中,某人取某名,不仅要符合家族门规,还要符合社会规范,毕竟日后要步入社会,与世人交往。长期以来,中国人的姓名讲究避讳,"为尊者讳,为亲者讳,为贤者讳"①。避讳之风源于先秦时期,至唐、宋和清朝,极为盛行,目的就是使自己的名字不与他人冲突,符合社会道德规范,避免社会压力。社会之避讳,如国讳、宪讳、圣讳,更为广大百姓所重视。例如,汉朝有个知名辩士叫蒯彻,为避汉武帝刘彻之讳,史书上就改称蒯彻为蒯通;唐朝,观世音为避唐太宗李世民之讳,被人略称为观音。虽然孟子曾说"讳名不讳姓"②,但姓氏因避讳而改的情况也有。例如,东汉明帝名叫刘庄,自此凡姓"庄"的都改姓"严"。清朝,因避圣贤孔子(名丘)的"丘",凡是天下姓"丘"的改为"邱"字,并读作"七"。③ 避讳除了对用姓取名有要求外,在口语和文字传播中也有讲究。在谈到避讳字词时,一般会改变说法或用"某"代替;在写到避讳字词时,采用"改字""缺笔""空字""避名称字"等方法进行回避。有些时候,避讳虽是针对某些人而言的,但鉴于第三人效应,恐有负面影响,实际上是要遵守因避讳形成的规则,受众最终是庞大的、异质的和分散的社会全体人员。

避讳讲究以和为贵,追求天下和谐,反避讳也是如此。清代入关代明的第一朝皇帝世祖,名为福临,为了缓和民族矛盾,曾下诏布恩,特许臣民可不避讳"福"字,诏曰:"不可为朕一人,致使天下之人无福。"④福临之所以提倡反避讳"福"字,是出于政治安抚的需要,这也从反面反映出封建时代浓厚的避讳风气。避讳通过一代又一代的承袭,形成一种民俗文化,因此具有了社会化的功能。水能载舟,亦能覆舟,君王也不敢执意违背民意,而是以追求社会和谐为重。在封建社会,改朝换代谓之革命,与社会安定是敌对关系。然而,三国曹丕尊谥东汉末帝刘协为"献帝",宋朝赵匡胤尊谥后周末帝柴宗训为"恭帝",明朝朱元璋尊谥元代末帝为"顺帝",清朝顺治皇帝酋谥明朝末帝崇祯为"庄烈愍皇帝"等,他们打破忌讳,传递化敌为友的信息,目的自然是笼络人心,巩固统治,打造和谐局面。

2.姓名成为"品牌",以和谐共赢为传播的出发点和落脚点

如果今日之名字还只是"商标",来日则有可能是"品牌",因此大户人家对于名字非常慎重。作为特殊形式的家族名片,名字符号的妥当优美与否,尤其是其潜在的传播效果,都是取名时的重点考量内容。在没有现代化媒体的传统社会,姓名主要是靠口碑传播,通过口耳相传为人所知。因此,只有符合接受规范,得到社会认可,甚至做到喜闻乐见,姓名才便于成为品牌。例如,清代书法家郑板桥,原名叫郑燮,字克柔,号理庵,又号板桥。显然,比起"燮、克柔、理庵","板桥"二字更为简单上口、通俗易懂,所以人称板桥先生。无产阶级革命家李立三原名李隆郅,1925年在上海某工厂参加工会选举时,因名字复杂,不便工人书写,他在刘少奇的建议下改为现名。现代著名作家

---

① 公羊寿,胡母生.公羊传·闵公(元年~二年)[EB/OL].[2017-06-02].http://guoxue.lishichunqiu.com/.
② 王琪.孟子译注[M].精编本.北京:商务印书馆,2015:270.
③ 自得其乐翁.名字惹的祸:古代的避讳制度[J].国学,2010(5):44-45.
④ 谷与麦.古人如何"避讳"[N].通辽日报,2014-07-03(11).

茅盾原名沈雁冰,1927年大革命失败后,撰写《幻灭》,准备在叶圣陶代编的《小说月报》上发表,但此时被蒋介石通缉,不敢使用真名,以免连累叶圣陶,乃至商务印书馆。于是,他根据当时的心情,写上"矛盾"作为笔名,可叶圣陶考虑到"矛盾"显然就是假名,便在"矛"字上加了一个草字头。此后,沈雁冰便一直使用这个笔名,其知名度也超过了原名。闻名遐迩的姓名定然具有大众传播的作用,但效果不限于初级层面的认知,更在于情意转化为行为,营造一种其乐融融、和谐共处的局面。

个人姓名在完成大众传播后,还会"天人合一",延伸出地望称。地望称是以出生地的地名作为人的名号,汉代以后,在士大夫阶层广为流行。例如,唐朝韩愈,自称"郡望昌黎",世称"韩昌黎""昌黎先生";宋朝王安石出生于江西临川,世人称之为王临川;明朝张居正出生于江陵,又有张江陵的别名;清朝李鸿章出生于安徽合肥,所以称李合肥;近代康有为出生于广东南海,人称康南海。地望,即个人的地位与名望。① 当个人名气不足时,借家乡地位之名来衬托;当个人名气广为流传时,其乡党则借其地位来传家乡之名。个人之名与家乡之名融为一体,荣辱与共,和谐共赢。

姓名能否成为品牌,除了传播内容、技巧和渠道外,主要取决于持名者对大众的贡献。大众获得了利益,自然会塑造其口碑,从受传者变为传播者,一传十、十传百,广而传之。例如,三国时期的诸葛亮改善了制锦工艺,并在南征时把织锦的技术传授给了云贵地区的少数民族。当地百姓念其贡献,如今,苗族把五彩锦称为"武侯锦",侗族妇女织的侗锦又称"诸葛锦"。再如鲁班尺、蔡侯纸、杜诗水排、哥窑弟窑、包公井、苏堤、刘兰塑胡同、中山公园等,无不因持名者本人对社会有重大贡献,而使其名垂千古。

中国人取名用字,崇儒观念强。而儒家思想追求礼治,"礼之用,和为贵"②。每个家族都希望后代子孙立志成才、大名鼎鼎、声名远播。远播要的是美名而非臭名,效果是流芳百世而非遗臭万年。因此,姓名的大众传播终极目标是与大自然、人类社会实现和谐。华夏大众传播,并不把信息的传递效果看作最主要的效果,而更重视仪式效果,即构建共同认知,旨在营造社会和谐的局面。传播与文化融为一体,发挥的作用很大程度上等同于文化的熏陶功能。信息生成者和传播者重视社会舆论,惧怕受众的负面反馈,进行大众传播活动讲求与民心相通,培养并遵守共同的思维方式和共同思想,以获得和谐共赢的局面。

(六)姓名蕴含追求汉族风和良好传播效果的跨文化传播要求

跨文化传播是指不同文化背景下的人进行的交流活动。在古代中国,道路交通并不发达,加上高山大河等阻碍因素,可谓百里不同风,千里不同俗。然而,只要有较远距离的人口迁移,外地人与当地人接触,跨文化传播一般就会随之产生。汉族与少数民族之间、中外之间的跨文化交流并不鲜见。古有丝绸之路、茶马古道、郑和下西洋以及西北屯垦、北方人口数次南迁,近有西学东渐、东学西渐以及走西口、闯关东、下南洋

---

① 史仲文,胡晓林.中华文化大辞海[Z].北京:中国国际广播出版社,1998:418.
② 杨伯峻.论语译注[M].北京:中华书局,2006:8.

的人口迁移,到了现代,"地球村"现象就更不用提了。

1. 洋人取名,讲求音义皆美,富有中国风

中国姓名文化对字词的斟酌慎用、寄意托情还表现在外国人的中文名字上。印度诗人泰戈尔在 20 世纪 20 年代访华时,梁启超给他取了一个中国名字"竺震旦"①,并献上一方鸡血石印章。泰戈尔的名字 Rabindranath(拉宾德拉)是指"太阳"与"雷",如日之升,如雷之震。"竺"是中国古代对印度的称呼,而古代印度称中国为"震旦"。这一具有鲜明中国特色的姓名,不仅符合其原意,而且反映了中印之间的友好往来。美国汉学家费正清,其中文名字就是由梁思成所取的。他的英文原名 John King Fairbank 一般译为约翰·金·费尔班克,梁思成告诉他叫"费正清"好,意思是费氏正直清廉,而且"正""清"两字又与其英文原名 John King 谐音。② 美国传播学家施拉姆 20 世纪 80 年代访华时,使用余也鲁给他起的"宣伟伯"作为中文名字。如此翻译取名,音义之美,显而易见十分符合传播学者的身份。无独有偶,取名颇有中国风的还有明清时期来华传教士,如范礼安、罗明坚、艾儒略、汤若望、刘松龄等;近现代的汉学家,如高本汉、牟复礼、顾彬、施舟人、施寒微、安乐哲等。其中,不少人还有表字。例如比利时的柏应理,字信末;瑞典的南怀仁,字敦伯,又字勋卿;德国的卫希圣,字礼贤。这些传教士取名用字,儒家气息浓重。只看他们的名字,普通人并不能判断是否是外国人。汉字属于意音文字,西方多数语言使用拼音文字,两者本是不同系统,有着本质区别。国人给洋人取汉名或洋人自取,采取了文化适应策略。他们考虑到中国受众的语言文化和姓名源文化的不同,在信息的编码层面特别斟酌,目的是为了取得良好的传播效果,与更多的中国受众沟通得更好。正如具有"中国传教区之父"之称的耶稣会传教士范礼安所说:"我觉得在不长的时间中,与其说使用佛僧的名号,还不如采用文人的名号为好。"③

2. 少数民族的姓氏文化与汉文化结合,力求良好的传播效果

自从秦始皇建立大一统国家,中国已有两千多年的多民族国家历史。在这一历史进程中,中国合多分少,周边少数民族与汉族不断融合,构成了伟大的中华民族。倘若剖析中华民族,我们拥有汉、壮、满、回、苗、维等 56 个子民族。由于中国地域辽阔,加上交通、思想等因素,各民族习俗不一,文化有所差别,彼此之间也存在跨文化传播现象。

人口最多的少数民族壮族,本没有姓氏,由于受到汉文化的影响,逐渐有了姓氏。而因为没有统一的文字,壮族姓氏采用汉字书写。在人口排第二的少数民族满族中,现在几乎没有人使用满族姓氏了。满族入关后,积极学习汉族文化。在清朝雍正年间,满汉日渐和睦相处,加上汉姓的简短性和单一性更利于各民族之间的文化交流,于是满姓改汉姓风行。满族八大姓氏佟佳氏、瓜尔佳氏、马佳氏、索绰罗氏、齐佳氏、富察

---

① 宋益桥.泰戈尔两度访华遭遇不同对待[N].中华读书报,2000-11-8(5).
② 邱云雪,郑海燕.从历史角度分析周恩来与费正清的交往[J].兰台世界,2013(7)上:13-14.
③ 戚印平,何先月.再论利玛窦的易服与范礼安的"文化适应政策"[J].浙江大学学报(人文社会科学版),2013(3):116-124.

氏、纳喇氏、钮祜禄氏,分别冠用或改用了汉字姓佟、关、马、索、齐、富、那、郎。人口排第三的少数民族回族,自民族形成后,普遍使用汉语,回族姓氏最后也汉族化,与汉族姓氏基本相同。在人口排第四的少数民族苗族,姓氏具有两种形式,一是苗姓,二是汉姓。由于没有系统的文字,苗姓也采用汉字书写。云南傣族的姓主要有"刀、召、罕、多、思、线、放"等,这些姓氏主要用于和中原封建统治王朝的公事往来。相对来说,汉族文化一直是强文化,但兼容并包,吸引着少数民族接近、学习和模仿。尽管开始时两者也有文化冲突,但少数民族积极认同汉文化,通过协商实现多重自我认同。少数民族把姓氏汉化,易于在符号上与汉族沟通交流,也易于拉近与汉族人民之间的情感距离,从而获得良好的跨文化传播效果。

结　语

　　姓名是个人的社会符号,与传播有着密切联系。中国姓名文化源远流长,内容厚重,蕴含着丰富的传播观念。分析中国姓名文化,我们发现华夏传播具有如下观念:人内传播注重内省明志,坚持长期导向;人际传播以礼为重,等级观念明显;群体传播注重集体主义,体现差序格局;组织传播重视象征符互动,强调政治功能;大众传播以和为贵,追求和谐共赢;跨文化传播追求汉族风,力求获得良好效果。这些观念并非只存在于相应的传播类型中,有时还会相互嵌合,你中有我,我中有你。当然,姓名文化蕴含的华夏传播观念不限于此,有待后来者继续挖掘。

文化传播的全球化与本土化

文化传播视野下的图像与图像学研究

Research on Image and Iconography Under a Cultural Communicative Perspective

韩丛耀

Han Congyao

摘要：图像是人类最古老而又不断绵延焕新的文化基因，每一视觉图式都映现着人类的精神范式。从类人拿起第一根树棒、掷出第一块石头起，图像就伴随着人类，表征着人类的情感与人类对自然、对世界的认知，记刻着人类走过的所有历程，进而形成自类人到人类、直至今天的完整的文化DNA谱系。图像直观而方便，阅读起来简单快捷，但有时要真正读懂它却并非易事。图像学是人们试图科学有序地描绘图像、分析图像和阐释图像而建立起来的一门学问。图像的历史很悠久，图像学却很年轻，且图像学在东西方的社会环境中发生、发展的视觉形式、文化形态和历史的学科性质各不相同。本文从文化传播的角度简略考查了图像，辨析了图像学的发生路径，以揭示图像文化传播的生产规制和社会运行惯例。

Abstract: Image is the most ancient and ever renewing cultural gene of humankind and each visual pattern echos with the spiritual pattern of mankind. Since the anthropoid ape picked up the first stick and threw out the first stone, image has accompanied human race, representing human feelings and their cognition of nature and world, keeping record of all the journeys carried out by man, even formed a complete culture DNA pedigree from the anthropoid ape till human today. Image is straightforward convenient and easy to be read. But it is hard to be really understood. Iconography is a subject established due to the attempts to describing, analyzing and interpreting images scientifically and orderly. Image is time-honored, but iconography is young. The visual and cultural forms and historical subject forms of iconography vary across society and environment between the western and eastern. This thesis studies on image, and analyzes how iconography came into being, hoping

---

* 本文系国家社科基金重大项目"多卷本《中国新闻传播技术史》"（14ZDB129）阶段性研究成果。
** 韩丛耀，南京大学新闻传播学院、历史学院教授、博士生导师，中华图像文化研究所所长，中国摄影家协会理论委员，江苏省文艺评论家协会副主席。法国欧亚印象交流协会（ISASES）顾问，马来西亚韩新传播学院讲座教授。国家社科基金重大项目"多卷本《中国新闻传播技术史》"首席专家，澳门视觉形象构建首席专家，百卷本《中华图像文化史》主编，《中国影像史》（10卷）主编，中国社会科学院《形象史学研究》编委。

to reveal the production rules and social running norms of image's cultural communication under the cultural communicative perspective.

关键词：图像，图像文化，图像传播，图像学

Keywords：image, image culture, image communication, iconography

图像是人类认知世界、把握世界和表征世界的工具，既属人文社会科学研究范畴，也是自然科学的研究对象。图像的历史就是一部人类文明的演进史，图像是人类在历史长河中最有效的记忆，同时又被记忆为历史。图像学对图像的诠释在社会的不同时期有着不同的要求，但对图像"意义"终极性的探询却从未改变。现代社会对图像的需求日益扩大，图像甚至成为社会日常消费的最大宗的商品。对图像学的研究也如社会对图像的需求一样，继成为显学之后，又成为当今学术消费最便宜的学术产品。不管是社会需求还是学术研究，都既显著又热闹，这要求图像实务者安心定志，严谨本分地继续致力于应用图像学的建筑工作。

图像是当代社会最有效的视觉传播媒介，也是具有普遍性的大众媒介文化，视觉传播就是通过图像媒介传递文化共有符码的过程。图像在传播知识、构建文明社会基础的同时，也建构着人们对世界的认知与想象，以及认知与想象的方法。

一、图像

人类记录历史、表征世界和传播文明的方式主要有两种：一种是以语文（言语、语言、文字、抽绎性符号等）为主要载体的线性、历时、逻辑的记述和传播方式；另一种是以图像（图形、图绘、影像、结构性符码等）为主要载体的面性、共时、感性的描绘和传播方式。语文记述和传播方式近五千年来已经逐渐成为人类主要的记录、表征和传播文明的手段，得到了充分的发展和人类社会的绝对尊重，而有着几万年甚至几十万年的历史并保有大量文化信息的图像表征与传播形态，却一直未得到应有的重视和充分的科学解读，图像形态与语文形态的逻辑因果关系一直未建立有效链接。

（一）图像的意蕴与功能

图像，图形与影像的总称，这种面性、共时、感性的描绘方式建构了人类视觉文明的基础，也形塑了视觉文化的基本样态。也有人认为图像一词中的"图"是指图形，而"像"指图形的含义，是以"图"为媒体的形而上的文化概念。陈兆复先生也强调，图像必须是人为的，是加注了人的精神和意识的，是有一定的文化内涵。显然，作为人为的视觉图形与影像，图像不会是自然世界的本源表达与机械生产，而是人类精神、情感与认知态度的主观体验和再造，是人类把握世界和表征世界的基本手段，也是传播和承载人类文化的基本介质。这也是本研究所讨论的图像的立足点。

实际上，图像的历史就是人类"看"的历史。

中国有"左图右史"的文化传统。据戴逸教授考证："图录"一词最早出现于东汉时

期,而东晋时期的佛经经典文献《大正藏》中就有了专门的《图像》卷。到了宋代,"图像"已经成为一门专门的学问。

人类在"看"世界时,所见、所想、所愿、所留下的图像,我们已无法估量,应该说大量的印迹已经消失了。不过,这少许残留的图像也已经大大超过人们的预期,在这些残留的图像面前,我们仍然可以分辨出它的一系列的历史印迹。

遗憾的是,至今还没有人从图像学的角度梳理过中国的图像文化传播历史,也没有人认真地从学理上关注过中国文化中图像的历史。

西方学者对关于图像的"icon""picture""image"等词汇进行了区分。其中第一个术语借自潘诺夫斯基,多指语言学意义上的符号,一般译为"语象"或"象似"。第二个术语即通常意义上的"图片",强调图像的通俗化和大众化。第三个术语译为"形象"或"意象",可理解为各种图片的底本。图片可以被加工、修改、扭曲甚至撕毁,而无法被改变的原初图像就是"意象",如可视图或心像图等。此外,西方图像理论中还有一个专门术语用来指代语图或图文关系:ekphrasis。[①]

中国传统学术同样重视图像在记录和研究历史过程中的功能。《世本·作篇》说"史皇作图,仓颉作书",虽然只是传说,但可知当时的人们亦认为图画文献起源甚早,并且与文献一样重要。宋人郑樵《通志·图谱略》对于图与书的关系有极为精彩的论述,为人熟知,这里不妨再次引用:

河出图,天地有自然之象。洛出书,天地有自然之理。天地出此二物以示圣人,使百代宪章必本于此而不可偏废者也。图,经也。书,纬也。一经一纬,相错而成文。图,植物也。书,动物也。一动一植,相须而成变化。见书不见图,闻其声而不见其形;见图不见书,见其人不闻其语。图,至约也,书,至博也,即图而求易,即书而求难。古之学者为学有要,置图于左,置书于右,索象于图,索理于书,故人亦易为学,学亦易为功,举而措之,如执左契。后之学者离图即书,尚辞务说,故人亦难为学,学亦难为功,虽平日胸中有千章万卷,及真之行事之间,则茫然不知所向。[②]

郑樵以图为"索象"之本,以书为"索理"之径,以"左图右书"为治学之法门,诚为卓见。可惜后世之学者未能躬行,依然是"离图即书,尚辞务说",图文并重的上古传统未能继承发扬,数千年来反而凋零衰蔽,渐成寥落晨星。

实际上,图像在它形成之初,就不单是"意义"的文本,它刺激意义的产生但非意义的认知,也就是说,"图像"已经转型为意识形态传播过程中的主要媒介。人们利用图像媒介对世界进行物质实体和精神象征的认知。

1.人对世界的把握

人类自诞生以来,最高的梦想就是能够把握他们所生存的这个世界。为此,他们创造图像,使用图像,试图用图像对世界进行把握。

自人类开始制作石器起,图像的创造就同时开始了。陈兆复先生认为,古代岩画

---

① 王安.当文学遭遇图像[J].中国社会科学报,2013(09).
② 郑樵.通志[M].北京:中华书局,1995:1825.

与其他各种器物图像的出现代表着人类完成了对基本图像的把握，从此人类就开始使用图像这个方式来把握世界，也就有了人类的图像文化史。

图像在人类文化发展的初期，具有无可代替的特殊意义，它是表述人类物质性和精神性存在的最早的文化。我们认为，如果从应用领域、话语功能和文化价值来评判图像，不仅可以对图像有更宏观全面的认识，也会突破传统观念下的狭隘认知，对图像的意义有更深入透彻的理解。更为重要的是，赋予图像足以与言语文字相媲美的人类文化与文明推动者的价值，唯有如此，才可能建构真正意义上的人类文化史。

在人类发展史上，人类通过图像获取信息和传达情感的行为先于文字出现至少有数百万年之久，并且图像在某些方面有着文字所难以企及的优势，正如通常所说的"百闻不如一见""耳听为虚，眼见为实"以及"可按图索骥"，等等。但是文字出现后，最终取代了图像在传播中的地位。三十年河东，三十年河西，现在，由于数字技术的发展，"图像时代"切实地逼近了我们，图像已经逐渐成为某些媒介传播意识形态的主要形式。那些利用新型科技完成的图像作品，其精ami和细腻的程度，其复制和传播的迅捷，已绝非传统的文字获取和信息传播方式能同日而语的。

原始图像保留下来是很困难的，即使保留下来了，发掘起来也并不容易，四分之三的原始图像是在近五十年内发现的。至于近现代的原始部落的图像艺术，它们直接继承了原始的图像传统。部落图像作品用的材质大多是易变质的有机物，在自然环境里，是无法保存很久的。这种原始的图像已被都市化和文字所带来的社会及技术革命所抛弃了。

人类在地球上生活了数百万年，其中绝大多数的时间是在没有文字的情况下度过的。人类主要通过以视觉为主导的感知经验来理解世界、把握世界，并尝试着用视觉的图画和符号描绘世界、表征世界。将文字出现之前的历史称作"史前"显然是不合适的，因此又有人把文字产生以前的历史时期称作"原始时期"。这时人类正处于原始社会，这个时期很漫长，相当于整个旧石器时代至新石器时代后期，约占人类历史 99% 以上的时间。[①]

2.人对世界的想象

混沌蒙昧的原始先民对身外世界充满了恐惧、好奇与探索的渴望。在恶劣的生存竞争环境中，人们期待冥冥中受上天护佑，并向上天祈求平安健康、种族繁衍与幸福。于是，带有神秘巫术色彩和重大仪式功能的刻绘活动出现，并成为人类图像的起源之一。人对世界的想象用图像的形式表达出来，绘制图像成为一种具有强大魔力与仪式性的行为，进而演化为图腾及图腾文化。

所谓图腾，就是原始时代的人们把某种动物、植物或无生物等当作自己的亲属、祖先或保护神，相信它们不仅不会伤害自己，而且还能保护自己，并且自己能从它们那里获得超人的力量、勇气和技能。人们以尊敬的态度对待它们，一般情况下不得伤害它们。氏族、部落或家族等社会组织以图腾命名，并以图腾作为标志或象征。

---

① 陈兆复.中华图像文化史·原始卷[M].北京:中国摄影出版社,2017:20.

学术界通常把图腾看作氏族的标志和象征，或仅视为某一群体的血缘亲属，实际上这些观点是不尽科学的。图腾有多种类型，既有氏族图腾，也有胞族图腾、部落图腾和民族图腾，还有个人图腾和家庭或家族图腾。图腾含义的差异也很大，有的被看作亲属，有的被视为祖先，有的被奉为保护神，有的被用作区分团体的标志。

所谓图腾文化，就是由图腾观念衍生的种种文化现象，也就是原始时代的人们把图腾当作亲属、祖先或保护神之后，为了表示自己对图腾的崇敬而创造的各种文化现象。这些文化现象在英语中被统称为"totemism"，可译为"图腾主义""图腾制度""图腾崇拜""图腾教""图腾观""图腾文化"等，目前使用较普遍的译名是"图腾崇拜"。事实上，与图腾有关的各种观念、现象和习俗等，内容甚广，它包含多方面的文化现象，非"主义""制度""崇拜""宗教""观念"等词所能概括；而"文化"一词，含义较广，各种图腾文化特质均可囊括其中，故在泛指时，当称"图腾文化"。

图腾文化的实质在学术界也有争议，归纳起来，主要有四种说法。其一是认为图腾文化是一种宗教信仰；其二是认为图腾文化是半社会半宗教的文化现象；其三是认为图腾文化是一种社会组织制度或文化制度；其四是认为图腾文化是一种社会意识形态。归根到底，图腾文化是人类早期的一种混沌未分的文化现象——在人类社会早期，社会意识和宗教意识是相互交织、尚未分离的。因此，图腾文化既是宗教文化，也是社会文化。

图腾文化是人类历史上最古老、最奇特的文化现象之一。图腾文化的核心是图腾观念。图腾观念激发了原始人的想象力和创造力，逐步衍生出图腾名称、图腾标志、图腾禁忌、图腾外婚、图腾仪式、图腾生育信仰、图腾化身信仰、图腾圣物、图腾圣地、图腾神话、图腾艺术等，从而形成了独具一格、绚丽多彩的图腾文化。[①]

3.人对世界的表征

在文明肇始之时，图像文化是极为纯朴的。最能显露人们使用图像进行象征性表达的，莫过于"礼""仪"。

在中国的夏商周三代至秦汉时期，人们使用图像表征世界的活动强度达到了顶峰。这一时期被许多学者称为中国的青铜时代。作为礼仪制度的载体，青铜器具严格隶属于当时宗法制度里的精英阶层。[②] 青铜礼器上的图像有着独特的文化表征方式，器重在"礼"，图重在"表征"。

对今人来讲，这一时期的图像解读起来颇为困难，解析的过程也相对晦涩。对当时的宗法制度不熟悉，对使用它们的精英阶层不熟悉，对相关的图像表征方法也就会产生理解上的障碍。但如果我们不放弃图像学本身的方法，再加上墓葬艺术研究的方法，将图像置于其原本的时间与空间的坐标系中，恢复这一时期的图像的历史语境也就有了可能。

在继之而来的各朝各代中，图像几乎是无所不在。在现实生活中，铜镜、漆器、铜

---

① 何星亮，殷卫滨.中华图像文化史·图腾卷[M].北京：中国摄影出版社，2017：4.
② 张翀.中华图像文化史·先秦卷[M].北京：中国摄影出版社，2016：10.

器、服饰、宫殿装饰等都要用图像装饰;而人在死后,依然生活在一个图像的世界里,帛画、壁画、画像石、画像砖都成为图像的表现媒介。人们生前的享受、死后的希冀都在这个图像世界中得以实现。①

4.人对世界的信仰

人对世界的信仰集中表现在宗教图像的发展上,在中国,尤以佛教图像最能反映人们将信仰视觉化的方式。

佛教图像起源于印度,其后传播到亚洲各地,在不同时代、不同地域文化背景下,呈现出绚丽多彩的图像风貌。佛教图像经过长期发展与演变,留下了丰富的图像文化遗产,不仅体现出佛教信仰的普遍性,而且蕴含着各民族的审美趣味与文化精神。中国佛教图像是在印度教的影响下产生与发展起来的,无论就其年代跨度之久、流布地域之广,还是就遗存之丰富、成就之辉煌而言,在佛教图像史上都可谓独树一帜、引人瞩目。与印度、中亚等地相比,中国佛教图像有着鲜明的特点。

中国佛教图像题材主要来源于佛教显、密经典,以及有关佛教的故事传说,取材十分广泛。就表现内容而言,可以分为佛教尊像、佛教故事与经变等类型。其中,佛教尊像通常有佛三尊像、五尊像、七尊像以及九尊像等图像组合形式。佛教故事图像则有佛传、本生、因缘与史迹等。中国内地的佛教本生故事图像数量较少,种类有限,主要有两方面的原因:一方面,与小乘佛教紧密关联的大多数本生图像,在中国大乘佛教盛行的氛围下难以流行;另一方面,从有限的几种本生故事等图像来看,明显强调授记或菩萨六度等方面的精神内涵,也就是说,这些故事图像是经过大乘佛教视角"筛选"的结果。

中国佛教图像的样式相当丰富。从域外传入的样式所占比重相对较小,大多数图像样式是在中国本土创作的。中国佛教图像样式既有历代艺术家的创作,又有佛教界高僧大德的创作。由于佛教图像的功能与拜忏、禅观等礼仪活动紧密关联,图像布局必须符合宗教范式,所以,道场中图像布局通常应是艺术家与佛教僧人合作的结果,后者可能发挥更为主导的影响。

佛教图像自汉代传入中国,就开始了在富有特色的中国文化背景中发展、演变的漫长历程。中国佛教图像发展历程中最引人注目的是逐渐摆脱印度、中亚小乘佛教美术的影响,同时建构起大乘佛教图像系统。中国大乘佛教建构自身图像系统的过程,也是佛教图像与中国本土文化全面碰撞、交融的过程。佛教传入中国后,与玄学、儒家思想联系紧密的大乘佛教得以蓬勃发展,最终成为与儒教、道教并列的一大流派。佛教的影响有时凌驾于后两者之上。佛教在中国文化土壤上发展的历程中,除了僧侣群体外,帝王贵族、文士以及庶民群体都曾积极参与过建寺开窟、造像等活动,由于对佛教的认识与信仰动机各不相同,这些社会群体的思想、情感与审美趣味产生的影响也有差异。从这个角度来看,寺院(包括石窟寺)道场不仅是各阶层人士信仰的中心,而

---

① 武利华.中华图像文化史·秦汉卷[M].北京:中国摄影出版社,2016:9.

且是各种社会关系的一个聚焦点。①

5.人对世界的描述

当人类社会发展到一定阶段之后,图像不但是文化表达的一种手段,更是某一社会阶层抒情表意的工具。尤其是文人士大夫的介入,使图像的描述功能得到了充分的展现。

社会文化越是丰富多元,图像描述的社会功用越大。图像一方面越来越简易化、生活化、世俗化,另一方面,越来越精致化、典雅化、文人化。图像作为大众文化深入到社会的各个阶层,不仅承担了人们所赋予的各种应用功能,也更为自由地表现着人们对世界的看法,甚至成为人们改造世界的工具。

在中国古代,官方还专门设立了一种专攻"图像"的学问——画学。宋徽宗崇宁三年(1104年),朝廷创设了画学,并将其放入宋代管理学校的重要机构——国子监体系进行管理,它是中国第一所国家视觉图像(美术)教育机构。画学对学生所习的图像类型进行了区分,建立了相关的课程体系并将学生分为士流与杂流。课程分为六科,即佛道、人物、山水、鸟兽、花竹、屋木。画之所以能成为"学",原因在于学画不仅是学习技能,学习者还要通过学习其他文化知识来全面提高自身的学识与修养,因此学生们广泛研修《说文》《尔雅》《方言》《释名》等书。其中,《说文》教学生书写篆字、解释音训,而其他三本书均采用问答法教习之。对于画学学生所绘图像的考核,以不仿前人,所画人、物之情态、形色俱若自然及笔韵高简作为标准。

宋代图像内容十分复杂,按照图像制作的题材划分,可以分为人物画、山水画、花鸟画;按照图像制作的材料划分,可以分为壁画、版画、瓷画、绣画、缂丝画、画像石、绢画、纸画等;按照图像制作的作者划分,可以分为文人画、画院画、画工画;按照图像制作的手法划分,可以分为水墨、设色、工笔、写意、兼工带写;按照图像装裱的形式划分,可以分为屏风画、扇面画、手卷画、册页画、立轴画等。另外还有具有综合性特色的风俗画、宗教画、政治画以及属于工程图像学范畴的界画、建筑画、金石画,等等。

当然,若再按照审美趋向的雅、俗来分,宋代图像还存在着雅俗分流与雅俗合流的状况。雅俗分流主要是指当时的文人画、画院画、画工画各有所长,各有对于雅俗的审美标准与创作趋向。而就宋代图像整体而言,则是雅俗合流的,文人画主要包括竹、梅、木、石和山水等所谓的"清雅"领域,提倡水墨为上;画院画则有广泛的题材和丰富的手法,介于雅俗之间;画工画主要为民间世俗服务,讲求实用性,包括宗教壁画、墓室壁画、器皿装饰画以及其他与百姓生活相关的诸多图像。②

纵观历史,这种图像类别基本上奠定了后世图像分类的基础,成为中国乃至世界图像史上的高峰。郑振铎先生曾说:"论述中国绘画史,必以宋这个光荣的时代为中心,宋代绘画可与希腊雕刻和文艺复兴时期的绘画与雕刻相提并论。"更令人震撼的是,宋代雕版图像复制(印刷)技术已经相当成熟,其传播质量与效率发生了根本性的

---

① 于向东.中华图像文化史·佛教图像卷[M].北京:中国摄影出版社,2017:27.
② 邵晓峰.中华图像文化史·宋代卷[M].中国摄影出版社,2016:49.

突进;它使图像通过更为大众的传播渠道深入社会、深入人心,图像与人互动、与社会互动。图像作者与读者、社会共同组成了一套较为完整的图像传播体系的内容、形式与环节,这形成了图像媒介传播的基本程式,表现出具有中国特色的图像文化传播特征,并影响着世界上各类图像的传播方式。

6.人对世界的复制

人类复制世界的欲望源于图像复制技术的产生与成熟。泥版印刷时期,人们掌握了活字复制技术;木版印刷时期,人们掌握了图像复制技术;石版、铜版印刷时期,人们掌握了快速复制图像技术;网版印刷时期,人们掌握了图像影调复制技术。

摄影术的发明给人们以复制整个世界的梦想,数字影像的运用给人们带来了重新构建世界的梦想,人对世界的复制也是人对世界进行消费的开始。在复制世界的技术性消费和社会性消费逐渐融为人们的日常生活消费的过程中,时间的形状被图像所描述、空间的形状被图像所展示、知觉的演变被图像所揭露,世界成了为视觉图像所映照而存在的媒介世界,图像成为表征世界的世界性图像。这些演变与现象在1839年摄影术诞生之后更甚。

可以这样认为,19世纪的图像是一种观察者的技术,人们追求等比例复制世界的能力;20世纪的图像是一种表达者的愿望,人们追求复制一个充满真实、真相与真理的世界;21世纪的图像是一种想象者的翅膀,人们复制出一个超现实的想象的世界,为精神消费插上无限想象的翅膀。目前,其中的部分功能已经得以实现,部分在实现的路途上,部分还在幻想中。

(二)图像文化

图像是一个民族在长期的生产实践、社会实践和精神实践中所创造出来的文化形态,它是一种社会性的文化符码[①],含有一个民族的文化基因,建构着一个民族文明的精神框架,形塑着一种视觉文明形态。从裸视到镜像,从镜像到景观,从景观到幻景,从幻景到网景……视觉图像的历史本身就是一部恢宏的人类文明传播史。

从学术研究的角度而言,图像是一种带有质的相似性的符码结构,它在能指和所指之间应用了一种质的相似性,它模仿、重复甚至是再造了事物的某些特征,比如形状、比例、颜色、肌理、背景等。由于这些特征大多可以由视觉感知,所以图像的日常用法总是赋予了视觉优先解释权。[②] 视觉图像因此成为人类认知的基础性手段,是信息传播的文本,是社会记录的地图。图像也是确凿的视觉历史事实,是民族文化形象最直接、最具象、最可信的体现形式。视觉图像的独特之处在于:图像既属于技术范畴,又属于文化内容。它存在于人类社会的各个领域,如绘画、雕刻、影视、摄影、新闻、广告、应用设计、网络、游戏、娱乐等,具备当代信息社会最具影响力的媒介特征。如凯尔纳所言:能体现当代社会基本价值、引导个人适应现代化生活方式,并将当代社会化的

---

① 符码是一组约定俗成的产生意义的方式。特定族群的人共享特定的符码。符码又指符号和社会意识形态相联结的场所,或意义表现的系统。
② 韩丛耀.图像传播学[M].台北:威仕曼文化事业有限公司,2008:序.

冲突和解决方式戏剧化地处理为媒介现象,它包括媒体制造的各种豪华场面(作秀过程)、体育比赛、政治事件。① 在触觉具有卓越地位的过去,人们操作具体的物质存在来改变世界,而现在,起决定作用的是让人"看",这是视觉处于卓越地位的时代。在视觉图像的年代,视觉图像成为社会形构的主导形式,视觉语言成为当代文化传播最重要的语言形式。

图像及图像文化研究是近二三十年来国际学术界出现的一个新的跨学科研究领域。理查·罗蒂(Richard Rorty)说过:"古代和中世纪的哲学图景关注事物,十七世纪到十九世纪的哲学图景关注思想,而开化的当代哲学图景关注词语。"②现在没有人怀疑,自二十世纪七十年代以来,哲学社会科学图景关注视觉图像。因此,作为社会科学的图像文化研究关注历史、关注当下、关注人类的永恒命题也是题中之意。这样一门与哲学、史学、社会学等学科既有深度的同质化异构,又有广泛的异质化同构的学科,本身应有的学术地位应该是不言而喻的。

但实际情况并不乐观,视觉图像至今仍处在文字话语的霸权之下。正如一位国外学者所指出的那样,人文学科今天似乎面临着一种窘境:具有可信研究成果的,却只有一个薄弱的"学科"地位;具有高等的"学科"地位的,研究成果却并不十分可信。至于图像文化的理论研究,至今甚至连一个"学科"的名分还不具备。

当今社会已经进入了以图像为中心的时代,电影、电视、绘画、摄影、广告、设计、建筑、动漫、网络、游戏、多媒体等激荡汇流,这就是人们所说的视觉文化时代。"视觉文化"这个词强调图像镶嵌于更为广阔的文化之中,图像是一种文化形态,因此,也可以把文化看作是镶嵌着图像效果的一系列有意义的社会实践。在这个充满着求新变异的图像消费社会里,人们用以了解生活、研究世界的方式已经改变,人们正试图建立一种"视界政体"(scopic regime),即一套以视觉性为标准的认知制度甚至价值秩序,一套用以建构从主体认知到社会控制的一系列文化运行规则,这些规则形成了一个视觉性的实践与生产系统。

图像是制造出来的,可以被放映、展览、出售、审查、放置、收藏、毁坏、碰触,还可以被改写。图像被不同的人为了不同的理由,以多种方式制造和使用,而影响效果对其所具有的意义才是最重要的。图像有其专属的效果,不过该效果必须借助它自身的各种用途与作用才能发挥。人们观看图像总是发生在传播环境中,而社会传播环境居间促使图像产生作用。

图像的运用方式十分庞杂,对图像的诠释也已形成了繁冗的体系。文化本身是一个十分复杂的概念,"图像文化"仅是一种策略,而非一门学科,但图像文化的理论研究应该成为一门独立的学科。实际上,图像文化的核心内容极为简单,即关注社会或团

---

① 凯尔纳.媒体奇观——当代美国社会文化透视[M].北京:清华大学出版社,2003:2.
② W.J.T.米歇尔在《图像理论》一书中引述了理查·罗蒂把哲学史描写成一系列"转向"的论述,并且认为,其中"一组新问题出现,而旧问题开始消退",理查·罗蒂说道:"古代和中世纪的图景关注事物,17世纪到19世纪的哲学图景关注思想,而开化的当代哲学图景关注词语,这相当合理。"米歇尔.图像理论[M].陈永国,胡文征,译.北京:北京大学出版社,2006:2.

体成员间"意义"的"交换"(exchange)和"生产"(production)。意义或明确或模糊,或真实或虚幻,或精准或通俗,或可视或可说,或妇孺皆知或出离想象……意义已构成当代社会人们行为举止的一种日常生活(daily life)方式。

"日常生活"正是当今发生在全世界的一场深刻的"文化革命"(也有人称之为"文化转向""图像转向""视觉中心主义"),即景观社会取代商品社会;图像、空间、日常生活概念取代生产方式、生产力和生产关系等政体概念;图像艺术行为取代阶级斗争;艺术家和"漂移"在心理学意义上的观念"异轨"扬弃了异化和拜物教。[1] 在日常生活中,跨文化的图像经验构成了图像文化的领域,因此,当代社会的主导性本身主要表现为一种被展现的图景性,日常生活中的所有层面都被资本业商品化了,人体,甚至是观看人体的过程也都未能幸免。当代社会人们的日常生活已是一种全球经济一体化及地域多元文化的同质性和异质性的互动,是全球化"网景"(internet spectacle)[2]的视觉互动,新兴的图像式的全球视觉互动随网络"网景"的使用而逐渐清晰成形。

图像文化具有变动性的诠释结构,焦点集中在视觉图像传播上,并和人们的日常生活产生互动。它的最大特色就是将那些本身并非视觉性的事物予以"视觉化"(visualizing),充分发挥图像传播的技术效能。

国内外的专家学者对"文化"(culture)的定义十分繁多,讨论起来更是复杂。如前文所言,文化的核心内容非常简单,即关注社会或团体成员间"意义"的"交换"和"生产",而"意义"的"交换"和"生产"又恰恰是文化的核心理念。图像是视觉的对象物,在文化传播活动中,图像是结构主义的终结,同时成为经验主义的工具。

面对较过往年代倍增的机械复制图像、数字图像和各种图像转换以及图像展示方式,有人惊呼这是"图像时代",甚至宣称是"读图时代"的来临,将图像简单理解为与文本对立的文化机制,将图像传播与其他形式的传播区隔开来,将图像多多、多看图像、多读图像描绘为这个社会的一种时代性的群体文化特征。

当然,在语言霸权年代,话语也确实是这样横行着的。图像的"繁殖"对破除"文本凌驾于视觉图像之上"的殖民心态有一种抵抗作用,但这种"用力过猛"的情绪行为丝毫无助于人们认知图像,无助于视觉文化的研究领域的界定,无助于图像文化研究的顺利进行。

在人类历史演进的长河中,视觉(图像)一直伴随着文化的焦点而转向,从西哲苏

---

[1] 这里引述的主要观点来自居伊·恩斯特·德波(Guy Ernest Debord)的《景观社会》一书。他在该书中认为"世界已经被拍摄",发达资本主义社会已进入以影像物品生产与影像消费为主的景观社会,景观已成为一种物化了的世界观,而景观本质上不过是"以影像为中介的人们之间的社会关系","景观就是商品完全成为殖民地社会生活的时刻"。

[2] 网景(internet spectacle),意为通过互联网而呈现的图像。它是由图素(picture element)影像和像素(pixel element)银幕建立起来的影像。从更广义的角度上来讲,网景就是我们视线所及之处,涉及我们"观看"的全部,并决定了我们可能看到什么东西。克拉里描绘过网景的技术征候:"电脑辅助设计、合成的书写体、飞行模拟器、电脑动画、机器人形象识别、光线追踪、纹理绘图、动作控制、视觉环境保护、磁共振图像和多光谱感应器。"

格拉底的"眼睛"和与之相关联的"视力""眼界"的权威性论述,到东圣墨子的光线八条①昭示后人;从文艺复兴透视法的科学启蒙到毕昇活字印刷的普遍使用……或者说,从裸视到镜像,从镜像到景观,从景观到网景……社会始终将话语视为"最高形式的智慧表达",而"将视觉再现视为次等的观念陈述体"。在传统的观念里,人们认为语言是"人的根本属性",例如,"人"是"会说话的动物",人区别于动物又高于动物的社会特征是"会说话";而形象(图像)一直被认为是亚人类的媒介,例如,有人认为野人是"不会说话的动物"等,甚至将妇女、儿童、智障人士和其他弱势群体当成亚文化群体。② 而社会普通民众一直与这种贵族式的精英文化抗争着,当视觉文化转向以人们的日常生活行为为主,将图像"看作是视觉、机器、制度、话语、身体和比喻之间复杂的互动"时,大众首先把目光投向社会上越来越多的影像、赝像和视像。

如同"文字的世界"取代不了"图像的世界"一样,"图像的世界"也不要试图满心欢喜地去做取代"文字的世界"的梦,虽然我们承认视觉可以"瓦解"并"挑战"任何"纯粹以语言学角度来定义文化"的企图。人们急切地为图像正名的心情可以理解,但越过理性边界的大呼小叫只会使事情变得更糟,使得原本就放肆的图像更加轻狂。图片不是图像,画作、影视画面也未必就会成为图像。图像一直葆有它的特质并与文本组构在一起,图像传播中的图像与文本既呈现着复杂的胶合状态,又显示出简明的组合形状,而不是相互对立。米歇尔曾针对人们对图像的态度评价道:"把形象读作文本的观点在当今的艺术史中已不是什么新鲜事了:它是流行的智慧,是新的东西。"③当今社会,这样的一种"智慧"正在我们身边"流行"着,正如"读图"成了一个既新鲜又时髦的话题一样。

就图像和文本而言,它们实际上是一种同一关系。正如文学很难摆脱视觉性媒介而述说,人们也很难使图像摆脱话语。文本的形象"就在图像内部,当它们显得最彻底地缺场、隐藏和无声时,也许就在图像的最深处"。同理,"适合于话语的视觉再现也不必是外来的:它们已经内在于词语之中,在描述、叙事'视野'、再现的物体和地点、隐喻、文本功能的形式安排和特性之中,甚至在排版、纸张、装订或(在口头表演的情况下)直接听到的声音及说话者的身体之中。"④因此,可以说,所有的文化传播媒介都是混合的;所有的再现图像都是异质的,虽然图像有其迹象性的一面。

如果说真有所谓"图像时代""读图时代"的出现,那一定不是以图像出现的多寡和

---

① 墨子所著《墨经》,从早为人们认识的光的直线传播原理出发,首先提出了影与光、物之间的关系。《墨经》还介绍了平面镜成像,叙述了凹面镜、凸面镜成像的规律。墨家私学不仅相当系统地研究和探索了几何光学方面的知识,得出了精辟的见解和结论,而且在研究和传授中已运用了观察、分析和科学实验的方法。墨子提出的"景不徙,说在改为。""景二,说在重。""景之大小,说在地正、远近。""景倒,在午有端,与景长说在端""光之人照若射。下者之人也高,高者之人也下。足蔽下光,故成景于上;首蔽上光,故成景于下。在远近有端与于光,故景库内也。"等光学八条理论,是世界上最早的关于光学的科学论述。
② 米歇尔曾讨论过控制视觉和语言经验关系的习俗:"把词语置于视觉之上,言语置于景观之上,对话置于视觉景观上。"米尔佐夫也曾深入探讨过这个问题,认为这种将语言置于视觉之上,将妇女、儿童和弱势群体比作如视觉文化那样的亚人类文化,是殖民文化社会的典型特征。
③④ 米歇尔.图像理论[M].陈永国,胡文征,译.北京:北京大学出版社,2006:86-87.

图像出现的频率作为指标示人的,那一定是话语集中在视觉事物(视觉图像;驱动和维持图像的图像科技;图像受众)之上。人们乐于探讨的一定是图像产生意义的三个场域——图像的生产场域、图像的自身构成场域和图像被受众观看的场域,而不是别的什么。"图像纯粹"是不可能实现的。

图像的意义不在于它有,而在于传播效果的体现,在于受众对图像的认知与诠释。图像主导文化的兴起如 Debord 所言,乃肇因于"此种累积的现象核心(capital)是景观(spectacle),所以它变成了一种图像"。视觉图像在这次"文化转向"的运动中,就这样不情愿地,却又迫不得已地充当了赤裸上阵的急先锋,这一切的形成都有赖图像传播技术的成熟和图像传播的大众化。当图像成为"日常生活"消费的必需品,这一切的发生也就没有什么好奇怪的了。

图像广泛传播造就的后现代社会的典型特征,就是将知识予以视觉化。在此之前的社会当然也是不断地填充视觉领域的,甚至学会了一些加快填充速度的办法,现在视觉科技的发展、图像文化的普及、消费文化的需求,使得这种快速超载的强刺激成为可能并持续以加速度提升,图像成为人们日常生活的内容,身处其中的现代人表现出一种视觉化的强烈倾向。这种图像式的事物描绘和将其视觉化的倾向,并不是要取代论述(discourse)①,而是使论述更加包罗万象,更快速,更有效率。尤其在互联网高速运行的社会里,生活照、医学图像、影视图像、广告图像、电脑图像、数字图像都已成为家庭主妇的日常视像,就连外星空探秘的高科技图像,也被电视机前的儿童津津有味地言说着。图像已经成为人们描述事物或将知识视觉化的有效载体,图像成为视觉创造意义或与之争斗的一个场所,成为消费者的消费必需品,成为资本业获得最大利润的有效手段,图像思维也成为一种"结构性的观看"的视觉经验。

图像是人文社会科学研究领域继符号学之后的重大新发现。前面说过,它在能指和参照物之间应用了一种质的相似性,它模仿甚或是重复了事物的某些特征,由于这些特征大多可以依凭视觉而被感知,所以图像的日常用法总是赋予了视觉图像优先解读权。但在质的相似性的视野下,图像并不一定是视觉性的,正如我们用几种生理感觉器官来感知现实物质世界一样,图像不仅仅模仿一种物体的视觉性质,同时也可以模仿其听觉特性、嗅觉特性、触觉特性、味觉特性,甚至是精神特性乃至幻觉。因此除了视觉图像之外,还应有听觉图像、嗅觉图像、触觉图像、味觉图像,以及精神图像、语言图像、幻象(illusion)等。

前文强调过,图像的独特之处就在于它既属于技术范畴又属于文化内容,而图像一旦离开了其生产的场域被社会传播,便即刻显示出它丰富的文化内涵,需要观者"看"着它来进行诠释。

---

① 大体而言,论述指的是由社会组织而成的针对某一特定主题的谈论过程。根据福柯的说法,论述是一种知识体,既能定义也能限制关于某件事物应该谈论哪些内容。在没有特定指涉的情况下,这个名词可应用在广泛的社会知识体上,例如经济论述、法律论述、医学论述、政治论述、性论述和科技论述等。论述乃针对特定的社会和历史脉络,而这两者都会随着时间而改变。福柯理论最基本的一点是:论述生产某种主体和知识,我们或多或少都占据着由多层论述界定出来的主体位置。

虽然图像是一种结构性文化符号的建构,但它远远超出语言学家和符号学家的掌控和统辖范畴,不乏语言学家将它纳入语言学范畴、符号学家将它纳入符号学范畴,它也只是在这些范畴霸权般的言说下呈现出部分相关性特点。实质上,图像一直处于一种独特的文化形态中,在它周围挑选几门相近学科进行研究是远远不够的,它是跨学科研究的新对象,是人们认识世界、了解世界、诠释世界的一种视觉化方式。

(三)图像是视觉符码也是文化代码

图像的本质用途是作为一种社会性的文化代码。因此,我们在"看"图像的时候,实际是把图像视为图像符号系统,并进行视觉的、语义的,乃至意义的解构。图像符号解构就是探究图像符号的意义问题,实际上就是研究图像的社会效度问题,也可以说是专门化的图像符号学问题,通俗地讲,就是解读图像。

人们曾经借助于普通符号学的工具,研究如何更恰当地勾勒出图像的图像性(类比性)的一面(一种被普遍承认的一面),以及图像的指标性(造型性)的一面(除了用于摄影记录之外,人们在习惯上并不将其视为图像的特征)。如果我们从意义的角度来探讨图像的迹象性、类比性和象征性,尤其是图像的符号性(象征性)的一面,就会发现图像的象征性是由一些具有社会文化代码并对我们的阐释起支配性作用的参数搭建而成的。对图像意义的解读从某种角度来讲,其实就是对图像符号的一次社会性拆解,因此需要我们有足够的耐心。

在对图像意义的深入探究上,国外有许多学者倾注了大量的心血,其中以罗兰·巴特(Roland Barthes)的投入最为彻底。他以独特的方式完成了著作《图像修辞学》(*Rhétorique de L'image*,1964),他在论述图像符号学时提出了一个疑问:图像是如何具有意义的? 这也成为今天图像文化研究的焦点。

1.图像的意义

这个问题听起来很简单,也容易回答,但要在图像符号的层面上回答(或者说在符号学意义上回答)就不太容易了,需要借用一种特殊的方法。这一问题主要涉及符号学的手段,但并非专属于这一范畴。同样是这个问题,不同领域的专家(如造型艺术家、艺术理论家、哲学家、历史学家、精神分析学家、美学家、文学家、传播学者等)有不同的答案,会出现"仁者见仁,智者见智"的景象。实际上,他们对图像及图像意义的反思和回答,都还没有脱离他们可能掌控的动力范围。人们意识到,艺术尤其是视觉艺术,使得理性、非理性、认知理解与直觉经验,甚至人们对神秘事物的沉思都联系在一起。许多学者和艺术家也醉心于理解这些不同的认识层次是如何构成的,实际上也就是致力于对其意义的探究,而重要的突破口就是分析其中最容易理解的机能。

20世纪70年代,西方许多社会科学研究人员用以了解社会生活的方式已经开始转向,史称"文化转向"(cultural turn),而推动这次文化转向的就是视觉中心主义(ocularcentrism)的出现。人们开始从视觉事物(the visual)中搜寻意义。此时,图像的意义才真正走进大众的视野,变得如邻家女孩般可爱起来。正如吉莉恩·萝丝(Gillian Rose)所言:"人们感觉意义或真实或虚幻,像科学般精确抑或像泛泛之见;日常对话、精准的修辞、高雅艺术、电视肥皂剧、梦境、电影和缪扎克(muzak,指公共场所常播放的俗滥音乐)都是意义传播的途径;而不同的社会群体会用各异的方式理解世界。"①

在此之前,俄罗斯形式主义者找到了一些关于这个疑问和某些回答模式的例子,如伊乌里·洛特曼(Iouri Lotman)就认为,艺术是言语,艺术是交流方式,因此也是"许多手段"。法国学者玛蒂娜·若利(Martine Joly)认为,这种主要针对诗歌的疑问早早地便催生了一种通过图像来反思意义机制的行为,这对苏联导演爱森斯坦(Eisenstein)的思想影响很大,他对于蒙太奇的反思和试验主要是以电影影像的生成模态为基础的。他导演的电影《战舰波将金号》里的"敖德萨台阶"片段成为蒙太奇的典范,其图像对意义的揭示至今仍是完美的。

对图像的意义产生质疑的还有精神分析学家,尤以弗洛伊德(Freud)、福柯(Foucault)为代表,他们工作中最重要的一部分就是有关艺术创作及艺术作品的意义的。当然,艺术理论家、艺术教育家也加入了这个探讨的队伍,如康定斯基(Kandinsky)、克里(Klee)、乔尼斯·伊藤(Johanes Itten)制定了一些分析视觉作品意义的方法;以贡布里希(Gombrich)为代表的艺术史学家对图像的意义提出了诠释的方法;以古德曼(Goodman)为代表的哲学家和以潘诺夫斯基(Panofsky)为代表的图像研究专家也都对图像的意义进行了高度的质疑、深度的剖析和广度的推演。

2.图像的限定

这是法国学者雅克·奥蒙(Jacques Aumont)在探讨图像意义的时候所总结的,他认为图像对时间和空间的表现通常被一种更为普遍的目的所限定,这种限定活动具有一种叙述性。也就是说,图像的叙述性(表达意义的过程)是被限定的("被察觉的"或"被命名的"),这种叙述性表现在两个方面,一是与表现相关的,是具有情节性的时间和空间;二是表现后的变化本身也是在一种故事的变化过程中的,或是在一种故事片段的过程中。故事就成了图像叙述的结果。②

人们都清楚地知道,故事是一个想象的构建,具有自身的规律,并且或多或少与自然界的规则相类似,或者说至少是与其概念相类似的,而这种概念本身也是变化的。事实上,整个情节性构建大部分都是被其社会接受性所限定的,也就是被社会中的约定性、编码以及现行的象征主义所规定和命名,最终成为一种带有社会性的文化符码。

图像的这种社会文化性特征非常明显。例如,我们从《清明上河图》中可以看到宋代京都的街头市景和风俗人情,以及当时政治、经济、文化等的情况;从江苏连云港将军崖的岩画上,我们可以了解到东夷鸟国先民们的生存状况和图腾崇拜等。在古希腊及古罗马的视觉作品中,我们会发现这些作品经常能够提供一种关于它们所产生的那个时代的信息。当然,这些图像提供的不是其生产时代本身,而是关于那个时代的一些信息。因此,如何能够读出这些信息是一种专业能力,是需要接受专门训练的,如果是当代题材,那么未经训练的大众就具有这种能力。但人们也发现,题材相同的图像

---

① 萝丝.视觉研究导论[M].王国强,译.台北:群学出版有限公司,2006:7.
② JACQUES A.L'image[M].Paris: Nathan, 1990:47.

表现出的形象有的有一些相同之处,有的并没有任何共同点。

应当承认,所有的图像作品都被观众甚至可以说被其历史的、连续性的观众加入了一些意识形态的、文化的、象征的陈述在里面。如果没有这些,图像作品也就真的失去了意义。奥蒙认为,加入的这些陈述可以完全是暗含的、不必言明的。这并不是说这些陈述是不可言明的,图像的意义问题首先在于图像与言语、图像与语言之间的关系问题。

图像与言语、图像与语言的问题虽然是被人们经常提及的问题,也是专家学者们讨论过无数遍的问题,但在这里,我们还是不得不再次郑重地提起:并不存在"纯粹的"图像、完全图像性的图像,因为为了被完全理解(拒绝阐释也是一种理解的途径),图像不可避免地要带有一种语言的表述。

在这一点上,所有关于意义的研究方法都抛开门户之见,破天荒地达成了高度的一致。对于符号学来讲,它认为语言是一切文化传播现象和意义现象的基础和范例。如克里斯蒂安·梅茨(Christion Metz)就曾指出:图像中不仅存在着一系列的非图像性编码,而且图像性编码本身也只有在参照语言的情况下才可能存在。伽罗尼(Michel Colin)更为严格地提出:在图像与一种语言定义之间存在着定义性的相互依存关系。视觉表象作用的研究也没有忽略象征领域,霍其伯格(Julian Hochberg)和布鲁克斯(Virginia Brooks)经验性地认为,孩童对视觉图像的理解会介入其口语习得过程,并且这种理解是与口语习得相关联的。①

3.图像的信息

这是一个十分棘手的问题,大多数人都会认为图像较之于语言是更容易被理解的,然而事实上却不是这样。图像传递信息的方法各不相同,所以我们在对图像进行解读的时候也要分别使用不同的方法,而不能套用我们对语言的理解方法。符号学派对这一点特别关注,他们会突出强调图像意义与词语意义之间的基本区别。

美国学者索尔·沃兹(Sol Worth)就曾指出:图像阐释与词语阐释是不同的,因为语法的、句法的、时效的、真实的特征与图像阐释并不相适应。而图像不能是真的或假的,至少不能具有口语意义上的真假,它仅仅能够表述某些陈述,尤其是一种消极的陈述。

图像不能说"不",正如马格里特(Margritte)在他的烟斗上画的标识文字一样:Ceci n'est pas une pipe(这不是一支烟斗)。那么图像是假的吗?当然,词语也不能像图像那样具有确定的物理颜色,正如我们无法认定一篇政治宣言是绿色的或是红色的一样。

实际上,我们可以在相反的方面坚持其相似性,或者是坚持两者之间的必然联系。前面提出的"被察觉的"和"被命名的"其实就是能最为明显地得出图像的"视觉意义"和"阐释意义"之间相互关系的必要方式。奥蒙认为其中一个重要的概念就是"图像命名编码"。当然,还要补充相当多的其他元素。

从艾科(Eco)到巴特,再到最近流行的一种趋势,那就是:在一种掌握语言和掌握图像的"深刻"机制之间的一致性假设的基础上,建立一种图像的"生成"符号学。在这

---

① JACQUES A.L'image[M].Paris:Nathan,1990:48.

一点上,部分学者已达成了共识。

图像生成符号学实质上就是坚持图像的重要象征意义,之所以坚持,就是因为图像是能够表意的,在这一点上,图像与口语语言是密切相关的。但奥蒙也曾强调道:"我们明确地采取一种反对某些图像哲学的立场,这些图像哲学想要在图像中发掘出一种'直接'表现世界的方法,可以与语言相抗衡却不利用语言,走一种捷径。"[①]罗杰·米尼耶(Roger Munier)在其《反图像》(Contre L'image)一书中提出:图像以一种普遍的、具有强大暗示作用的表达方式来代替书写形式,并且,图像颠倒了传统的人与事物之间的关系,世界不再是命名的,它在自身的重复中表达自己,它变成了自身的陈述。他因此总结说:图像是危险的,并且应该通过将其纳入一种史无前例的新形式而超越它,给图像的世界加入一种语言的自我陈述。

以上这类对于图像信息解读的观点,如果我们想继续列举的话还有很多。其中,有的对图像盛行大为赞赏并为之欢呼;有的对图像的入侵表现出世界末日般的忧虑;有的支持图像的观点盛气凌人、不可一世;有的反对图像的观点深恶痛绝,使出浑身解数咒骂。实际上,这些都不可取。这也充分反映出一些专家、学者的浮躁心态,反映出他们对图像的认识之肤浅,以及观点之幼稚。有些观点往往过高地估计了图像在现实世界中的同一化,却忘记了图像的"象征策略",对立地使用语言与图像,而忽略了二者的共同之处;同时,有些观点过低地估计了语言在图像"深处"的存在。米尼耶认为,对于应该"从属于"图像的语言来讲,电影就是一种有效的形式,与此相反,帕索里尼(Pasolini)提出,要在电影中看"现实的书面语言。"

这里需要特别强调的是,图像既是一种社会科学,又是一种自然科学。在自然科学方面,图像不但是再现或诠释自然科学的工具,而且本身就成了自然科学研究的对象;在社会科学方面,图像是传播知识和建构文明社会的重要媒介,建构着人们对世界的认知与想象,以及认知与想象的方法。

二、图像学理论

图像(image)是一种结构性符码的建构。符码是一个文化或次文化成员所共用的意义系统,它由符号和惯例规则共同组成。解读图像也就是发现意义的过程,意义不但需要从视觉信息中获取,更需要从文化中理解。

(一)图像学

图像学,顾名思义就是关于图像的学问,对图像的论述。它是用来解释视觉造型活动、阐释视觉作品的意义的科学。图像学既是一门人文社会科学,也是一门自然科学。

在西方,"图像学"一词由希腊语中的"图像"一词演化成的"图像志"发展而来,它最初是对基督徒图像(基督像与圣徒画像)进行系统的说明及研究,研究绘画主题的传

[①] JACQUES A.L'image[M].Paris:Nathan,1990:193.

统、主体呈现、意义阐释及历史文化发展脉络。由于图像学及与图像学相关的词语(iconography、iconology)复杂多义,故从图像学一出现,西方对其就一直争论不休、讨论不断,中文对它的翻译解释、论争也是一直不断,观点各有千秋、各具其理。本文只能从实用的角度出发,约略地梳理出一条主线,将图像学最主要的方面呈现出来,为读者提供图像学的基本面貌,而不是纠结于所有需要深入研究的各个方面。文中所观照到的西方学者和中文译者的论述并不代表笔者就同意这样的观点,没有观照到的也并不意味笔者就放弃或反对这些观点。

上面已经讨论到对图像(icon、picture、image)的定义就十分复杂,美国学者多从叙事学的角度考虑问题,而欧洲学者多从符号学的角度考虑问题,其结果是对图像(icon、picture、image)有了不同的定位和不同视点下的解释,中国学者对这些解释又有不同的理解和不同学科背景下的专业性话语的需要。那么对图像学(iconography、iconography)进行理解和专业性解释的难度就可想而知了。目前中国学界对图像学的讨论也是热闹非凡、尚无定论。台湾学者陈怀恩先生在《图像学:视觉艺术的意义与解释》一书中对此做过很细致的梳理和很深入的研究。

陈怀恩先生以英语世界为例,将韦氏辞典对"iconology"和"iconography"的相关词条解释进行梳理。[①] 如表 1 所示。

表 1　英文关于图像学的解释[②]

icon(ikon)	一五七二年首见于英文世界,拉丁文,源自希腊文的 eikōn,和 eikenai 也颇为相近,其用法与意义为: 1.常见的图像,与 image 意义相同。 2.专指希腊文 eikōn 之意:传统宗教图像,通常绘制在小型木质画板上,用于东正教之奉祀。 3.未经检验的崇拜物,与 idol 意义相同。 4.标志,用法同 emblem、symbol。如"这栋房舍成为一八六〇年代住屋建筑的标志(icon)之一"(Paul Goldberger)。 5a.某种记号(文字或图形标志),该记号之形式可以暗示其内在意义。 5b.电脑屏幕上的图形标志,通常用来指示物件种类或者某种功能。
iconography	首见于一六七八年,来自中世纪的拉丁文 iconographia,其字源为希腊文名词 eikonographia(描绘、描述);动词 eikonographein(描述),eikon-+graphein(书写)。 1.和某个主题相关,或者直接说明该主题的图像资料。 2.传统或者沿袭而来的图像或标志,该图像或标志会关联上确切的主题,通常是某种宗教或者传说的主题。 3.艺术品、艺术家或者某种艺术的影像系列或者象征系列。 4.等同于 iconology。
iconology	来自法文的 iconologie,由 icono-(icon-)+-logie(-logy)两部分组构而成,出现于一七三六年左右。指对于图像或艺术象征所做的研究。

---

① 陈怀恩.图像学:视觉艺术的意义与解释[M].台北:如果出版社,2008:19.
② 同①:19-20.

从韦氏辞典中可以看出,"iconography"这个名词有四个应用方向。

(1)当我们使用"iconography"一词来指称"和某个主题相关的,或者直接说明该主题的图像资料"时,这时的"iconography"相当于广义的"图像汇编"和"主题图库"。

(2)当我们使用"iconography"一词来指称某些"传统或者沿袭而来的图像或标志,该图像或标志会关联上确切的主题,通常是某种宗教或者传说的主题",就西方传统来说,此时所说的"iconography"一词接近于基督教图像学或者东正教圣像学上所出现的各类图像。

(3)"iconography"一词若是被用以指称"艺术品、艺术家或者某种艺术的影像系列或者象征系列",其所指是以"整体"为图像的。

(4)当文字使用者将"iconography"等同于"iconology"时,"iconography"指的是一门学科。至于"iconography"是否真能等同于"iconology",则是学术问题。一般辞书显然无需亦无意于此多着墨。[1]

西方的艺术史孕育了图像学,实际上,图像学有两个面相。

一是这种学术研究致力于认识和说明欧洲具象绘画主题,关切的问题是:这些绘画所描绘的人、事、物是什么?画面上的场景有何意义?图像中的人物又会是什么概念的体现或拟人像?上述的这些图像描绘形式又以何为本?

二是它是一种致力于理解图像意义内容、解释图像含义的艺术史学方法,这种方法既可称为"iconography",有时也会成为"iconology",以便和研究图像主题内容的图像学有所区别。如果从实用的角度出发,将图像学区分为"应用图像学"和"解释图像学",那复杂的学术问题就多少变得简单了。针对某个时代特定图像的一般观感所作的说明,同时也是针对某个时代的集体审美形式所作的说明就可以称之为"应用图像学"(iconography);如果是关于艺术学中的一门历史学科,学科目的在于鉴定和描述艺术作品,同时进一步诠释这些艺术作品的内容的话,[2]就可以称之为"解释图像学"(iconology)。

图像有自身的历史,图像也在历史之中。图像学的演变极为复杂,在不同的历史时期,图像学扮演着不同的角色,表现出不同的功用。总体来说,图像学是一门关于视觉作品解释与说明的整体性的学术理论研究与实践活动。陈怀恩先生将图像学的发展进程划分为以下几个时期。

早期图像学(iconography)用以说明文艺复兴时期欧洲出现的独特艺术类型和图像表现形式。由于这些艺术类型的制像者或设计者自觉地构建了各种图像和语言结合时涉及的规范与准则,充分表现出制作者在建构图像象征系统上的努力,因而这一时期也被后来的图像学研究者视为图像学成立的时期。

传统图像学(iconography)顺应这种体系,继续发皇,最初虽然以图像整理汇编的形式展现,但是也有一套清晰的选择方法或者解释原则,这种体系化的图像归整与说

---

[1] 陈怀恩.图像学:视觉艺术的意义与解释[M].台北:如果出版社,2008:20.
[2] 同[1]:16-17.

明工作,称其为图像学并不为过。同时,这些实践性质的图像体系的建构,使得后人对艺术对象的主题和内容进行研究成为可能。换言之,我们今天能够对图像中的母题、观点和反复出现的题材进行描述和分类,以便认识作品所要显示的意义,完全取决于艺术家在创造象征时进行的那套自觉的实践活动。

传统图像学的努力使得这种研究活动最终在19世纪正式获得学科名称,这门学科在中文里可称为现代图像学。正如前文所言,现代图像学建基在传统图像学的成果上,包含了"iconography"和"iconology"两种面向,学者一方面继承、改善传统图像学的研究方法与程序,另一方面又开拓了图像学意义认识的文化解释进路,将图像学建设成一门与文化人类学、哲学相亲互邻的人文学科。

后现代图像学所对应的学术问题,大多属于"iconology"层次。然而某些艺术学写作者也会使用"iconography"一词来弱化其哲学意味,美国后现代作者更是经常直接使用"iconology"一词,挑战和颠覆以帕诺夫斯基为代表的现代图像学的学术主导地位。由此看来,当我们企图描述一门以"图像"为中心议题的学术活动,并且希望说明这门仍在持续发展的学术的走向时,中文的"图像学"一词还算是相当合适的称呼。陈怀恩先生是在艺术学的范畴内来讨论图像学的问题的,得出这样的结论不奇怪,甚至合情合理。

图像学的发展和社会作用早已超出艺术家、历史学家,甚至整个人文社会科学工作者群体所掌控的范围。可以说,在图像学诞生之初,甚至在西方发展出"图像学"这一学科的前夕——"前图像学"时期,人们就已经广泛使用"图像学"的理论工具,分析和解释视觉作品的问题,并使用"图像学"的分析工具解决社会生活中,尤其是在自然科学研究中所遇到的问题。

因此,笔者在此郑重地表明,西方关于图像学的名词的出现时间可考可证,但图像学绝对不是"图像学"这个名词出现之后才有的。在此之前,人类无数的科学技术现实、人文社会科学实践清楚地表明,"图像学"一词的使用充其量是对图像科学或者图像学实践的荣誉性追认,如同孩子长大才取名,但孩子的年龄是不能从取名那天算起的。

古今中外,对关于图像学的名词的反复考查和论辩太多,尤其是以西方"图像学"一词的出现为源头的内容,大多没有任何实质性意义,对图像学的建设更是杯水车薪。图像学早已经超出在书斋里论争与思辨的范畴,它在上至天文、下至地理,左拥哲学、右抱艺术的广阔天地里自由地实践着自己。理论家没有必要因此劳神耗时、倾情卖力,无休止地考究它,中国的"图像学"几千年的实践提醒我们不要"总为浮云遮望眼",忘却了做学问的根本,应该走进图像学实践的田野,实事求是地对图像学进行体认和考察。

(二)图像学的任务

图像学发展到今天,已经展现出与最初欧洲艺术学视野下的"图像学"研究不同的面貌。目前我们所指的"图像学"旨在建立一个理论对象,并提出有关完全形式化的总体模式,着力阐释图像的定义本身,以及图像的结构、动力等。其性质是哲学性的,是关于图像学研究的一种理论性思考。图像学原旨是通过视觉印象的认知,穿透性地理解一个时代的复杂文化领域。在这一根本点上,古往今来都没有多大变化。

西方图像学的任务"就在于替我们解开那些隐晦、一如密码的古代图像秘密",陈怀恩先生形象地比喻道:"说得滥情一点,图像学研究者就像是替孩子们讲睡前故事的父母亲,一直反复叙述着大人们耳熟能详的各种故事情节。"正如寇普·施密特所言:"图像学工作的目的,是要描述或者重建那些因为时代变迁而逐渐被人所遗忘的图像意义,好让艺术史的门外汉和非该类型艺术的专家学者们理解这些艺术品的实质内容。"①

图像其实只是一种媒介,一种视觉媒介,人们最关心的是这种媒介所能产生的社会意义,"意义"成为图像学研究的本质性任务,"意义"的"生产"和"交换"成为图像学研究的全部内容。

陈怀恩先生在"视觉语言"的言说形态下整理归纳了亚奎纳(Thomas von Aquin)对图像所能产生的"意义"的论述,如表2所示。

正如一份13世纪手稿所显示的:字面意义教导我们事件,譬喻意义告诉我们信仰,道德意义指示我们行为,归宗意义告诉我们奋斗的方向。②

表2 亚奎纳的"意义"区分③

文 (littera)	1.字面意义(sensuslitteralis)/历史意义(sensushistoricus):经典中所指涉的确切历史事物。
质 (nucleus)	2.譬喻意义(sensusallegoricus):经典所提到的历史事物的形象,处处透显出耶稣和教会的踪迹。
	3.道德意义(sensustropologicus/sensusmoralis):经典借由这些历史事物的形象,对个体生命所提出的劝喻。
	4.归宗意义(sensusanagogicus):经典借由这些历史事物的形象,提出神秘的他世或者末世神学的意义。

就艺术作品的视觉性解读而言,人们更乐于接受简明、实用的图像阐释立场,即将图像的"意义"分解为三个层面:原意(meaning)、意义(significance)与含义(implication)。

按照贡布里希的理解,当人们要诠释作者的原意时,必须针对其原始意图与方案入手;当人们说明作品对观看者的启发和意义时,或许可以得到各种因时、因地而异的意义解释;然而当人们推论作品所蕴含的可能意义或者创作理念时,这种含义(impli-

---

① 陈怀恩.图像学:视觉艺术的意义与解释[M].台北:如果出版社,2008:14.
② 同①:31.
③ 同①:30.

cation)或许会成为诠释学立场下的那种诠释的融合。①

这些针对图像的说明和阐释方法都有效,但就普通理论而言,且世界上不同国家、不同文化族群、不同信仰的图像学研究者的长期实践表明,潘诺夫斯基对图像的三维解释理论更能为大多数人所接受。

按照潘氏理论的要求,首先要做的是图像描述。图像描述也称为前图像学描述,即图像与物体的辨认。潘诺夫斯基认为,这种方法仅限于研究各种母题,通过再现图像作者呈现出的线条、色彩、影调等来分析构成的对象或事件的母题世界。这项工作看起来很简单,因为依据我们的实际经验就可以顺利进行。实际上并不是那么回事,这是因为个人的经验再丰富,面对万千变化的母题世界,也还是会有许多无知;个人的科学文化知识再多,面对现实的物象世界也会显得很苍白。因此,我们要通过不断的学习和实践,用所掌握的确凿的专业知识和辨证的历史观来对母题世界进行描述。"当我们认为我们完全是根据实践经验鉴别各个母题时,实际上,我们是用这种观点——对象和事件都是在不同历史条件下通过形式来表现的——来理解'所看到的东西'的。这样做,就把我们的实践经验归属到一个也可以称为风格历史的正确原则中了。"②

其次是图像分析。图像分析也称为图像学分析,即图像象征的确认。图像学分析是以对各种文化传统中传承下来的特殊的题材和概念的掌握为先决条件的,而不管它是正史还是野史,是文字书面资料还是民间口口相传。潘诺夫斯基认为,图像学分析研究形象、故事甚至是寓言,但它不研究母题与前提(presupposes)。因此作为图像的作者,必须熟悉这些历史上的东西,不管通过什么样的途径和手段,都要掌握充分的资料,这样才能驾轻就熟,得心应手地去表现。潘氏曾举例说:"澳洲丛林居民不可能认识《最后的晚餐》这幅作品的主题(subject),对他来说,这幅画仅仅是表达了一次兴奋的午餐聚会。要理解这幅绘画的肖像学含义,他就必须熟悉《福音书》的内容。当我们遇到一些再现了只有一般'有教养的人'偶然知道的历史和神话题材的作品,而不是有关《圣经》的故事或场面时,我们都要变成澳洲的丛林居民了。"③当然,也不是说我们掌握了充分可靠的材料,就一定能够正确无误地分析,正如风格历史对我们的实际经验进行修正一样,这种传统的知识和文字资料也需要用典型的历史加以修正。

最后是图像诠释。图像诠释也称图像解释学的阐释,即图像的文化根源的解释。我们也可以直接译为图像的诠释,这种诠释被潘诺夫斯基称为圣像学的诠释。当然,这不是对特定的题材的运用和概念的表达,也不仅仅是对传统知识、文字资料的梳理,而是对图像做出一种既具有专业学养又具有普适性的分析性话语。"我们希望掌握使我们对母题作出选择和表现的,构成形象、故事和寓言的创作和解释的,甚至为形式的

---

① 陈怀恩.图像学:视觉艺术的意义与解释[M].台北:如果出版社,2008:32.
② 潘诺夫斯基.视觉艺术的含义[M].傅志强,译.沈阳:辽宁人民出版社,1987:42.
③ 同②:43.

安排和技术过程赋予了含义的那些基本原则"①,不是为了别的,就是要使图像的诠释能够与图像内容所要表达的相吻合。

(三)图像学研究

当前,不管是国内还是国外的学术界,图像学研究都是一门显学。图像学的门前从来没有这样热闹过,研究者怀着不同的动机、不同目的从各自的学术背景和学科视野出发,研究图像学的方方面面。图像学研究的成果近年来也是车载马驮,各种声音都有,各种观点争艳,真可谓百花齐放、百家争鸣。

笔者涉足图像及图像学的研究领域也有多日,最初十来年是因为刑事警察勘察现场的需要而对"痕迹性图像"着力,接下来的十来年是因为艺术创作和摄影教学的需要而对"相似性图像"投入,这十来年是因为理论研究的兴趣与科研课题的需要而对"象征性图像"倾注精力,可以说,这三十年都"被图像"了。虽然要求不同、目的不同,但有一点始终未变,即注重图像学实用性功能的开发和利用,在个人兴趣的支配下致力于图像学工具性方法的锤炼和使用效度的检测验证,并对图像学的研究方法进行修正和完善。换句话说,笔者始终在从事图像学形而下的民间通俗应用的过程解释,偶尔会有一点体会,也会有一点琢磨,但与图像学研究的各路方家的形而上的宏观理论相比,还不能算是一种对图像学的研究,这是笔者一直以来的遗憾,但对图像学方法论进行探讨是笔者一直努力做着的事情。

图像或图像学研究说到底就是一种关于"意义"的研究,图像的意义或明确或模糊,或为人所知或发生于人类的感知之外,但图像终究是"意义"的"生产"与"交换"的载体,是意义构成和传播的十分有效的媒介。图像的视觉图式是最古老也是永恒的、最容易也是最难的、最普遍也是最独特的描述世界、表征世界、理解世界的方式,因此,笔者视图像学研究为一种对"意义"的诠释。

对于图像意义的诠释,我们认为有三个场域应该引起我们的特别关注。在详细论述场域之前,让我们顺便认识一下图像的三种形态,即技术性形态、构成性形态和社会形态。② 把握三种图像形态对于了解图像是非常有益的,也应该是图像学研究的基本学术取向,后面将有专门的个案研究。

(1)技术性形态。有人把图像技术定义为将图像"设计成供人注视,或美化自然视像的任何一种形式的机制"(不论是图画、电影、电视还是网络)。这也是我们要单辟一段专门谈论近代图像生产技术的重要原因。如果不从技术性的角度考察图像,对图像的所谓研究一定是极其肤浅的;脱离图像技术的图像新闻研究,是一种游离于图像主体的话语构建,隐藏着过度阐释的危险。

(2)构成性形态。图像制造过程中,人们必须利用一些形式上的策划:像内容、线条、颜色以及空间配置等。这些策划中的某些特定形式经常联袂出现,所以,有着图像

---

① 潘诺夫斯基.视觉艺术的含义[M].傅志强,译.沈阳:辽宁人民出版社,1987:46.
② 吉莉恩·萝丝.视觉研究导论[M].王国强,译.台北:群学出版有限公司,2006.本书作者在论述关于视觉图像的一些方法论工具时,讨论过视觉图像的模态,包括技术的、构成的和社会的。

视觉素养的人就可以借着特殊的构成性来定义一些图像。因此,在研究中应该对图像的作者给予尽可能翔实的研究,了解他们的工作状态、建构图像的手段、图像视觉风格以及文化背景等因素。

(3)社会形态。这是一个过于简略的词汇。一般用它来指代图像周遭的经济、社会和政治的关系、建制等范畴,唯有透过这些范畴,图像才能被观看和使用。因此,研究中对图像的社会形态要给予充分的关注,尤其在分析图像时,应特别注意各种关系的交互呈现。

以上对图像三种形态的划分有些类似于现代传播学的奠基人、《传播数学模式》的作者香农(Claude Shannon)和韦佛(Warren Weaver)将传播研究的问题划分为三个层面。①技术层面:探讨如何精确地传递传播符号。这就如同图像的技术性形态。②语意层面:探讨传输符号如何精确地传达出原意。如同图像的构成形态,图像使用造型符号(如色彩、线条等)构成画面整体的图像符号,从而形成传播的语意。③效果层面:探讨接收后的意义如何有效地影响预期的行为。如同图像传播的社会效果讨论,这也正是图像产生"意义"的最后一个场域。这种简单线性和强调过程的性质会招致许多批评,不过这种简约性也带来了许多后续发展。

上述各形态都可在以下说明的三类场域中发现,所以场域间的区隔也就不是很明确的了。正如我们反复强调的那样,"意义"不但需要从信息中了解,更需要从文化中理解。

(1)图像制作场域。首先是对图像制作的物质技术场域进行阐释。所有的图像再现都以某种方式制造,其生产制作的环境条件则可能影响图像再现的效果。制作图像时所用的物质材料、制作技术决定了图像的形式、意义和效果。显而易见地,图像技术关系着图像的外观,并且因而干涉了图像可能发挥的作用和可能受到的对待。就图像学研究而言,了解图像生产制作过程中所使用的物质材料和制作技术是重要的。在图像学的研究实务中应十分注意收集这方面的文献资料,重视考察图像的制作技术。

图像的效果有一部分来自于显而易见的自发性,但还有相当一部分会因技术而实现。制作图像的第一个形态与技术有关,如石印技术印制的图像就要比木刻技术印制的来得真切,新闻照片的真实性要归功于摄影技术。研究中,既应尽量仔细地考察视觉图像制作过程中明显的技术效果,也要注意到有些效果根本不是单纯的技术问题。

制作图像的第二个形态与其构成相关。有些学者论证图像的生产制作条件支配着构成,在与图像类型(笔者同意类型优先原则,即先确认图像的文本属性,再对图像进行解释)相关的层面上,这些论证最为有效。有的图像符合一种类型,但同时它又和其他类型的图像有关联,明确这一点,我们就能够解释这份内容丰富的图像资料的众多面向。

制作图像的第三个形态被称为社会的。同样,有许多专家学者坚称社会的形态才是了解视觉图像最重要的因素;还有些人辩称唯镶嵌着文化生产的经济过程才能形塑视觉想象。我们谨慎同意这些观点,并运用此观点分析图像。我们知道必须对生产图像的文化经济过程有多方面的了解,然而,我们也清楚,过分强调广泛生产系统对图像意义重要性的影响,有时候又会忽略了图像自身的特性与细节。

我们承认社会形态对图像制作有核心性的重要影响,但也不会忽视较为精细的分析方法,既关注特定的图像出版机构和图像作品,也重视图像的展示或出版业界的整体运作情况。

(2)图像自身场域。其次是对图像自身的构成场域进行阐释。图像是一种完全不同于语言文字构成形态的视觉形态,是结构性符码的建构。图像是具有深刻意义的平面,在这个视觉平面内既充满了符号具(符指),也充满了符号义(符征);既有现场符码,也有再现符码。图像呈现外在世界事物的意义,既能将世界抽象化,也有将抽象投回外在世界的具体化能力,或称想象力。因此,对图像的自身构成场域的研究就成为图像学研究的重中之重。

图像产生"意义"的第二个场域是图像的自身建构过程及技术。我们知道任何一种图像都有形式上的组成部分,有些部分的来源乃是制造、再生产或展示图像的技术。图像自身构成的技术已发展成为一门独立的学科——图像构成学。

有人认为构成对图像自身效果来说最为重要。图像的构成形式促成了人们观看图像的方式。对图像自身场域的构成形态研究在说明图像的观看方式上,有相当强的说服力,而这类说明却会拒绝借助参考图像制作条件来解释观看方式,因此,我们应该小心翼翼地对待,有限制地、在严格自律和自觉的基础上进行分析。

图像的其他组成部分取决于社会的惯例。例如有些图像是按照一定的目的制作给特定的媒体和展览空间使用的,因而这些目的在某种程度上决定了图像看起来的样子。这在各种复制性画册的出版上反映得特别清楚。我们知道,有人争辩说图像有自己的效果,而效果超出图像制作(和传播)的种种限制。例如有些人就说摄影图像的特殊性质让我们用特定方式了解其使用技术,反之则不然;或者说,那些特殊性质形塑了镶嵌图像的社会形态,反之亦不然。

(3)图像传播场域。最后是对图像的社会传播场域进行阐释。图像的受众可能认同或不认同专家、学者为他们所作的关于图像"意义"的诠释,他们会根据自身的文化背景提出其他诠释。我们认为,受众以某种方式接受或拒绝才是图像"意义"和效果最终制造的场域,这就是图像的社会传播场域。在这个场域中,因为受众是图像的观看者,图像受众也像媒材的阅读者一样,带有自己观看或阅读的方式以及其他种类的知识,这才是制作图像"意义"最重要的场合。约翰·费斯克还用"收视"这个词指称,视觉图像的意义由处在特定情况下的观众的重新议定或拒绝所决定。

图像意义的取向是在图像技术场域被制作出来的。理论家也常常表示,用以制造和展示图像的技术会控制观众的反应。实际上这是一个需要仔细而慎重思虑的问题。例如在电视上看某部电影,跟在大电影院用3D眼镜看,会有一样的视觉感受吗?观看图像的原作和一般性画册中的复制品,感受会相同吗?在某个层次上,这些都很清楚地表明确实是图像的技术问题,比如图像的尺寸、成色、质地等。然而在另一个层次上,却又抛出了更重要的问题:在不同脉络下,图像将被它的受众以什么样的方式注视着?在人流如织的闹市街头翻阅一本带有图像插图的书和在安静的图书馆里仔细查阅原件是不一样的。也就是说,图像的社会传播场域,即图像的收视地点,对意义和效果来说是非常重要的。

我们承认,是图像元素形式上的安排支配着观众如何观看图像,但这并非唯一的支配因素。在此之外,个别观者在图像里不只看到作者给出的东西,他(她)还通过图像提供的一些冗余信息,看到了一些特别的东西,所以说观众有自己的图像诠释权。为此,在图像研究中需要对当时的图像观众给予一定的关注。

与图像的社会传播场域关联性最强的是图像的社会性构成。社会性的形态可能是了解图像收视最重要的形态。在某种程度上,这是不同社会惯例的问题,不同的社会惯例在特定场域组成对特定图像的观看。人们通常以特定方式处理视觉图像,而处理惯例也会随着图像传播场域和图像种类的不同而有差异。与图像传播场域第二个相关的是图像的社会形态。图像学研究应该关注观看者的社会认同,不同受众如何以自己的方式诠释特定视觉图像,受者互异的社会认同来自何处。

从图像学的角度而言,图像有三种构成形态:技术性的、构成性的、社会的,这三种不同的面向为我们研究图像提供了不同视角,我们由此得出不同结论。分析图像的技术性、构成性和社会性问题是图像学研究的基础。

图像产生"意义"的场域包括图像制作场域、图像自身场域和图像传播场域,无论是哪个场域,我们都应该从技术性的、构成性的和社会的这三个面向或形态去研究图像,这也是图像学研究相对独立和完整的方法论工具。

为了使读者快速了解这一颇为复杂的图像学理论,笔者将图像的生成、图像的分析和图像学阐释的关系用图 1 来说明,需要强调的是,它只是简单认知图像学研究的示意图,而不是图像学研究的任何原理性说明。

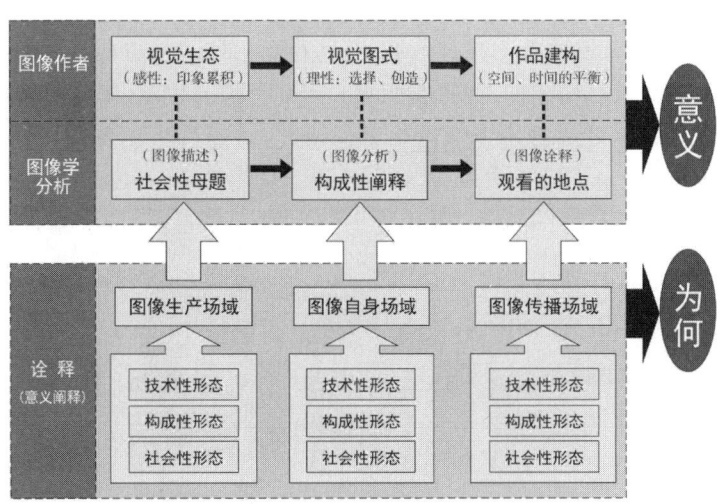

图 1　图像的生成、图像的分析和图像学阐释示意(笔者作)

(四)图像学的研究内容与研究面向

当今社会的学术研究路径丰富多样,图像学的研究内容更是繁复庞杂。每一项研究内容的选择可以说都在充足理由的支配下信心满满地进行着,有的是关于文本的言说,有的是关于言说的文本。笔者是应用图像学的拥趸者,关心的是对图像本质特征的研究,而且倾向于把复杂的问题简单化,以期提升研究的明晰度和可理解度,由此可能会带来研究文本的某些漏洞和深度论述的不足。

笔者认为,图像学研究首先要探讨的就是图像与本质问题,要从史前的图像考查开始,讨论"前历史"时期的"模仿图像"和"痕迹图像"。在研究中要对图像的迹象性、相似性、象征性着力,深度论述各种图像的性质,在不同类型图像的基础上依据某一类型图像的物质基础、构成样态和社会场域具体而详尽地分析图像的根本属性。

图像与现实的关系讨论是图像学研究必须面对的,要研究图像受众的感知、图像的真实和现实。其中,对图像与现实的类比、图像的类似性迹象的议题需要从历史和现实的角度双向介入,甚至深入图像视觉图式的内部进行探析,以界定图像的现实和现实主义的图像,研究图像、人、现实三者之间的复合、复杂的呈现和感知关系。

图像是人为之物,是一物作用于一物后的留存,但图像更是一种独立的客观存在,图像是一种时间与空间的关系类型。

在关于图像与空间的研究上,可以从人对空间的感知开始,进而探讨投影与透视、表面与深度、场景与空间的问题,需要研究空间的信任及信任的空间问题。

在关于图像与时间的研究上,首先要厘清生活时间和图像时间的问题,对图像的综合性时间、图像的隐性时间、图像的瞬间和时间性图像进行自然科学的理性论证和人文科学的感性描绘。

我们借助其他学科的知识已经阐明,视觉图像是一种社会化符码的组构。它表现出一定的主题,主题又是由视觉主体承载的,而视觉主体又是由视觉元素,甚至是一种视觉符号或称造型符号构成的,如图2所示。因此图像与主题、图像与构成、图像与符号等研究内容应该更多侧重于专业图像学的研究,重点剖析图像的能指和建构图像"意义"的文本形态。

图像是视觉事物(the visual),它构成了"意义"(meaning)的文本,解读图像也是

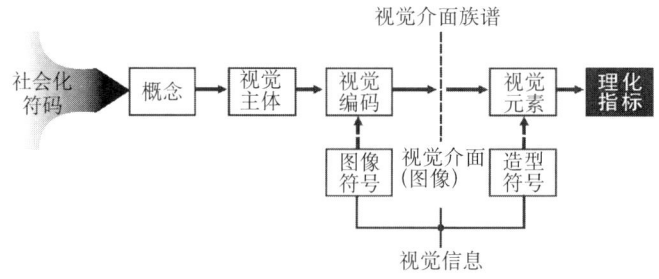

图 2　社会－图像－元素(笔者作)

发现意义的过程。人们对于图像有太多的阐释话语了,我们需要有规模、有控制的专业性论述,而不需要无节制的滥情"直播"。图像是一种传播文本,也是一种艺术样式,或者说是视觉艺术的主要样式。因此,对于像"图像与话语""图像与艺术""图像与意义"的议题,更需要专业性探讨,在理论上宏观描绘出图像学的学科特征,在内容上强化其学理内涵,如图3所示。

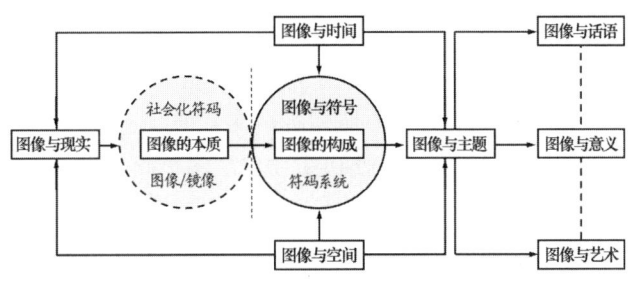

图3 研究内容简示(笔者作)

就目前图像学的发展情况来看,它可以在三个研究方向上有所作为。

一是普通图像学研究。这类研究具有哲学性质,旨在建立一个理论对象并提出有关完全形式化的总体模式。它研究图像的定义本身、结构及动力等。

二是专业图像学研究。它研究图像语言的结构,包括构成、组织、造型符号、图像符号等,意思、句法、语义学及实用主义哲学。主要研究理论化、概念化的观点,以及特殊的图像系统,如视觉符号、电影画面、电视图像、摄影构图、绘画技法、录像技法等。

三是应用图像学研究。它是一种研究模式,其严格性建立于图像学手段的应用基础上,而这些手段所假定的社会化一致性与未经验证的或是太多偶然的阐释是相对的。

三、现代图像的特征

现代图像指的是人们运用物理、化学、电子等原理,用现代机械工具制作出来的技术性图像,我们称之为机具图像。与传统的手工绘制的图像原理不同,它虽然也是经过人工处理,但它是人们使用机械、电子等设备"生产"出来的,其最大特点是图像的可复制(copy)性。与传统图像相比,它较为现代;与手工绘制的图像相比,它是机械制造的,所以也称之为机械图像。因为机具技术(照相机、摄影机、摄像机等机器)与描绘(纪录)的对象物之间有严格的比例关系,视觉形式相似程度很高(等比缩放),一般又将这类图像称为影像。

(一)现代图像与传统图像

传统手工绘制的图像(比如图腾、岩画等)已存在于人类社会几万年了,文字的出现也不过几千年的历史,与传统图像相比,文章在传统形态上还是很年轻。机具图像

（现代图像）出现于文章之后，从时间上来讲，应该从1839年摄影术的发明肇始。继摄影之后出现的电影、电视、计算机等机具制造出的图像都应称之为机具图像或影像，其中包括数字图像。

1.问题的提出

有人认为影像——机具图像的出现得益于科学技术的进步，而科学、技术的进步来源于科学研究，有了科学研究，有了科学研究的文章（思想呈现方式），才能有机具图像的产生。这也是维兰·傅拉瑟称机具图像为"技术性图像"（technical image）的原因。[1]但笔者不敢完全同意这种观点，因为"技术"其实一直伴随着人类的文明演进过程。劳动创造了人，人在劳动的时候熟练掌握的劳动技能就是一种技术（如多次以同一组织形态狩猎、用削尖的木棍叉鱼、使用矿物质颜料作画、用相同的音节和音高歌唱等），出自石器时代人类之手的传统图像也应当被看作一门技术。

实际上，图像始终存在于两种因素（媒体和再现物）的紧张作用之中，离开两者中的任何一个，图像便不存在。甚至在一幅艺术价值极高的画作中，"技术"也往往超出"艺术"而享有一种神奇的价值，高品质表现并不能归功于画作的艺术基础，而是得益于画家对技术的掌握能力。"一切艺术都有物理的部分"[2]。只不过与传统图像——手工绘画相比，机具图像——影像中具有决定性作用的因素是影像作者与技术之间的关系。对摄影师而言，每一位观众都是新崛起的社会阶层的一员；对观众而言，摄影师代表了新兴学派的技术师。瑞赫特（Camille Recht）曾有过一个绝妙的比喻："小提琴家必须自己创造音调，要像闪电一般快速地找出音调，而钢琴家只要敲按琴键，音就响了。画家和摄影家都有一项工具可使用：画家的素描调色，对应的是小提琴家的塑音；摄影家则像钢琴家，同是采用一种受制于限定法则的机器，而小提琴并不受此限。没有一位如帕德鲁斯基（Paderewski）的钢琴家能享有与小提琴家帕格尼尼（Paganini）同等的声誉，亦不能如后者展现出几近传奇的魔术技艺。"[3]

在可复制的机具图像（现代图像）出现之前，不可复制的手工图像（传统图像）更富于深刻的技术性决定因素。因此不分青红皂白地将照相机、电影机、摄像机、计算机等机器制作的可供复制的图像称为技术性图像，并与传统手工绘制的图像对立，是十分不妥的。当然，将其称为机具图像也不太确切。不过为了讨论问题的方便，我们将这种具有可复制性特征的图像称为机具图像，因为这一称谓比技术性图像更接近所讨论的问题的核心。为了与传统图像对比，下文中又将机具图像称为现代图像。

2.抽象的结果

从文化形态来看，传统图像大约出现于几十万年前，在距今5 000年左右的时候文字开始出现，在文字出现数千年后的19世纪才出现今天常见的机具图像。传统图

---

[1] Vilém Flusser 在 *Towards a Philosophy of Photography* 一书中认为技术性图像是由机具（apparatus）制造出来的，按照他的说法，在摄影术发明之前由人们手工绘制的图像就不能称之为技术性图像。其实不然，技术是伴随着人类物质文明而存在的，现代意义上的技术是指在现代科学的指导下而产生的生产技术。
[2] 梵乐希.无所不在的征服[M]//本雅明.迎向灵光消逝的年代.许绮玲，译.台北：台湾摄影工作室，1998：58.
[3] 本雅明.迎向灵光消逝的年代[M].许绮玲，译.台北：台湾摄影工作室，1998：32-33.

像是第一阶段的抽象化,因为传统图像是从真实的外部世界抽绎出来的;现代(机具)图像是第三阶段的抽象化,是从文章中抽绎出来的;而文章应是图像从真实外部世界被抽绎后,再一次被抽象化的结果。如图4所示。

第一阶段	传统图像	现象(抽象)	从真实的外部世界抽绎出来
第二阶段	文章 (解释性图像)	概念化	从真实的外部世界抽绎后再次被抽象化
第三阶段	现代图像 (机具图像)	抽象化	从文章中抽绎出来

图4 抽象的三个阶段(笔者作)

人们今天在阅读机具图像(比如看电影、看电视、看新闻照片)时,实际上并没有把它们看成抽象化(甚或概念化)的东西,而仍将它们看成是第一阶段的东西。所以,图像的功能往往就不太容易突显出来。造成的结果是:摄影作品表现得比较清楚,电影作品表现得比较含蓄,电视作品表现得很直白,数字影像表现得很随意,它们呈现出一种后现代的样式,即破碎的、分离的、概念化的线性表现能力。

电视图像显现出的文本意义和电视本位上的、技术上的意义是不一样的。这是电视所传递给人们的它本身的信息——电视说谎。电视在对我们的社会进行解构的同时也在对其进行建构,为了在两者之间寻求平衡,需要先确立一种批判性。

我们说传统图像是从真实的外部世界抽绎出来的,并不是说它完全就是对生活的"写实"。因为任何现实主义都是相对的,随着文化环境的不同而不同。每个社会、每个时期、每个人都会用自己的概念来解释世界。传统图像是一项手工操作技术,无法追求数学上的精确度,每位作者都有自己对现实生活的"写实"尺度。所以对这样的图像作品(更多地称之为艺术品)要确定我们的观看态度:①重要的不是题材,而是某一特定绘画中处理题材的方式(风格、传统);②艺术品不等于从一扇透明窗子看到的外部世界的景象,而是一种独特的人类观看世界的方式(是无数方式中的一种);③艺术品不仅仅是把物体呈现出来,并且是对物体的一种"评论";④我们对艺术品的反应不等于我们对艺术品所描绘的事物的反应,艺术品有自己的特征,这些特征集中表现于这件事物被描绘的方式中;⑤艺术品的组织和构造不同于题材本身的组织结构;⑥艺术家总是把自己个人的观点和立场置入艺术品;⑦对现实的描绘不是按照它本身的样子进行的。[①] 所以,传统图像对现实生活是一种抽绎,画面上是现实生活的现象(作者所看到的和想看到的),不是机具图像的物理学意义上的记录。正如布洛克所说:在绘画与现实之间,有一种视觉上的相互一致或关系,这种一致是语言与现实之间没有的。语言再现几乎完全是惯例性的,艺术再现则只有一部分依照惯例。但是,正由于绘画再现有一部分是惯例性的,所以我们永远也找不到一幅能够将现实世界完全客观再现的绘画。机具图像(影像)与现实之间的一致性要比传统图像强得多,不过,不同焦距镜头的使用又使这种一致性遭受到颠覆性的破坏,这种似是而非的一致性反而使客观再现现实的可能性变得更加可疑。

3.现代图像的位置

从阅读的角度来讲,现代图像的位置包含两层意思:一是指它的空间位置;二是指

---

① 布洛克.现代艺术哲学[M].滕守尧,译.成都:四川人民出版社,1998:46.

它的时间位置。维兰·博拉瑟将历史上的传统图像称为"史前的"(pre-historical),技术性的机具图像称为"史后的"(post-historical)。① 实际上,解读现代图像就意味着阅读它们的时空位置。

所谓现代图像的位置主要是指它的时间位置。从现实世界到图像,这当中有一个抽象化的过程(对现实世界进行抽象化)。图5简洁地呈现了这个过程。

看过图5之后,人们不禁要问:为什么人们今天看照片、看电影、看电视会觉得它们是现实世界呢?为什么不觉得它是被剥离而概念化的产物呢?实际上,在我们并未通过电视、电影、摄影的画面图解什么时,图像的制作者已经赋予其意义了。当然,理想的

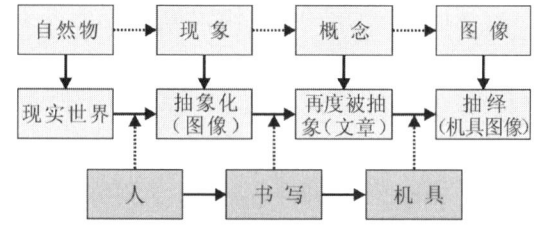

图5 现代(机具)图像的位置(笔者作)

情况应该是,图像制作者只给出视觉元素及视觉元素的构成条件,让图像的受众在视界的另一边(心理)解析出真正的意义,图像制作者给阅读者提供一个想象的空间就可以了。

图6 富楼那所绘释迦牟尼41岁时的肖像,现藏于英国帝室博物馆

在受众对图像进行"阅读"的过程中,其实概念已经被偷换了。因为传统图像是现象,现代的图像是概念。这一点可能不大容易被理解,下面将以佛教造像为例进行分析。

佛教作为世界三大宗教之一,信仰它的人很多。佛教在起源、传承、发展的阶段都是由图像确定的。今天,很多善男信女步入佛寺,对着顶礼膜拜之佛教诸尊图像,大多不知道它们的名称和特征,更难说明其出典,就连佛祖释迦牟尼②的尊容有时也难以分清,而主要依凭寺庙的供奉位置来确定。实际上,佛之造像是有严格规定的。"佛教诸尊之形态,并非依据制作者之自由意志,而系以一定之规则为基准而造成。此一规则之基本,即是经典与仪轨,显教亦然。所谓仪轨,即是密教经典所说之念诵佛菩萨与天部等之供养仪式与轨则;将此类仪式与轨则以图式解说,通称仪轨。"③佛教图像

---

① 傅拉瑟.摄影的哲学思考[M].李文吉,译.台北:远流出版事业股份有限公司,1994:35.
② 释迦牟尼,梵名Sākya-muni,巴利名Sakya-muni.意即释迦族出生之圣人,是佛教之教主;为北印度迦毗罗卫城(梵文Kapila-vatau)净饭王(梵文Suddho-dana)三太子。该城在今尼泊尔南部提罗里克(Tilori-kot)附近,拉布提河(Rapti)东北,国土面积320方里,为萨罗国(梵文Kosala)之属国。(参见弘学.佛教图像说[M].成都:巴蜀书社,1999:47.)
③ 弘学.佛教图像说[M].成都:巴蜀书社,1999:3.

的制作源于印度工匠的智慧和技能,逐渐盛行于中国、尼泊尔、日本等国。日本早已将佛学图像作为一门独立的学科。据说,佛之造像的最初依据是释迦牟尼的弟子富楼那所绘的释迦牟尼41岁的画像,如图6所示。

由此可见传统图像与人们精神生活之间的关系,所以说传统图像更多是一种现象的、精神的反映。图像这种魔术般的功能使画面充满着魔术般的魅力。

(二)现代图像的社会特征

现代图像的特征有些和传统图像极为相似,有些显露出它们独有的征候。明显的差异还好理解,相似的特征往往容易被忽略,相近的特征又往往容易被混淆。这里所列举的特征是相对于传统图像而言的。

1. 现象与意义共生

有人曾对机具图像中的摄影影像感叹道:"摄影难,难就难在它太容易了。"这个感叹对整个机具图像(电视、电影等)来讲都是真实的。因为机具图像是显性的,对一般受众来说是不需要费劲解读的,一看就知,无论是自然的还是非自然的。当然,这是从对它的表象阅读来说的。而从意义的层面来讲,机具图像与传统图像相比,反而比传统图像更难以理解,或者说它不如传统图像那么好理解。

机具图像为什么难以理解呢?答案应该从它的特征上去找:机具图像最大的特征就是现象与意义共存。当人们看到现象后,就会把它当成生活情景去看待、去解读。实质上,机具图像不是现实世界的"再生",而是现实世界的"转形",[①]"转形"使图像获得了意义。电影《大红灯笼高高挂》(张艺谋导演)和《大腕》(冯小刚导演)就是典型的案例。

按维兰·傅拉瑟的观点解释,机具图像的意义似乎能自动浮现到图像的表面("似乎"一词很有意思,也很难解释清楚),就像人的指纹一样,意义(手指)是因,图像(指纹)是果。机具图像凸现出意义的世界,似乎就是图像的因,图像本身是一条因果链,是联结图像与图像意义的链条的最后一环——现象和意义在机具图像面前终结了。因现实物像的光影和镜头前的物体都会以光波的形式被机械(照相机、摄影机、摄像机、扫描仪等)捕获在一个感光平面上(胶片、感光纸、磁带、CD等光敏材料),然后通过物理、化学或电子的手段呈现出来,我们就得到了一个机具图像。因此图像似乎和图像的意义存在于同一个真实层面上。"似乎人在看技术性图像时所看见的东西,不是需要解读的符号(symbols),而是图像所指陈的世界的征兆(symptoms),而且我们透过图像看出这种意义,不管这过程是多么间接。"[②]

2. 非符号化与物质性共存

由于图像的意义和现象共同存在于一个真实的平面上,所以对人们来说,机具图像是不需要调用多少文化知识和经验背景进行解析的直观画面形象,而不是符号。由

---

① 韩丛耀.摄影论[M].北京:解放军出版社,1997:276-277.
② 傅拉瑟.摄影的哲学思考[M].李文吉,译.台北:远流出版事业股份有限公司,1994:36.

于机具图像有这种明显的非符号性,所以它具有"客观的""实体的"(objective)特性。这样一来,图像的受众在观看它时,不是把它当作真正的图像,而是把它当作一扇面向世界的窗户。人们如此地信任图像,就像相信自己的眼睛一样,这一切都是由图像的物质特性造成的。如果分析有关图像的任何评论,我们就会发现,评论的客体根本不是图像本身,而是其视野(vision),也就是说,评论与图像成品无关,被评论的是人们"透过图像所看到"的世界。比如现在的一些电影评论、电视评论,它们极少或根本不涉及影片本身(有些评论者根本就不懂得他所评论的图像的媒材特性),而是就评论者眼睛所看到的加上想象演绎一番,或使用语言(文章)结构涂抹一气。其结果是有关机具图像(电影、电视作品、摄影作品等)的评论一篇一篇发表,著作一部一部出版,但就是没有涉及图像的存在。

对机具图像缺少本体的这种批判态度实际上是极其危险的。之所以说这种态度是危险的,是因为我们认为现代图像的物质特性就是它的本质上的"客观性"(objectivity),其实这是一种错觉。"它们事实上是图像,在作为图像的本位上,它们具有象征意义。事实上,它们甚至是比传统图像有更大程度的抽象化象征性的复合体(complex)。它们是在文章之后设立的符码……它们所针对的是文章,至于对'外在世界'的指陈则是间接的。"它的起源"得益于一种新类型的想象力:转译文章的概念为图像的能力"。①人们在观看这些图像时所看到的是与外部世界有关的,但却是经过全新转译的概念,如图7所示。

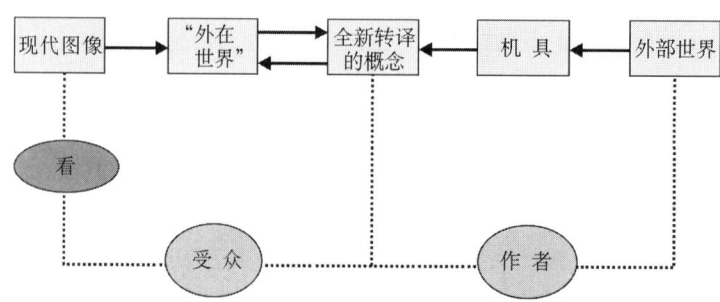

图7 从受众角度看图像制作(笔者作)

维兰·傅拉瑟曾经讨论过传统图像与现代图像的符号及符码特征。他指出对于传统图像而言,人们是容易明白他们所面对的是画家苦心经营的各种符号的。画家其实就置身于符号与象征意义之间,画家要想向受众表达某种意义,他就要选择相应的符号。实际生活中的情形是画家已经"在他的脑中"详细经营图像符号,并透过他的颜料和画笔,在平面(画布、墙壁、岩石等)上转换那些符号,人们如果想解读这样的符号,就必须将发生在画家脑海中的编码程序加以解码。如图8、图9所示。

---

① 傅拉瑟.摄影的哲学思考[M].李文吉,译.台北:远流出版事业股份有限公司,1994:36.

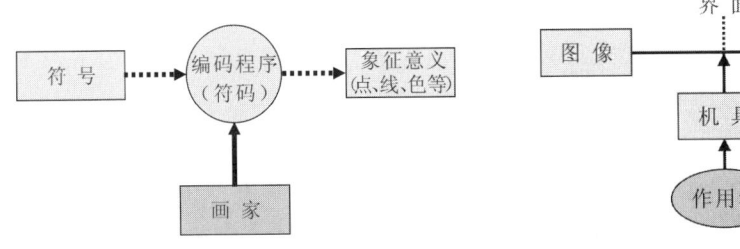

图8　传统(手绘)图像示意(笔者作)　　　图9　现代(机具)图像示意(笔者作)

现代图像的解码系统很复杂,不像传统图像那么简单。对于传统图像而言,作者(画家)置身于符号与意义之间;对于现代图像而言,作者介于图像和意义之间。这个作者可能是摄影师,可能是电脑操作员,总之,是成像机器的使用者,傅拉瑟称之为"机具操作者"(apparatus-operator),这个操作者似乎没有中断图像和意义之间的连锁。关键是"似乎"(seem)这个字眼,意义似乎从一侧(输入端)流入这项因素,而从一侧(输出端)流出。如图10所示。

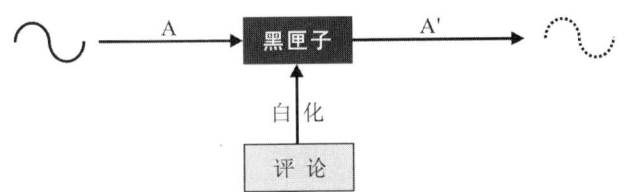

图10　黑匣子的"白化"示意(笔者作)

这项因素(机器操作者)在作用的过程中仍维持隐晦状态,就像一个黑匣子。机具图像的编码过程在这种黑匣子中发生,所以图像的评论文章(摄影的、电影的、电视的等)必须专注于使黑匣子的内部"白化"(whitening)。只要我们的理论研究文章无法做到"白化",我们将一直是这种图像的文盲。问题是现在这类有知识、无文化的图像文盲越来越多。

3.现代图像的复制性

现代图像与传统图像比起来,最突出的特点就是它的可复制性。当然,"原则上,艺术作品向来都能复制"[1]。为了对机械时代艺术作品的复制问题进行深入的研究,华特·本雅明专门写了一篇题为《机械复制时代的艺术作品》(L'Oeuvre D'Art À L'ÉPoque de Sa Reproduct Ibilité Technique)的文章。现代图像具有的这种复制其他作品以及复制自身的能力是它的本质特征,也是它与传统图像的本质区别。

机械的复制能力表现在:一、它对机器镜头前的"物理空间"景物照单全收,记录在感光材料上(摄影底片、电影胶片、电视录像带、数字芯片等),得到"物理空间"的复制

---

[1] 本雅明.迎向灵光消逝的年代[M].许绮玲,译.台北:台湾摄影工作室,1998:60.

影像;二、对感光材料上的"影像"进行相似性的处理。① 这样一来,通过在同一地点拍摄同一景物及重复洗印(输出)等进行相似性处理即可得到同一影像,这是自摄影术发明以后人们掌握的最具本质性的复制能力。它消除了原作与复制品之间存在区别的可能性,直接影响到艺术领域,甚至社会文化消费领域。

机械在复制图像时,不仅瓦解了原作的单一性,而且建构起新的"形象"。机械的复制能力和建构新形象的能力也是它区别于其他任何艺术形式的本质特征。现代图像的这种复制能力带给这个时代、这个社会的最大冲击是:①艺术品的非真实化;②事物的非真实化;③复制图像对社会和世界的非真实化。

华特·本雅明说过,"一件事物的真实性是指其一切所包含而原本可逆转的成分,从物质方面的时间历程到它的历史见证力都属之。而就是因这见证性本身奠基于其时间历程,就复制品的情况看,第一点——时间——已非人可掌握,而第二点——事物的历史见证——也必然受到动摇。不容置疑的,如此动摇的,就是事物的威信或权威性"②。

(三)现代图像的意义

虽然现代图像呈现出明显的非符号化的特征,但它仍是图像,而不是现实世界,这一点应当是确凿无疑的。问题是人们并不把它看成是真正的图像,而是把它看成一扇指陈现实世界的窗户,人们透过图像这个窗口看到的是世界的意义,不管这个过程有多么的间接,这也符合图像的特点。

1.意义的范畴

布洛克曾讨论过意义的问题。意义(meaning)在普通英语中除了指语句和句子外,还包含着其他各种不同的意思。具有直接关系的就是指某种目的和意图,如"我的意思是,能够帮助他就尽量帮助他。""你这是什么意思?""我意在把它当作一个脚凳。"有时又指事物之间的相互关系,如"这一议案的通过意味着二等公民的消失。""乌云意味着就要下雨。""嗡嗡声意味着有蜜蜂,有蜜蜂就意味着有蜂蜜。""小的东西意味着多。"当然,除了以上列举的这些语言的意义之外,至少还存在三类意义:①目的性意义;②相互关系意义;③类别意义。③

现代图像所呈现给我们的,是将影像和意义一同推置在一个平面上,两者并存。人们会觉得现代图像首先呈现的是解读的意义,而实际上,图像是没有意义的,图像就是图像,意义是图像观众所赋予的和图像本身指陈的。人们将现代图像称为影像,就表现出一种崇拜的心理。人们确信自己的眼睛看到图像就如同看到了现实世界。受众赋予图像的意义比较好理解,但图像能够指陈的意义似乎就不太好理解了。实际上,这就是图像的结构性寓意。例如,有人在拍摄纪录片之前,想法非常多非常好,对图像要表现的意义也有深刻的领悟,但拍出来的成片却未必能够完成预想的意义陈述。这到底是为什么呢?很重要的一个原因就是他对图像的结构能力不强,导致手法

---

① 韩丛耀.摄影论[M].北京:解放军出版社,1997:276.
② 本雅明.迎向灵光消逝的年代[M].许绮玲,译.台北:台湾摄影工作室,1998:63.
③ 布洛克.现代艺术哲学[M].滕守尧,译.成都:四川人民出版社,1998:270.

拙劣、技术运用不当、表现技巧不高明,其后期画面的目的结构性当然不能指陈更深、更广的意义出来。张艺谋的《黄土地》《大红灯笼高高挂》画面的指陈能力就特别强,形式也成了内容的一部分,甚至形式就是图像的技术性语言。对于受众而言,技术性语言的画面形式就是一种文本的复合体,如图 11 所示。

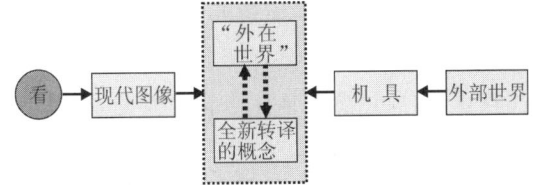

图 11　图像与概念的复合示意(笔者作)

2. 技术性语言

现代图像能否有效地传播,能否产生预设的意义效果,很多时候取决于它的技术性语言的应用。这里所说的技术性语言有三层含义:①图像文本;②画面的张力;③画面上的审美颗粒度。

图像的文本即图像所纳入的内容(人和事)。对于图像所要表现的内容,图像作者要根据所要得到的意义效果而定,比如要表现"希望工程"对于贫困地区失学儿童的意义,选用纪实性的图像也许更符合要求。因此,新闻记者解海龙拍摄的《我要上学》黑白纪实图片就将这一重大的意义诠释得很明白,如图 12 所示,图像的文本对于图像的意义起到了很好的承载作用。如果使用人工手绘的宣传画,对意义的彰显效果可就要大打折扣了。

画面的张力,也被人们称为视觉的冲击力。图像是用眼睛观看的,画面的构成要符合人的视觉思维习惯,并通过色彩、影调、线条等视觉元素构建起有视觉力量的画面,总体形成一种张力。画面结构不能太直白,也不能太晦涩,要恰到好处地处理这些视

图 12　《我要上学》,解海龙摄

觉物理元素,使其在视觉界面的另一侧唤起受众的心理感知,并形成一种冲击心灵的力量。

所谓颗粒性问题,就是能否对类美物进行分析以及如何分析的问题。这里所说的类美物是指由颗粒性的几种审美形态所构成的审美对象物。任何审美对象都不是由一种,而是由几种审美形态合成的。单独一种纯美形态是无法存在的。"落日熔金"说的是落日里面有金子的光辉,但若只有金子的光辉,便不称其为落日了;再如"绿肥红

瘦"也是这样,如果只有红与绿的颜色,花与叶及其对比引发的感伤也就不存在了。审美颗粒度的问题,就是对画面的一种总体品位把握的问题。因为图像作品的审美效果比较直观,所以更应该注意这个问题。

3.图像的迷思

在上面的讨论中我们多次强调过现代图像(影像)不是现实世界,也不是可以看到现实世界的窗户,图像只是图像。也就是说,它们将一切事物翻译成情境,和所有图像一样,散发迷思以引诱其观察者将这个未经解读的迷思投射到"外在"世界中。现代图像具有至今也令人迷惑的一种力量,这种力量被维兰·傅拉瑟称为"迷思"。

维兰·傅拉瑟对现代图像的迷思有过深入的探讨,他认为现代图像的这种迷思随处可见:它们如何赋予生命迷思,我们如何变成它们的作用对象之一来体验、感知、评估一切事情。因此,追问这其中牵涉到什么样的迷思,是极其重要的功课。

维兰·傅拉瑟认为现代图像散发的迷思和传统图像所散发的迷思不是同一类型,从电视荧屏或电影银幕散发出来的魔幻情境,不同于我们观看洞穴画(岩画)或伊特鲁斯坎填墓壁画(Etruscan graves)时体验到的迷思。电视和电影,相对于洞穴或伊特鲁斯坎填墓,是存在于不同层面的真实界的。比较古老的迷思是历史之前的,也在历史意识之先;比较新的迷思是历史之后的,也继承了历史意识。古老巫术的目的在于改变世界,新巫术的目的在于改变我们对"外在"世界的概念。所以,我们所面对的议题是第二层次的迷思和一种抽象的巫术。傅拉瑟认为古老巫术和新巫术形式之间的差异可以这样表示:史前迷思是称之为"神话"(myths)的模型(models)的一种仪式化,而现在的迷思则是称之为"程式"(programs)的模型之仪式化。神话是一位身份为"神"(god)的作家口头传送出的模型,神是置身在传播过程之外的某个人。程式是由身份为"作用者"(fonctionnaires)的作家以书面形式传送的模型,"作用者"是置身于传播过程中的人。①

4.图像的关系式

为了更好地理解现代(机具)图像,看清它与观看者和现实世界的关系,我们不妨将这种关系式用图13的形式呈现出来。

机具图像都能在我们的视野内被看到,但我们看到的远不止这些影像,我们还会看到现实的世界,影像只是指陈世界的一个窗户,而不是现实世界,它能反映的也只是现实世界的一部分。在现实世界和机具图像之间制

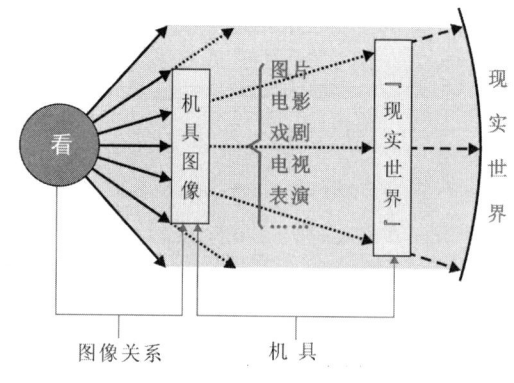

图13 图像的关系式(笔者作)

造紧张关系的是机具。作者"似乎"在其中(如摄影师、摄像师等使用机器进行图像结

---

① 傅拉瑟.摄影的哲学思考[M].李文吉,译.台北:远流出版事业股份有限公司,1994:37-38.

构的人)。"看"与"图像"之间形成了一种微妙的图像关系式。图像横亘在人与世界之间。当然,在具体结构图像之前,要确定图像在两者之间的位置——要么技术画面明显,要么自然呈现强烈。这取决于今后的机具图像是为了指陈还是为了象征。

(四)现代图像的功能

通过以上的讨论,我们可以知道:①现代图像就是一种机具图像,它与外部世界无关;②现代图像比传统图像具有更高层次的抽象化和象征性(它应是抽象化和象征性的复合体,而不是综合体);③现代图像是文章之后所设立的符号,它所针对的始终是文章;④现代图像能够指陈或象征这个世界,为我们提供一种新的想象力,即将文章的概念转译为图像的能力。

现代图像的功能就在于借助于第二层次的想象力取代概念化,解除图像受众对概念性思考的需要。图像将以自身取代文章。

1.线性书写与现代图像

维兰·傅拉瑟认为,公元前2000多年发明的线性文章是为了破解传统图像的迷思,虽然文章的发明者可能没有意识到这个作用。摄影术这项最早的技术性图像制作程序,是19世纪中期的发明,摄影术的发明和线性书写的发明都是具有决定性意义的历史转折点。有了文字书写术后,历史上对抗偶像崇拜的斗争开启。同样地,使用摄影术之后,"后历史(post-history)时代"与文章崇拜的斗争就此开始。文章本来的目的是对抗和消除崇拜,破除图像的迷思性,让更多的人能够读懂图像,可是到后来,文章的迷思性越来越大,结果形成了现在的文章崇拜(学术界以发表学术论文的多寡论英雄就充分说明了文章崇拜的盛行)。摄影术的发明(尤其是电影、电视、数字影像媒体的出现),本意是要破除文章崇拜,可现在这种现代图像的能力越来越强大,虽然它也赋予了文章一种图像上的含义,但其自身也显露出它的现代的隐涩迷思。

在欧洲大地上,黑暗的中世纪结束之后,人们掀起了一场文艺复兴运动,在这场旷日持久的大运动中,人们的思想得到了一次大的解放,社会生产力得到了极大的提高,科学、技术得到了真正的发展。到了19世纪,科学技术的发展已达到辉煌的顶点,如印刷术的广泛使用和摄影术的发明;铁路、电力的发明与使用;国民义务教育的实施等。总之,工业革命带给人们极大的福利。维兰·傅拉瑟认为,当每个人都掌握了书写这个工具时,必然会推进一种普及化的历史知识的形成,文章本身就是用来构建历史知识的,这种历史意识能够魔术般地渗透到当时的农业社会中去,占有人口绝大比重的农民在历史中占据了一席之地,这与当时的许多大众化文章有关,这里的所谓大众是相对于贵族而言的,大众的文章有书本、报纸、小册子等形式。每一种大众化文章必然会制造出大众的历史意识和同样大众的概念性思考,其结果是产生了两相背离的发展方向。一是传统图像逃避文章的泛滥而进入了美术馆、艺术沙龙、画廊等精英区域,它躲避了一般大众对它的解读,当然,它从此也失去了对大众日常生活的影响。二是出现了精英的文章,这些文章是大众的概念性思考的文章力所不逮的。廉价文章是一一对应的,有什么事说什么事,如现在报纸上的文章大多如此,但精英群体的文章就不同了,它是某些专家精英阶层所发表的和所喜爱的。正如当前情况,大众所喜欢的文章作者往往是被学术界看不起的;而所谓学术界专家的文章,受众面又非常窄,往往越是一流期刊、核心期刊,受众群体越小。当然,精英(专家、学者)们都了解自己的利益(学术),他们利用文章和阵地名正言顺地剥夺大众的利益,往往制定更有利于小团体而又能找到所谓学术说辞的游戏规则(选稿标准)。这些游戏规则是不能被大多数人轻易掌握的,一旦制定,便开始封闭式运行,而使规则处于隐蔽状态,越不让别人认知,好像越有其"学术价值"。

2.文明的方式

当传统的图像逃离大众,精英的文章疏离大众,大众也明确拒绝贵族的思考概念和贵族化的行为之后,社会文明即分裂成为以下三种形式。

(1)美术(fine arts)。美术是被概念丰富的传统图像所滋养的艺术,过去是这样,现在仍是这样。随着现代图像的泛滥,这种美术的样式也在改变,并且概念化越来越强。

(2)科学和技术。科学和技术是由精英们的文章所滋养着的。科学和技术有着紧密的血缘关系,但两者又是有着本质区别的。科技既不是科学也不是技术,只是一个称呼而已。

(3)大众文明。大众文明就是被那些普及的文章所滋养出来的,没有普及文章就没有大众文明。要想提高全民族的素质,必须使用大众的手段和方式,而不是去普及所谓高雅艺术。从某种意义上来讲,艺术应该是大众的。

现代图像的发明,是为了防止文明由三条缝线部位分崩离析,它的意义是作为整个社会都适用的一种通码。这也是现代图像的真正功用之所在。

现代图像原本的用意是:①重新将图像引介到日常生活中;②将精英的文章译介成可以想象的东西;③将大众化的文章中的崇高迷思译介成视而可见的东西。[①] 它本来想为一般人可接受其价值意义的艺术、政治、科学找到一个公分母,它原本应该同时代表"真""善""美"(true,good,beautiful),这是具有广泛适用性的一种能够克服文明、艺术、科学和政治危机的符码。现代图像做到了吗?现在看来,它部分做到了,还有很大一部分没有做到,甚至并不按那种方式在发挥它的功能。

(五)现代图像的复制

人类进入工业社会之后,才会生产现代图像。现代图像原本是要寻找艺术、政治、科学的公分母,以期稳定社会,但令人们想象不到的是,现代图像的可复制特点使得它要寻找的这种公分母越来越大。

1.原因分析

为什么现代图像的可复制性特点会造成艺术、政治、科学的文明公分母越来越大呢?分析起来,可能有以下几方面原因。

[①] 傅拉瑟.摄影的哲学思考[M].李文吉,译.台北:远流出版事业股份有限公司,1994:39.

(1)现代图像并没有把传统图像重新引介到日常生活中,换句话说,它们无力引介传统图像,它们仅能以复制品来取代传统图像。这就等于说,现代图像是把自身放置在传统图像的位子上的。

(2)现代图像没有将精英的文章译介成图像,也就是说,现代图像解读文章的方式更为直观和直接,它们甚至曲解隐士型文章而将科学性质的命题与方程式翻译成情境,也就是说,它将科学性质的命题与方程式完全翻译成了图像。

(3)现代图像没有将大众化文章中与生俱来的微弱迷思译介成视而可见的东西,与隐士型文章相比,大众化文章中的东西还是有利于现代图像去译介的,可惜现代图像没有呈现好,反而以一种新的迷思形式来取代大众化文章中少有的迷思,以至于产生了一种非常程式化的迷思。

现代图像至此已没有能力去建构一个足以再团结文明的公分母。相反地,它将社会的文明碾碎成了无组织的大众,导致大众文明变为碎片。

2.复制

华特·本雅明曾说过:"原则上,艺术作品向来都能复制。凡是人做出来的,别人都可以再重做。"实际上,人类社会就是在一次次的复制技术、技术复制中进步和发展起来的。现代图像的复制术与它之前的复制术是有着本质上的差别的。此前人们掌握了两种复制技术,即熔铸与压印模,因此,他们创造了铜器、陶器和钱币。人们掌握了木刻技术之后,素描作品得以复制。当人们掌握了印刷术——一种文章复制技术,文学就出现了。当人们掌握了石版复制技术,图像艺术品就大量地流入市场。木刻、石版的出现使得只登载文章的报纸也可以登载图像新闻了。

最重要的复制社会生活内容、艺术形式的技术是摄影术。"摄影术发明之后,有史以来第一次人类的手不再参与图像复制的主要艺术性任务,从此这项任务是保留给盯在镜头前的眼睛来完成的。"[①]不但如此,有一天它会像保罗·梵乐希所描绘的复制美景那样:我们会像便利地使用自来水和电一样,得到"声音影像的供应"。现在,复制图像的艺术水平和图像复制的技术能力都达到了相当高的水平,影像真的成了一种日常生活必需的便利供应品。

现代图像技术使得传统图像被大量复制,这种复制作品不依赖于原作而存在,如人像摄影、风光摄影已成为一门独立的艺术形式,更重要的是,复制品可以传播到原作永远都可不能到达的地方。例如真正进入卢浮宫看过《蒙娜丽莎》[②](如图14所示)油画原作的人很少,但认识《蒙娜丽莎》这幅图像或者说看过其复制品的人却很多。可是,复制品由于被展示地点的不同而产生与原作不同甚至相反的意义。在图像复制品

---

① 本雅明.迎向灵光消逝的年代[M].许绮玲,译.台北:台湾摄影工作室,1998:61.
② 莱奥纳尔·达·芬奇所作,又称《焦贡妲》,创作时间为1503—1506年,木板油画,尺寸为77cm×53cm,现藏于法国卢浮宫德侬馆二层第6展厅内。所有画家、作家或理论家都为佛罗伦萨轮廓模糊派大师莱奥纳尔的高超的艺术造诣所吸引:他描绘流通、润泽的空气,使大气效应神乎缥缈,让人体或物体的轮廓线条在光与影的相互作用下逐渐融化,与周围的风景融为一体。这一切都凝聚在《蒙娜丽莎》(一位披纱戴孝的妇女肖像)这一杰作中,也体现在朦胧背景陪衬下不朽的人物描写中。(Louver[M].凡尔赛:法国黎丝艺术出版社,1997.)

泛滥的时代,人们不能忘记华特·本雅明的提醒:"荷马的时代,人们向奥林匹亚山的诸神献上表演;而今天人们为了自己而表演,自己变得很疏离陌生,陌生到可以经历自身的毁灭,竟以自身的毁灭为一等的美感享乐。"①

就科学性质的文章而言,一旦注入现代图像之中,就在那里被转译成符码而获得迷思特性。现代图像对近2个世纪科学的影响是非常巨大的,从不可测量的宇宙到无限小的物体,世界的所有部分似乎都在它的视野之内。现代科学似乎把它的一切都归功于图像,虽然现代图像也把它的许多成就都归功于科学。

当大众化文章(如报纸、小册子、小说等)洪水般地流入现代图像,人们就发觉它们先天就具备的意识形态和迷思能力已被转译成一种程式化的迷思,而这种迷思就是现代图像本身的独特个性(如新闻照片、电影纪录片、故事片、电视新闻、MTV、广告图片、数字合成影像等)。现

图14 《蒙娜丽莎》

代图像建构着一个永远在回旋的社会记忆。在这个往复的记忆中,人们已成为现代图像的一部分。

3.图像作为大众文化

当我们从图像的艺术形式方面来考察图像的时候,我们常常会发现自己正局限于一系列展览空间和图书版面内。然而,图像作为一种大众文化,实际上已渗透到人类社会生活的所有方面,在现代社会环境中,还没有人能够摆脱现代图像的观照。摄影照片,报刊图片新闻,科学书籍的图像解说,电影故事的一遍遍引诱,电视图像的家庭化,广告图片的铺天盖地,计算机的图像界面,等等,日常或大众的图像采取了丰富多彩的形式渗透到我们的生活空间内。当我们的文化刚刚看到现代图像的第一面,认为它是光学现实的无可挑剔的视觉复制的时候,扩大这种媒体的物理可能性的冲动就诞生了,数字影像的日常用法更是刺激了这种冲动。现代图像作为大众文化具有其自身的独特魅力,这种魅力才常常是这种媒体发展的真正动力。

现代图像成为大众文化的还原因素是社会发展的需要。在军事、科学、司法、考古,以及生产、动力和人类关系领域,机具图像被认为是复原的决定性途径。它揭示了

---

① 本雅明.迎向灵光消逝的年代[M].许绮玲,译.台北:台湾摄影工作室,1998:102.

对下述绝对限度的真正追求：

  在表现的精确性和直接性方面的绝对限度（被摄物与图像间视觉错觉的同一性）；

  在掌握时间方面的绝对限度（永久性地记录下短暂存在的事物）；

  在绘制全球图方面的绝对限度（以图像再现"全世界"）；

  作为图像宣传普及的结果，在实现人人平等方面的民主的绝对限度。[1]

  现代图像如旋涡般地吸引着人们，没有人抗拒得了，也没有人逃脱得掉。由于图像技术发展的迅猛，图像对人类社会的影响也越来越广泛，它已渗透到人类生活的每一领域、每一部分，从天文到地理、从艺术到科学、从考古到工业、从宏观到微观，无所不在、无所不为。图像文化已成为一种不可或缺的社会生产力，一种人们进行创造性活动的形式。图像文化是推动社会变革的工具。就全世界而言，图像以不同的方式渗入到不同的文化之中，它带来了有形和无形的社会变革。

  图像文化造就了一个大众的文明。

结　语

  图像一词很干净，意思也简单，理解起来并不复杂，但一经专家学者们"上纲上线"地进行学术研究，图像的问题就不简单了，有能指，有所指；有明示义，有隐含义；有西方的机巧，有东方的智慧；有历史的观照，有现实的考量……各种理论观点、研究路径、学术流派和代表性人物对图像倾注的非凡努力和学术热情让人敬佩，他们的图像学研究的学术成就和丰厚成果拓展了后人对图像进行更加深入、更加精细的研究的空间。

  本文对图像及图像学的研究仅做了一些简单的历史回顾和现实观照，既不做全面的介绍，也不深入地探讨，而是策略性地选择与中国图像传播史研究正相关的内容进行浅表性的介绍。当然，更经济的想法，一是考虑到本研究的现实所需；二是学术能力确实不逮。不过读者可以从国内外图像学研究的众多学术性著作和论文中进一步了解图像学的研究情况，感受图像文化在当今社会的蓬勃兴起之势。

  图像文化传播研究既是一种专门化的学术研究，也是一种大众文化的基础性知识，它在当今社会中的地位不容置疑。在图像文化传播发达的今天，人们图像认知水平的高低将直接决定人类社会物质文明、精神文明和政治文明的形态，它在科学发展、技术进步、资源配置、经济建设、文化建设、社会文明等方面起到基础性的决定作用。图像文化传播研究的宗旨就是通过对"图像"视觉印象的认知，穿透性地理解一个时代复杂的文化领域。

  （本文是在传播学视野下对图像媒体及图像学研究进行较为系统的综合性论述的尝试，文中的观点和论述有些已在公开出版物上零散地发表过。文中还引用了国内外许多专家、学者的研究成果，在此特表谢忱。）

---

[1]　韩丛耀.摄影论[M].北京：解放军出版社，1997：11.

参考文献

李泽厚.美的历程[M].合肥:安徽文艺出版社,1994.
徐小蛮,王福康.中国古代插图史[M].上海:上海古籍出版社,2007.
杨治良.实验心理学[M].杭州:浙江教育出版社,1998.
陈怀恩.图像学——视觉艺术的意义与解释[M].台北:如果出版社,2008.
余秋雨.艺术创造工程[M].台北:允晨文化实业股份有限公司,2000.
郑岩,汪悦进.庵上坊:图像、口述和文字[M].北京:生活·读书·新知三联书店,2008.
张翀.中华图像文化史·先秦卷[M].北京:中国摄影出版社,2016.
武利华.中华图像文化史·秦汉卷[M].北京:中国摄影出版社,2016.
姚义斌.中华图像文化史·魏晋南北朝卷[M].北京:中国摄影出版社,2016.
邵晓峰.中华图像文化史·宋代卷[M].北京:中国摄影出版社,2016.
陈兆复.中华图像文化史·原始卷[M].北京:中国摄影出版社,2017.
何星亮.中华图像文化史·图腾卷[M].北京:中国摄影出版社,2017.
于向东.中华图像文化史·佛教图像卷[M].北京:中国摄影出版社,2017.
韩丛耀.摄影论[M].北京:北京:解放军出版社,1997.
韩丛耀.图像传播学[M].台北:威士曼文化事业股份有限公司,2005.
韩丛耀.图像:一种后符号学的再发现[M].南京:南京大学出版社,2008.
潘诺夫斯基.视觉艺术的含义[M].傅志强,译.沈阳:辽宁人民出版社,1987.
潘诺夫斯基.造型艺术的意义[M].李元春,译.台北:远流出版事业股份有限公司,1996.
布洛克.现代艺术哲学[M].滕守尧,译.成都:四川人民出版社,1998.
米歇尔.图像理论[M].陈永国,胡文征,译.北京:北京大学出版社,2006.
米歇尔.图像学:形象,文本,意识形态[M].陈永国,译.北京:北京大学出版社,2012.
阿恩海姆.艺术与视知觉[M].滕守尧,朱疆源,译.北京:中国社会科学出版社,1984.
阿恩海姆.视觉思维[M].滕守尧,译.北京:光明日报出版社,1987.
施拉姆.人类传播史[M].游梓翔,吴韵仪,译.台北:远流出版事业股份有限公司,1994.
费斯克.传播符号学理论[M].张锦华,等,译.台北:远流出版事业股份有限公司,1995.
卡特.中国印刷术的发明和它的西传[M].吴泽炎,译.台北:商务印书馆,1957.
GOTTHOLD E L.拉奥孔[M].朱光潜,译.北京:人民文学出版社,1979.
本雅明.迎向灵光消逝的年代[M].许绮玲,译.台北:台湾摄影工作室,1998.
LAYTON R.艺术人类学[M].吴信鸿,译.台北:亚太图书出版社,1995.
贡布里希.艺术的故事[M].范景中,杨成凯,译.北京:生活·读书·新知三联书店,1999.
马凌诺斯基.文化论[M].费孝通,译.北京:华夏出版社,2002.
伯克.图像证史[M].杨豫,译.北京:北京大学出版社,2008.
柯律格.明代的图像与视觉性[M].黄晓娟,译.北京:北京大学出版社,2011.
萝丝.视觉研究导论[M].王国强,译.台北:群学出版有限公司,2006.
藤枝晃.汉字的文化史[M].李运博,译.北京:新星出版社,2005.
弗洛伊德.精神分析引论[M].高觉敷,译.北京:商务印书馆,1984.
布洛克曼.结构主义:莫斯科—布拉格—巴黎[M].李幼蒸,译.北京:商务印书馆,1980.
沃尔夫林.艺术风格学[M].潘耀昌,译.沈阳:辽宁人民出版社,1987.
克劳利,海尔.传播的历史:技术、文化和社会[M].董璐,译.北京:北京大学出版社,2011.
傅拉瑟.摄影的哲学思考[M].李文吉,译.台北:远流出版事业股份有限公司,1994年.

AUMONT J,MARIE M. L' Analyse des films[M].Paris：Nathan,2002.
AUMONT J,BERGALA A,MARIE M,VERNET M.Esthétique du film[M].Paris：Nathan,2002.
AUMONT J. L'image[M].Paris：Nathan,2001.
COLLIER J,COLLIER J L.Visual anthropology[M]. University of New Mexico Press,1986.
JOLY M. L'image et les singes：approche sémiologique de l'image fixe[M].Paris：Nathan,2002.
CHION M. L'audio-vision[M].Paris：Nathan,2002.
LAYTON R. The Anthropology of Art. Cambridge[M]. Cambridge University Press,1991.

16—19世纪世界体系中的景德镇:文化传播、劳工抗争与遗产反思

Jingdezhen in the World System of the 16—19 Century: Cultural Communication, Labor Struggle and Heritage Reflection

沙垚 曾昕[*]

Sha Yao, Zeng Xin

摘要:近代以来,景德镇青花瓷远销海外,参与建构了现代世界体系。重返历史,我们发现景德镇在16世纪就已经建成世界上最大的生产流水线,成为世界工厂,见证了不同文明之间的传播交流,在文化传播、劳工抗争和社会管理方面留下了丰富的、具有时代价值的、本土化的经验遗产。本文延续邱林川"i奴"的研究路径,将"长时段"与"世界体系"理论相结合,回答如下问题:自16世纪起,景德镇是如何进行跨文化传播,又是如何建立并支撑其庞大的世界贸易体系的?在历经政权更迭、天灾人祸、剥削压迫之后,景德镇的窑工是如何组织集体性劳工抗争的?他们留下了什么样的精神遗产?

Abstract: Jingdezhen was famous for its porcelain, which has been sold both at home and abroad, and has participated in the construction of the modern world system. This paper endeavors to explore how Jingdezhen took its role as the largest streamline in the world system in the 16th century, leaving the history with abundant heritage in terms of labor protests and social management. As an extension to Qiu's discussions on i-slave, and in combination of the world system theory and long-period theory, the paper will answer following questions: Back to the 16th century, how did Jingdezhen establish and maintain its productive system which supported the world trading and world culture communication operation? After a long history of regime change, experiences of serious nature and man-made disasters, exploitation, injustice and repression, how did kiln workers in Jingdezhen organize their protests? How this may possibly inspire the activist groups, and enlighten the incidents of grassroots resistance today?

关键词:景德镇青花瓷、文化传播、世界体系、工资待遇、劳工抗争

---

[*] 沙垚,中国社会科学院新闻与传播研究所助理研究员,研究领域为乡村传播、传播政治经济学,邮箱:shay05@qq.com。
曾昕,中国社会科学院新闻与传播研究所助理研究员,研究领域为青少年文化、媒介素养,邮箱:zxbarbara36@hotmail.com。

Keywords: Jingdezhen porcelain production, culture communication, world system, labor treatment, labor struggle

18世纪中后期,英国凭借工业技术以及遍布全球的殖民地,对内扩大生产,对外输出工业产品,至19世纪成为世界工厂。但是,为世界市场进行大规模产品生产的模式在16世纪的中国景德镇就已经出现,彼时以青花瓷为代表的景德镇陶瓷已经成为中华文化对外传播的重要媒介。尤其在近年来世界工厂富士康工人"连跳"事件发生之后,重返历史,以历史为田野,进行扎根研究①,发现景德镇在文化传播、劳工抗争和社会管理方面的本土化的经验教训与历史有关,又具有了时代价值。

邱林川在做17世纪奴隶制工厂与当代富士康的比较研究时,借鉴了法国年鉴学派"长时段"的分析视角,以及沃勒斯坦、弗兰克等人的"世界体系"理论,建构了一个时间和空间交叉互证的分析框架。② 本文延续邱林川的研究路径,将"长时段"与"世界体系"理论相结合,回答如下问题:自16世纪起,景德镇陶瓷是如何对外传播的,又是如何建立并支撑其庞大的世界贸易体系的?在历经政权更迭、天灾人祸、剥削压迫之后,景德镇的窑工是如何组织集体性劳工抗争的?他们留下了什么样的精神遗产?

一、景德镇:世界工厂与生产流水线

明正德九年(1514年)葡萄牙人作为最早主动到景德镇购买瓷器的欧洲商人,买去五彩瓷器10万件。③ 此后,全球商人纷至沓来,尤其是开辟新航线,掌握了海上霸权的欧洲国家。自1514年起,景德镇陶瓷生产有很大一部分面向海外,尤其是欧洲市场。比如,1602—1682年由荷兰东印度公司输出到欧洲的中国瓷器总数估计达1 600万件④,而1730—1789年则不少于4 500万件⑤。在英国,1720—1745年约有3 000万件中国瓷器被运到了伦敦等港口。⑥ 1750—1755年大约有1 100万件瓷器运到瑞典。⑦

大量的欧洲订单和市场的扩张使商品生产分工越来越细;精专的技术和标准化的制作过程,一方面使景德镇陶瓷成为最受欧洲欢迎的文化产品,中西文化借此交流碰撞;另一方面也使景德镇在17世纪就成为全球化商品的生产基地。景德镇掌控了全球瓷器市场,不仅仅因为产品精良,也因为生产规模与组织先进;它代表了在蒸汽带动

---

① ZHAO Y Z.Rethinking Chinese media studies: history, political economy and culture[M]//THUSSU D K. Internationalizing media studies. London and NewYork: Routledge, 2009:176.
② 邱林川.告别i奴:富士康、数字资本主义与网络劳工抵抗[J].社会,2014(4):119-137.
③ 景德镇市地方志编纂委员会.景德镇市志·第二卷·瓷器贸易志[M].北京:中国文史出版社,1991:987.
④ 张国刚.从中西初识到礼仪之争——明清传教士与中西文化交流[M].北京:人民出版社,2003:95.
⑤ 孙锦泉.华瓷运销欧洲的途径、方式及其特征[J].四川大学学报(哲学社会科学版),1997(2):90-95.
⑥ 孙锦泉.华瓷西传对欧洲的影响[J].四川大学学报(哲学社会科学),2001(3):100-106.
⑦ 景德镇市地方志编纂委员会.景德镇市志·第二卷·瓷器贸易志[M].北京:中国文史出版社,1991:987.

的机器年代到之前,手工艺产业的最高峰,大规模集中制造生产最壮盛的成就。①

大宗海外贸易有很多是订制瓷器,以满足世界市场的精确的、细化的需求。17世纪,荷兰商人在本国制作各种样品、木模、彩绘图案送到中国,中国瓷窑工厂依样制造。② 比如1636年10月5日,占据台湾的范登伯格(Van der Burgh)在给巴达维亚的信里有一段话:"按照运来桶装的样品,为苏拉特、波斯和考罗满达配备的二万考其(四十万件)……为波斯订制一万考其(二十万件)的瓷器,都已签订了合同,中国人答应在1637年的二、三月里交货。"③由此可见数量之巨,生产能力之强,以及效率之高。

乾隆四年(1739年)法国东印度公司经理签发了一份订单,由商船"康地"号捎送给广州分公司代理人,内容提到:"一万到一万二千对蓝釉(青花)杯子、五千到六千对多种彩色釉(五彩)装饰的杯子、三千到四千个糖罐、三千到四千个茶壶、二千到三千对高脚杯……要避开荷兰在中国订购的式样……三千个蓝釉的果盘,要八英寸高。一千个盛色拉或凉拌菜的碗,蓝釉,要十英寸高……三百个面团罐,有盖,颜色釉,图案如同小碗。我希望(您)能在中国买到上述瓷器。关于(前几次运来的)瓷器化妆品盒和大而深的盖碗,我需要在这里(法国)把储备的库存全部卖完,估计还需要两年的时间。……在进货时,要仔细地检查、察看(所有的瓷器),注意变翘、歪曲、底部低凹;如有这些疵病,都不要。……今年,蓝釉瓷器的销路非常好,但其中盐瓶(因规格不对路而)滞销。(以后买)盐瓶,请不要超过十英寸高。"④

在这个订单或采购信件中,我们至少可以读到以下信息:第一,18世纪上半叶景德镇的瓷器生产,很大一部分是由欧洲乃至世界市场的消费需求决定的;第二,陶瓷贸易反映的不仅仅是中华文化的对外传播,更反映了中西文化的交流与融合,双方共同对一件瓷器提出了生产要求,这在下文会进一步解释;第三,订单对尺寸、规格、功能、器型等方面都做了严格的设定,可见欧洲已经形成了自己的产品标准,景德镇的出口瓷器必须按照欧洲标准进行生产;第四,阿姆斯特丹、伦敦、巴黎等地出现专门经营中国手工艺品的商店,且不同国家的商店之间存在激烈的竞争关系,可见欧洲市场日益成熟;第五,陶瓷行业的国际贸易服务和代理公司在广州出现,说明世界范围内陶瓷贸易体系日益完善,市场分工逐渐细化,专业化程度提高。

为了满足不断扩大的世界市场需求,景德镇自17世纪起,便建立了当时全球最大的生产流水线,从上游到下游,从生产到流通,有近百万人同时在这条流水线上进行瓷器生产。德国学者雷德侯认为,"今天我们称之为中国艺术品的古物,其中大多数原本都是在工厂中生产的","工厂"是由"其体系化的项目……劳动力的组织、分工、质量控制、系列化加工以及标准化加以定义"的。所以,他认为明代景德镇的青花瓷器生产就已经具有了"工厂生产"的性质。⑤

---

① 方李莉."一带一路"上的瓷器贸易与世界文明再生产[N].中国社会科学报,2006-06-24(05).
② 景德镇市地方志编纂委员会.景德镇市志·第二卷·瓷器贸易志[M].北京:中国文史出版社,1991:95-96.
③ 陈万里.陈万里陶瓷考古文集[M].北京:北京紫禁城出版社,1997:288.
④ 朱培初.明清陶瓷和世界文化的交流[M].北京:轻工业出版社,1984:61-62.
⑤ 雷德侯.万物[M].北京:三联书店,2005:8.

法国传教士殷弘绪在 1712 年的一封信中写道:"景德镇者,周围十方里之大工业地也,人口近百万,窑数三千,昼间白烟掩盖天空,夜则红焰烧天。"①1743 年,唐英看到"景德镇袤延仅十余里……以陶来四方商贩,民窑二三百区,工匠人夫不下数十万,藉此食者甚众"②。通过窑口、瓷工、商贩的规模和数量,以及夜以继日加班生产,工人可以轮班休息,但窑不能熄火的生产机制,可见景德镇瓷业之繁荣。

单是以制瓷业过程而言,景德镇制瓷的分工在明代就已经相当精细。《天工开物》曾列举生产过程,以成器而言就有澄泥、印坯(或造坯)、汶水、过利、打圈、绘画、上釉、入匣、满窑、供烧等项,其中制坯成型必须经过七道工序。书中还指出"共计一坯工力,过手七十二,方克成器"③。1712 年,殷弘绪证实了这一点,他说:"在同一工场内是由许多工人分别进行的……一件瓷器,直到烧成,要经过七十二手,亲眼看到这些情况后,我才相信。"④《景德镇陶录》又载:"列纪各工人数不一……旋坯工至少二人,装坯工二人,画工三人,上釉工二人,其余至少一人,合计约一十五人。"这是一座圆器坯房内标准的工人数,景德镇称之为一"处",即一个生产单位。⑤ 由此可见,景德镇在 17、18 世纪已经建成规模性的生产流水线,高效运转、分工明确。即便是把已经成型的瓷坯运送到窑内烧制,也成了一项专门化的体力劳动。正如殷弘绪所载:"一个运坯工双肩担着两条摆满瓷坯的又窄又长的板子,保持着平衡穿过好几条热闹的街道而不打破瓷坯。……行人见了他就谨慎地闪开,而运坯工则协调着步伐和身子,丝毫也不失平衡,这不能不令人惊叹。"⑥由此可见,制瓷业的分工已经非常精确而专门化了,工人只在某一个工序上进行操作,协作完成一个产品,而不需要独自完成成品。各道工序在这里已经成为环环相扣的整体生产链上的一个个中间环节,这是一种标准化和专业化的生产方式,能保证商品生产的规范、质量和流通的效率。唯有如此,才能适应和满足大批量的生产需求。

除了制瓷业,作为世界工厂的景德镇还应包括上游产业,如瓷石等原料采掘业、窑柴等燃料行业、颜料业、包装材料业等。其中,采掘业至明代时已成为专门的行业,有一条史料可以从侧面印证其规模。据高岭村《冯氏宗谱》载:"乾隆五十七年(1792 年)……婺邑在山搭有蓬厂数百,人数千余,强取瓷土。"⑦

而下游的产业,更是体现了彼时全球化的最高水平。比如运输业,长途水路周期漫漫,加之鄱阳湖水浅风大,翻船事件时有发生,更为不便的是,去赣州至广东需要由人工挑运驮载货物,穿越大庾山岭 20 公里的梅关穿山古道,货品破损较多。为了将运输过程中的意外率降到最低,至 18 世纪,一种新的生产模式出现了,即将景德镇素胎运到广州,再按照订单要求加彩和烧制。清刘子芬《竹园陶说》记载,"乃于景德镇烧造白,运至粤垣,另雇工匠仿照西洋画法加以彩绘,于珠江南岸之河南,开窑烘染,制成彩

---

① 余家栋.江西陶瓷史[M].郑州:河南大学出版社,1997:442.
② 中国硅酸盐学会.中国陶瓷史[M].北京:文物出版社,1982:416.
③④⑥ 景德镇市地方志编纂委员会.景德镇市志·第二卷·瓷器贸易志[M].北京:中国文史出版社,1991:856.
⑤ 同③:857.
⑦ 同③:1104.

瓷,然后售之西商。盖其器购自景德镇,彩绘则粤之河南厂所加工者也。故有河南彩及广彩等名称。此种瓷器,始于乾隆,盛于嘉道"①。据说当时这样的加工厂在广州有100多个。1769年,美国旅行者威廉·希基参观广彩加工工厂后写道:"在一间长厅里,约二百人正忙着描绘瓷器上的图案,并润饰各种装饰,有老年工人,也有六七岁的童工。"②

二、文化传播：景德镇陶瓷的世界贸易

青花瓷是景德镇最受欢迎的外销瓷之一。青花瓷(porcelain)的英文发音近似"波斯蓝"。13世纪,随着蒙古大军打通中西通道,大量掌握了钴蓝工艺的波斯匠人和伊斯兰商人进入中国。一些精明的商人在中国发现了商机,因为古兰经禁止人们使用金银餐具,而伊斯兰的富人、贵族却希望得到精美高贵同时被宗教允许的器皿。在这种需求下,景德镇的瓷器与钴蓝工艺相结合的青花瓷应运而生。今天的青花瓷器物上仍可看到典型的伊斯兰细密画风格和技法的图案,如变形莲瓣纹、横S形、缠枝莲纹、卷草纹、莲花纹等。

青花瓷是中西文明传播与融合的结果,虽然夹杂着商业与战争,充斥着压榨与死亡,但恰恰是这样的方式,才打破了中西文化之间的隔阂。从14世纪开始,一项史上空前的瓷器流通与文化传播的活动就这样由伊斯兰商人和景德镇窑主们共同开启了,青花瓷的颜料从八千公里外的波斯运到中国,做成瓷器,又销往中东市场,继而进入欧洲市场,乃至整个世界。一件小小的瓷器的传播,将16—19世纪的政治、经济、军事、社会、文化都串联到了一起,将陌生的世界勾连起来。

瓷器的对外传播之路从景德镇开始,在中国境内主要有三条路。第一,由昌江运到饶州,转运鄱阳湖入长江,出东海,运往世界各地;第二,由昌江进鄱阳湖入赣江,穿越大庾岭和九江险滩,到达广州出海;第三,内销瓷和宫廷用瓷,明代很长一段时间曾经使用陆路运输;到清代基本都是水路。③ 随后景德镇陶瓷沿着两大贸易系统走向世界。

第一,是以北京为起点的朝贡贸易。标志性的路线有两条,一条是陆路,北京往西,经甘肃、新疆到中亚、西亚等伊斯兰地区;一条是海路,16世纪以来的海上朝贡贸易基本上与15世纪郑和下西洋的路线是重合的,即从北京出发,沿西太平洋至东南亚、南亚,转而沿印度洋西行,最远至红海、非洲东岸。这也便是今天的陆上与海上丝绸之路。

第二,是以东南沿海,尤其是广州为中心,以东南亚、南亚等港口城市为桥头堡或中转站进行中欧转口贸易,航线如"中国—印尼—欧洲""中国—印度—欧洲"等。这是自16世纪以来,景德镇海外大宗陶瓷贸易与文化传播最主要的路线。

---

①③ 景德镇市地方志编纂委员会.景德镇市志·第二卷·瓷器贸易志[M].北京：中国文史出版社,1991:1000.
② 建雍.18世纪的中国与世界·对外关系卷[M].沈阳:辽海出版社,1999:278.

最早开辟这条航线并与中国进行陶瓷贸易的是葡萄牙,1501年起,它相继在柯钦、加尔各答、科伦坡、果阿等南亚城市,以及马六甲、摩鹿加群岛,甚至在珠海、澳门等中国沿海城市建立商站和殖民据点,做瓷器出口生意。在16世纪的欧洲,里斯本成为国际瓷器贸易集散中心与文化传播中心。此后,荷兰、英国等相继垄断中欧陶瓷贸易,但航线并没有发生太大的变化。只是在荷兰控制期间,中转港口换成了雅加达,后又被改名为巴达维亚。整个17世纪,"广州—巴达维亚—阿姆斯特丹"成为中欧之间最重要的航线。相比于只做简单囤货和中转的葡萄牙人,应当说是荷兰人把这条航线以及贸易模式固定下来的。1602年,荷兰成立东印度公司开展大规模的、稳定的、常态化的国际陶瓷贸易。至18世纪,英国控制了该航线,亚洲的转口贸易中心也相应地从巴达维亚转移至加尔各答,英国甚至还在广州建立了常驻工厂(permanent factory)。此外,法国、瑞典、丹麦等也沿着这条航线做陶瓷中转贸易。

为什么要在东南亚设立中转中心?这与中国海禁时而宽松、时而严格有关。但是东南亚与中国东南沿海各城市之间的陶瓷走私贸易是稳定的。17世纪上半叶,华人居民约占巴达维亚城市人口总数的一半[1],"他们控制了这座城市的商业命脉"[2],中华文化也由此在东南亚国家广泛地传播,并落地生根。这些华人在各国东印度公司与广东、福建等中国沿海城市之间起到了重要的中介作用。由此,我们可以得出另一个结论:中欧陶瓷贸易得以顺利进行的重要基础是中国与南亚、东南亚之间的文化交流和传播活动,尤其是从未间断的、大流量的陶瓷贸易。

从南亚、东南亚出发,欧洲是主要目标市场,但是欧洲各宗主国还将瓷器销往美洲、拉美、日本、西亚、非洲等全球各地。从非洲埃及的福斯特遗址到索马里、埃塞俄比亚、肯尼亚、坦桑尼亚、扎伊尔、赞比亚等地,都出土了大量明清时期的景德镇青花瓷。[3] 16世纪葡萄牙殖民者就已经把中国瓷器带到巴西,17世纪时中国瓷器已广泛使用于家居装饰和教堂建筑之中。有一位蔗糖种植园的主人便收藏了大批高端中国瓷器,其中包括一套足够整个家族同时用餐的大型餐具,价值30 000美元的巨型花瓶,以及多对狮、狗、象等艺术瓷器。[4]

直到18世纪末,中美之间才开通直达的航道,并在19世纪初达到运输高潮。1816年,John Jacob Astor的一张瓷器订单里包括了265箱青花的茶或咖啡饮用餐具套装,600箱茶具和102箱混合瓷,总值7 304.86美元。[5] 美国的商船从东西海岸出发,在太平洋沿不同的航线直接与广州进行陶瓷贸易,绕开了东南亚。因为美国开始做陶瓷贸易的时候,广州的各项贸易制度已基本趋于成熟。

---

[1] 贺圣达.17—18世纪的荷兰—印尼—中国贸易与多元文化交流[J].广西师范大学学报(哲学社会科学版),2015(4):6-14.
[2] 拉赫,克雷.欧洲形成中的亚洲:第三卷第三册[M].许玉军,译.北京:人民出版社,2012:217.
[3] 景德镇市地方志编纂委员会.景德镇市志·第二卷·瓷器贸易志[M].北京:中国文史出版社,1991:986.
[4] BERUDELY M. Porcelain of the east India companies[M].IMBER D,trans.London:Barrie and Rockliff,1962:80.
[5] 翁舒韵.明清广东瓷器外销研究(1511—1842)[D].广州:暨南大学,2002:22.

值得一提的是,贸易以及由此带来的文化传播活动从来不是单向的,贸易追求的是最大的经济利益。欧洲的商队不可能空船来到中国购买陶瓷。例如,中国需要白银,美洲、拉丁美洲发现大量的银矿,非洲拥有黑奴,所以,这个贸易线路可能是:欧洲—非洲—美洲—亚洲—欧洲,完成一个闭合的循环,不同的文化也随着这一闭合循环而流动、传播着。

综上所述,瓷器作为全球最早的、最大宗的商品之一,支撑景德镇在17世纪就成为世界工厂,数十万人在其流水线上夜以继日地劳作着,而在世界范围内,又有数十万人参与其中,建构起庞大的世界贸易与文化传播体系,太平洋、大西洋、印度洋都在为景德镇的陶瓷而忙碌着。

三、文化劳工:景德镇窑工的工资待遇

回到景德镇,聚焦创造这些器物的人——流水线上的劳工们,他们的生存状况和工资待遇应该被关注。

明清两代,景德镇窑厂有御窑厂和民窑之分。明初有匠籍,御窑厂窑工来自强制性的徭役制度。明中后期有了代役银制度,虽可免徭役,但税银苛刻。直到清顺治二年(1645年),匠籍和代役银制度才被取消,而全面采取以金钱雇役熟练劳工的方法。按工给值、照价支偿的规则提高了工匠生产的积极性,也保障了产品质量。由此逐渐形成了"以编制内人员为核心、以普通工匠为主体、以'官搭民烧'为补充的层次多样的用工形式"①。

这样的制度安排,一方面,吸引了大量江西东北部由于土地兼并、自然灾害和战争而失去土地的"外来务工人员",他们聚集到景德镇学习窑工技术,成为专业的瓷业工人;另一方面,虽然"官搭民烧"曾经一度加剧了官窑对民窑的盘剥,但总体上,尤其是乾隆年间,御器厂给承烧民窑的酬劳"与市贾适均,且格外加厚",推动民窑如雨后春笋般涌现,为民间瓷业带来了繁荣。19世纪末,一个家庭开办坯房,即窑户,全年可盈利240两,按1人"一日有银一钱,则诸凡宽裕矣"的标准,全家5口,每日以5钱计,年用银170两,加上营业应酬,则所得盈利在维持生活外,每年还可积累40—50两。②

人的流动即文化的传播,人的生存即文化的落地生根。景德镇瓷业不仅使各个国家之间的文化得到传播与碰撞,推动了世界体系的建立;在中国内部,也加快了人口的流动,即有利于现代国家观念的形成,也有利于依附于土地的劳动力获得更好的生存发展,至少也是为农业中国提供了一种新的可能。

需要说明的是,雇役劳工并非顺治之后才有的,明代早已有之,万历年间承认了其合法性,但其身份地位与奴婢相似。雇役有两种计酬方式,一是包银制,在明代雇佣的劳工们"月月索费不资,拘平为苦",上工夫和砂土夫等苦力工人每人每年工食银仅有

---

① 何新会,李伟.清前期景德镇御窑管理制度刍议[J].郑州航空工业管理学院学报(社会科学版),2009(3)67-69.
② 景德镇市地方志编纂委员会.景德镇市志·第二卷·瓷器贸易志[M].北京:中国文史出版社,1991:858.

七两,而且还不是现发,需要到县财政去领取,所以常常被浮梁县贮库官以各种方式吞占、冒领或挪用。二是计日工,一般是"日给工食银一分五厘"(换算成年薪约 5.475 两),即便是收入高些的,如龙缸大匠、敲青匠等,他们的日工银也不过三分五厘(换算成年薪约 12.775 两)。① 但到雇工的工银有了较大提高的唐英督理陶务期间,雇募工匠一般每月的工食银约为二两,即使是多由"老幼残疾"从事的乳料工,每个月也有三钱银的收入。如果乳料工匠能够双手各研一钵或是工作到夜间一鼓,那么御厂会支付双倍的工钱。② 而那些名匠高手如善结砌窑的景德镇魏氏子弟,在御厂服役则"工食视寻常加倍"③。道光年间,御器厂制坯工每月平均工值 2.97793 两,画工每月平均工值 3.237195 两。④ 与物价水平做一个对比,顺治年间,"江西米价,石不满四钱";雍正年间,江西米价每石 0.85 两。⑤ 由此可知,17 世纪中后期至 19 世纪末的正常年份里,窑工所的温饱是有保障的。

但这并不等于说窑工们丰衣足食。相比于为瓷器疯狂的欧洲贵族,以及动辄获得数十倍利润的航海者,窑工们还仅仅是在温饱线上挣扎,他们的居住条件也极为简陋。据《景德镇市志》记载,坯房工人一般住在坯坊烘房上面,冬天窑主发放草垫,夏天则用料板铺在楼下睡。个别有家属的工人便在近郊或沿河用废窑砖、匣桶或窑渣叠成墙,再用篾折、破篷布或修成瓦状的匣钵片盖顶。只有窑主直接雇请的人才能住在窑主家里。匣业单身工人住在平架间楼上,无门无壁,屋顶低矮,人在里面伸不直腰。⑥ 由此看来,其住宿与今天的贫民窟或棚户区十分相似。这些人年轻时尚可靠劳力谋生,但是没有社会保障,"遇老病者,不能执业,辄屏弃之,虽平时曾资其力,亦莫之或恤"⑦。这反映出窑主剥削之无情。正如清代民谣所描述的:"坯房佬,坯房佬,捣泥做坯双手搅。弯腰驼背受压榨,死了不如一根草。"⑧

饮食方面,自明代以来,无论是窑工还是坯工,一律由厂主供饭;在开工日或传统节日期间,享受不同等次的福利酒饭。但是由于厂主往往刻薄,伙食一般很差。为此,瓷工们自明代以来,经常为争取应有的膳食而罢工斗争,甚至流血牺牲。著名的"知四肉"等就是劳工们通过斗争运动得到的。由于行业、工种不同,伙食待遇也不尽相同。下文以圆器作坊为例,因为景德镇绝大多数中小型陶器、瓷器都产自圆器作坊,这里工人较多,颇有代表性。

圆器业的普通窑工,一日三餐都是糙米饭,没有菜。但挑夫、擂料等重体力工人,以及老师傅、装坯、工头等有一定地位或所做工作技术含量较高的工人可以吃到"红饭",即有盐、油和福利菜(豆干之类)。此外,窑工们会享受一些固定的节日福利。比如每月初十、二十、三十共三次,每次四两肉,共十二两(旧制 12 两相当于现在 7.5

---

①②③ 朱顺龙,刘守柔.明清景德镇瓷业用工初考[J].文物春秋,2003(2):10-18.
④ 景德镇市地方志编纂委员会.景德镇市志·第二卷·瓷器贸易志[M].北京:中国文史出版社,1991:880.
⑤ 梁淼泰.清代景德镇御窑厂的窑工银[J].江西大学学报(社会科学版),1989(2):36-41.
⑥ 同④:1283.
⑦ 刘朝晖.明清以来景德镇的瓷业与社会控制[D].上海:复旦大学,2005:84.
⑧ 龚农民,谢景星,童光侠.景德镇历代诗选[M].郑州:中州古籍出版社,1994:67.

两),称为"知四肉",冬至日可额外享受一次"知四肉";端午节早晨有一碗面、两只粽子、两只咸鸭蛋,中午为"十碗头",包括生韭菜、生大蒜、生黄瓜、煎豆干、煎泥鳅、腌菜、猪肉等;中秋节,每人一个酥饼、一个月饼,中午享受"十碗头";开工时,每人一碗面;满窑或歇火时也可吃肉。另外每年可以获得四季补贴、小酒钱、大酒钱等各种"小费" 12 000 文(即 1.2 两银子)。①

四、景德镇窑工的起义与抗争

刘朝晖在其博士论文中绘制了明清景德镇瓷业冲突表②,从中可以看到当工人的基本生活待遇得不到满足时,冲突在所难免。

表 1

时间	事件纪要	资料来源
嘉靖十九年(1540 年)	因水灾后闹饥荒,浮梁县窑户茜逐乐平县雇工,乐平县工人遂行劫夺,终至浮、乐二县民众聚众相互仇杀。	《明世宗实录》卷 250 等。
雍正年间(1723—1735 年)	碓房匠作以及坯行、车坯行、画行、彩行、菱草行、柴行工匠,每因银色饭食不足,常知会同行罢工。	《康雍乾时期城乡人民反抗斗争资料》(下册),第 530 页。
乾隆元年(1736 年)	坯户吴以恒、胡万正欲增银色,与窑户万美生争闹停工。	《康雍乾时期城乡人民反抗斗争资料》(下册),第 530 页。
乾隆初年(约 1736 年)	菱草行因银色低潮而罢工。	《康雍乾时期城乡人民反抗斗争资料》(下册),第 532 页。
乾隆初年(约 1736—1795 年)	菱草工人郑子木为首,向雇主争取"一条凳一斤肉"运动。所谓"一条凳"就是菱草工人五个人一组,这一组叫"一条凳"。他们争取每条凳每日吃一斤肉,举行菱草工人大罢工。统治者采用镇压手段,把郑子木害死。菱草工人因为纪念郑子木,以后在工作时,就每人系一条白布围裙。所以这次运动,称为"白围裙运动"。	《景德镇陶瓷史稿》第 239 页。
乾隆、嘉庆年间(约 1796 年)	御厂脱胎画坯工人王子贞领导的"毛银改纹银运动"。毛银是散银,成色不好。坯厂发工资,原以纹银发给,后改成毛银,使用时较纹银要贬价。所以工人们要求改纹银,举行罢工,遭镇压。	《景德镇陶瓷史稿》第 239 页。
嘉庆、道光年间(约 1821 年)	以蒋知四为首,争取每名工人每月十二两肉,举行罢工,称"知四肉"运动。	《景德镇陶瓷史稿》第 239 页。

---

① 景德镇市地方志编纂委员会.景德镇市志·第二卷·瓷器贸易志[M].北京:中国文史出版社,1991:1281-1282.
② 刘朝晖.明清以来景德镇的瓷业与社会控制[D].上海:复旦大学,2005:72-73.

另外，笔者根据 1991 年版《景德镇市志》，又补充了四条工人罢工、起义等抗争运动的史料。

表 2

时间	事件纪要	资料来源
万历二十五年（1597 年）	巡按方河监委厂事，督陶期间，作威作福，无恶不作，引起民愤，陶工和镇民火焚了御厂门场。	《景德镇市志》，1991 年版，第 610 页。
万历二十七年（1599 年）	太监潘相兼理窑务，迫使窑工童宾投火而死。"景镇之民，预食其肉"，引起全镇民变。	《景德镇市志》，1991 年版，第 610 页。
康熙晚年（18 世纪初）	御厂官吏对民窑骚扰、勒索，施以苛政，导致"去年罢市且三日，窑户十或逃八九"。	《景德镇市志》，1991 年版，第 611 页。
光绪二年（1876 年）	镇上陶工为争取白米饭实行大罢工。官府扣押为首数人而导致万余陶工暴动，攻打了县署，官府最终释放了因犯。	《景德镇市志》，1991 年版，第 611 页。

五、景德镇劳工抗争的遗产与反思

分析历次窑工们的抗争，其动机是明确的，一方面，反抗御厂督窑、协造，官府的克扣盘剥和勒索施暴；另一方面，是为了向窑主争取白米饭、盐、油、肉和银两等基本的福利待遇。他们的抗争更多是出于求生的本能，而非自觉地反抗阶级压迫。

总体上看，瓷业工人的全部经济生产活动都是嵌入到社会关系之中的，日久天长，工人以地缘、乡族、信仰等方式将自己组织起来，建立行帮组织，订立行业规范，分享富有抗争精神的风火仙崇拜，因此很容易出现一个人振臂一呼，云集响应，只要陶工暴动，便动辄万人，富有组织性和斗争性，也更容易取得抗争的胜利。

本节将从三个方面对景德镇劳工抗争经验和遗产进行总结反思。

首先，地域性、乡族性的社会组织是景德镇外来务工人员维护劳动权利、获得报酬以及谋求更好发展的组织依靠。

景德镇大量的窑工都是外来人口，"四方远近，挟其技能以食力者，莫不趋之若鹜"，"窑户与铺户当十之七，土著十之二三"。[①] 当景德镇 70%－80% 的人口为外来务工人员时，本地人与外来者之间，来自不同省份、地区的外来者之间必然产生利益冲突。尤其是在明代刚刚开放雇役制度的时候，外地来的雇工大多是窑工，而窑主是土著，劳资矛盾不可避免。因为流动人口不好管理，加上地缘关系的影响，官府总是偏向本地人，外来人口很难得到官方支持，常常被遣送回原籍。16－19 世纪，中国仍是传统的"熟人社会"，地域、乡族是打工者最值得信任和赖以生存的社会关系，借此结社或

---

① 刘朝晖.明清以来景德镇的瓷业与社会控制[D].上海:复旦大学,2005:37.

组织同乡会、同业会等地方行帮组织成为打工者维权的必然选择,"结乡谊,联感情……坚固团体也"①。在帮会的基础上,他们还建立会馆,"不至散漫而无所统",会馆成为活动中心和议事的公共空间。据《景德镇陶录》图载:清嘉庆二十年(1815年)镇区有徽州、南昌、苏湖、饶州、都昌、临江六所会馆。②

以都昌帮为例,该会馆就制定了一套完整有序的管理规章:1.不能小偷小摸;2.不能乱动厂里的东西,不能拿厂里的瓷器和物资;3.除做远外,其他工种不得到外厂做散工、带位子;4.本行在打派头(即罢工)期间,只要问题没有解决,就不能躲在厂里做事;5.开工和三节期间不能强迫打夜班;6.遇老板克扣工资、伙食和各项福利时,工人可以抵抗,如果解决不了,报告街师傅处理;7.老板遇到淡季和瓷业生意不景气时不能私自降低工资;8.所定章程不能违反,否则轻则罚款,重则剁草鞋(既开除本行会籍),永不能从事本行工作。③

虽然这些帮会组织有一定的黑社会属性,也会扰乱社会治安,但它们规定了本帮成员的权利和义务,对内约束本帮成员不得偷盗、不得私下做兼职,要求他们本本分分在自己岗位上好好工作;同时,也以暴力的方式对老板强迫加班、克扣工资、降低工资等侵害打工者基本劳动和取酬权利的行为予以反击。从这里可以看出,在一个法制尚不健全的宗法社会,劳动者主要借助社会组织来维护权利。在帮会组织的保障下,很多都昌籍雇工很快就掌握了瓷业的核心技术,并以家族联合等方式完成原始积累,从窑工到窑主,最终成为一代富商。"应翁先生……始尝佣工于陶,忠厚任劳,人皆欢迎之,故颇有蓄积。继乃自立门户,而业日发达……卒至家业日兴,买田置宅,居然富家翁矣。"④类似案例在都昌籍各族家谱中处处可见。

在"万般皆下品,唯有读书高"的时代,地域性的帮会不仅建会馆,还建书院,鼓励子弟读书,引导其谋求更高的社会地位与发展,如"古南书院""景阳书院"等。都昌在景德镇瓷业中的子弟自清道光以降,捐官或读书亦不在少数,如冯躬腾、冯隆中捐监生;冯隆恒捐监生,加捐翰林院待招;江炳旺"光绪时例授国学生"⑤,等等。

其次,行业规范是景德镇瓷业全部从业者的行为准则,是雇工维权的合法依据。

这里所谓的全部从业者,既包括老板也包括雇工。景德镇陶瓷庞大的流水线生产和贸易帝国涉及的行业之多,不一而足。与之相伴的行业规范也涉及生产、生活的各个方面。《景德镇市志》对此进行了总结分类:第一,用来制约外来客帮瓷商,以保障本地有关行业的利益;第二,为争得受雇佣的权利,从而对双方进行制约,确定长久的雇佣关系;第三,对散、滥的交易进行制约,以保证双方交易关系稳定长久;第四,固定某些行业雇工对封建把头和手工业主进贡钱财的规约;第五,反映手工业主用人制度规律的规约;第六,瓷工节日规约及瓷工生活福利规约等。这些行规具有长期的稳定性,

---

① 刘朝晖.明清以来景德镇的瓷业与社会控制[D].上海:复旦大学,2005:53.
② 景德镇市地方志编纂委员会.景德镇市志·第二卷·瓷器贸易志[M].北京:中国文史出版社,1991:1241.
③ 杨石成,陈海澄.漫话琢器业[Z]//中国政治协商会议景德镇市委员会.景德镇文史资料,1995(11):21.
④ 同①:40.
⑤ 同①:40-41.

又有适当的灵活性。①

具体试举两例。比如圆器业老板雇工，窑户老板只请装坯、选瓷、挑担和一位技艺好、有组织生产能力的"做头"（工头）师傅，其他工人，如打杂、做坯、利坯、剐坯等，全都由做头负责选择。老板不能直接解雇坯坊的工人，他只能解雇做头，同时做头所雇的人也随之被解雇，这叫做"一条龙进，一条龙出"②。

再如生产作息，明清两代，正常情况下，圆器业的工人每年农历二月十五"花朝起手"（开工），腊月十三"歇手"（停工），其间清明、五月十三、中秋、冬至各休息一天，端午、七月半各休息三天，其他工作时间常常"点灯打夜班"。如果窑主要在法定假日加班，则需要支付双倍的酒水钱，每人另加"知四肉"；如果在腊月十三停工之后加班，称为"拖尾巴"，则须每人每天加"知四肉"和一些"耳朵"（佐料）钱，另外，加班期间各人手工资增加75%—80%。"拖尾巴"最多不超过5天。③

行业规范的监督者与执行者是街师傅，老板若克扣工人工资，则由街师傅出面协调。行规里还有一条颇为有趣：工人不得为资方做其他与生产无关的事，即使是资方孩子昏倒在地，亦不得搀扶，被街师傅知晓，以"打含工"（即拍马屁）处理。④ 街师傅一般本人并没有技术，但颇晓行规掌故，且来自大帮大姓，类似于街头警察或小混混。他们由三方共同供养：老板、工头和工人。他们还时常去各家检查行规，找些茬儿，得些好处，发现老板违规的，他们就叫小组停工。⑤

很难说街师傅一定会公正无私地执行这些行业规范，但这些规范体现了老板、工头和工人三方对于行业理想运行模式的一种共同的愿景，至少在动态博弈的历史过程中，三方曾经达成过共识，并形成了一整套制约彼此行为的监督管理机制，违反则要付出一定的代价。因此，这些行业规范可以看作民间形成的契约，是一种陶瓷业参与者的行为准则，为雇工维权提供了合法性依据。

最后，以身投炉的童宾被奉为风火仙，是景德镇劳工抗争史上的一座丰碑，其"志气精神"将"注贯百世"。

童宾为万历年间的窑工，太监潘相兼理御厂时，由于大器青花龙缸久未烧成，窑工"或受鞭箠，或苦饥羸"，童宾目睹窑工凄苦，非常愤慨，纵身投窑自焚，以示抗议。同窑的工友悲愤万分，决心烧好窑内瓷器，表达哀悼。第二天开窑一看，龙缸果然烧成。窑工们开始奉童宾为风火仙师。但童宾之死也激起瓷业工人义愤，全镇工人群起焚烧了税署和官窑厂房，潘相仓皇出逃。⑥ 但吊诡的是，潘相在民变之后，竟利用政治手腕推卸了责任，重返景德镇担任矿监。回来之后，"潘公公感其赤诚，立祠御器厂左，塑像祀之"⑦，为童宾修建"佑陶灵祠"。在佑陶灵祠中，窑工们还供奉了各类工人的师祖，如

---

① 景德镇市地方志编纂委员会.景德镇市志·第二卷·瓷器贸易志[M].北京：中国文史出版社，1991：1250.
② 同①：1251.
③ 同①：1252.
④ 同①：1255.
⑤ 刘朝晖.明清以来景德镇的瓷业与社会控制[D].上海：复旦大学，2005：60.
⑥ 同①：1125.
⑦ 同⑤：115.

把桩、驼坯、架表、收兜脚、打杂等各类窑工形象,享万世香火。可以说,该祠是景德镇劳工抗争史上的一座丰碑。

此后,各个时代朝廷派驻景德镇的督陶官都对风火师推崇备至。康熙年间,灵祠两经修葺、扩地;雍正年间,陶都年希尧重修庙祠,题写碑记,唐英还命人将明代落选的一口脱底的青龙缸从僧明寺抬到了火神祠,筑台高置,并撰写《火神童公小传》《龙缸记》等文记载童宾事迹。

这是一个值得关注的象征性事件——官方竟然为一个抗争者修祠,其中的原因有二:第一,这是"调整官民关系、缓和阶级矛盾的手段"①,官方借此可以拉近与窑工的距离,建立信任关系;第二,将民间信仰纳入"官方统治体系",消解"原本的反抗因素,代之以对官方权力的认同","通过控制民间信仰,达到控制民众的目的"。②而对于窑工来说,他们供奉风火仙也有两个目的:第一,保佑生产,因为唯有如此,他们才能养家糊口;第二,借助官方认可的外衣,合理合法地传承童宾所代表的反抗精神,表达民众的力量。由此,风火仙一方面成为官方、老板和劳工共同的信仰,另一方面,这也是一个暧昧的符号,一个模糊不清的中间地带。在此后的几百年间,争夺对于童宾、风火仙形象和象征意义的话语权、解释权成为多方共同参与的意识形态的战争。

从潘相将灵祠定名为"佑陶"可以看出,他希望将童宾解释为一个促进生产的保佑神。雍正七年,唐英所写的《火神童公小传》中将童宾赞美为:"吾闻趋公事不成,激而至于死者有矣。未闻慷慨死之以易其成者也。是其志气之凛烈在一成,而精神所注贯在百世,可不谓神乎。"③即古以来,以死抗争者多,但以死来促"公事"之成的人实在太少了。所以童宾的志气精神值得"注贯百世"。在他们的文本中,丝毫没有提及童宾的抗争性。但是,窑工们一方面贺童公仁诞,立唐公仁寿碑,赞颂"大人敬奉火神,而保众姓之清泰;虔供窑仙,而广磁玩之增华"④;另一方面,默默将带领罢工,惨遭杀害,但却为窑工争取到"知四肉"福利的蒋知四的牌位供进了佑陶灵祠。

只要还存在压迫和剥削,无论是来自资本,还是来自权力,关于童宾之解释权的争夺就永远处在动态博弈的过程中。刘朝晖旁引了一条民国年间的史料,"庙内有一人专职看庙,其职责是:平时照看窑神菩萨龛前的香烛;集会时传通知;如有劳资纠纷,工会理事长决定罢工时,他持写有命令的竹牌,通知全行业工人'踩窑'(即罢工)"⑤。由此可知,风火仙已成为一个符号,必要时他能以神的名义去召唤全体瓷业工人联合起来,为了自己的权益罢工、反抗或革命。

---

① ③ 刘朝晖.明清以来景德镇的瓷业与社会控制[D].上海:复旦大学,2005:115.
② 同①:115-116.
④ 熊寥.中国陶瓷古籍集成[M].上海:上海文化出版社,2006:137.
⑤ 同①:117.

文化传播理论视域

"中国性"与东方学:马克·吕布的影像中国叙事
"Chineseness" and Orientalism: The Narrative of Image of China by Marc Riboud

❖ 史冬冬*
Shi Dongdong

摘要: 法国摄影师马克·吕布自 1957 年初首次进入中国以来,直到 21 世纪初,对红色中国展开了长达半个多世纪的影像拍摄,这些影像文本围绕变革中的中国形成了一套具有独特时代内涵与历史意义的视觉性国家形象叙事。本文基于视觉文化的理论视角,运用历史唯物主义的思想方法和符号学、叙事学、阐释学理论,对马克的中国国家影像叙事展开三个层面的逻辑分析。首先,作为一种图像性的表意媒介,马克的照片是以特定年代的图像符号及其编码方式,围绕曾经的红色中国进行特定"中国化"表征的视觉话语。它们针对不同历史时期的"中国"范畴展开一种有关"中国性"意蕴的表意实践。其次,面对中国半个多世纪的现代性变革及其包含的"中国性"内涵,马克有其自己的包括观看机制和历史语境在内的"观看之道":传统与现代。这一差异性的二元对立构成了马克眼中"中国性"背后的叙事结构和影像表征机制。最后,马克的中国影像与意义表征在一定程度上改变了近代中国以来西方摄影者有关中国叙述的东方学性质,破除了前辈们建构起来的中国偏见与刻板印象。但从深层视角来看,对于一名西来者,西方依旧不可避免地是其观看东方的出发点与参照系,东方与西方之间的固有差异,也即具体历史中的传统与现代,构成了马克观看中国的最基本的眼光和立场;而在此二元结构中,马克对传统中国的偏执,对其蕴含的"恒定性"价值的追求,对这种东方恒定性在现代性追求中的失落的哀叹等,表明他的影像中国叙事依然未能完全摆脱东方学的观看视角和思维模式。

Abstract: Marc Riboud, the French photographer, have shot many images of China over half a century, since his first visit of China in 1957 till early 21st century. These photos as a whole, concerning the China in transformation, become a sort of visual national narrative with unique age meaning and historical significance. Based on the perspective of visual culture, the paper analyzes Marc's image narrative of China

---

* 史冬冬,文学博士,厦门大学新闻传播学院副教授,厦门大学传播研究所研究员。

from three aspects using theories related such as semiotics, narrative, hermeneutics and historical materialism. Firstly, as a kind of visual media, Marc's photos represent a red China with specific Chinese features using image signs and its own way of coding. In fact, it's a signifying practice regarding to different "China" in different historical period with different connotation of "Chineseness". Secondly, expounding the transformation of modernity over the past half century and the connotation of "Chineseness" within, Marc has his own way of seeing including the visual mechanics and historical context: traditional and modern. This binary opposition is the very narrative structure and visual representing institution behind the "Chineseness" in the eyes of Marc. Thirdly, in some degree, Marc's Chinese photos and their representation makes certain change of Orientalism within the narrative of China by western photographers since modern times, breaking the bias and stereotype established by predecessors. However, if go deeper, as a westerner, Marc cannot avoid completely taking the west as the starting point and the frame of reference. The inherent difference between the east and the west, and also the tradition and modernity within the specific history, makes Marc's fundamental perspective and standpoint when watching China. Meanwhile, his obsession with the old and traditional China in the structure of binary opposition, his pursue of the value of eternal and invariance within, and lamenting the disappear of this oriental eternalness during the pursue of modernity, indicate that Marc's visual narrative of China still cannot totally break away from the perspective and thinking pattern of Orientalism.

关键词：马克·吕布，中国影像，视觉叙事，东方学

Keywords：Marc Riboud, image of China, visual narrative, Orientalism

2016年8月30日，93岁的法国摄影师马克·吕布（Marc Riboud）逝世。这位摄影师因为与中国长久、特殊的历史相联系而再次成为国内摄影界和相关人士关注的焦点，怀念马克·吕布的文字围绕他丰富的摄影经历、个人风格鲜明的摄影美学，尤其是他所拍摄的中国影像展开了各种叙述，"摄影大师""纪录中国""中国情缘"等话语构成了叙述的重要内容。

1923年6月，马克·吕布出生于法国里昂附近的小镇Saint-Genis-Laval。这位"游走的摄影师"拥有传奇般的摄影经历。他最初的一批照片是在1937年巴黎世博会期间，用他父亲在他14岁生日时送他的柯达相机拍摄的。1951年，马克决定放弃工程师的职业而投身摄影事业，次年搬到巴黎后遇到了摄影大师亨利·卡蒂埃-布列松（Henri Cartier-Bresson），后者教马克使用一个旧的取景器进行拍摄。马克·吕布带着它在埃菲尔铁塔上拍摄了一个正给铁塔刷油漆的工人——这名工人头戴帽子，嘴里叼着香烟，站在铁塔上舒展着肢体，状态不像是在工作，而像一个身在半

空中的轻盈舞者。这幅名为《埃菲尔铁塔油漆工》(A Painter on the Eiffel Tower)(如图1)的照片后来发表在《生活》(Life)杂志上,使马克·吕布一举成名,这也是他的作品第一次在媒体上公开发表。同年,受邀于布列松和罗伯特·卡帕(Robert Capa),马克加入玛格南图片社成为一名职业摄影师。此后,马克开始了60余年始终在路上的摄影生涯,足迹遍布中东、南亚、东亚、东欧、北美和非洲,期间看过红色政权的社会主义中国,先后几次造访苏联,参加过法国抵抗运动,拍摄过1968年巴黎的"五月风暴",记录了20世纪五六十年代阿尔及利亚和西非的反殖民独立运动;在越南战争期间,他是唯一获准进入越南拍摄的摄影师,也是少数能任意往来于南北两侧的人之一。终其一生,马克·吕布是一位不折不扣的旅行摄影家,先后出版了30多部摄影作品。这其中包括马克·吕布的另一张代表作品——《枪炮与鲜花》(如图2),照片捕捉到了一个特殊的动人瞬间:1967年,在美国五角大楼前,一名反对越南战争的女子面对持枪警戒的士兵,将一朵鲜花献给了他。

图1 《埃菲尔铁塔油漆工》,1953年

图2 《枪炮与鲜花》,1976年

一、马克·吕布的中国情缘

在美国杰出的新闻摄影师玛格丽特·伯克-怀特（Margaret Bourke-White）于20世纪30年代发布了大量苏联的照片之后，很多西方摄影师如恩斯特·哈斯（Ernst Haas）、布列松等，开始关注和拍摄更遥远的地区所发生的事，他们都将镜头对准了远东地区，①这些人中也包括马克·吕布。

马克的个人网站上曾这样写道："中国可以说是他拍摄最多的国家。"②在所有拍摄中国的外国摄影师中，马克·吕布可谓是知名度最高的人之一：一方面，马克·吕布是新中国成立后较早进入中国拍摄的西方摄影师，③并且是第一位获准拍摄中国领导人的西方摄影师。从20世纪50年代至21世纪初，马克在50多年间前后22次访问中国，拍摄中国的时间跨度最长，记录了中国半个多世纪的起伏跌宕，因此也留下了最多和最广泛的中国影像。这些影像文本在客观上反映了半个世纪以来一个新兴红色中国发生的历史性变革，在表征中国的现代化进程层面，具有历史档案的意义，正如有的西方媒体评价的那样，"他拍中国比任何一位国际摄影师都多"，因此"如果（有人）要看1949年以后的中国，就给他看马克·吕布的照片"。④ 而国内同行对马克的中国影像也作出了高度的评价，认为它们是"所见到的老外拍中国，拍得最深入、最真实，也最富有人情味的照片"，马克"用自己的摄影画面最直观、最形象、明白无误地向世界介绍了中国，介绍了中国人民的漫长经历"，用"广泛的题材、深刻的主题、精确的语言""拍出了时代特征，拍出了历史风貌"，他"是一位成功报道中国的摄影大师"，⑤马克与中国的历史情缘由此形成。另一方面，在中国，马克·吕布一直被当作纪实摄影的"教父"来谈论。早在1989年，国内的《摄影》杂志就用11页的大篇幅刊登了马克拍摄中国的照片，第一次介绍了他的中国之行，并将他作为纪实摄影的标杆推介给中国摄影界。20世纪80年代末，中国摄影界正处于求新求变之时，不仅力图摆脱官方正统的新闻宣传的摄影模式，而且也在反思民间日趋唯美而商业化的沙龙摄影，转而探讨如何关注社会底层生活和表现人性等主题内容。此时，马克·吕布的摄影作品被引介进中国。在自己的摄影经历和作品中，马克以人文主义的眼睛观察日常社会，敏感地捕捉当地人的生活变化，抓住个人在历史背景中的生动细节与独特气质，善于通过一些日常生活的细节瞬间去反映一些具有重大意义的社会内容和一个国家的历史变迁。这种对日常生活的敏感观察成为观看被宏大叙事所忽略和遮蔽之社会历史的重要视角。例如，在1957年马克第一次来到中国拍摄期间，他被安排去参观建设中的武汉长江大桥，然而他

---

① 罗森布拉姆.世界摄影史[M].包甦，等，译.北京：中国摄影出版社，2012.
② 参见马克·吕布的个人官方网站：http://marcriboud.com/zh/。
③ 一种流行观点将马克·吕布称为新中国成立后首位获准进入中国拍摄的西方摄影师，但实际上，新西兰摄影师汤姆·哈钦斯（Tom Hutchins）在1956年即到达中国拍摄，他的作品与同一时期马克·吕布的作品有些相似，二人都刻画了20世纪50年代中期平静、乐观的中国。——笔者注
④ 詹皓.50多年，拍出别开生面的中国[N].新闻晨报，2016-09-01(B11).
⑤ 胡武功.马克·吕布的魅力[N].人民摄影报，1993-07-07.

并没有按官方意愿去拍摄长江大桥的雄伟英姿,而是将镜头对准了桥下破败的帆船。相较于宏伟的国家工程,生民的生存状态更多地引起了马克的注意,成为其摄影的主题。马克以人文视点去观察周边日常生活的摄影,弥补了中国在这段历史发展过程中,某些真实社会瞬间与生活状态的缺失,以此促使中国摄影路径与艺术风格发生转变。换言之,他的这种摄影理念及手法,照片所包含的人文关怀和人道精神,为改革开放之后的中国摄影界带来了新的观察视角和内容、摄影语言与技巧,以及摄影指向的精神维度,成为中国摄影师直面和记录生活的重要启蒙。总之,在20世纪八九十年代,马克的作品以富有人文主义色彩的情怀和平实自然的风格,向中国摄影师阐释了什么是"纪实摄影",正如有评论指出,他"把个人视角带给中国摄影家,把一种对摄影的知觉和敏感、对摄影近乎着魔的热情带给了中国摄影界。他的拍摄手法在20世纪80年代末的中国纪实摄影界占据主导位置,产生了恒久而巨大的影响"①,正因如此,中国纪实摄影的发展总是与马克·吕布联系在一起,马克的作品也成为中国纪实摄影的一个标杆,这是马克·吕布中国情缘的另一内涵。

自1948年布列松拍摄蒋介石统治下的中国之后,很少有外国摄影师拍摄过一个进入现代历史阶段后的中国。布列松在通信中告诉马克:"尽可能多地在中国停留,还没有人好好地拍过平实的中国。"②1956年底,马克·吕布有幸通过周恩来获得了红色中国的签证,他从印度辗转香港坐火车来到广州,第一次踏上中国的土地。

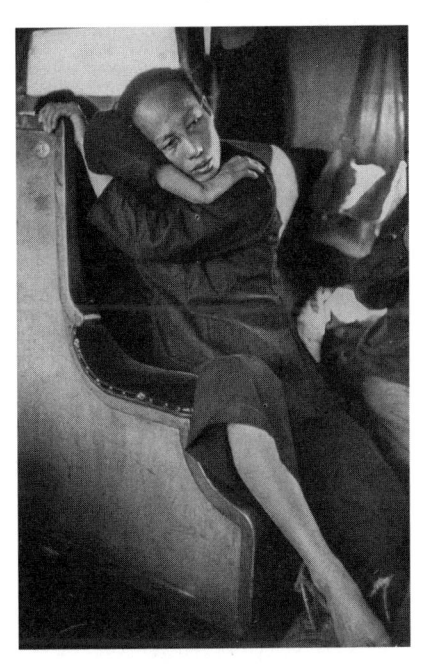

图3 《在火车上》,1957年1月

1957年1月1日,在从香港赴广州的火车上,马克拍摄了他的第一张关于中国的照片(如图3):主人公是一位在火车上的中年妇女,身着黑色衣裤,左手拉着座位的椅背,右胳膊靠在左胳膊上,头斜靠在右胳膊上,脸上若有所思。马克为这张照片写的说明记录了当时他对中国和中国人的第一印象:

这是我在中国拍的第一张照片。这是1956年的年底,在从香港到广州的火车上,穿越边境时拍摄的。换言之,是我在从一个世界进入另一个世界时拍摄的。从所带的行李判断,这个身穿黑衣的妇女是农民,虽然她那种成熟的优美让人觉得她是在城里生活的。人们看到的亚洲某些地方的人,是连一点人的尊严也没有的,他们往往处在一种完全被抛弃的状态中,而这张照片立即完全改变了这种印象。像其他访问中国的人看到的一样,我的第一印象,就是感到毛泽东给中国人

---

① 吕布.我见:马克吕布纪实经典[M].孟蕤,译.北京:世界图书出版公司,2015:出版后记.
② 吕布.马克·吕布:东方印象[M].北京:北京美术摄影出版社,2012:序言.

身上注入了一种尊严感。①

正如有外国媒体对这张照片做的形容与评论:在"动乱中看见优雅的东方美"②。这位女农身上"成熟的优美""优雅的东方美"以及"尊严感"等,可以说极大地挑战了此前西方人对中国认知与想象中的基本"常识"。这种"常识"作为东方学的一种悠久传统,可以一直追溯至19世纪40年代的鸦片战争时期,而自新中国成立之后尤甚,直到1964年中法两国正式建交之前,在这段东西方的外交冷战时期,西方资本主义社会对这个新兴的社会主义国家不仅一无所知,并且充满敌意。就像马克·吕布在采访周恩来时所得知的,1954年时任美国国务卿杜勒斯在与周恩来见面时拒绝与周握手,原因是他不想握一只共产主义的手,西方对红色中国的偏见与敌意可见一斑。正是在此历史背景下,马克的这张照片可谓向西方提供了一种全新的东方视觉经验。此外,从另一个角度来说,在20世纪五六十年代,当中国本土的摄影还主要作为政治宣传中的匕首和投枪时,马克则用另一种眼光,以充满温情的镜头语言拍摄碎片化的生活瞬间,为中国各阶层的社会生态留下了一些朴实的历史剪影。在此后的行走拍摄中,马克从城市到乡间,坐火车从南向北一路穿越整个中国:"从广州到北京,坐火车要2—3天,南京长江大桥还没有建起,火车到了江边,我们还要坐船渡江。在重庆,第一次坐上了中国的飞机。"③ 1965年,吕布第二次来到中国并长时间停留,不仅拍摄到了北京天安门前反对越南战争的游行,而且看到了"文化大革命"初的街头景象。1966年,马克将1957年、1965年两次中国之行拍摄的照片结集出版,命名为《中国的三面红旗》(*Three Banners of China*,1966),这是第一部由西方摄影师拍摄新中国、在西方产生广泛影响的摄影集。在马克·吕布看来,了解中国最好的方式就是观察,自20世纪90年代起,他几乎每年都要返回中国拍摄,对于中国社会前后几十年来的纵向变化,马克·吕布作为一个持续观察的外来者,具有特殊的视角与敏感性。他通过坚持不懈地对社会细节和日常瞬间进行观察,了解新一代的中国人如何生活和思考,及其生活和思考的方式在几十年的变革中又发生了什么巨大变化。如此,他的观察在红色中国持续了半个多世纪,拍摄对象从形形色色的普通民众到国家领导人,覆盖面极广,包括毛泽东、周恩来、邓小平;他看过传统的长衫、布袄,再到毛服、列宁装,直至时兴的的确良衬衫;他也见证过从"大跃进""文化大革命"到改革开放的发展。马克总结这些观察说:"我爱我看到的所有一切,美好的脸庞,泛着古旧光泽的工具,还有广阔和奇特的风景。我看到整个民族已经从屈辱走向尊严。"④

中国美术馆在2006年10月举办"马克·吕布摄影中国40年"的大型个人展览,马克的老师布列松在为展览写的题词里说:"没有什么能比把一个国家同她自己相比

---

① 南无哀.东方照相记:近代以来西方重要摄影家在中国[M].香港:香港中和出版有限公司,2017:448.
② 李玥.马克·吕布:我喜欢看着一个国家长大[N].中国青年报,2016-09-23(09).
③ 徐佳和.93岁法国摄影师马克·吕布去世,他见证了新中国的变迁[EB/OL].[2016-08-31].http://www.thepaper.cn/newsDetail_forward_1522204.
④ 参见马克·吕布的个人官方网站:http://marcriboud.com/zh/.

较,抓住差异并试图连贯其间的脉络更说明问题。"①马克从 1957 年初第一次进入中国开始,直到 21 世纪初,50 多年间 20 多次访问和拍摄中国,目睹和经历了从毛泽东时代到邓小平时代直到 21 世纪的巨变,将半个多世纪以来中国从传统走向现代,从封闭走向开放的历史性变化连贯起来并加以对比,这在众多摄影师关于中国的影像拍摄中是不多见的。在长达半个世纪的观察和拍摄中,马克·吕布出版的有关中国的影像文本除了上述的《中国的三面红旗》之外,还包括《中国的视界》(Visions of China: Photographs,1957—1980,1980)、《黑白中国》(China in Black and White,1996)《马克·吕布在中国:四十年摄影》(Marc Riboud in China: Forty Years of Photography,1997)《明日上海》(Tomorrow Shanghai,2003)等。国内摄影家胡武功从"瞬间与永恒"这一包含对立性的摄影美学角度评价了这些纪实摄影,认为马克的中国影像在瞬间画面中产生了永恒的价值和意义,在日常生活的细节中反映整体的社会与政治背景,通过细节变化去发现和理解中国人内心的理想与价值观念的转变。②特别值得注意的是,"中国社会的影像在某个历史阶段对于真实的被迫缺席,由马克·吕布用他持续的观看补充完整了"③,尤其是他照片中反映出的某些特殊历史时期的社会现象和生活状态,中国摄影师完全忽略或不得不忽略,却通过他这个外来者的镜头保留了下来。例如,马克拍摄的 1965 年中国美院雕塑系课堂上尚未遭到取缔的人体模特,他们很快就在中国的美术教育中消失了,直到 20 年后重新出现时,仍不免受到社会舆论的抨击和歧视。同样在 1965 年,马克在北京大学拍到了周末舞会上戴着口罩跳舞的女学生,这种场面后来也告别普通中国人的生活长达 20 年。诸如此类特殊的影像记录,正如胡武功所指出的,"更注重寻求更利于认识与理解中国的那些具备细节特征的'决定性瞬间'",它们"交还给人们一个真实而形象的业已逝去的'不在',使人们从早已消失的'不在'中,神奇地目睹和了解中国的过去"。④从整体上看,这些影像文本不仅以视觉形式表征了中国社会从"毛时代"向"邓时代"的现代性转变,叙述了这一转变过程中的曲折、艰难与冲突,与此同时,这些影像也在不断打破西方对中国的刻板的历史"常识"与他者想象,将一个真实朴素而出人意料的中国呈献给西方。这正是马克·吕布及其中国影像的重要意义。

二、马克·吕布眼中的中国与"中国性"

罗兰·巴特曾对 1950 年《巴黎竞赛》上的一张封面照片进行符号学分析,进而探讨该照片"形象内的视觉要素的显现和编码是如何产生出某种特定的法国和法国社会的观念的"⑤。循着这一先导性研究,英国学者彼得·汉密尔顿(Peter Hamilton)特意选取 1944 年巴黎解放至 20 世纪 50 年代末战后法国社会重建时期的图片摄影报道,

---

①③ 曾焱.马克·吕布:有一种观看,我们已经陌生[J].三联生活周刊,2016(08).
②④ 胡武功.瞬间与永恒——兼评马克吕布的《中国所见》[J].新闻知识,1993(10):28-29.
⑤ 汉密尔顿.表征社会:战后平民主义摄影中的法国和法国性[M]//霍尔.表征:文化表象与意指实践.徐亮,陆兴华,译.北京:商务印书馆,2003:77-150.

探讨"此类表象在为该民族重新定义'法国性'方面所起的作用"。巴特与汉密尔顿这类研究的价值在于,通过考察摄影图片中包含的视觉符号,分析它们围绕一个民族国家显现和表述了一个什么样的历史形象、历史观念、历史内涵等,而这种历史形象又是如何通过一种"支配性的表征范式的形式和内容"[①]被建构起来的。这里值得注意的是,借用汉密尔顿"法国性"的概念,一种图像叙事在某种意义上可以表述乃至定义一种"国家性"。从这一角度来看,马克·吕布对中国长达半个多世纪的持续拍摄更是如此,作为一种图像性的表意媒介,那些照片是一套历史性的图像叙事,是围绕一个特定时代的中国进行"中国化"叙事的视觉话语,是针对特定历史时期的"中国"范畴展开的一种有关"中国性"(Chineseness)的表意实践。

马克·吕布曾这样描述自己长达半个多世纪的摄影历程:"我是个拿着小照相机走路的人。我不停地仔细观察周围的东西,有时候会拍下些无关紧要的细节。那使我很着迷,但我并不创作故事。我只是个琐碎细节的收藏者。"[②]与之相联系的是他的另一种摄影观念:他讨厌"见证"这个词,并不认为自己拍的纪实照片是在见证历史。他曾说:"我到世界各地去,绕绕地球,做的是很简单的事,不能用这些冠冕堂皇的字眼。"[③]这意味着,马克在20多次往返中国的拍摄中,并无意于以一种连贯的影像集群去记录半个多世纪中国的历史变迁,再由此构建一套影像中国叙事。然而,从另一个角度看,马克几十年相对持续的拍摄,以及贯穿其作品中的个人摄影风格,使这些影像无论就拍摄内容还是就拍摄手法而言,都不可避免地具有一种内在的历史关联性和视觉表意功能,它们代表了马克对中国几十年变革的历史观察与内涵理解。换言之,虽然无意于记录和见证,甚或这只是马克的过谦之词,但这些影像由于其内在的历史关联性和视觉表意功能,无论就其本身而言,还是在当时跨文化传播的历史语境下,在客观上都起到了建构中国形象、表述中国内涵这一国家话语叙事的作用;甚至于,中国社会某个历史阶段的真实存在及其影像,由于某种原因而被迫缺席,此时由马克·吕布用他持续的观察补充完成了,尽管他不是有意在进行历史记录,正如他自己的名言:"摄影无法改变世界,但能够展示世界,尤其是在世界本身不断变化之时。"[④]因此说,马克·吕布的这些影像以特定年代的图像符号及其编码方式,在再现历史时空细节的基础上,去表征这个国家在20世纪后半叶以来的现代性探索中所呈现出的"中国性",在马克眼中,正是这些特定的"中国性"内容,充实、界定并赋予了"中国"这一历史范畴在时代变迁中的本质内涵。

1980年,马克在他出版的第二本中国摄影集《中国的视界》的前言中说:

我是摄影师,而不是汉学家。我在中国走啊走,看啊看,拍了不少照片。我还喝了很多茶,听了很多当时官方冗长的报告……所到之处我看到并喜爱这些美丽的面孔、

---

① 汉密尔顿.表征社会:战后平民主义摄影中的法国和法国性[M]//霍尔.表征:文化表象与意指实践.徐亮,陆兴华,译.北京:商务印书馆,2003:77-150.
② 路斐斐.马克·吕布 收藏"琐碎细节"[J].三月风,2009(5):58-59.
③ 詹皓.50多年,拍出别开生面的中国[N].新闻晨报,2016-09-01(B11).
④ 肖全.跟着马克·吕布拍中国1993—2013[M].南昌:百花洲文艺出版社,2016:序.

工具上的陈年铜绿、浩瀚又有些奇特的景观,到处都有一种尊严,取代了19世纪几乎整个民族的耻辱。①

这里强调的,不仅是20世纪的巨变"取代了19世纪几乎整个民族的耻辱",更重要的是,马克的记录不同于汉学家在文献典籍中扒梳、研究和描摹一个文字式的中国及其抽象的历史特质,他是以亲历者和观看者的视觉感受,观察、表征和建构一个直观视觉化的中国,通过诸多具有时代性的图像符号去阐释这个视觉化中国的历史内涵与东方特质,即一种直观、视觉化、历史性的"中国性"。正是这一在马克眼中异于西方地理风物与社会文化的"中国性",一方面产生了吸引他不断返回东方国度的诱惑力与影响力,如其自陈:"我非常热爱东方,远远超过我们的城市,或者我们成长的家乡。我们总是被相反的、不同的东西所吸引。当我到东方时,我发现东方确实是一种完全不同的文化、思考方式,行为和文化都(与西方)截然不同。"②就像北京王府井那些蜿蜒交错的胡同,对于当时年仅33岁的法国青年马克而言,充满了东方建筑特色和吸引力。另一方面,包括北京胡同、街头集市、杂耍艺人在内,"这些美丽的面孔、工具上的陈年铜绿、浩瀚又有些奇特的景观"等中国的众生相、众物相由内而外所表征的一种视觉化的"中国性",在深层次上构成了马克镜头下中国影像的核心特质。这种"中国性"可以从以下几个方面分别来论述。

第一,半个多世纪以来马克·吕布对中国的造访和拍摄,多次都处在中国的社会、政治、经济、文化发生重大转折的历史节点或时期,例如1957年,反右运动即将开始;1965年,"文革"即将爆发;1971年,"文革"进行中;1983年,中国处在解放思想、改革开放初期;1993年,以市场经济推动改革开放的深入;21世纪初,进一步推进现代化转型。这些年份对于观察、了解和表征20世纪后半叶的中国而言,重要性不言而喻。如1957年初次进入中国对马克·吕布来说,只是一个偶然的机遇。作为一名来自西方资本主义世界的初访者,马克对这个神秘的红色中国难免知之有限,实际上对于几乎所有的西方人而言,该时期这一新兴的社会主义国家及其政权都是一个封闭、神秘的东亚事物。但对于中国自身来说,这却是一个特殊的年份:在这一年,中国实现了第一个五年计划,公私合营彻底完成;与此同时,反右运动即将开始,中国随即也被"禁止"进入。又如1965年马克开始第二次中国旅行时,无法想见这个国家即将开始一场长达10年的"文化大革命"。在这些关键节点上,身为摄影记者而又不懂汉语的马克,对这个东方的新国度及其新国情不仅知之甚少,而且很难有确切深入的了解。但从另一个角度,马克有幸进入一个这么大的"禁区"里工作,几乎碰不到其他西方摄影师,这是一块留给他的陌生而绝佳的新大陆。正是在这种基本的历史情境下,马克开始亲自观察、亲身体验中国处于重要历史节点的存在状态,纯粹依赖一个摄影记者对事物的感受和观看本能,记录下了一些行将消失和行将出现的事物,例如1957年走在北京王府井大街上的行将退出历史舞台的旧式贵妇人(详见下文),1965年"文革"前学生的街

---

① MARC R. Visions of China:photographs,1957—1980[J]//林月白.马克·吕布的中国情缘.海南周刊,2016-09-05(B10).
② 张曼.马克·吕布:"我确实无法掩饰对中国的喜爱"[J].今日中国(中文版),2010(7):58-59.

头游行等。1992年随着邓小平开始南方之行，中国进入了新一轮思想解放和改革开放，其结果是从社会个体到整体、从内而外发生的又一次现代性蜕变。正当此时，马克·吕布于1992年、1993年、1994年、1995年、1996年连续五次访问中国，对改革开放下急速变革的中国展开特写式的观察和密集拍摄，随后出版了记录中国改革开放最新变化的摄影集《黑白中国》。与此前毛泽东时代的影像相比，这些关于市场经济转型期的照片又为邓小平时代的中国及其"中国性"注入另一种视觉内容与现代性内涵，马克很敏锐地通过深圳、上海这两座象征新时期现代化改革开放成就的城市对此进行了描摹。从历史节点的角度，马克对这些特定历史时期特有景象的拍摄，构成了其影像叙事中有关红色中国所独具的"中国性"的内容。

第二，在对这些转折性的历史节点或历史时期的观察中，马克捕捉到了一些对于当时的中国而言比较特殊的历史场面。在毛泽东时代，当1957年初马克来到中国时，得益于1956年"百家争鸣，百花齐放"运动暂时打开的一扇门，社会风气还比较开放，在短短的四个月内，马克有幸看到了一些很快在此后的反右运动中销声匿迹的历史场景和公众活动。例如，上述1957年中国美院雕塑系课堂上尚未遭到取缔的人体模特。当时的中国严禁所有的裸体模特，后者被认为是颓废的、腐朽的资本主义写照，只有这个课堂上还留有裸体模特。另外，他也看到了日益更新的中国里面潜藏着的"旧"中国，拍到了"文革""破四旧"前的"旧"风俗、"旧"文化、"旧"习惯，这些令其好奇的东西被视为那个传统中国的流风遗韵。当马克1957年初次看到集市上胸口碎大石这样惊心动魄的场面

图4 《北京集市》，1957年

（如图4）时，他这样写道："在北京的胡同里逛游，遇到很多令我惊奇的事情，比如这个明显对孩子是一种折磨的事被当作娱乐；正是这个场面，我了解到什么是气功。大石头下面的人通过气沉丹田，成功抵住了铁锤的击打力量。在这场景中，我亲眼看到大石头被砸碎，下面的人站了起来。"①正是带着这种外来者陌生而惊奇的眼光，马克的照片中包含大量如气功这般表征传统中国意蕴的景象、人物与符号：有方正肃穆的故宫，狭窄交错的胡同，灰色瓦墙的四合院，皇家宅院屋檐、屋脊上的龙形装饰，故宫里打太极拳的人们，穿着中式开裆裤的小孩，大雪中的黄包车，王府井大街上最后的贵族妇人，北京天桥上的江湖杂耍艺人，街头吆喝声各不相同的小生意人（磨刀磨剪子的、装玻璃的、补锅补盆的，各有各的调），还有文具店里的师傅正用毛笔写着蝇头小楷，小孩

---

① 南无哀.中国的三面红旗——吕布眼中毛泽东时代的中国[J].中国摄影家，2015(7).

花几个硬币向老板租借连环画和小人书,北京春节庙会里的相声、皮影戏、舞狮、摔跤、气功绝活等景象。

图 5 《北京琉璃厂古玩店窗口》,1965 年

毛泽东时代马克最具有"中国性"的照片,也是他在中国拍摄的代表作品之一,是 1965 的《北京琉璃厂古玩店窗口》(如图 5),摄于北京琉璃厂一间古玩店里。吕布富有创意地以古玩店里典型的格子形玻璃橱窗作为取景框,将窗外的情景井然有序地分割于六个平衡搭配的框架里,来凸显北京最具传统文化色彩的街景。左上的窗口中是"荣兴斋"这间经营玉器翡翠的百年老店,其古典的中式店铺门楼上悬着用镀金书法书写的黑漆木牌匾,旁边是一家文物店用西藏梵文书写的招牌;在中上和右上的取景框架里,是京郊传统石门房的典型门楣和阳台样式;在左下和中下的框架里,几个穿着旧式衣衫的老派市民习惯性地在门前临街而坐,一位抱着小孩的年轻妇女正在与街坊闲聊家常,两者合起来构成一幅典型的中式日常生活图景。所有这些内容在格子橱窗的分割构图和聚焦透视中,形成了一种独特的时空停滞和视觉静观效果,合在一起不啻是一幅京城风俗画,其中的人物与情境几乎构成了北京这座古老东方城市的代表性元素及其传统特色,不仅延续着老一辈人的活法,也留存着那个传统中国的历史风韵,而聚焦静观的视觉效果使此人此景似乎成为代表古老中国的永恒存在。与此相类的是,除了北京这一古老东方大国的首都,马克还沿长江从湖北到四川、重庆,目睹了长江上传统的戎克船、重庆江边拉船的纤夫;又北上陕西和甘肃等地,看到农民继续着传统的农耕,在麦收季节踩着梯子把脱粒后的麦草堆成垛(如图 6)。这些形色各异的传统生产与生活方式,在马克眼里一方面构成了那一时代广袤中国的地方特色,体现着独特浓厚的"中国性",另一方面也是与他出身的那个西方社会迥然有别的东方景观。

第三,马克在对中国不同时期的观察中,往往以人

图 6 《陕西省的丰收》,1957 年

文主义的视角细心旁观社会生活中的细节,人的日常情态与时代命运始终是他关注的主题。他的影像归根到底是对特定历史环境中人物的视觉化捕捉和呈现,敏锐地捕捉其中饱含蕴意的时代符号和历史信息,这不仅是马克·吕布的中国影像叙事,而且是他所有摄影作品的人文关怀这一整体风格中最基本的构成元素。例如1957年的冬天,在北京王府井大街上,马克敏感地将镜头对准迎面走来的一位独异醒目的贵妇人(如图7):她头戴一顶毛线织成的圆帽,身披长至脚踝的黑色大氅,领口镶着白色狐毛,手指夹着香烟,目光中流露出傲慢的神情。在她背后的背景街头,是一片穿着灰色工装的行人,老妇人以这身装扮出场显得如此荒诞、不真实,然而又像是随时随地都有可能出现,提醒着世人这个皇城古都曾经盛极一时的历史及其现在依然留存的流风余韵,而在革命后的中国,这

图7 《最后的贵妇人》,1957年,北京王府井大街

些流风余韵作为不合时宜的遗世存在,最终难逃孤独难支、退出历史舞台的尴尬命运。最后一批残存的贵族很快就消失了,就在他们消失之前,马克很敏锐地意识到作为历史资料,这种残存贵族之视觉形象对于变化洪流的重要与宝贵。布勒松曾说:"中国是一个封闭和神秘之地,在外人看来,其中正在发生的巨大变化几乎总是隐藏着的。"①在此情境下,发现中国的最好方式就是密切关注它的细节和瞬间。在这张贵妇人的照片里,其细节与瞬间具有极强的描述性:一顶毛线圆帽,一件镶着雪白毛领的黑色大氅,在周围戴布帽、穿布衣的平民百姓中显得异常独特;尤其是从大氅中露出的白皙手指夹着最时髦的纸烟,这一细节与同时代老百姓一般抽的旱烟和自制纸烟形成鲜明的对照,这不仅是20世纪50年代中国社会两种特定历史地位的人的写照,而且是两个历史时空在这一特定时刻中的暂时并置与停留、更迭与对话,同时也暗示出此时处于历史大变革中的中国社会在传统与现代交替过渡中的多元与复杂,这种交替及之间的张力在这张照片的能指与所指中突出地体现了出来。

在马克的影像表征与历史叙事中,面对变革中的中国,他将人文主义的视角落脚于不同社会历史阶段中的各色人物的独特情态,诸如街头艺人、地里的农民、车间的工人、广场上的市民,甚至乞丐等,细心捕捉人物的细节反应,从中解读饱含蕴意的时代符号和历史信息。例如20世纪50年代的中国,人们穿着统一的蓝灰色衣服,胸前别着当时最重要的符号之一——毛主席像章,在行动中喊着整齐划一的口号等,从中可以透视到人物与时代之间的某种历史关联。换言之,以视觉的方式呈现和解读历史中

---

① MARC R. Visions of China[M]. Pantheon Books,1980:Foreword.

活生生的人,是马克认识和理解中国的重要方式;通过此种方式,马克用影像表征和诠释了中国在特定历史时期的意蕴,也即"中国性"。

通过上述三个方面,马克·吕布在有意无意之间,对半个世纪以来"中国性"的历史内涵与变迁做了独特的个人理解与视觉表达,尤其是与同时代国内摄影师相比,他在实际上表征了一个非官方的、非主流的历史中国及其"中国性"内涵。

三、传统与现代:"中国性"背后的叙事结构与影像机制

关于摄影与观看,马克·吕布有两句名言:眼睛用来看,不必用来思考;摄影不是智力过程,是观看的过程。马克此言有其特殊的话语语境和意义指涉,自有其一定的道理;但从另一个层面,笔者认为,眼睛用来观看的过程,如同约翰·伯格所言,有其"观看之道",必然涉及眼睛和摄影这种观看背后更深一层的智力活动,包括观看机制及其历史语境,否则这种观看就无法产生意义。那么,面对中国半个多世纪的变迁及其包含的"中国性"内涵,马克·吕布的观看之道是什么?

马克同一时期拍摄中国的许多照片中在有意无意之间都包含了一种平行拍摄和视觉对比,例如在 21 世纪初,甚至是同一年拍摄的照片里,既有像上海、深圳这样在改革开放中率先实现现代化的大都市和摩登时尚,又有如山西平遥这样依然保留传统建筑的古城小镇及其古朴风情(如图 8)。甚至在对同一座

图 8 《平遥的父与子》,2002 年

城市的拍摄中,如上海,既有像南京路、浦东区、购物商场等这样由改革开放带来的现代新式景观,又有在摩天大楼映衬之下的旧式弄堂老屋(如图 9、图 10);既有穿着新潮的年青一代,又有依然穿着中式褂子的垂垂老者。两种社会风貌,两种人情形态,代表了两个不同社会阶段的并置与接续,甚至是两种不同的历史文化基因,它们在平行对比中形成一种共时性的叙事结构,这并非个别照片之间的偶然巧合,而是源于拍摄者在观看时的有意为之。

按照索绪尔共时语言学的观点,在符号的意义生成中,无论是符号中的能指,还是整个符号,其意义并非其先天固有,而是在与其他能指或符号的对比与区别中显示出来的,即所谓"主体"只有在与"客体"的对比中才成为主体,"自我"也只有在"他者"的参照下才具有特定的中心性意义。由此来看,马克的照片实际上即形成了一种在相互

图 9　上海,浦东区,2002 年

图 10　上海,2002 年

区别中产生和表达意义的二元结构:传统与现代。所谓传统,并非纯粹的老式和陈旧,而是在现代性的参照下凸显其作为历史存在的意义;现代也必须在传统的映衬下,体现其求新求变的时代内涵。两者既可以在同一时空中并置共存,又是在历史变迁中的前后转换,因此两者之间形成了一种辩证的二元对立与转换的时空结构关系。而这一二元结构正是马克观看和理解半个多世纪以来中国的变迁的基本视角和表征框架,是其影像意义生成的主要话语机制。就像在上述照片中,上海都市中的大厦与人流,恐怕其意义更多地不在于其自身,作者想要赋予其现代性意义,只有在与同时期的平遥古镇、弄堂老屋等传统影像与符号的对比中才能实现。

这种二元对立的差异性叙事结构在上文《最后的贵妇人》那张照片中典型地体现了出来:这位贵妇人何以成为镜头聚焦的对象?她在身后背景的映衬之下,意味着什么样的时代信息与历史意义?这些恐怕只有在传统与现代的二元结构中才能获得充分的解读:1957年的中国,在红色政权主导下的社会主义改造基本完成,与之前的民国甚至晚清相比,从社会个体到整个国体都发生了本质性变化,也即马克所说的这个"国家正在发生翻天覆地的变化"[①],此时这位贵妇人从穿着打扮到神情举止,在与其身后清一色穿灰色工装的北京市民的对比之下,指向的是另一个正在慢慢逝去的历史时空,就像老舍笔下曾经的那个"茶馆"。作为旧中国的一个缩影,这位贵妇人自上而下、由内而外都充满了传统中国社会的各种符号,既代表着曾经传统社会里的高贵,又暗示出如今在现代转换中的落寞,平民与贵族、新与旧、现代与传统,构成了这张照片最基本的意义生成机制,其所表征的历史意义主要在这一潜在的叙事结构中得到解读和阐释。

四、马克·吕布的"中国性"——东方学链条上的转折?

在1957年初来到中国之前,马克·吕布用了半年的时间从巴黎开车到印度的加尔各答,途径土耳其、伊朗、阿富汗、印度、尼泊尔等国,原本神秘的东方大陆与其地理风物渐次展现在这位西方摄影师眼前,这是一场名副其实的东方之旅。2012年,马克·吕布的摄影作品《马克·吕布:东方印象》第一次被正式引进中国出版,本书大部分图片均是在国内首次公开亮相,它们是影像匮乏的20世纪50年代东方世界的珍贵记忆。因此马克与东方的关系是一个无法绕过的议题。马克曾自陈决定远赴东方的内心想法:"直觉告诉我,我必须到更远的地方去,不仅要离开我的家人,我更要远离欧洲,远离欧式的思维习惯和文化,去探索广阔的东方。在那里,世界有着不同的刻度,而我也可以自由地从伊斯坦布尔流浪到上海,随意地停留在任何一个地方,掌控我自己的节奏,挑选我自己的驿站。自由,真正的自由。"[②]此言表明,马克·吕布意欲突破此前很多西来者的局限,远离"欧式的思维习惯和文化"对他的影响,力图在观看东方国度的时候能够自由地选择角度与立场,从而拍摄一个客观真实的中国。

对马克的这种拍摄,国内的很多摄影师与研究者也都持肯定的态度。例如在不少摄影师看来,马克始终坚持以局外人的立场、独立的观察方式、冷静又富于艺术感受的人文视角捕捉直觉性的瞬间。[③] 他所拍摄的中国之所以经典,原因在于马克并没有带着西方人普遍的猎奇心理或者成见,"一个西方人的镜头毫无外来者强行侵入之感,就像是国人的自我审视,充满东方智慧。"《人民摄影报》原总编辑司苏实这样评价。马克·吕布的照片没有窥探和俯视,而是通过平常人的视角,让"冷战阵营"看到了一个"意

---

① 李玥.马克·吕布:我喜欢看着一个国家长大[N].中国青年报,2016-09-23(09).
② 吕布.马克·吕布:东方印象[M].北京:北京美术摄影出版社,2012:序言.
③ 林月白.马克·吕布的中国情缘[N].海南周刊,2016-09-05(B10).

料之外"的中国。① 不仅如此,马克对中国一直心存崇敬,他拍中国比任何一位国际摄影师都多,但他不会讲汉语,也没有像汉学家一样研究中国,他一直以一个局外人的立场,以一种别开生面的视角,迎接各种惊喜。②

评论马克最深入者当属摄影研究学者南无哀,他指出,如果把马克放在近代以来整个拍摄中国的西方摄影师的链条中,他显然还有摄影之外的意义。摄影术是随着两次鸦片战争传入近代中国的,从法国人于勒·伊蒂埃(Jules Itier)在《中法黄埔条约》谈判期间拍摄了广州的市井风物、官僚富商以及参加谈判和签约的中法代表(这些成为西方人在中国拍摄的第一批照片),到英国人菲利斯·比托(Felice Beato)1860年拍摄第二次鸦片战争及《天津条约》的签订,再到苏格兰人约翰·汤姆森(John Thomson)于1869—1872年间游历中国,用镜头记录中华古国的地方物产、风土人情、人民生活等,并传播到西方各国,一直到美国人约瑟夫·洛克(Joseph Charles Francis Rock)在1922—1949年长达27年间6次深入中国内地从事拍摄和写作。依据南无哀的看法,这些商人、传教士、探险家和摄影家以一种由战胜国身份及不平等条约所带来的胜利者和受益人的优越心态,用摄影在这一东方大国寻找异域想象的文明奇观,中国的古老贫穷、人口众多乃至男人的辫子、妇女的小脚,都让他们觉得有趣,这正如法国哲学家萨特所描述的:到亚洲的西方旅行者们对于亚洲知识的根本态度并未改变,对当地人的屠杀减少了,对他们的鄙视却很深,这是屠杀的文明形式,历数这些不同使人们领略到了贵族式的乐趣。"我剪发,他梳发辫;我用叉子,他用小棍儿;我用鹅毛笔书写,他用毛笔画方块字;我的想法是直的,他的却是弯的。你是否注意到他讨厌直线运动,一切都乱七八糟他才高兴","有人极尽所能把中国人描述得骇人听闻……亚洲曾使我害怕,像水田里的螃蟹在两条犁沟之间逃窜,像大草原上铺天盖地的蝗虫摧毁一切",甚至有人"第一个描绘出既无灵魂也无躯壳的中国人和既无莲花也无烤肉的中国",凡此种种,萨特称之为"找出异常点的游戏"。③ 与鸦片战争不同的是,这些旅行摄影师是用相机征服这个国家。在此后很长一段历史时期内,中国都是西方摄影师猎奇、观看和表征的文化"他者",由此而生成的影像因此也具有了某种东方主义的意味,构成了一个延续东方学视觉传统的链条。因此在某个历史时期,"摄影,对于西方,是器材和技术的问题,媒介和实验的问题,传播与观看的问题,美学与伦理的问题;但对于中国,首先是政治问题"④。直到埃德加·斯诺(Edgar Snow)报道了陕北的红色中国(1936年)、罗伯特·卡帕(Robert Capa)报道了中国的抗战(1938年),特别是亨利·卡蒂埃-布勒松(Henri Cartier-Bresson)拍摄了1948—1949年的新旧中国交替,西方摄影家看中国的眼光才开始转变——卡蒂埃-布勒松的照片表现出了对中国人的深刻理解和对中国革命的赞同——萨特称其是第一位将中国人视同其法国同胞的欧洲摄影

---

① 李玥.马克·吕布:我喜欢看着一个国家长大[N].中国青年报,2016-09-23(09).
② 詹皓.50多年,拍出别开生面的中国[N].新闻晨报,2016-09-01(B11).
③ 萨特.中国故事[EB/OL]//布勒松.从一个中国到另一个中国.序.(2014-08-20)[2017-09-12].http://www.xuemo.cn/show.asp?id=9534.
④ 南无哀.隐藏在照片背后的偏见与傲慢——东方学视野中的中国照片[N].北京日报,2016-09-19(19).

家,在他的照片中,"四亿中国人像意大利的农工一样挨饿,像法国农民一样在劳动中耗尽自己",这不仅显示了共产党革命的正义性,同时也说出了一种真实:中国人和法国人、欧洲人一样,"都是相同的,都处在人类的状态之中"。而继布列松之后,马克·吕布站到了这个东方学传统的转折点上。[①] 言外之意,在南无哀看来,与东方学传统中西方人以自我为中心和异域猎奇的眼光,通过历史书写来描述和建构一个想象中的东方他者不同,马克·吕布以一种旁观者的客观冷静去观察他镜头下的中国人与历史场景,"他第一个通过照片对西方说,过去中国有过皇帝和龙,有过长辫子、小脚和租界,但现在,中国人有尊严;他把一个'不可能'的中国呈献给西方"[②],以此冲击和打破了西方社会对中国固有的公共常识。在这种意义上,马克·吕布对于中国的真实再现与早期来华的西方摄影家相比的确功不可没,在一定程度上破除了他的前辈们建构起来的中国偏见与刻板印象。

然而,从另一个角度看,对于任何一位摄影师,尤其是纪实摄影师而言,"他们无法拍摄每件事:他们必须选择题材,而且他们必须决定拍摄这些题材的方法。就这样,他们个人的动机渗入了对题材的选择,并渗入了一种方法,这种方法把特定的意义和价值编入形象的内容"[③]。苏珊·桑塔格在谈论摄影时也认为,"哪怕当摄影师最关心反映现实的时候,他们无形中也依然受制于口味和良心的需要"[④],而"所谓准确就是符合他们自己对贫困、光感、尊严、质感、剥削和结构的观念……虽然人们会觉得相机确实抓住现实,而不只是解释现实,但照片跟绘画一样,同样是对世界的一种解释"[⑤],这种解释说明"一切照片都有一种固有的倾向,就是把价值赋予被拍摄对象,而这种倾向是绝不可能抑制的"[⑥],这意味着,任何摄影都无法保持绝对彻底的全面与客观,必定包含"特定的意义和价值",从而使照片图像具有包含某种意识形态的话语叙事功能,而纪实摄影在这方面尤其如此。在此意义上,马克·吕布对中国的拍摄在主观上有意摆脱东方学传统的羁绊,但在客观上是否完全做到了?或者说,在东方学传统之外,是否又基于自身的拍摄经验和文化感受,建立起另一种他者性的观看?这种观看是否也是一种基于客观再现的选择性观看,甚至是基于某种认知框架建立起的一种新的东方学色彩与视野?回答这些问题,恐怕需要不断回到他镜头下的中国影像,对这些图像文本及其构成的叙事话语进行深入的条分缕析,才能有更深入复杂的理解与判断。

马克·吕布一生22次往返于中国并拍摄,他因此声称走在北京王府井大街上的次数比走在巴黎香榭丽舍大街上的次数都要多,这一形象的描述从某种意义上也说明,马克对中国的兴趣甚至到了执着与迷恋的程度。而这种执着为何如此坚韧?这种

[①] 萨特.中国故事[EB/OL]//布勒松.从一个中国到另一个中国.(2014-08-20)[2017-09-12].http://www.xuemo.cn/show.asp?id=9534.
[②] 南无哀.东方照相记:近代以来西方重要摄影家在中国[M].香港:香港中和出版有限公司,2017:序言.
[③] 汉密尔顿.表征社会:战后平民主义摄影中的法国和法国性[M]//霍尔.表征:文化表象与意指实践.徐亮,陆兴华,译.北京:商务印书馆,2003:77-150.
[④] 桑塔格.论摄影[M].黄灿然,译.上海:上海译文出版社,2010:10.
[⑤] 同④:13.
[⑥] 同④:46.

迷恋的根源又在哪里？换言之,如果说上文中那些照片里的"中国性"是其对中国感兴趣的内容的抽象,那么这种"中国性"在马克的观察体验中又是从何而来？这当中包含了马克观看和叙述中国时的何种眼光与立场？当被问及为什么会选择中国作为终生关注的对象时,马克回答说:"(20世纪)50年代我来到东方,发现这里有完全不同的行为方式,完全不同的文化,有浓厚的时间的印记,这些都是让我感兴趣的地方。但是今天的中国已经不像一个典型的东方国家,东方文化的印记越来越淡了。事物有一些变化那是不可避免的,但面对变化,我们总会有一些遗憾。"①马克的这段答话中包含了中国在他眼中的两个基本层面:异与同。第一,异的层面显然是马克关注的重点,包括"完全不同的行为方式""完全不同的文化""浓厚的时间的印记"等,这些不同一方面意在强调中国这一东方国家本身的独特性,另一方面更是凸显了这是在与西方进行默认对比与参照之后的结果。第二,所谓同,即马克所说的"东方文化的印记越来越淡",意指中国在变革中越来越与西方世界趋同,实际上同样是从异的角度观看而得出的否定性结果。因此,差异,也就是与西方这一潜在参照者的差异,构成了马克观察中国最基本的眼光与立场。换言之,作为一名西来者,马克不可避免地以西方为观看东方的出发点与参照系,对于西方人而言,对东方的理解似乎无法自立于东方之内。

相较于毛泽东时代的中国,西方人称20世纪80年代之后改革开放的中国为"邓小平时代的中国"或"邓时代的中国"。从时间的跨度上看来,马克的中国照片主要涵盖了这两个时代,一方面由于时代的变迁,另一方面由于摄影师关注重点的变化,两个时代的拍摄题材与内容存在明显的差异。具体而言,在毛泽东时代,马克观察和感受到的中国主体是传统式的,其镜头下的大多数内容依然保留着传统中国的社会景观、生活样态、人物气象或整体特色,如北京的紫禁城、古玩店,农村的稻田,穿着旧式粗布棉袄的爷爷与孙女、奶奶与孙子,在钢铁大桥映衬下在江面撒网捕鱼的船户,北京拉着黄包车的车夫,广西戴着斗笠上学的孩童,重庆拉船的纤夫,以及各地的农民,他们在稻田里插秧、用水牛耕地、用锄头锄地、去市集上卖猪、在家里纺线等。上文已言,摄影师的拍摄并非全然客观,而是选择了题材,渗入了方法,两者共同生成作者想要表征的观念与意义。对上述题材内容的呈现,占据了马克在毛泽东时代拍摄照片的较大份额,它们在客观再现之外,从差异的立场上表征了一个传统中国与中国传统。在马克的感受与视野中,正是这种传统构成了此时中国异于西方的"中国性"及其本质。

时至邓小平时代,尤其是进入20世纪90年代之后,相比于马克此前所目睹的毛泽东时代,这是一个快速发展而躁动的年代。1992年,邓小平开始他的南方之行并发表划时代的讲话,中国自此开始了新一轮以市场经济转型为驱动的现代化进程与社会大变革。不久之后,马克就出现在深圳的街头。他明白邓小平对于此时中国的意义,因此他对准街对面的邓小平巨幅画像,足足拍了三卷胶卷。马克此时的拍摄,一方面表现上海、深圳等处于现代性变革前沿的大都市,它们不同于传统"中国性"的种种现

---

① 廖伟棠.马克·吕布,纪实摄影的最后一座重镇消逝了[EB/OL].[2016-09-01].http://culture.ifeng.com/a/20160831/49872766_0.shtml.

代化、商业化符号或现实表征,开始频频出现在马克·吕布的镜头里:时兴的T恤衫、洋快餐、公用电话、变速自行车、快修相机手表等新鲜事物纷纷登陆这片中国南方的土地,一栋栋高楼大厦鳞次栉比,步行街和百货公司里人流涌动,咖啡馆里摆上了西式餐点,此前大街小巷的政治宣传标语变成了抢眼的巨幅商业广告或摩登海报,而这种海报在毛泽东时代曾被视为资本主义污点;与这些都市景观变化同步的还有照片中的人:他们用西服、裙装、墨镜等款式各异的服饰代替此前清一色的灰色工装,街上甚至开始出现手拿大哥大或开着高级小轿车的人,尤其引人注意的是女性,她们开始穿着超短裙和高跟鞋,公开展示新时代的身体性感与审美时尚。在其中一张照片中,一个报摊悬挂着以性感女明星为封面的画刊以招揽生意(如图11)。海报在这里成为一个极具视觉冲击力的符号,表征着在改革开放与思想解放之后社会观念对此前那一传统的深刻颠覆,它不仅激起当时中国人身体内的荷尔蒙,而且打开了中国人看世界的另一扇思想之窗,通过这扇窗户之所见,与传统景象与传统观念截然不同。凡此种种,都成为马克用影像书写邓小平时代"现代性话语"时非常具体的视觉化表征。

图11 《报摊小贩》,20世纪90年代

如果从现代性的理论视角将马克对这两个时代的中国的拍摄做简约化的抽象,这些照片实际上主要包含了传统与现代这两类内容与题材,前者主要体现于毛时代的中国,后者主要存在于邓时代的中国。而在两者当中,马克明显偏爱前者。实际上,在对中国半个多世纪的观察中,马克不仅记录了中国由毛时代向邓时代转变的过程,即注重这个国家由内而外从传统向现代的转向与蜕变过程,与此同时也反映了他对这种转变的复杂情感甚至矛盾态度。曾在20世纪五六十年代目睹那些传统中国的气象韵味,那些迥异于西方的整个社会文化,在此现代化进程的浪潮中不断地消逝,马克念念不忘且在创作中透露出对传统中国及其风物神韵的偏好。这在毛泽东时代的照片中自不必说,如前文中提到的在北京琉璃厂古玩店透过橱窗拍摄的照片,对于这条最具中国传统文化特色的街道上各种元素的特别感受与凸显；在邓小平时代的照片中依然不乏体现，如在表现现代都市及古朴新兴事物的大部分照片之外，还有一些照片特意呈现老辈人在弄堂里巷中的生活情态，以及与现代都市截然而立的平遥古镇。在21世纪初整个国家大力推进城市现代化这一大势之下，古镇依然保留着传统的建筑构造与生活空间，以及人们在此间延续着的生活方式与内容，马克留恋的恐怕正是其中不同于现代性大趋势的传统韵味，这也正是马克眼中"中国性"之魅力的重要来源。一方面，如其自陈，他喜欢在北京的胡同里闲逛、拍照，从这些地方了解中国过去是什么样子。换言之，正是过去中国的样子令人迷恋。另一方面，也正因如此，他发现20世纪90年代以来的中国随着现代化进程的不断拓展与深入，在社会发展、城市景观、生活方式、流行文化等各方面，旧的东西在消失，新的东西在涌现，正如一张2002年上海的照片所示：在一堵残破的旧墙上写着一个大大的"拆"字，墙背后不远处是一栋高耸的新楼拔地而起。

有了毛泽东时代那些存留的传统作为历史参照，马克在邓小平时代对处于现代转型之中的中国的观察，有意无意之间置入了传统与现代二元框架，在这一框架中思考现代对于中国的意义："这一股新的现代主义和工业化浪潮将把中国领向何方？如果我们再次回顾和观看中国，我们将会发现和明白。"①因此，二者的承续、差异甚至冲突构成了此时一个重要的观察视角，这不仅反映了中国在现代化进程中之实有，而且透露出，面对改革开放的中国，马克在肯定现代发展的同时也对此充满思考与困惑，慨叹中国走向现代化这一趋势的不可避免。在他看来，在现代性迅速崛起的另一面，是传统的失落，包括社会形态与社会价值，这种现代化趋势更多地是失掉自身传统的西方化。针对中国20世纪90年代初由经济飞速发展带来的巨变，他曾面对媒体这样描述这一转变："那儿的情况有点像一个人突然成了暴发户。没有人再谈论政治，也没有人谈论孔夫子。社会上唯一的价值观念就是金钱，"②"（社会）变得像我们这里有的最坏的东西那样——金钱成为人们所有活动的唯一准则。道义与家庭等价值正在崩溃。这如同把我们（三四个世纪）一系列历史进展尽可能短地压缩在一场赛跑中。"③其中对于此时中国快速现代化附带的负面影响的忧虑溢于言表。更重要的是，所谓"像我们这里有的最坏的东西那样"，意指西方及其现代历史进程中的商业化，马克此处看重的，恰恰是与以金钱为代表的商业性相对抗的"道义与家庭等价值"，后者正是传统中国的题中之意，这里隐约包含着中国与西方、传统与现代的二元对立模式。

更进一步而论，相比之下，马克所留恋的是那个处处充满古老的东方光晕及传统文化遗产的不变之中国。面对从孔夫子到金钱的世纪性变迁，不管马克本人是否意识到或者愿意承认，相比于他拍摄20世纪五六十年代中国时抱持的那种善意与平和，当他直面20世纪90年代以来受西方商业文化影响而发生某种变化的中国时，他已无法再纯然保持那种身为旁观者的冷静平和的心态，以及由此产生的"观看距离"，此时他

---

① RIBOUD M. Visions of China[M].Pantheon Books，1980：Foreword.
② 李玥.马克·吕布：我喜欢看着一个国家长大[N].中国青年报，2016-09-23(09).
③ Dionysus.记录我们时代表情的马克·吕布走了[N].新京报，2016-09-01(C06).

的照片中是对被摄物的贴近和聚焦,诸如富有视觉冲击力或有意突显的巨幅广告牌、广告牌上如雨点般落下的金币、商业步行街上密集的人流、拔地而起的摩登大厦,以及在此映衬之下空间局促的弄堂小巷、面临拆除的残垣断壁等。1996年马克出版记录中国改革开放最新变化的摄影集《黑白中国》,该标题中的"黑"与"白"即表达了他对此时中国之变的思考与困惑,"给变化如此之迅速的中国拍一幅肖像仍然十分困难。照片可能是模糊的,甚至相互矛盾。在我走过的很多城乡,前一眼看到的东西被后一眼所否定,昨天看到的东西被今天所否定"(《黑白中国》"前言"),"我们所爱的那个东方及其恒久的文化,骤然粗暴地变为一种极端西方的东西"①。在马克看来,存在那么一个"东方",有其"恒久的文化",这本身已经落入了东方学的思维模式。马克曾不止一次写下他对快速变化的中国所产生的矛盾感受与惋惜之情,在《黑白中国》的前言中,马克写道:"市场经济使中国创造出了令世界敬仰的经济奇迹,将无数中国人送上了消费主义的圣山,与此同时,古老文化的优美也正在眼前消失。但此时的中国,即便是那些经济处境不佳的人们,也无意回到毛泽东的时代,难道我们还有权利为之感到悲伤吗?"然而此言之后还有更深一层的隐忧:"中国正是因其文化传统的恒定性而为人所爱,而今却在现代化的过程中迅速'西化',古老的东方文化正在变为一幅西方文化的漫画,中国正在由地理上的远东变为文化上的'远西'——'遥远的另一个西方'——这又怎能让人不悲伤?"②尽管这段话语中充满了对中国的善意与同情,但不得不说,对中国文化传统"恒定性"的看重甚至是想象,正应了萨义德的观点:"东方学假定了一个一成不变的、与西方截然不同的东方。"③东方学的一大特征即"将东方视为一个一成不变的、整一的、具有鲜明独特性的对象"④。此外,在2010年4月中央美术学院举办的"直觉的瞬息:马克·吕布摄影回顾展"上,马克为该展览所写的文字中也曾说道:"从1957年第一次来到中国开始,……我力图寻找隐藏在这些变化背后的、一直存在着的历史脉络,寻找正如戴高乐的那句名言所说的——'比历史本身还要古老'的文明所蕴含的永恒,中国在我心中占有特殊的位置!"在马克·吕布眼中的中国,这一"永恒"显然不是20世纪90年代以来发生的现代性变化,而是由他拍摄的那些传统中国景象背后千年积淀、凝聚的抽象"传统",他在20多次的回访中持续探寻这一古老文明及其"传统"如何在半个多世纪的历史地表下延续不断。对此,法国《新观察家》杂志总编辑让·达涅勒在为马克《黑白中国》撰写的"序言"中做了更细致的阐述:"西方人对中国文明有一种'恒定性'的错觉,即这种文明在保持其数千年连续性的同时,本质的东西是不变的。"⑤而中国之所以在马克心中占据"特殊的位置",不妨说以中国及其"伟大的传统"为代表的东方,寄托了马克关于永恒的某种理想。萨义德在《东方学》中

---

① 张丹丹.摄影家马克·吕布:不为见证历史,但求记录现实[J].凤凰周刊,2016(27):92-94.
② 南无哀.东方照相记:近代以来西方重要摄影家在中国[M].香港:香港中和出版有限公司,2017:477-478.
③ 萨义德.东方学[M].王宇根,译.北京:三联书店,1997:125.
④ 同③:128.
⑤ 南无哀.马克·吕布:我的东方死了/我的照片不是纪实[EB/OL].(2016-09-08)[2017-09-11].http://www.360doc.com/content/16/0908/10/27794381_589266451.shtml.

曾说:"作为一种专门的语言或话语,东方学将赌注压在整个东方能永久长存上面。"①在这种意义上,马克·吕布试图在中国这一西方域外的东方国度寻找某种"永恒",跟萨义德的观点不乏相通之处。

在马克看来,中国的现代化进程在某种程度和某些层面上是从传统独特的东方文化转向了西化,随之而来的是他所看重的那种中国特有的与西方的"差异"逐渐减少,中国因此失去了那种"恒久"传统的魅力和价值:如上文所言,"中国正是因其文化传统的恒定性而为人所爱,而今却在现代化的过程中迅速'西化',古老的东方文化正在变为一幅西方文化的漫画,中国正在由地理上的远东变为文化上的'远西'——'遥远的另一个西方'","现在,所有的事都对齐了……中国再也不是远东,它已经变成远西了"②,"我的东方死了……"③学者南无哀也指出:"马克·吕布读不懂'中国特色的社会主义'是一种什么主义,他感到的是,中国从孔夫子那儿传承下来的那根文化脉络,断了。"④如此看待马克关于邓时代中国的拍摄,他对照片里20世纪90年代中国发生的变化并不全然认同,甚至为之感到惋惜。其根源正是他持有的那一固定二元思维模式在作祟:中国是传统的,西方是现代的。这依然没有跳脱出东方学中的一个重要观念——"东方与西方之间的差异实质上是现代性与古代传统之间的差异"⑤。而中国因改革开放而学习西方的现代化,将破坏它作为一种异于西方的东方文明的特殊性,及其传统的内在结构和观念,从而使其变得与西方别无二致,变成"一副马赛克式的画面,过去与现在,经世延续的传统和共产党的领导,就像双重和三重曝光一样并置在一起,很难和谐,而是经常冲突"⑥。就像在1992年中国改革开放的窗口深圳,在一家公园的图腾柱上,马克拍下了一个奇妙的组合:在象征着中国传统文化的阴阳鱼上,刻着两个美元符号。在这种影像并置当中,马克看重的恰恰是那个仍保留着传统文化与历史色彩的古老中国,他肯定这个古老中国具有的"恒久"价值,而对于它在现代化或者西方化的过程中丢失昔日文明感到惋惜。

此外,在马克拍摄的中国影像里,除了半个世纪中的人情物态和社会变迁之外,还有一个特殊的对象:黄山。他曾多次拍摄黄山,且出版了《黄山》和《天都峰》两部摄影集,这一点跟在他之前和之后拍摄中国的大部分西方同行相比显然不同。而究其原因,"他的黄山具有唯一性:他把黄山视为中国艺术精神的象征"⑦。黄山上的奇松怪石、云山雾海等壮观奇景,已经不仅仅具备作为拍摄对象所具有的独特光影效果,而是内在体现了"道法自然"这一中国传统的艺术精神。在马克的眼中,就像老北京一样,黄山是作为传统中国及其文化内蕴的象征而存在的,正如他自己所言,"中国艺术的源头就在这儿"⑧。简言之,黄山吸引马克的,依然是那个传统中国及其文化韵味。

---

① 萨义德.东方学[M].王宇根,译.北京:三联书店,1997:305.
② 张曼.马克·吕布:"我确实无法掩饰对中国的喜爱"[J].今日中国(中文版),2010(7):58-59.
③ 赵小芹.我眼中的马克·吕布——写在马克·吕布拍摄中国50周年之际[J].中国摄影,2007(6):62-71.
④ 南无哀.中国之惑:远东乎?"远西"乎?马克·吕布眼中改革开放的中国[J].中国摄影家.2015(7):62-69.
⑤ 萨义德.东方学[M].王宇根,译.北京:三联书店,1997:345.
⑥ RIBOUD M. Visions of China[M].Pantheon Books,1980:Foreword.
⑦⑧ 南无哀.中国之惑:远东乎?"远西"乎?马克·吕布眼中改革开放的中国[J].中国摄影家,2015(7):62-69.

然而值得注意的是，马克的态度跟那些东方学家的态度有所不同，他在哀叹古老的东方文化在迅速"西化"中失去其"恒定性"的同时，又清醒地意识到："市场经济使中国创造出了令世界敬仰的经济奇迹，将无数中国人送上了消费主义的圣山，与此同时，古老文化的优美也正在眼前消失。但此时的中国，即便是那些经济处境不佳的人们也无意回到毛泽东的时代，难道我们还有权利为之感到悲伤吗？"在这种矛盾的态度中，马克作为一名来自西方的知识分子与观看者，虽然不像传统东方学家那样，通过观看与想象、书写与再现东方而获得表述东方的话语权，以及在东西方二元对立中的主导权，但却能够明显体会到，如他这样的西方知识分子对中国传统文明有着解不开的情结，哪怕他对中国心怀敬意与个人情感，依然无法完全避免将以传统文明为象征的古老中国乃至东方作为一个异域文化的他者来观看，因而在某种程度上，也就无法避免对一个包含古老文化的中国乃至东方做一种定型化的影像观看与表征，并在这种观看与表征中产生个人的情感偏好——喜爱其"文化传统的恒定性"，对于这种文化传统在现代化或曰西化中的消失感到遗憾与惋惜。这种定型化不仅意指一个依然保留各种古老习俗的传统中国，而且也不可避免地包括这种传统在面临现代化时所显现出的弊端：滞后、贫穷。另外，这种定型化的观看与表征也意味着，马克·吕布关于中国的影像表征之意义的重要来源即东方与西方、传统与现代、新与旧、恒定与变化这一系列二元对立的差异性叙事结构。

萨特将布勒松看作第一位将中国人视同其法国同胞来对待的欧洲摄影家，意在说明他在拍摄中国时保持一种客观、同情式的立场。作为布勒松的学生，马克在继承他"决定性瞬间"这一摄影美学理念的同时，也学到了他人文主义拍摄的纪实风格，力图以同情之理解的客观眼光观察和表征一个真实的中国。然而，无论是从他自己的言论还是拍摄的照片中看，他的差异性眼光与立场，对于中国传统的看重与迷恋，甚至力图从中寻求某种"永恒"，对于这种传统在现代化进程中的消逝感到遗憾，这些表明，在某种程度和意义上，马克依然无法完全抑制作为文化他者，试图从对中国的观看中寻求东西方特有的历史文化差异这一冲动；对于一位异质文化的他者而言，无论具有多么强烈的客观性、同情心甚至迷恋，在他者对象中发现与感受差异这一冲动，恐怕都是一种难以克服的天然局限。就像影像研究专家杨小彦所做的论述："从一九五零年代到一九七零年代，中国社会狂热的政治现实与异于西方社会的典型的贫穷相貌，同时成了摄影家关注的对象。马克·吕布的精彩之笔正在于此，他随时随地都把这两者拍摄进他的画面，毛泽东塑像下是林立的烟囱，而农民的面容则映衬着劳碌的厂长。但是有趣的是，进入一九八零年代以来，马克·吕布的镜头却出现了重大变化，他开始关心西方化给这个社会带来的视觉变化，而其中最重要的见证就是各式广告以及广告上稀奇古怪的文字。在马克·吕布的眼中，如果说中国人过去生活在虚假的政治狂热之中，那么，今天的中国人则生活在经济狂热之中。""在他长达半个多世纪对中国的追踪拍照中，隐藏着影像之外的一个意图,即把个人的观看适时地转化为一种文化对另一种文化的审视。"[1]这意味着,马克·吕布在根本上并未彻底摆脱差异性的观看视野与思维模式,这种差异不是东方或西方内部的差异,而是东方与西方这一二元划分之间的差异,就这一点而论,正如萨义德所说:"从一开始直到现在,现代东方学作为一种处理异国的思维形式典型地表明了'东方'与'西方'的僵化区分所产生的下面这一令人遗憾的趋势:将思维硬塞进一个西方的或东方的狭小的车厢内。"[2]从这个角度看,认为马克·吕布是"东方学影像链条"上的转折的观点,[3]恐怕值得商榷和继续探讨,至少马克仍然未能完全摆脱上述东方学的观看视角和思维模式。

结　语

马克·吕布曾自陈:"我是个拿着小照相机走路的人。我不停地仔细观察周围的东西,有时候会拍下些无关紧要的细节。那使我很着迷,但我并不创作故事。我只是个琐碎细节的收藏者。""我既非哲学家,也非社会学家……希腊人说灵魂在皮肤上散步,如是,它并非如基督教徒所认为的那样,是存在于人体内里的。摄影家是'一个耽于感官之乐'的快活人,因为是用眼睛,而非理念来操纵其感官。"[4]

正如此言,无论是马克·吕布本人,还是马克·吕布照片的论述者,大多都试图将其摄影置于最纯粹的意义上加以讨论,而淡化其外在的诸如重大的社会政治文化意义或功能,这并非没有道理,或者说这是一种以作者为中心的创作论观点。然而如若变换角度,以影像文本为中心,或者从观者接受美学的角度出发,这些影像则无从避免地具有某种社会政治文化意义或历史表征功能。更进一步来说,从摄影及其影像从属的视觉文化的角度出发,正如已有学者及其研究所表明的那样,整个西方文化自起始即建立起了一种视觉中心主义传统,在这种传统中形成的是一套潜在的"视界政体"[5],这赋予了视觉及其典型的现代产物"影像"极为重要的社会地位与历史功能,使其在文化生产与意义表征中的地位并不亚于哲学家或者社会学家。在这种意义上看待马克·吕布,他对中国的观察与拍摄长达半个多世纪,这足以使他的摄影超越个人职业与个人兴趣,成为一种具有历史性和历史文化功能的影像叙事话语。例如,在20世纪五六十年代,当西方世界还无法透彻了解一个社会主义的红色中国时,马克·吕布用相对客观、饱含善意、富有趣味的纪实摄影,让西方人看到了这个国家在又一次新生之后真实的历史面孔,其中既有东方的神奇风物,也有普遍存在的物理人情,在一定程度上消解了许多文化间的误解与隔阂。与此同时,从20世纪五六十

---

[1] 董慧萍.法国摄影大师马克·吕布[J].荣宝斋.2010(8):100-107.
[2] 萨义德.东方学[M].王宇根,译.北京:三联书店,1997:57.
[3] 南无哀.东方照相记:近代以来西方重要摄影家在中国[M].香港:香港中和出版有限公司,2017.
[4] 路斐斐.马克·吕布收藏"琐碎细节"[J].三月风,2009(5):58-59.
[5] JAY M. Downcast eyes:the denigration of vision in twentieth-century French thought[J]//吴琼.视觉性与视觉文化——视觉文化研究的谱系.文艺研究.2006(1).

年代到 21 世纪初,在马克半个多世纪的全部影像背后,变化与永恒、东方与西方这两种根本性的二元对立,构成了他围绕中国展开影像叙事的基本框架,在这一表意框架之下,如刘香成所说,马克拍出了他"理想中的中国"[①]。

---

① 南无哀.东方照相记:近代以来西方重要摄影家在中国[M].香港:香港中和出版有限公司,2017:528.

身体传播论纲
——华夏与全球的视角
Research on Body Communication
—from Chinese and global perspectives

赵建国　池笑琳[*]

Zhao Jianguo　Chi Xiaolin

摘要:传播是生命的存在方式。身体是信息来源之一;身体是传播发起者;身体是传播媒介;身体是传播接受者、分析者和反馈者;身体是传播产生效果的场所。传播学研究需要回到身体这个原点。身体的交流系统是人类交流、交往和传播的物质基础。社会传播本来是具身性、具身化的,但人们对传播的研究、考察却采取了身体缺席的态度。身体传播研究就是要还原传播的具身性、具身化,让身体回到传播的现场。身体接触式传播是指身体与实体信息源有直接接触,而非与传播媒体接触,并在接触中获得符码信息。身体接触式传播的重要性不仅表现在触觉信息上,还表现在信息理解的深度上。身体接触式传播是体验的内核,而体验是理解所有信息的基础。以身体是否直接接触实体信息源为标准,传播可以分为身体接触式传播和非身体接触式传播。

Abstract:Communication is a way of life. The body is not only a source of information, but also an initiator and a medium of communication. The body has the attributes to receiving, analyzing and feeding back in the communication. The body is the place where the effect of communication occurs. The study of communication need to go back to the body. The system of communication of the human body is the material basis for exchanging, associating and spreading of human. The social communication is embodiment. However, people take the attitude without body in the communication research. The communication of the contact with body refers to the direct contact between body and the entity of information, but not get the code information by contacting to the medium. The importance of the communication with

---

[*] 赵建国,男,1956年生。河南大学新闻与传播学院、传媒研究所教授。已出版学术著作《实体信息传播:改变我们关于信息和传播的观念》等共十部,主编教材《传播学教程》一部。在《新闻与传播研究》《现代传播》等期刊上发表论文数十篇。获省社会科学优秀成果奖二等奖三次、三等奖一次;承担国家和省级社科基金项目数项。

池笑琳,河北省社会科学院语言文学所助理。

physical contact shows not only on the expression of tactile signal, but also on the depth of the understanding of information. The communication of physical contact is the kernel of experience, while experience is the basic of the understanding of all the information. The communication can be divided into contact with body and contact without body which judged by the standard that whether the body has direct contact with the entity of information.

关键词：身体传播，交流系统，具身性，身体接触式传播

Keywords：body communication, the system of communication of body, embodiment, body contact communication

一、身体能够传播吗

（一）传播是生命的存在方式

习惯了传播媒体（机器）的人会问：身体能够传播吗？我们的祖先原始人对这个问题会感到非常可笑。他们会说：身体不传播才是怪事呢！因为在起源之时，人类除了身体一无所有，只能用身体来交流、交往和传播。为了生存和发展，人不能不传播，因而人体必须承担起传播的使命，人体必须成为传播体。为了生存，身体必须传播。从母腹中的躁动——向母亲传递了自己的存在，到临死之前对身体的安置——向活人宣示自己的离去，都是在传播。人的社会性决定了身体必须具有交往、传播能力。传播是生命的存在方式，传播是生物的本能。

这是生活常识：身体看和被看，问和被问，听和被听，吻和被吻，闻和被闻，触摸和被触摸，感受和被感受，爱和被爱，恨和被恨，打和被打——身体存在的状态和方式就是交往、交流和传播。我们人类能看见也能被看见，能听到也能被听到，能触摸也能被触摸，能思考也能被思考，能传播也能被传播。萨特有这样两段话：身体"也是为他存在的。……这也就是要研究我的身体向他人显现的方式或他人的身体对我显现的方式"[①]。"他人的身体作为别人所是的东西直接地向我们表现出来。"[②]我们的身体不仅为自己而存在，它对别人也是一个存在。我的身体直接显示给对方，对方也把自己的身体直接显示给我，这就是身体的交往和传播。人类一直在注意和观察身体互相"显现的方式"，比如，是裸体显示还是衣冠楚楚地显示？是以看和被看的方式显示还是以触摸和被触摸的方式显示？等等。这些都是身体社会学所关注的内容。

在相当程度上，我们的身体为交流、交往、创造而存在，因交流、交往、创造而进化。身体是最古老、最基本的认知工具、传播媒介、文化载体。身体具有天然的表现、储存、

---

① 萨特.存在与虚无[M].陈宣良，译.北京：生活·读书·新知三联书店，1987：441.
② 同①：451.

传达和反馈能力。在他人和我们自己身上,我们都能感觉到交往性的身体存在(communicative bodily presence)。"人类身体是一种交往性身体,其直立姿态和视听能力的结合拓展出了一个符号的世界,这极大地丰富了我们的经验并使之超出了其他任何生命形式的范畴。"[1]能够创造和使用复杂的符号系统,是人类身体的特征和优势。但是,人类使用身体动作、表情来传情达意比使用语言符号更早,"情欲通过爱抚表达出来就像思维通过语言表达出来一样"[2]。情欲可以通过"爱抚"这样的动作来表达,其他感情和意念当然也可以用动作或表情来表达。上文所述实际上也在相当程度上涉及研究身体传播的必要性。

梅洛-庞蒂说,身体是我们能拥有世界的总的媒介。

我的身体是所有物体的共通结构,至少对被感知的世界而言,我的身体是我的"理解力"的一般工具。[3]

在此观念基础上,约翰·奥尼尔发挥说:"我们所拥有的并正在加以思考的交往身体是我们的世界、历史、文化和政治经济的总的媒介。"[4]我们的身体是交往的身体、媒介的身体、文化载体的身体。主体通过主体的身体感觉到世界的存在并认识世界。有什么样的身体,就有什么样的交流、交往和传播;身体与媒介同一。交流、交往和传播永远不能把身体排除在外。社会传播的所有内容都与人和人的身体有着或隐或显的、千丝万缕的联系。

过去的"我思(想)故我在"(I think, therefore I am.)在信息时代已经发展、转变为"我传(播)故我在"。一个人如果没有传播能力,就几乎等于从这个世界上消失了,当然,至少在笔者这里并没有否认思想的重要性。不过,正像罗丹的青铜雕塑《思想者》所展示的那样,思想活动也要通过人体来实现,没有人体,思想活动便无以附着;对于雕塑来说,没有身体(包括头脑在内的身体),思想便无法表现。同样,传播者的传播活动也要通过身体来实现,没有身体,传播便无法进行。进而可以说,没有身体,新的思想就不会产生,传播活动也就停止了。

即使在某些特殊情况下,人们力图不让身体传递任何信息,但这种行为本身也是在传递某种信息。比如,第二次世界大战期间,面对德国党卫军时,罗贝尔·安泰尔姆(R. Antelme)回忆道:"没有人通过脸向党卫军表达任何信息,这可能会被看作是一次对话的开始,并可能会在党卫军的脸上激起这种持续否定以外的东西,对其他所有人也都一样。因此,既然这样做毫无裨益,并且,不管自己是否有意,也十分危险,终于,我们开始努力对自己的脸进行否定,以积极配合党卫军的脸。"[5]"不表达任何信息"也是一种传播。

---

[1] 奥尼尔.身体形态——现代社会的五种身体[M].张旭春,译.沈阳:春风文艺出版社,1999:4.
[2] 萨特.存在与虚无[M].陈宣良,译.北京:生活·读书·新知三联书店,1987:504.
[3] 庞蒂.知觉现象学[M].姜志辉,译.北京:商务印书馆,2001:300.
[4] 同[1]:3.
[5] 安泰尔姆.人类[M]//勒布雷东.人类身体史和现代性.王圆圆,译.上海:上海文艺出版社,2010:148.

(二)身体在传播活动中的地位和作用

身体在传播活动中的地位和作用可以概括如下:身体是信息来源之一;身体是传播发起者;身体是传播媒介;身体是传播接受者、分析者和反馈者;身体是传播产生效果的场所。于是,我们看到了作为信息源的身体,作为传播发起者和传播者的身体,作为传播媒介的身体,作为信息接收、分析和反馈者的身体,作为传播产生效果的场所的身体。

交往、交流和传播绝不仅仅是文字、图像,实体身体的动作、表情,身体触摸等都是交往、交流、传播。

所有媒体传播都是为身体传播服务的,没有身体,媒体传播就失去了意义。

但是,自从文字、印刷术和广播、电视产生之后,传播媒体成为传播学研究的主要对象。传播学奠基人之一——拉斯维尔(Harold Lasswell,1902－1977)对传播学研究的五大分支的经典阐释中有一个分支是媒体研究,另外两个分支——传播者研究和受众研究的研究对象本来都是人,然而人只是一个笼统的概念,很少考虑人的身体,身体从传播中淡出,似乎与传播无关。

梅洛-庞蒂指出:

现象学是关于本质的研究,在现象学看来,一切问题都在于确定本质……但现象学也是一种将本质重新放回存在,不认为人们仅根据"人为性"就能理解人和世界的哲学。它是一种先验的哲学,它悬置自然态度的肯定,以便能理解它们,但它也是这样一种哲学:在它看来,在进行反省之前,世界作为一种不可剥夺的呈现始终"已经存在",所有的反省努力都在于重新找回这种与世界自然的联系,以便最后给予世界一个哲学地位。……它试图直接描述我们的体验之所是……①

在这段引文中,有两点值得注意,一是"悬置自然态度",二是"将本质重新放回存在"。先说第一点"悬置自然态度"。另外一位美国学者对此作了解释:"在现象学那里,'悬搁'就是使自然意向中立化,这是我们沉思这些自然意向的时候必须采取的措施。"②"悬搁"(与"悬置"意思相同)或"中立化"就是不要从观念出发、先入为主。对于传播研究来说,也需要采取这种态度,摆脱和超越包括对身体视而不见的传播观念在内的传统理念和框架。本文的目的就是力倡传播学研究回到"身体"这个原点。

再说第二点"将本质重新放回存在"。现象学要求把本质重新放回存在进行研究,对于传播来说,身体是一个显在的存在,传播现象本来首先发生在人的身体上,传播研究回归身体是理所当然的。"对著作的哲学注释不会产生任何东西:我们在著作中只能找到我们放入其中的东西,如果历史要求我们作解释,那是哲学史使然。正是在我们自己身上,我们发现了现象学的统一性和它的真正含义。"③同样,在我们自己身上,我们也会发现传播的真谛。

---

①③ 庞蒂.知觉现象学[M].姜志辉,译.北京:商务印书馆,2001:前言.
② 索科拉夫斯基.现象学导论[M].高秉江,张建华,译.武汉:武汉大学出版社,2009:49.

二、身体交流、交往和传播的物质基础——身体的交流系统

萨特指出:"身体是我不能以别的工具为中介使用的工具。"[①]即"我"直接使用身体,"我"直接使用身体来交流、交往和传播。当"我"使用别的工具为中介,比如使用传播媒体时,"我"的身体就不再是工具而是使用工具或媒介的主体了。

人直接使用自己的身体来交流、交往和传播,就意味着身体是人类交流、交往和传播的物质基础。传播一直被身体所规定、指引、限定与制约。与人有关的所有的传播方式,都在人的身体许可的范围内进行。就身体对人的交往能力的限制而言,牛津大学人类学家罗宾·邓巴认为,一个人最多拥有150个朋友。人类大脑的逻辑和记忆结构,决定了大脑可以容纳与148人的稳定社交关系。有科学家认为,能够维持亲密关系的朋友不超过6人。

(一)身体的交流系统

每个身体都是一个完整的系统,还包括子系统。

身体系统由能够共同完成一种或几种生理功能的多个器官按照一定的次序组合构成。通常认为,身体有八大系统,分别是分泌系统、消化系统、循环系统、呼吸系统、泌尿系统、生殖系统、神经系统、运动系统。也有九大系统之说,即再加上免疫系统。

消化系统负责食物的摄取和消化,获得糖类、脂肪、蛋白质、维生素等营养。神经系统负责处理外部信息,对外界的刺激产生反应,学习、交流传播等重要活动也是由神经系统完成的。呼吸系统负责气体交换,使人体获得新鲜的氧气。循环系统负责氧气和营养的运输,废物和二氧化碳的排泄以及免疫活动。运动系统负责身体的活动,可以让身体做出各种动作姿势。内分泌系统调解生理活动,使各个器官组织协调运作。生殖系统负责生殖活动,维持第二性征。泌尿系统负责身体及血液中废物的排泄。免疫系统负责抵御病原菌侵犯,它由免疫器官(骨髓、胸腺、脾脏、淋巴结、扁桃体、小肠集合淋巴结、阑尾等)、免疫细胞(淋巴细胞、单核吞噬细胞、中性粒细胞、嗜碱粒细胞、嗜酸粒细胞、肥大细胞、血小板等)和免疫分子(抗体、免疫球蛋白、干扰素、白细胞介素、肿瘤坏死因子等细胞因子等)组成。

其中与传播密切相关的是神经系统。神经系统由中枢神经系统和外周神经系统组成。中枢神经系统包括脑和脊髓,外周神经系统包括12对脑神经和31对脊神经。外周神经分布于全身,把脑和脊髓与全身其他器官联系起来,通过传入神经传输感觉信息使中枢神经系统能感受内、外环境的变化,通过传出神经传达调节指令调节体内各种功能,从而保证人体的完整统一和对环境的适应。信息在神经系统中的传输表现为特定的生物电变化及其传播。身体具有一套完整的信息系统,这个系统需要与外部世界交换能量和信息。

---

① 萨特.存在与虚无[M].陈宣良,译.北京:生活·读书·新知三联书店,1987:429.

上述身体的八大系统或九大系统主要是从生理功能角度着眼的,如果从社会功能和综合功能(包括生理功能)的角度看,笔者认为身体还有一个系统,这就是交流系统。这个系统主要包括五官(眼、耳、鼻、舌、身)、神经系统(包括大脑)和四肢(尤其是双手)。可以说,几乎整个身体构成了这个交流系统。语言、表情、动作是身体交流系统的主要外在表现方式。不言而喻,身体的交流系统是一个综合的功能系统,这个系统与前述八大系统或九大系统都是交叉的。

正是身体的交流系统成为人类交流、交往和传播的物质基础。没有这个交流系统,人类就无法进行交流、交往和传播活动。人体交流系统的高度发达,是人区别于其他动物的最重要特征,对于这一点,人们在此之前有所忽略、认识不足。

人之外的动物,即使是最高级的动物,也只能进行极简单的信息和情感交流。而人所进行的信息交流,复杂到需要编纂字典、词典和百科全书作为依据;知识信息复杂、高深到需要以书籍的方式记载和保留;情感交流复杂、微妙到只可意会、不可言传。不仅如此,人类还创造了各种信息媒体和载体,使人类的经验、知识、情感等可以跨越时间和距离世代相传。人类比其他动物更聪明、更有能力,比其他动物进化更快,都与人的高度发达的信息交流系统、交流能力高度相关。交流、传播是人类文明的助推器。

(二) 身体对信息的感觉、感知

身体是一个感觉体,我们通过身体感觉世界,身体是感觉产生的必要条件。生物进化必然要选择能够有效感觉、感知实体信息的有机体的身体,否则物种就会被淘汰。我们的感知、感觉完全由世界的实在性支撑。我们的身体是一个能感受所有其他物体的有机体,它与各种声音产生共鸣,因各种颜色而绚烂,因各种味道而知味,因各种物体而有软硬、冷热、干湿之感。比如,有人在写诗人余光中的童年时有这样一段话:"周遭大量的动植物使他的视觉、听觉等感觉变得相当敏锐,无意中为日后成为诗人播下了感性的种子。"[1]环境中丰富的刺激有助于人形成敏锐的感觉。

色彩必须用视觉感知,声音必须用听觉感知,抚摸必须用触觉感知,味道必须用味觉感知,气味必须用嗅觉感知。你无法向一个聋人论证和解释声音是什么,你也无法与一个先天失明的人论证和讨论颜色。"视角"之类的说法对先天失明的人没有意义。

最有效的感受、接受器官是眼睛和耳朵,其次是鼻子和皮肤。人眼可以区分数百万种颜色,人耳可以听出约50万种音调,人的鼻子大约有384种不同的嗅觉细胞。学术界一直认为人鼻只能嗅辨大约1万种气味,2014年美国《科学》杂志刊登的一项新研究显示,人类的鼻子在理论上可以嗅辨至少1万亿种气味。但人的嗅觉与狗相比要差很多,比如,让受过训练的狗嗅病人的尿液,发现前列腺癌的准确率高达90%以上。不过,人的鼻子所闻到的味道约占我们感受到的味道的80%-90%,所以鼻子在味觉感受中很重要。最有力的传播器官是嘴巴、舌头,其次是面部表情,尤其是眼睛;还有动作,尤其是双手的动作。

---

[1] 密斯赵.余光中:中国文字的炼丹人[J].名人传记,2014(3):9.

视觉最能给人以整体感,"一目了然""一览无余"就有这个意思。触觉不容易获得整体感,"盲人摸象"说的正是触觉的局限性,由于盲人失去视觉,靠触觉很难获得对大象的整体感受。

(三)人类的视觉优势和视觉主导

用眼睛看、观察和审视世界是人类的基本生存方式,看是主体的搜寻和扩张,视线与被视对象的关系是基本的生存关系。人类的视觉优势和视觉主导现象很早就被发现。古罗马的奥古斯丁就非常深入而细致地指出:

这种欲望本质上是追求知识,而求知的工具在器官中主要是眼睛,因此圣经上称之为"目欲"。

"看",本是眼睛的专职,但对于其他器官,如我们要认识什么,也同样用"看"字。我们不说"听听这东西怎样发光","嗅嗅这东西多么光亮","尝尝这东西多么漂亮","摸摸这东西多么耀眼"。但对这一切,都能通用"看"字。我们不仅能说:"看看什么在发光",这仅有眼睛能看到;但也能说"去看看什么在响","看看什么在发出香味","看看这有什么滋味","看看这东西硬不硬"。[①]

奥古斯丁所说的是事实——看,创造意义。确实,欧洲启蒙运动标举理智之光,这与视觉联系在一起。启蒙(enlightment)一词的本义就是借助和运用光去照亮黑暗。在汉语中,"观世音"不叫"听世音",本来"音"是用来"听",而不是用来"观"的。佛学境界的观世音还蕴含着这样的深意:从外听转为内视,来聆听、体察身体内部的情况。"想象",都是物象的、形象的、图像的,我们说"想象",不说"想音",即使表达"想音"的意思,也会说"让我们想象声音是什么样子的";即使描写声音,也用"歌声好像明媚的春光"(第二次世界大战时期苏联歌曲《喀秋莎》汉译)。当我们表达某种事物重要、应放在重要地位时,就说"重视"或"看重",从来不说"重听";然而一旦说谁"重听",那是指他或她听觉迟钝。"重视"多用于褒义,"重听"却不是个褒义词。"风景"中的"风"包括听觉的意象,这可能是听觉影响抽象概念为数不多的例证之一。与"风景"相近的词,如"景色""景观",就基本上都是视觉的东西,而与声音不相关了。《颜氏家训》在谈论读书时说:"幼而学者,如日出之光;老而学者,如秉烛夜行,犹贤乎瞑目而无见者也。""日出之光""秉烛夜行""瞑目""无见"都把读书与视觉连在一起。

在人类对各种感觉器官的需求中,视觉优先。美国的海伦·凯勒(Helen Adams Keller,1880-1968),既盲又聋又哑,但她为什么只写《假如给我三天光明》(Three Days to See),而不写《给我三天声音》? 她心里呼喊着:"光明! 光明! 快给我光明!"

1.视觉在感知和认识世界方面具有更大的优越性

(1)视觉的优势

视觉是人类感性地把握世界的一种方式。有研究者说,在人脑获得的全部信息中,大约95%以上来自视觉系统。在现在的科学界,知识与所见之间存在一种等价关

[①] 奥古斯丁.忏悔录[M].周士良,译.北京:商务印书馆,1997:219.

系,仿佛唯有当摄像机捕获最后一个分子时,最终真理才会显现。用海德格尔的话来说,所谓真理就是"去蔽""解蔽"(entbergen),就是使存在自身显现出来或被开启出来,也就是被看见。① 甚至人脑中的思想活动也可以通过视觉图像的方式显示出来,"为什么不呢?明年,通过放射成像显示思想及其困扰?人们懂得如何诊断出谎言、诡计或不真实性。因为,欺骗需要耗费一定的精力或一套程序以压抑、控制或较好地监督真相,以防其冲破屏障,确保不泄露天机。但是此类令中枢活动两极分化的心理脑力活动耗费大量的精力及细胞,因此可以被捕捉到。与断层扫描图能够显示工作中或睡眠中的人脑一样,很快我们就能够区分无意识的回答与经过思考及完善后得出的标准答案。"②

人们常说"耳听为虚,眼见为实"(Seeing is believing)。当年,瑞典人斯文·赫定正是由于从楼兰古城等地带回去了各种珍贵文物,人们看到这些文物之后才相信了他传奇的探险活动,才给予他各种荣誉,他在世界各地的演讲才有了底气。还有一种说法,"百闻不如一见",充分表达了"眼见"的重要性。看是一种享受和权利,人们常说"先睹为快""一睹为快",甚至有人说现在是"眼睛"全面压倒"耳朵"的时代。至于触觉、嗅觉、味觉,那就更不能与视觉相提并论了。柏拉图说过:"我认为,视觉是给我们带来最大福气的通道。如果我们没有见过星星、太阳、天空,那么,我们前面关于宇宙的说法一个字也说不出来。"③达·芬奇认为,在一切感觉经验中,"被称为灵魂之窗的眼睛,乃是心灵的要道,心灵依靠它才得以最广泛、最宏伟地考察大自然的无穷作品"④。费尔巴哈在1843年曾自述:"为了进行思维,我需要感官,首先就是眼睛。"⑤梅洛-庞蒂曾说:"视觉是一种在心灵面前树立世界的图画或表象,树立一个内在性与理想性世界的思想活动。"视觉的这种优势在人类的梦中也有所体现。1896年,有人发表的一项研究结果显示,在梦中,视觉体验占优势,听觉体验次之,触觉、嗅觉和味觉体验的出现频率相当低。

视觉优势和视觉主导极大地影响了艺术、审美和美学。视觉和听觉是认知器官,也是审美器官。但触觉、嗅觉和味觉只是认知器官,而不能成为独立的审美器官。触觉、嗅觉、味觉器官不能单独审美,只能辅助视觉和听觉器官审美。画家吴冠中在记述黄山的散文中曾写到,弥天大雾中从黄山下来的游客抱怨什么也看不到,只能欣赏眼前的松树根和石栏杆。笔者也曾听说,有一位游客游览黄山,由于当时雾太大而看不清著名的迎客松(如图1),只好用手摸了摸这棵松树下部的树干,每当提及这次黄山之行,她都觉得是一大遗憾。对于观赏黄山迎客松的游客来说,手摸基本没有美感,眼观看到才能产生美感。

---

① 海德格尔.艺术作品的本源[M]//海德格尔选集:上卷.上海:上海三联书店,1996:259-299.
② 达高涅.一个认识论学家眼中的图像[M]//勒布雷东.人类身体史和现代性.王圆圆,译.上海:上海文艺出版社,2010:261.
③ 柏拉图.蒂迈欧篇[M].谢文郁,译.上海:上海人民出版社,2005:32.
④ 达·芬奇.达·芬奇论绘画[M].桂林:广西师范大学出版社,2003:9.
⑤ 费尔巴哈.基督教的本质[M].荣震华,译.北京:商务印书馆,1984:13.

图1 黄山迎客松

赵建国摄于2016年4月7日

德国的费歇尔(F.T.Vischer)认为:"真正的审美感官却是视觉和听觉。"①黑格尔也曾经说过:"艺术的感性事物只涉及视听两个认识性的感觉。至于嗅觉、味觉和触觉则完全与艺术欣赏无关……艺术品应保持它的实际独立存在,不能与主体只发生单纯的感官关系……在艺术里,感性的东西是经过心灵化了的,而心灵的东西借感性化而显现出来了。"②他的这段话强调视听在艺术审美中的重要作用无可怀疑,但认为嗅觉、味觉和触觉"完全与艺术欣赏无关"则不符合艺术欣赏实际,因而有绝对化之嫌。中国学者季羡林指出:

> 必须认识到,西方美学仅限于眼耳,是不全面的。中国"美"字的语源意义只限于看,也是不全面的,都必须加以纠正和补充。把眼,耳,口,鼻,舌,身所感受的美都纳入美学框架,把生理和心理所感受的美都纳入,冶于一炉,建构成一个新体系。③

美国学者理查德·舒斯特曼认为:"在本质上将身体等同于感觉的低级官能,而刚好是这些官能的认识构成美学的真正对象。"④审美与艺术欣赏的确不能仅仅局限于视听器官,整个身体都可以参与审美与艺术欣赏,但无疑视听是最重要的,其他器官都很难成为独立的审美感官,然而,我们不能因此而否认或排斥这些器官参与审美与艺术欣赏。

---

① 北京大学哲学系美学教研室.西方美学家论美和美感[M].北京:商务印书馆,1980:238.
② 黑格尔.美学[M]//北京大学哲学系美学教研室.西方美学家论美和美感[M].北京:商务印书馆,1980:208.
③ 季羡林.美学的根本转型[J].文学评论,1997(5):9.
④ 舒斯特曼.实用主义美学[M].彭锋译.北京:商务印书馆,2002:352.

视听之所以能够成为审美的感官,是因为它们能和对象保持距离,距离是美产生的必要条件。瑞士审美心理学家布劳断言:"美,最广义的审美价值,没有距离的间隔就不可能成立。"①眼睛和耳朵都是距离性感官,但嗅觉也是距离性感官,却未能成为审美器官,看来距离并非美的唯一条件。达·芬奇说:"艺术就是教导人们学会看。"有学者说,我们不得不承认,"现代美学如此突出地变成了一种视觉美学"。

　　视觉的优势还表现在看到的事物比较容易记忆。实验证明,当被试者看过1 100张照片后,在一天后能识别出其中的96%。但实验也证明,人几乎无法得出完全符合事实的视觉回忆。

　　另外,视觉物象、图像获取迅速,因为在光学性质均匀的物质中,光以直线传播,也就是在给定的两点之间,光按最短的距离传播,并且光的传播速度极快,远远超过音速等。

　　由于视觉主导和视觉优势,人们在复制和重建生活世界时,生活世界就图像化了。现在的"数字地球",就其主要方面来说,就是图像地球。

　　与视觉有关的"看"在汉语中有多样、细腻的表达:视、睹、瞧、观、望、瞻、察、瞥、看、瞅、窥等。

　　在语言中,与认知和思维活动有关的语汇也多与视觉有关,如汉语中的"观察""观测""审视""视察""发现""发明""揭示""明白"等。"视角""聚焦""焦点",全都强调眼睛的作用;当我们表达一个人的思想、意识时,用"观念""观点""见识""见解""意见""看法"等词汇;当我们表达一个人的整体思想、意识时,用"世界观""人生观""价值观"等术语。当我们描述一个人没有方向、不了解事物真相时,用"盲目";当我们描述一个人只知局部、不知整体时,就说"瞎子摸象"。当我们描述视野太窄,认不出地位高或本领大的人时,就说"有眼不识泰山";描述看不见某人或某事物的伟大或重要,就说"有眼无珠"。某人具有独到眼光、高明的见解,就是"别具慧眼"。一个人对前景判断准确,就说他有"预见"能力,有"先见之明"。当感到某人或某事物前景好时,就说"看好……"。"放眼世界""目光远大""眼界宽阔""视野开阔""见微知著""明察秋毫""很有眼力""洞见"等都是褒义词;"目光短浅""鼠目寸光""一叶障目""眼皮子浅""眼拙"等都是贬义词。看到珍奇或美好的事物叫"一饱眼福";为祖国争取到了荣誉叫为国"争光";锦上添花叫作"增光添彩";看见别人有名有利或有好的东西时非常羡慕而忌妒,甚至想据为己有或取而代之,叫"眼红"或得了"红眼病"。与某人合不来叫"不对眼",看某人舒服或满意叫"顺眼",反之叫"不顺眼"。想要到达的地点、想要得到的结果叫"目的",想要达到的境界或标准叫"目标"。当前、当下也可以用"目前""眼下""眼前"来表达。文章的名称叫"题目",概要或细则叫"纲目"。

　　表示视觉动作的词汇有闭目养神、视而不见、另眼相看、东张西望、虎视眈眈、众目睽睽、望眼欲穿、眼花缭乱、死不瞑目、迫在眉睫、目瞪口呆等。

　　描写人的、与视觉相关的词有见证人、目击者、探子、间谍等。

---

① 布劳.心理距离[M]//北京大学哲学系美学教研室.西方美学家论美和美感.北京:商务印书馆,1980:278.

形容人的、与视觉相关的词有目光犀利、目光如炬、眼露凶光、含情脉脉、怒目而视、圆溜溜的大眼睛、炯炯有神的眼睛等。

英语中有很多表示认知的词都与视觉有关,例如:vigilant(警觉的、警惕的)源于表示"看"的拉丁词 vigilare,它的法语形式 veille 是 surveillance(监视、看守)的词根;demonstrate(论证、证明)来自拉丁词 monstrare,表示"展示";inspect(检查、审视)、prospect(勘探、勘察;预期、展望)、introspect(内省、自省、反省)、speculate(思考、思索)、aspect(方面;外表)以及 circumspect(谨慎小心的、慎重的)都源于拉丁词 specere,表示"看"或"观察";scope(范围;眼界、见识)来自拉丁语 scopium,译自表示"看"或"检查"的希腊词;synopsis(大纲、提要)来自表示一般性"看"的希腊词。视觉理论专家马丁·杰伊在考察这些和视觉相关的英语词语后指出:"虽然这些词都是潜在的或死去的视觉隐喻,但它们仍然表达了积淀在英语中的视觉的重要性。"[1]

仅以"目"开头的汉语成语就有大几十个,择其中常用的列举如下:

目不暇接、目无全牛、目不转睛、目空一切、目瞪口呆、目中无人、目光如炬、目不识丁、目不斜视、目光炯炯、目不暇给、目无王法、目迷五色、目不忍视、目染耳濡、目若悬珠、目无尊长、目不忍睹、目无法纪、目酣神醉、目下十行、目眩头晕、目目相觑、目眩神摇、目断魂销、目不识书、目达耳通、目怔口呆、目兔顾犬、目乱睛迷、目注心凝、目见耳闻、目睁口呆、目不苟视、目眩头昏、目瞪口结、目食耳视、目击耳闻,等等。

眼睛固然对认知世界极端重要,但我们不要忘记,"世界的所知,眼睛是知者;眼睛的所知,心智是知者;心智的所知,心灵是知者"[2]。只有与心智和灵魂有机结合的灵敏的眼睛,才是智慧之眼、心灵之眼。此外,我们也不要忘记,你知道得越多,看到的就越多。知识对于开阔视野的意义不能忽视。

(2)视觉思维

我们来看一位自闭症患者、美国发明家塔普尔·格朗丁的一段自述:

我以图像的形式思考问题。说话对我来说就像第二语言。我把语言和文字转换成情节丰富的电影,并且配上音效,它就像一个磁带录像机在我头脑中运转。当有人对我说话,我会立即把他的话转化成为影像。语言思想家常常觉得这种现象很难理解,但我作为畜牧业方面的设备设计师,(认为)视觉思维是一种巨大的优势。

……我重视我在视觉思维方面的能力,我再也不愿失去它。

对大多数自闭症患者而言,他们拥有很强的视觉空间(建构)技能,但在语言能力方面表现得很弱。当我还是儿童和十几岁的青年时,我以为每个人都以画面的形式在思考,我也不知道我的思维过程是不同的。事实上,直到最近我才认识到这种差别。在会议和工作中,我问他们是怎样从记忆中获得信息的。从他们的答案中,我知道我的视觉思维能力远远超过了其他大多数人。

---

[1] JAY M.Downcast eyes:the denigration of vision in twentieth-century French thought[M].Berkeley and Los Angeles:University of California Press,1993:1-2.(此自然段内容参见高燕.视觉隐喻与空间转向——思想史视野中的当代视觉文化[M].上海:复旦大学出版社,2009:77-78.)

[2] 李子勋.心灵飞舞:李子勋谈心理健康[M].北京:中国广播电视出版社,2006:59.

我相信我的视觉思维能力能在我的工作中帮助我更好地了解动物。在我的早期职业生涯中,我用了一个照相机拍下动物穿过斜道时的视觉特征,以便于之后的兽医治疗。有了这些照片,我能弄清楚是什么东西使它们感到恐惧,如阴影和阳光形成的亮点。那时我用的是黑白胶卷,是因为 20 年前,科学家们相信,牛无法识别色彩。今天,研究表明,牛可以看到色彩,不过照片通过一头牛来提供了看世界的独特的优势。他们帮我弄清楚了为什么动物不走斜坡而是会自动地选择另外一条道路。

当我在我的想象中做一个模拟设备或者是处理工程问题时,就好像是在我脑海中放映一盘录像带。我可以从任何角度来看,把自己放在高于或低于设备(的位置)并且同时旋转它。我不需要花哨的图形程序来制作三维设计模型。我可以在我的脑海中做得更好。

我所创造的新想象是靠我头脑中储存的许多零散的图片拼凑起来的。我对我曾经做过的每一个项目都记得很清楚,如铁门、围栏、门插销、混凝土墙等。为了创造新的设计方案,我从我的记忆里提取出零散的有用的东西,并把他们合并为一个新的整体。随着我头脑中所具有的可视图像越来越多,我的设计能力在不断地改善。我可以想象的扩大到各种器材的运作情况,比如挤压槽、装车斜道与各类(关于)牲畜的设备。我和这些操作设备接触得越多,我的可视化能力就越强。

作为一个自闭症患者,我接收信息的方式不和大多数人相同。相反,我在头脑中存储信息的方式就像一盘录像带。当我要回想起我所知道的,我只需在想象中重新播放这些录像就好。录像带在我的记忆里总是具体的……

许多自闭症患者在解决拼图问题的时候具备不寻常的能力,能够在一个城市中找到他们的方向,或者只要一瞥就能记住大量的信息,这些都能说明视觉思维是处理信息的主要方式。[①]

这里所说的视觉思维实际上就是心理学、艺术学所研究的形象思维,因为形象主要表现为视觉形象。形象思维(imaginal thinking)就是在思维和想象过程中始终存在着直观形象。塔普尔·格朗丁说得很明确:"我以图像的形式思考问题……以画面的形式在思考",会立即把"话转化成为影像","我在头脑中存储信息的方式就像一盘录像带",当"我"在处理工程问题时,"就好像是在我脑海中放映一盘录像带"。

塔普尔·格朗丁作为自闭症患者,主要使用视觉思维也许不具有普遍意义,但是,正常的人谁也不能否认我们思维的一部分属于视觉思维,我们离不开视觉思维。正常人与塔普尔·格朗丁不同的地方在于,他以视觉思维为主,而我们则视觉思维和逻辑思维兼而有之。艺术家和一部分有创造性的科学家通常视觉思维(形象思维)发达,因此,正常人也需要开发自己的视觉思维。另外,中国传统的"打坐""静悟"等修炼讲求闭目静声,以"神游"或"观想"某种情境,也与形象思维相联系。

2.视觉主导和视觉优势在文学作品中的表现

视觉主导和视觉优势还表现在文学作品中。以中国人非常熟悉的毛泽东的词《沁

---

① 陶建文.视觉主义:基于图像和身体的现象学科学哲学[M].北京:中国社会科学出版社,2012:151-157.

园春·雪》为例,可能人们没有注意过,这首词通篇都是视觉统领。"北国风光,千里冰封,万里雪飘",开篇没有说"看",但都是视觉物象;而接下来的"望长城内外,惟余莽莽;大河上下,顿失滔滔。山舞银蛇,原驰蜡象,欲与天公试比高。须晴日,看红装素裹,分外妖娆"分明告诉我们,开头三句是"望"的结果。而且"长城内外""大河上下",以及"山"和"原"都是"望"的结果。非但如此,上阕结尾又出现了一个"看"字,转换了场景。"望"的是"雪飘"的风光,"看"的是"晴日"的景象,两者形成一种阴晴对比。

下阕是畅想:"江山如此多娇,引无数英雄竞折腰。惜秦皇汉武,略输文采;唐宗宋祖,稍逊风骚。一代天骄,成吉思汗,只识弯弓射大雕。俱往矣,数风流人物,还看今朝。"但这种畅想以视觉形象为主:"江山多娇"是视觉形象,"英雄折腰"是视觉形象,"弯弓射大雕"依然是视觉形象。结尾从视觉形象回忆中陡然一转,"俱往矣,数风流人物,还看今朝"。"数风流人物"是个鲜活的、极具动感的视觉形象。"还看今朝",再次出现了"看"字,这个"看"字把读者从历史的畅想拉回到现实中;而且,这次"看"的对象与上阕"看"的对象不同,上阕"看"的重点是"北国风光",这里"看"的对象是今朝的"风流人物"。

可以说,这首词由一"望"两"看",再加一段视觉形象回忆与畅想构成,浑然一体,大气无双。我们可以拿"豪放派"词的代表作之一——苏东坡的《念奴娇·赤壁怀古》来对比。《念奴娇》中有对赤壁风物的绝世无双的描写,更有对"三国周郎赤壁"的"怀古"畅想,这些都浩气磅礴,无人能及。然而,苏东坡在结尾处感叹"人生如梦,一樽还(huán)酹江月",因为他作为臣子、文人的胸襟和被贬谪的处境让他只能发出这样的慨叹。毛泽东有"换人间"的胸襟,更有韬略在胸、雄兵在握,所以他自然就要"数风流人物,还看今朝"。这两首词对苏轼和毛泽东来说,都是自然天成、并无造作的。在气魄胸襟上,苏轼要略输一筹。我们这样分析,并不影响《念奴娇·赤壁怀古》的崇高地位。

(四)关于"听觉转向""大耳为圣""音景""听觉叙事"等

1.关于"听觉转向"

由于视觉主导和视觉优势,视觉极大地影响了思维,使思维视觉化。与逻辑思维相对的形象思维就是思维视觉化的表现,甚至有"视觉思维"的说法。阿恩海姆写道:

现在看来,有某些机制,不仅在理性思维水平上进行着,而且还在知觉水平上进行着。因此,类似概念、判断、逻辑、抽象、推理、计算等字眼,同样也应该适用于描绘感官的工作。

知觉活动在感觉水平上,也能取得理性思维领域中称为"理解"的东西。任何一个人的眼力,都能以一种朴素的方式展示出艺术家所具有的那种令人羡慕的能力,这就是那种通过组织的方式创造出能够有效地解释经验的图式的能力。因此,眼力也就是悟解能力。[1]

---

[1] 阿恩海姆.艺术与视知觉[M].滕守尧,朱疆源,译.北京:中国社会科学出版社,1984:55-56.

将某种理论假设视觉化也可以成为一种科学实验证明手段。2015年，大连理工大学生物医学工程系刘波团队及其合作者发展了基于荧光蛋白的荧光共振能量转移（简称FRET）技术，发现了细胞在外加机械力作用下发生迁移的直接动力。他们通过特殊的荧光显微镜观察细胞的荧光颜色与光强变化，在国际上率先实现了细胞膜上的表面张力变化的可视化。①类似的研究还有不少。

人们试图将声音视觉化，比如，由中国科学院声学所研发的"声学照相机"，利用传声器阵列成像测量声场分布，并用云图的方式展示出直观的图像，以不同的颜色和亮度代表声音的强弱，这在工业设施的机器故障诊断、噪声源的确定等方面有非常广泛的用途。数学领域有一个著名问题：人可以从鼓声听出鼓面的形状吗？这也是试图把听觉问题转化为视觉问题。视觉已经发展出一套成熟的几何学，形成了视觉的逻辑，但听觉的逻辑不够发达，触觉更没有形成一门触觉学，即触觉的逻辑。对视觉以外的身体感官的知觉的探究一直处于晦暗不明之中，建立真正意义上的听觉学、触觉学、嗅觉学和味觉学应是有意义的。

一个物体的各种感觉"属性"共同构成了这个物体的整体面貌和性质。对于人来说，如果没有触觉，那石头的概念就是极不完整的，因为没有触觉，石头的坚硬就很难体验；如果没有视觉，那花更是不完整的，当然，没有嗅觉感受香气，花就会魅力大损，所以才有"桂馥兰香""馥郁芬芳"这样的成语。"零落成泥碾作尘，只有香如故"（陆游《卜算子·咏梅》）、"东篱把酒黄昏后，有暗香盈袖"（李清照《醉花阴·薄雾浓云愁永昼》），那才是令人沉醉的花。如果说五彩缤纷的鲜花只能等人来观赏，那么"十里飘香入夹城"（杜牧《长安杂题长句六首》）的花香则具有诱人趋前的魅力。"花气袭人知骤暖，鹊声穿竹识新晴"（陆游《村居书喜》）中的"花气袭人"形容花香能引诱人，难怪贾政对宝玉为丫鬟取名"花袭人"一肚子的不满意。"一针见血"，固然视觉看到的是血，但如果没有被针扎的触感，对"一针见血"的理解就还不到位。

我们需要"瞻仰"，需要"聆听"，需要"闻香"，需要"品味"，也需要"抚摸"；需要"高山仰止"和"洋洋大观"，需要"天籁之音"和"黄钟大吕"，需要"芬芳四溢"和"暗香盈袖"，需要"山珍海味"和"五味俱全"，也需要"如沐春风"甚至"如坐针毡"，这才是一个有丰富体验的人。"不堪入目""不堪入耳""不堪入口""难以下咽""臭不可闻""如芒在背""如履薄冰"都是难受的体验，很难说视觉和听觉的体验在感受程度上能够超过味觉、嗅觉和触觉的体验。当代多维立体电影越来越注重多感官、全方位的身体感受。

针对视觉文化的强势，有些学者试图倡导所谓"听觉转向"。韦尔施说："我们迄至今日的主要被视觉所主导的文化，正在转化为听觉文化；这是我们所期望的，也是势所必然的。""人类和我们星球的继续存在，只有当我们的文化将来以听觉为基本模式方有希望。"②有中国学者分析说："从其本体属性来说，听觉文化和倾听美学具有一种动态的发生性，视觉文化则缺少这种动态的发生性而呈现为一种静态的结构。之所以会

---

① 吴琳.细胞膜表面张力变化实现可视化[N].光明日报,2015-10-20(6).
② 韦尔施.重构美学[M].陆扬,张岩冰,译.上海：上海译文出版社,2002:209.

有这种差别,说到底又与它们分别和时空的关系有关。听觉文化和倾听美学主要体现的是人的存在的一种时间性,而视觉文化则主要体现了人的存在的一种空间性,这是二者最为深层的本体论差异。""听觉文化和倾听美学的这种深层的时间性维度及其所导致的对审美和存在意义的动态性把握,使得其一举超越了视觉文化的那种静止化思维结构,超越了视觉文化仅仅把美理解为一种僵化的静止的结构图像的片面做法,更加契合存在的真实面目和审美活动的实际,是哲学和美学史上的一大进步。"①听觉的时间性和视觉的空间性的确更突出,但动态的视觉并不排斥时间性,动态的视觉画面也处在不断的变动中,听觉也必定存在于特定的空间中。只有凝固化的"视觉文化"才有可能导致"静止化思维结构"和"把美理解为一种僵化的静止的结构图像的片面做法",而"听觉文化和倾听美学"一旦凝固化,同样可能导致"静止化思维结构"和"把美理解为一种僵化的静止的"结构声音(图像)的片面做法。因此,说听觉文化和倾听美学"一举超越了视觉文化的那种静止化思维结构","更加契合存在的真实面目和审美活动的实际",是"一大进步"云云,就显得经不起推敲。

单纯推崇视觉文化或者认为视觉文化压倒一切固然有其片面性,但反过来走向另一个极端,要让听觉占压倒优势,片面性也是明显的,而且不符合现代文化实际的、基本的走向。人类身体的构成和现代技术所创造的优越条件,至少使我们使用以视听结合为主的文化模式成为一种较为理想的发展方向。事实上,人类生活基本上一直是一种以视听结合为主的存在方式。没有哪个人愿意失去视觉而成为盲人,也没有人愿意失去听觉而成为聋人。放弃触觉、嗅觉和味觉等也都是让人难以接受的。因此,除了以视听结合为主,还需要触觉、嗅觉、味觉的参与,而且在有些情况下,触觉、嗅觉、味觉当中的一种会上升为主导感觉。比如,吃饭时尽管视觉几乎不可或缺,但味觉往往上升为主导感觉。

其实,对人类文化作出重大贡献的语言文字既是视觉的,也是听觉的;既是物象的,又是声音的,有时还会触发触觉、嗅觉、味觉等。视觉性的有形的文字符号同时也代表一种声音。每一个文字的含义都可能包含视觉、听觉、触觉、嗅觉、味觉的因素。汉字构字"六书"包括象形、指事、会意、形声等,与身体的各种感官和体悟是分不开的。汉字"花"肯定包含着视觉形象,同时它也是可嗅(花香)、可触的,有的花还可吃、可饮(比如菊花)——主要涉及味觉。花也不会与听觉完全无关,花开花落都伴随着声音,只是人类的听觉往往听不到而已,有人曾写诗歌《听花开的声音》。著名记者唐湘岳曾与人合写新闻报道《听油菜花开的声音》,发表在 2013 年 6 月 17 日《光明日报》上。有学者把语言文字看作纯粹的视觉符号或纯粹的听觉符号,都是不全面的。

2.甲骨文"圣"字的听觉含义

中华祖先很重视听觉,甲骨文 𦕙(圣)就像长着大耳朵(𦔮)的人(𠂉),表示善听是一种超凡能力。耳聪乃大慧、大圣者所具备的素质,即"大耳为圣"。甲骨文 𦕠 为 𦕙(圣)加 𠙵(口),表示耳聪口利、能够作出预言、善于训导众人的人,即为圣人。我们还

---

① 肖建华.倾听:视觉文化之后[J].文艺研究,2014(10):92-93.

可以观察到,佛祖像都是大耳垂肩,通俗地说,成佛者都是大耳朵。同时,汉民族也有"耳大为美"的人体审美习惯。

古人还特别重视声音的教化作用:"百年事,千秋笔,儿女泪,英雄血。数苍茫世代,断残碑碣。今古难磨真面目,江山不尽闲风月。有晨钟暮鼓送君边,听清切。"(杨潮观《吟风阁杂剧》卷首题词)"晨钟暮鼓"时时被送到人们耳边来警策、提示人们,"听清切"就强调了剧中唱词道白、腔调音韵等声音的社会教育效果。

3.无处不在的声音

没有光明和没有声音的世界都是令人窒息、令人感到沉闷的,"有声有色"才是世界。中国古人早就记载了世间存在的各种声音,比如,"关关雎鸠,在河之洲"(《诗经·国风·周南·关雎》);"呦呦鹿鸣,食野之苹。我有嘉宾,鼓瑟吹笙"(《诗经·小雅·鹿鸣》);"坎坎伐檀兮,置之河之干兮"(《诗经·伐檀》);"鸡犬之声相闻"(《老子》);"唧唧复唧唧,木兰当户织"(《木兰辞》),等等。

我们说人间充满生活气息,这个"气息"就包括声音:"人家在何处?云外一声鸡。"(梅尧臣《鲁山山行》)鸡鸣处便有人家。现代城市更是难以避开人声鼎沸、车马喧哗,包括噪音。里尔克在20世纪初即已在巴黎指出声音的喧闹不已,甚至彻夜不休:

我不禁开窗睡觉。有轨电车从我的卧室当中呼啸而过。汽车从我身上开过。门在不知道什么地方发出清脆的撞击声,一扇玻璃应声落地,哐啷作响。我听到哈哈大笑,还听到咯咯嬉笑。而后突然间,一个沉重的、压抑的声音……有人从楼梯上来了。他在靠近,不断地靠近,他来到这里,长时间地停留在这里,随后走开。街上的声音又传了进来。一个女人喊道:"啊!闭嘴,我受够了。"有轨电车开过来,(它)浑身上下都在颤抖,横冲直撞。有人在喊,一些人跑过,相互追赶,一条狗在叫。一条狗,多么令人欣慰啊!接近凌晨时分,甚至还有公鸡打鸣,随后是无尽的癫狂。而后突然间,我坠入了梦乡。[①]

现代城市的嘈杂声使不少人难以入眠。

我们说声音无处不在,那是指在地球范围内。在地球上,声音以波的形式通过空气振动而传播。但是太空是真空,没有粒子来感知声音,所以在那儿,声音就像不存在一样。即使太空飞船爆炸,那也会寂静无声。人体如果到太空中,声音传播将会失效。

4.图景和音景

视觉对应图景(landscape),景观、景象、景色、景致都是"看"的。听觉对应音景(soundscape),三籁、金石之声、晨钟暮鼓、黄钟大吕都是用来"听"的。其中,三籁是指天籁、地籁、人籁;黄钟是指中国古代音韵十二律中六种阳律的第一律,大吕是指六种阴律的第四律,黄钟大吕形容音乐或言辞庄严、正大、高妙、和谐。

在古代,音律甚至有神奇的作用。西汉文学家刘向在其《别录》中说:"燕有黍谷,地美而寒,不生五谷,邹子居之,吹律而温气也。"意思是古代燕地地温低,不收五谷,邹子在黍谷山上吹箫,使地温升高,从此人们种下的五谷有了收获。邹子为春秋战国时

---

① 里尔克.布里格记事[M]//勒布雷东.人类身体史和现代性.王圆圆,译.上海:上海文艺出版社,2010:160-161.

诸子之一,燕赵王的老师。

视觉对应空间,听觉对应时间,因而听觉具有顺序性。图景刹那间摄入,对声音的分辨却无法瞬间完成。

在文学作品中,图景最常见,音景也并不少见,通常图景和音景有机融合在一起。比如李白的《子夜吴歌》:"长安一片月,万户捣衣声。"月色与捣衣声融为一体。

前面提到的毛泽东的词《沁园春·雪》以图景为主,他的《菩萨蛮·大柏地》"赤橙黄绿青蓝紫,谁持彩练当空舞",同样是绝妙的视觉图景。当然,毛泽东也有图景与音景完美融合的作品。1935年2月他写的《忆秦娥·娄山关》,是先音景后图景:

西风烈,长空雁叫霜晨月。

霜晨月,马蹄声碎,喇叭声咽。

雄关漫道真如铁,而今迈步从头越。

从头越,苍山如海,残阳如血。

"雁叫"是声音自不必说,"西风烈"自然有风声;"马蹄声碎,喇叭声咽"与前边的自然声响形成对比,"马蹄声"和"喇叭声",一个"碎",一个"咽",都处于被人为压抑状态。"雄关""苍山""残阳"都是"图景"。其实,"长空雁叫霜晨月"就是"音景"与"图景"的完美融合:没有"长空"和"霜晨月","雁叫"就缺乏辽阔、静寂萧疏的背景;没有"雁叫",这种背景又缺乏动感。整首词就是"音景"与"图景"的宏阔、完美的融合。

宋代诗人辛弃疾的《西江月·夜行黄沙道中》这首词上下两阕严格按音景、图景划分,我们不妨来看它的上阕:

明月别枝惊鹊,

清风半夜鸣蝉。

稻花香里说丰年,

听取蛙声一片。

上阕中以"音景"为主,"鸣蝉""说丰年""听取蛙声一片"构成了一首明月交响曲。即使是字面里没有出现声音的"明月别枝惊鹊",也分明传出了声音:既然是"别枝惊鹊",鹊鸟受到了惊扰,换一树枝栖息,双翅拍动必然会发出声响,同时很可能伴随着鹊鸟的鸣叫。

5."听觉叙事"

在文学研究领域,有所谓"听觉转向"和"听觉叙事"(acoustic narrative)。文学最初是一种诉诸听觉的艺术。光未然在《五月花·后记》中说:"诗歌的语言,主要地不是诉之于视觉,而是诉之于听觉的。"

女作家铁凝的长篇小说《玫瑰门》中,姑爸的出场就成功地使用了听觉叙事:

有人敲门。

这是一种不紧不慢、极有节奏的敲,确切地说那不是敲那是一种抓挠,是用五个手指在不紧不慢地抓挠。从那抓挠里可以听出,那人每个手指上一定长着又长又硬的指甲。坚硬的指甲将玻璃抓挠出一种使人难忍的怪声,这声响是能使人的头发竖起来再生出一身鸡皮疙瘩。不知为什么没人理睬这难忍的节奏和声音,就像她们对这声音早已听惯,就像听见人的嗝儿和屁一样习惯。①

听觉确实可以叙事和推进故事情节发展,姑爸的出场就是从极其特殊的敲门声开始的,从而使这个人物的性格特征给人留下非同寻常的印象。

有时特殊的听觉声音会给叙事带来意想不到、甚至啼笑皆非的效果。宋代洪迈《容斋随笔·卷三·陈季常》载,苏轼被贬至黄州,常与好友陈慥(字季常)一起谈论文学。陈季常经常邀客人到家里,他的妻子河东郡柳氏往往敲墙赶客,苏轼作诗曰:

龙邱居士亦可怜,
谈空说有夜不眠,
忽闻河东狮子吼,
拄杖落手心茫然。

妻子柳氏的一声吼,竟然使谈笑中的陈季常手中的拐杖落地。"河东狮吼"的典故即出自此诗。

叙事青睐事件,事件多由一系列行动构成,而行动多会发出声响——"雁过留声"。有些事件以声响著称,有人称之为"声音事件"。"四面楚歌"就是一个声音事件。《史记·项羽本纪》载,楚汉相争时期,汉王刘邦大军把项羽围在垓下,"夜闻汉军四面皆楚歌,项王乃大惊,曰:'汉皆已得楚乎?是何楚人之多也。'"项羽以为汉军已经攻占楚地,以为天要灭他,只好悲壮地自刎身亡。至于现在众多的爆炸案件,那更是声音事件了。

声音不仅可以叙事,还可以烘托气氛、抒发情感,"杜鹃声里斜阳暮"(秦观《踏莎行》)、"雁叫声声心欲碎"(电影《归心似箭》主题歌《雁南飞》)等都是如此。

听觉叙事,首先是由于作家感受到了声音在生活中的存在和作用。天津作家蒋子龙当年当车间主任时,"多年的工作养成一个习惯,车间有十吨锤,我离工厂还有十里地,就能感受到锤的声音,这让我心情舒畅。车间主任要值班,听到锤的声音我睡得特别香,这说明生产是正常的。一静下来,就醒。"蒋子龙说。② 锤的声音,在当年就这样存在于蒋子龙的工作和生活中。

要运用好听觉叙事,需要敏锐的听觉和细致的感受,萧克将军说:"描写战争的作品是多的,但是千篇一律,没有变化。比如描写枪声总是用'啪啪'几个字来代替,炮声一定用'轰轰'的字眼,大家全成为习惯了。其实枪声在高处是一种声音,在低处又是一种声音,远近,有没有危险,一个有战斗经验的人全可以从各种不同的声音听出来。"③描写枪炮声音是这样,叙写其他声音也需要实际的听觉体验和精细的特征辨析。

6.听觉也可以引导和启发视觉

贡布里希有一段非常有名的话:"绘画是一种活动,所以艺术家的倾向是看他要画

---

① 铁凝.玫瑰门[M].北京:作家出版社,1992:33.
② 舒心.硬骨头蒋子龙[N].光明日报,2015-01-01(5).
③ 马加.萧克将军在马兰——平西散记[M]//雷加.中国解放区文学书系·散文杂文编.重庆:重庆出版社,1992:32.

的东西,而不是画他所看到的东西。"①许多画家的确是这样来创作的。即使是以纪实为基础的摄影创作,也在相当程度上与贡布里希的看法相吻合。摄影家袁毅平为了拍摄出意境新颖的天安门日出,常常冥思苦想而不得其法,但这个"幽灵"总在他脑际转悠,驱而不散……

一天清晨,中央人民广播电台播放开始曲之前,反复响起了"东方红,太阳升"的清脆悦耳的乐曲声(其实那时候每天都播放这段乐曲,只是我平日没有引起特别注意)。音乐艺术打开了我的心扉,一种艺术通感给了我莫大的启示,我心中突然领悟,豁然开朗。

想象的翅膀一下展开了,在我的眼前仿佛呈现了一轮红日透过漫天的彩霞,在庄严肃穆的天安门的东方冉冉升起这样一幅壮丽的画面。这时候,"日出"和"天安门"这两个平素毫无关联的景象联系在一起了,它们已不再是原形态的客观物象,而是成为我心中的太阳和心中的天安门了,也就是说它们已经融合了我的心意,已经被"意象化"了,而且这两个原本是分散的、单一的意象,在我的头脑里已经构成了一个完整的、鲜明的艺术意象了,这是一个多么富有时代特征的意象!我简直激动得忘乎所以,心想灵感啊灵感,众里寻她千百度,你却蓦地显现在"东方红"的乐曲中。②

袁毅平拍摄的是他想看到的天安门日出,天安门的东方红,这是个意象化了的天安门东方红(如图2)。但是,他的拍摄灵感来自听觉启发,即"东方红,太阳升"的清脆悦耳的乐曲声,正是这首乐曲,使他把天安门与东方红连在了一起,"音乐艺术打开了我的心扉"。

图 2 东方红

袁毅平摄于 1961 年

---

① 贡布里希.艺术与错觉[M].林夕,等,译.杭州:浙江摄影出版社,1987:101.
② 袁毅平.半世影缘东方红[N].光明日报,2014-06-15(11).

(五)传播学不应忽视视觉、听觉之外的感觉系统

1. 触觉

触觉是人唯一不可缺少的感觉系统,人体全部表面和全部器官都可以有触觉体验,可以说,皮肤是人体面积最大的社交器官。如果失聪、失明、失语、失去嗅觉,人仍然可以生活下去,可是失去触觉,生活将无法自理,人无法感触周边环境,就无法行动。一个人若无痛感,用不了多久便会被细菌、病毒所击垮,因为他无法感知自己的内部器官已被感染。

一种东西是否真实存在,我们往往用触觉去判断。当我们无法分清梦境与现实时,会自己掐掐自己,看自己是否还有感觉、还真的存在。看得准不准,还得看触摸的感知。看到了,准确地抓住了,说明看准了;看到了一个静止物,但没有抓住,说明视觉对位置判断得不准;没有看到的东西撞到了,也说明视觉有问题。

触觉和味觉的肉体特征比视觉、听觉和嗅觉更加突出,因为触觉和味觉需要事物直接与肉体接触。触觉可分为分辨性触觉和情感性触觉。情感性触觉需要他人的抚摸来实现,自我抚摸往往没有效果或效果很差。所以,在性活动中,需要触摸和被触摸的身体,没有肌肤接触,没有触摸和被触摸,性活动就几乎无法完成。没有性器官的激情交合——一种由激情相伴的互动的触觉,性爱就失去了最本真的意义。

在光线明亮的环境中,人们往往互相保持距离。在黑暗的环境中,人们则通过牵手或肢体接触来增强安全感。

针灸刺激穴位后,沿着经脉会出现酸、胀、麻、热等针感的移动,这其中便包括触觉。中医按摩是一种以触觉感受、触觉交流为主的治疗方式。"卧薪尝胆"是体肤在"卧薪",嘴巴、口腔、消化器官在"尝胆"。"耳鬓厮磨"是耳朵与鬓发互相摩擦,即指肌肤的"厮磨",用来形容亲密相处,尤其是男女之间亲密到了肌肤密切接触的程度。"挨肩擦脸"是靠近肩膀、接触脸面,多用来形容狎昵之状。比如《脂砚斋重评石头记》第六十五回:"贾珍便和三姐挨肩擦脸,百般轻薄起来。"上面三个成语都与触觉密切相关。另外一个成语叫作"炙手可热",字面意在于手摸上去感到热得烫人,有了这种触感才能准确地理解这个成语。还有一个习惯说法"拣软柿子捏"也一样,如果没有对柿子软硬程度的触感,也就很难理解这种说法。中国传统的"摸骨术",以一种抚摸身体的方式识人、辨人,当然更依赖于触觉。

触觉虽如此重要,但随着媒体传播的日益发达,视觉、听觉空前活跃,触觉越来越边缘化。

盲人很难有视觉体验,通常多用触觉去"看",所以他们的触觉很灵敏。海伦·凯勒写道:

我不知道通过"心灵的窗口"——眼睛去看透一个朋友的内心是怎么一回事。我只能通过我的指尖"看"到一张面孔的轮廓。我能察觉欢笑、悲伤和其他许多明显的感情。我从感触我朋友的面部来了解他们,但我不能凭触摸真正地描绘出他们的性格。……那更深刻的了解我相信通过看到他们,通过观察他们对各种表达出来的思想

和情况的反应,通过注意他们眼睛和相貌的直接和短暂的反应可以获得。①

通过触摸来"看"确实局限较多。

由于经常使用触觉,盲人的触觉发达的程度超过一般人。海伦·凯勒说:"我,作为一个看不见东西的人,仅仅通过触觉,都能发现许许多多令我感兴趣的东西。我感触到一片树叶的完美的对称性。我用手喜爱地抚摸过一株白桦那光潮的树皮,或一棵松树的粗糙树皮。春天,我摸着树干的枝条满怀希望地搜索着嫩芽,那是严冬的沉睡后,大自然苏醒的第一个迹象。我抚摸过花朵那令人愉快的天鹅绒般的质地,感觉到它那奇妙的卷绕,一些大自然奇迹展现在我面前。有时,如果我很幸运,我把手轻轻地放在一棵小树上,还能感受到一只高声歌唱的小鸟的愉快颤抖。我十分快乐地让小溪涧的凉水穿过我张开的手指流淌过去。……对我来说,四季的壮观而华丽的展示是一部令人激动的、无穷尽的戏剧。这部戏剧的表演,是通过我的手指尖端涌淌出来的。"②

当人失去视觉和听觉时,尝试用触摸和动作交流需要一个漫长、艰难的过程。海伦·凯勒写道:

渐渐地,我可以用手去摸索各种东西,分辨它们的用途。或者揣摩别人的动作、表情,来明了发生什么事,表达自己想说的、想做的,我渴望与人交流,于是开始做一些简单的动作,摇摇头表示"不",点点头表示"是",拉着别人往我这里,表示"来",推表示"去"。当我想吃面包时,我就以切面包、涂奶油的动作表示。

想告诉别人冷时,我会缩着脖子,做发抖的样子。

《假如给我三天光明》的第四章记述了海伦·凯勒如何找到各种事物与其名称之间的对应关系:"莎莉文老师把我的一只手放在喷水口下,一股清凉的水在我手上流过。她在我的另一只手上拼写'水'。……突然间,我恍然大悟,有股神奇的感觉在我脑中激荡,我一下子理解了语言文字的奥秘,知道了'水'这个字就是正在我手上流过的这种清凉而奇妙的东西。"

仅靠触觉和嗅觉感受环境变化有时会带来危险。海伦·凯勒写道:"太阳所有的温暖都从空气中消失了,我意识到那是因为天黑了,因为热度对我来说意味着光,而这时空气中没有了热度。一种奇怪的气味从地上冒出来,我知道这是每次暴雨来临前的味道,……树叶拼命地抖了起来。整棵树突然开始摇晃,一阵强风差点把我从树上吹下来,幸亏当时我死死地抓住树干。树在风中剧烈摇摆,小树枝都啪啪地折断、砸到我身上。"③

后来,失明和失聪的海伦·凯勒学着说话:"我完全靠自己的手指读老师的唇语,我得使用触觉来捕捉喉咙的震动、嘴的运动和脸部的表情,而这种触觉常常会出错。"海伦·凯勒说:"我只有触摸过的东西才能知道它是什么。"

也许正因为海伦·凯勒需要克服如此巨大的困难生活下去,同为残疾人的张海迪

---

① 凯勒.假如给我三天光明[M].钱蓉,赵彦,译.北京:中国书籍出版社,2008:167.
② 同①:164-165.
③ 同①:27-28.

曾把海伦·凯勒的照片贴在自己的博客上并题《宁静世界里的女神》。海伦·凯勒的伟大就在于她以超出一般人想象的耐心和毅力,在那黑暗中活了88年!

2.嗅觉和味觉

我们的舌头约有8 000个味蕾,而每个味蕾约由100个味觉受体细胞组成。说起味觉,人们通常会说有酸、甜、苦、辣、咸,其实,人类的基础味觉包括酸、甜、咸、苦和鲜。广受追捧的辣味,从科学角度看,不是一种基本味道,它是五种已知基础味觉和辣感等感受混杂产生的一种感受。而美国普渡大学研究人员还发现了人类的第六种基础味觉——脂肪味或"肥"。味觉产生和传导的过程是这样的:食物等的味道刺激味觉细胞,细胞感受刺激后会产生神经信号并将这种信号传导到大脑中,脑神经辨别出食物等的味道。

(1)气味与认知和表达

气味本为两个词,嗅之曰"气",在口曰"味"。嗅觉主要是对气味信息的感觉,台湾的茶文化中有一个环节叫"闻香",就是拿起一杯茶时先别喝,深吸一下,把茶香吸进身体里。"闻香"使用的就是嗅觉。味觉主要是对进入口腔的食物或其他物品的味道的感觉,味觉来源于触觉。

香味扑鼻,花香袭人,气味的诱惑力也是很大的。"山珍海味"更为人们的口腹所追求,而"食不二味"则是指吃饭不用两道菜肴,形容生活简单或贫困。

嗅觉和味觉也对人们的认知和表达产生了重要影响。"神农尝百草"是一个重大味觉认知事件,中华先祖"尝百草之滋味",对于寻找、认知、利用食物和草药至关重要。在这一认知过程中,视觉只起辅助作用,听觉几乎不起作用。气味对听觉也有影响,科学实验表明,耳朵也"喜爱"芬芳的花香,如果人置身于香气馥郁的环境中,听觉会更加灵敏。

有味道、有意思、值得重视的、美好的可以用"意味深长""别有风味""耐人寻味""回味无穷""唇齿留香"来表达,人阅读、谈论或接触这样的东西必然会感到"津津有味"。反之,则用"味同嚼蜡""索然无味""淡而无味"来表达。汉语中还有品味、体味、玩味、寻味、咀味等说法。

特别值得提及的是,嗅觉和味觉记忆特别牢固。有一种解释说:我们的记忆里储存了大量的信息,增加任何新的内容都会对以前储存的东西产生干扰,而气味记忆受这种干扰的影响则小得多。因此,学会辨别新的气味对于之前已会辨别的气味几乎没有任何影响。一旦学会辨别某种气味,其痕迹在记忆里就会保留很长时间,有的甚至可能保留一生。国宴作为一种国与国之间的跨文化交流,其美食通过味觉和嗅觉也传播着特有的信息。

气味也与人的品性、风度连在一起。"芳兰竞体"本指兰草的香气,香气满身,但多用来比喻举止娴雅、风采极佳的人。如果说"气味相投"是指思想作风很合得来,属中性词,那么"臭味相投"便是贬义词了。

文学作品中对气味的描写很多。比如,在《红楼梦》第五回中,宝玉来到秦可卿房间:

刚至房门,便有一股细细的甜香袭人而来。宝玉觉得眼饧骨软,连说:"好香!"

此外,《红楼梦》的其他章节还有黛玉窗前飘出一缕"幽香",宝钗衣袖中散发着一缕"冷香"等描写。

(2)身体的气味

任何人都散发出一种气味,无论他采用何种洗漱方式,如何为自己增香,他的皮肤里都散发出唯一的一种气味,并影响着他与他人的交流。如同手上的纹路,一个人的气息专属于他自己。研究显示,女人更喜欢那些气味与自己相似的男性。一项在儿童中进行的研究显示了儿童如何轻而易举地识别出自己母亲的气味。27－36个月的儿童,在面对两件相同颜色、相同款式的毛衫进行选择时,选择自己母亲曾经穿过的毛衫的比例占70%。让托儿所里20－36个月的儿童来嗅自己母亲的毛衫时,也出现了类似的情况。[①] 人患病后,身体气味会发生变化。

令人不悦的气味绝不是自己身上的,而是他人身上的。只有他人才能嗅到你身上的气味。

用香水、牙膏、沐浴液、香皂去调配一种气味,是对自身体味的修饰和遮掩,也是一种自我彰显。适度的香气才受欢迎,过浓的香气使人不悦。男性使用香水,更容易给别人带来不舒服的感觉。

国外专家研究发现,由于异性气味影响着人的内分泌、血压、心率、呼吸和神经活动,有助于使人处于最佳状态,只要有微弱的异性气味扩散,就会引起较强烈的刺激,从而改变其情绪。宇宙航行中,50%的宇航员会出现头痛、恶心、浑身不适等不良反应,但只要有女飞行员参与,上述问题就会明显改观。

3.关于"通感"或"统觉"

(1)何为通感

食物的颜色会增加或改变食用者对食物味道的感受;火车或飞机上的食物往往让人觉得不好吃,噪音影响人们的味觉是原因之一。这可以从某一角度为理论上的通感提供某种实际例证。

通感就是在描述客观事物时,使人的视觉、听觉、触觉、嗅觉、味觉等不同感觉互相沟通、交错,彼此挪移转换,"以感觉描述感觉"。颜色似乎会有温度,声音似乎会有形象,冷暖似乎会有重量。据周振甫说,通感是钱钟书提出来的。[②] 钱钟书指出:"在日常经验里,视觉、听觉、触觉、嗅觉、味觉往往可以彼此打通或交通,眼、耳、舌、鼻、身各个官能的领域,可以不分界线。"[③]通感有其科学依据,相关专家研究表明,人类的视觉和触觉存在先天性的信息交流,视觉、触觉和运动系统的交互作用神经回路属于"先天固有",一旦开始用眼,即可短时间内将其激活。先天看不见的人,视觉系统得到修复后,视觉康复和认知康复会进行得很顺利。

艺术在相当程度上就是尽可能地调动起人的各种感官,使其参与形象和意境的构

[①] 安泰尔姆.人类[M]//勒布雷东.人类身体史和现代性.王圆圆,译.上海:上海文艺出版社,2010:165-166.
[②] 周振甫.诗词例话[M].北京:中国青年出版社,1962:249.
[③] 钱钟书.旧文四篇·通感[M].上海:上海古籍出版社,1979:57.

建。通感就表现了艺术的这种特征。

艺术的奥秘在于善于把握对象的关系以及反映对象的各种感觉形式的关系,用种种手段启迪人们的通感,以引起人们丰富的审美想象。为此,艺术表现上要善于把无限寓于有限,把瞬间凝结为永恒,通过个别来反映全体。这样就要求艺术家在现实的描写对象上选择最理想的属性,即能引起多方面感触的特征和细节,把自己的美学理想寄托在"这一点"上,通过"这一点"达到整体形象的再现,从而给人以不尽的情趣与韵味。[①]

"启迪人们的通感",选择"能引起多方面感触的特征和细节","抓住通感的触发点",意在把人们的感官尽可能全部调动起来。宋人文天祥在《读杜诗》中写道:"耳想杜鹃心事苦,眼看胡马泪痕多。"不是心想,而是耳想;实是耳闻杜鹃声,心想世事苦。这也是一种通感。这种通感的触发点就是杜鹃。杜鹃有外在的形象,还有"杜鹃啼血"的叫声。由于有这种声音的存在,所以"耳想"也就可以接受了。杜鹃调动起了眼(包括"眼看胡马泪痕多")、耳和思维器官的感性活动。

艺术创造的要点在于找到事物能够引起人多方面感触的特征与细节,用各种手段启迪接受者的通感,从而使信息"统觉"化。叙事艺术需要尽可能地调动全部感官参与。与统觉相关,还有"联觉"之说。联觉包括较多的不同组合,如"味道－颜色""颜色－声音""情绪－颜色""声音－触觉"等,比如有人看到蓝色时会感觉听到了一个音符,这就是"颜色－声音"组合。有研究者说,艺术家中有联觉者的比例高达20%－25%,这提示人们联觉与创造性思维有关。

(2)声音与色彩和形状

美国音乐学家马利翁说过:"声音是听得见的色彩,色彩是看得见的声音。"恰好,著名指挥家洛林·马泽尔谈到音乐家马勒时这样说:"我年轻的时候觉得理解马勒的作品很困难,他的作品很有视觉感,充满了情绪化的表达。"[②]经验表明,人在欣赏音乐时常常产生视觉想象,特定音乐给人的心理感受往往与特定的颜色、形象给人的感受类似。这可以叫作"听觉想象力"。1876年音乐学家波萨科特提出了一个公认的音响与色彩的对应比拟:弦乐、人声对应黑色;铜管、鼓对应红色;木管对应蓝色。而指挥家高得弗来提出:长笛对应蓝色,单簧管对应玫瑰色,铜管对应红色。

美国麻省理工学院、微软和Adobe的研究人员发明了一种新技术,即借助于高速摄像机监视物体的振动,以还原声音。麻省理工学院研究生、相关论文的第一作者阿贝·戴维斯(Abe Davis)表示:"当声音击中物体时,能使物体产生振动。这种振动运动带来了非常微小、肉眼不可见的视觉信号。人们不会意识到存在这样的信息。"由此看来,声音确实与视觉形状(画面)有关。也确实有雕塑家把声音表现为具体形状(如图3)。

[①] 殷国明.创作要抓住通感的触发点[J].文艺研究,1983(3):78.
[②] 从天才少年到一代宗师——马泽尔生平简介[N].文汇报,2014-07-15.

图3 古老的声音(雕塑),〔意〕马西姆·卡伯塔
赵建国 2014 年 7 月 25 日摄于石家庄市世纪公园

(3)通感范例——鲁提辖拳打镇关西

《水浒传》中"鲁提辖拳打镇关西"只打了三拳。先看第一拳和第二拳:

扑的只一拳,正打在鼻子上,打得鲜血迸流,鼻子歪在半边,却便似开了个油酱铺,咸的、酸的、辣的一发都滚出来。郑屠挣不起来,那把尖刀也丢在一边,口里只叫:"打得好!"鲁达骂道:"直娘贼!还敢应口!"提起拳头来就眼眶际眉梢只一拳,打得眼棱缝裂,乌珠迸出,也似开了个彩帛铺,红的、黑的、紫的都绽将出来。

再看第三拳:

又只一拳,太阳上正着,却似做了一个全堂水陆的道场,磬儿、钹儿、铙儿一齐响。鲁达看时,只见郑屠挺在地上,口里只有出的气,没了入的气,动弹不得。

第一拳,视觉嗅觉化、味觉化。对于观者来说,能够看到打在鼻子上,但对于郑屠来说,鼻子是嗅觉器官,打在鼻子上,嗅觉、味觉发生了剧烈变化,所以"咸的、酸的、辣的一发都滚出来"。第二拳,视觉多彩化。对于观者来说,能够看到打在眼眶际眉梢,而对于郑屠来说,由于第二拳打在了眼眶周围,所以主要是视觉的剧烈变幻,"似开了个彩帛铺,红的、黑的、紫的都绽将出来"。第三拳,视觉听觉化。对于观者来说,能够看到打在太阳穴周围,而对于郑屠来说,由于这第三拳靠近耳朵,所以主要是听觉反应,"磬儿、钹儿、铙儿一齐响"。作者对鲁提辖这三拳的描写是一种全知叙事,因为文中所描写的不仅是围观的人们能够看到的场面,而且还有郑屠自己被打时的感受——就像作者在挨打时的感受。

(六)人的存在方式很大程度上由感知、传播方式决定

1.人只能通过身体感知和认识这个世界

生存是通过身体实现的,身体实现了生存,身体是我们存在的唯一确证。身体是我们拥有一个世界的唯一方式。

身体"是我的存在的永久结构和作为对世界的意识及作为向我的将来超越的谋划的我的意识的可能性的永久条件"①。"我"只能通过身体感知和认识这个世界,身体决定了认知的视角和认知的限度,"我"只能通过身体与这个世界发生关系。

甚至看不见、摸不着的时间,我们也是通过身体来觉察的。朱自清的《匆匆》写道:"洗手的时候,日子从水盆里过去;吃饭的时候,日子从饭碗里过去;默默时,便从凝然的双眼前过去。我觉察它去得匆匆了,伸出手遮挽时,它又从遮挽着的手边过去。天黑时,我躺在床上,它便伶伶俐俐地从我身上跨过,从我脚边飞去了。等我睁开眼和太阳再见,这算又溜走了一日。我掩着面叹息。但是新来的日子的影儿又开始在叹息里闪过了。"由身体感受到的时间匆匆溜走,挽留不住。

其实,岁月的痕迹还会日积月累地刻印在身上,比如满脸皱纹、满头白发都是岁月留在我们身上的作品。无独有偶,电视剧《老牛家的战争》主题歌《时间都去哪儿了》(陈曦作词)也在用身体感叹时间过得真快:

门前老树长新芽
院里枯木又开花
半生存了好多话
藏进了满头白发
记忆中的小脚丫
肉嘟嘟的小嘴巴
一生把爱交给他
只为那一声爸妈
时间都去哪儿了
还没好好感受年轻就老了
生儿养女一辈子
满脑子都是孩子哭了笑了
时间都去哪儿了
还没好好看看你眼睛就花了
柴米油盐半辈子

---

① 萨特.存在与虚无[M].陈宣良,译.北京:生活·读书·新知三联书店,1987:427.

转眼就只剩下满脸的皱纹了

"满头白发""小脚丫""肉嘟嘟的小嘴巴""还没好好看看你眼睛就花了""满脸的皱纹",都是时间匆匆流逝的见证。

孙家正的诗《青春在微笑》也叹惋岁月把青春从身体中带走:

岁月

匆匆的岁月

带着青春

从鬓边耳畔发间

悄悄地

离开

离开我的身体

青春随着岁月离开人的身体,这种离开"从鬓边耳畔发间"都可显示出来。

即使是美人,也逃不过时间的磨损,大文豪莎士比亚在他的十四行诗第60首中就写道:

时间会刺破青春表面的彩饰,

会在美人的额上掘深沟浅槽;

会吃掉稀世之珍:天生丽质,

什么都逃不过他那横扫的镰刀。

岁月匆匆,青春易逝,使人心生感叹,呼唤你我抓住青春。不要"待得来时春尽也,梅着子,笋成竿。"(辛弃疾:《江城子》)勃发于男女身体青春期的爱情尤其如此。

2.人的感知和传播方式决定了自身的存在状态和方式

身体的存在是人感知和传播信息的前提条件,而人的感知和传播方式又决定了自身的存在状态和方式。人之所以以现在的状态和方式存在于世界上,很大程度上是由他(她)感知、认知环境和传播信息的方式决定的。

以视觉、听觉为主的感知方式使人类避免了直接接触客观事物,从而减少了许多生存危险,为避免某种情境给自己带来危害,人可以"静观其变""远听其声"。视觉、听觉、嗅觉都是"距离性感觉器官",而触觉和味觉却是"非距离性感觉器官"。然而,有时本来是避免直接接触客观事物的感觉器官,却可能"引诱"你去"触摸"危险。生长在亚马逊森林里的"食人树"开花时芳香四溢,当人们闻香寻源,找到美丽芳香的花朵,情不自禁地伸手触摸时,等候已久的树枝和树叶会马上把你紧紧缠裹起来,使你无法逃离、直至死亡。这时,如果身上有砍刀,必须立即挥刀砍掉树根进行自救。嗅觉可能导致你走入"食人树"的圈套。

既然自然选择赋予人类以视听为主的感知和传播方式,直立行走的生存方式就成为必然,因为直立行走才能看得更多、更远和听得更多、更远。正因为直立行走,嗅觉变得不那么重要了。如果像狗一样行走,就会像狗一样具有灵敏的嗅觉,因为用四肢行走时,鼻子更靠近地面,易于闻气味。

人们常常把衣服和房屋作为遮蔽隐私、抵御视觉暴力的物质屏障,那是因为人类的视力穿不透衣服和房屋的遮挡,如果人类的视力能够看到被衣服和房屋遮挡的东西,这种遮蔽就失去了意义。对人最有效的硬性控制和限制,就是制造人的身体能力不能跨越的障碍:监狱的高墙超过了人的攀爬能力,所以可以把犯人关在里面;科技之所以被人所推崇,是因为它可以超越人体的极限,干人所干不了或干不好的事情。身体必须吃、喝、拉、撒、睡,时时提醒不愿意把自己等同于动物的人们,人永远不能摆脱自己是动物中的一个群体这样的事实。

萨特说:

我不可能实现一个我不在其中并作为轻掠而过的凝视的纯粹对象的世界。而且相反,我应该投身于世界中以便使世界存在并且使我能超越它。于是,说我进入了世界,"来到世界"或者说有一个世界或我有一个身体,那都是同一回事。①

身体只有进入这个世界,才开始拥有这个世界。当年西方人发现和占有新大陆是以他们的探险者的到达为标志的,而后对火星、月球等星体的认知和占有也是以人的到达为标志的。

三、社会传播的具身性

(一) 社会传播的具身性及研究具身性的意义

人类以具身性存在(embodied being),没有身体,人类就无法存在。身体以具象方式存在,所以具身性与具象性几乎是一回事,具身的也是具象的。人类永远不能摆脱身体而存在,人类的所有活动都不能设想脱离身体,社会传播活动也不例外。

社会传播是一种活动和过程,这种活动和过程由人发起并以人为主要传播对象,而且传播效果发生在人身上或通过人作用于物。这里所说的人,与身体是同一个概念,离开了身体,人只是一个抽象的词。

社会传播本来是具身的、涉身的,是具身性、具身化的,但人们对传播的研究、考察却采取了身体缺席的态度。身体传播研究就是要还原传播的具身性、具身化,让身体回到传播的现场,将传播学具身化。

指出人类传播的具身性有何意义呢?它有助于改变许多研究者在传播研究尤其是在媒体研究中见物不见人、见媒体不见人的倾向。同时,对于媒体技术开发者来说,充分认识人类传播的具身性,就会使新开发的媒体产品更加人性化,从而更好地满足用户的需求,更加具有市场竞争力。

(二) 所有传播类型都有具身性

通常传播分为人内传播、人际传播、群体传播、组织传播、大众传播和网络传播六大类。人内传播、人际传播、群体传播、组织传播的具身性几乎不用解释。人内传播就

---

① 萨特.存在与虚无[M].陈宣良,译.北京:生活·读书·新知三联书店,1987:415.

是身体内部进行的传播,人际传播就是不同人身体之间的信息流动,群体传播和组织传播就是众多身体之间的信息流动。

需要多加解释的是大众传播和网络传播,因为这两种传播方式都是通过技术化的媒体如报纸、广播、电视、互联网等实现的。报纸、广播、电视、互联网本身当然不是人体,为什么通过它们实现的传播也是具身性的呢?

报纸是给人读的,广播是给人听的,电视是给人看的,互联网是给人用的。给人读、给人听、给人看、给人用,都意味着需要人身体上的眼睛、耳朵、手(上网离不开手敲击键盘和点击鼠标),同时还需要大脑器官和神经系统的运动才能完成对这些媒体的读、听、看、用。所有这些媒体的信息内容都是为人预设的,等待人去读、去听、去看、去用。

身体往往在传播媒体或传播介质中"隐身"。文字在传播交流过程中隐去了身体,但在字里行间,读者分明感到了身体的在场。文字中大部分动词都与身体有关、都是身体的行为——尽管不一定直接提到身体。汉语中有两个很有表现力的惯用语:"踏石留印""抓铁有痕",虽然身体没有出现,但"踏"和"抓"分明是身体的行为。"弱不禁风"说的是身体娇弱,经受不起风吹;"风雨兼程"说的是身体不受刮风下雨的阻碍;"萍踪浪迹"说的是身体像浮萍、波浪一般无定,到处漂泊,没有固定住所;"沦落风尘"说的是身体陷入坏的境地,尤其是女人的身体不幸沦为娼妓;"居高临下"说的是身体占据高位,俯视下面,"摸爬滚打"自然是身体在摸爬滚打。"不到黄河不死心""不撞南墙不回头""不见棺材不掉泪""不见兔子不撒鹰",当然是身体不到黄河、不撞南墙,而不死心之心也是身体之心,不回头之头也是身体之头,同样,是身体之眼不见棺材不掉泪,身体之眼不见兔子则身体之手不撒鹰。"颠沛流离""浪迹天涯""无依无靠""四海为家""流离转徙""流离颠沛"等,说的都是身体。

中国古典诗词名句中,"竹杖芒鞋轻胜马"(苏轼《定风波》)并无身体出现,"竹杖"分明用手拄,"芒鞋"自是脚来穿,再加上"轻胜马",脚穿芒鞋、手拄竹杖轻松前行的身体跃然纸上。"今宵酒醒何处?杨柳岸,晓风残月。"(柳永《雨霖铃》)没有身体,但身体在酒醒处,身体在杨柳岸上,身体在晓风中,身体在残月下。陆游有两句诗:"古人已死书独存,吾曹赖书见故人。"意思是古人的身心就或隐或现地存在于他们写出的书中。书籍和下面将要涉及的电影通常不被列入四大大众媒介(报纸、广播、电视、网络),但书籍和电影属于传播媒介是没有疑问的。

影视和网络使身体"在场"出现了突破。"在人类先在的本性里,潜藏着一种身体在场交流的欲望,人类只有在与他人的身体在场交流中,才能获得日趋完善的自我意识和生存能力。当时间与空间距离破坏了身体在场交流活动时,人类就不得不制造出身体的幻象与他人交流。电影是一种与文字不同的、具有身体在场交流特性的幻象。因而,它越肖似现实,便越具有符合人类身体自然要求的可交流性。也许,正是对这样一种身体可交流性的渴求,驱使着电影朝向完整地模仿现实的方向发展。声音与色彩的出现来源于这样的一种渴求,紧随其后出现的宽银幕、立体电影、全息电影技术,似乎越来越充分地显露了人类的一种本能欲望:创造一种身体不在场却又能够满足身体在场交流需求的虚拟影像符号。"①电影和电视使身体的"影子"在场交流,非常接近现实生活中真实身体的在场交流。

网络虚拟空间不仅能够使身体"在场",更具有突破意义的是,需要身体参与并融入虚拟空间中。"在虚拟现实技术系统中,使用者戴上特殊的头盔、数据手套等传感设备或利用键盘、鼠标等输入设备,便可以进入虚拟空间,成为虚拟环境的一员,进行实时交互,感知和操控虚拟世界中的各种对象并参与其中的各种事件。他们可以在这样一个人机界面上,获得与自然状态下几乎相同的、身临其境的身体感受并产生相应的肢体反应。这样的一个新型技术系统,在其与网络通讯技术逐步融合的过程中,已经开始生成出一种引人注目的传播形式,国内外有一些学者正试图将这样的一种传播形式称为沉浸性传播。"②身体参与并融入虚拟空间中,有身临其境的身体感受并产生相应的肢体反应,比电影和电视使身体的"影子"在场交流有了更进一步的发展。

正如国外学者所指出的那样:

如果说在数字化的单维信息空间中,人与计算机通过键盘、二维鼠标和显示屏等发生联系,人类以往的经验仅仅以数字化形式存储在数据库内,人只是单纯地从计算机系统的外部去观察计算处理的结果。那么,在适人化的多维信息空间中,人不是作为外在物而与虚拟现实系统相对立,相反,人作为该系统的一个环节而存在。在接受虚拟系统提供的各种感官信息的同时,人基于过去的经验、现时的体验以及虚拟系统的输出,经过判断和决策而对系统进行操纵和控制,由此改变着参与者仅仅作为单纯的接受者的被动状态。

虚拟现实技术中人与虚拟环境的交互作用,在本质上意味着它不是预成的而是生成的,不是因循的而是创造的,"构想性"所要表达的正是该技术的这一禀性。③

由身体参与的虚拟空间的创造,有可能延伸到真实的现实世界中,它实现的是人—机互动,还没有达到如同真实生活中现场的人—人互动的程度。即使是互联网上进行的人—人互动实验,也与真实生活中现场的人—人互动差别很大。2013年8月12日,华盛顿大学的研究人员成功进行了史上首次非侵害的人与人之间大脑的沟通——科学家通过互联网发送大脑信号,并实现了对另一个大脑及其手部动作的有效控制。参试的拉奥激动地说:"看到我想象中的动作由另一个大脑指派真实完成,(我)实在是又兴奋又可怕。这是从我的大脑到他的大脑简单的单向信息流。下一步就是建立起两个大脑间直接的双向对等的通讯了。"④

网络空间实现的是人的虚拟交往,即使是曾被有些人认为"去身体化"的网络空间虚拟交往,也有研究者专门著文《网络交往中的身体嵌入》并明确指出:"在网络交往中,身体自始至终地嵌入整个交往过程中,正是这个嵌入的身体保证了网络交往者的

---

① 梁国伟,候薇.虚拟现实:表征身体传播无限开放性的符号形式[J].现代传播,2008(3):20-21.
② 同①:17.
③ 陈月华,王妍.传播美学视野中的界面与身体[M].北京:中国电影出版社,2008:134-135.
④ 胡轩逸."我的脑"控制"你的脑"[N].光明日报,2014-03-20(12).

属人的现实主体性。"[①]所谓"身体嵌入"正是网络这种媒体传播具身性的一种表现。网络交流并非"去身体化"交流,而是虚拟了一种身体在场式的交流。日常网络交流中大量使用的"表情包",提供了一种虚拟的、夸张的"身体表情",它所表达的表情、心态、情绪等,是纯文字交流难以描述的,而且也只有通过身体体验、观察,才能感知、理解。

四、身体传播的特征

下面将要论述的身体传播特征包括身体接触式传播、多义性、"告诉"和"表白"能力三方面的内容。但需要说明的是,"身体是最综合的传播媒体、有机活媒体"也是身体传播的重要特征,由于这方面的内容已经在《现代传播》等期刊上发表过,本文就不再重复了。

(一)身体接触式传播

我们通过身体接触这个世界、理解这个世界、改造这个世界。

身体接触式传播是指身体与实体信息源直接接触并在接触中获得符码信息,而非与传播媒体接触。

显然,触觉信息来源于身体接触式传播过程。没有身体接触式传播,触觉信息就无从谈起。

身体接触式传播的重要性不仅表现在触觉信息上,它还表现在对信息理解的深度上,身体接触式传播是体验的内核,而体验是理解所有信息的基础。符码传播最大的缺憾是没有直接体验。

以身体是否直接接触实体信息源为标准,传播可以分为身体接触式传播和非身体接触式传播——笔者对传播进行分类,因为分类是对事物的一种重要把握方式,分类准确才能更深入、清晰地认识事物:

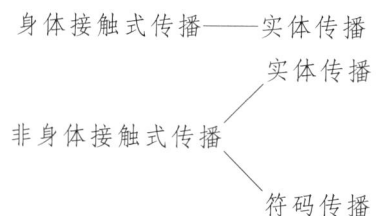

只有实体传播具有身体接触式传播特征。然而并非所有实体传播都属于身体接触式传播,视觉、听觉和嗅觉可以使人不直接接触对象而进行传播,因而均属于非身体接触式传播。

这里所说的接触,包括身体与身体的接触,身体与身外之物的接触。身体与身体的接触有多种方式,身体与身外之物的接触也有多种方式。身体接触传播是仪式传播的重要一环。然而,性爱和母婴关系是最深入的身体接触式交往、交流。最初,胎儿就

---

① 金萍华.网络交往中的身体嵌入[D].上海:复旦大学,2009:98-99.

生活在母亲的身体（子宫）中，出生后也与母亲有最亲密的肌肤触摸（如图4），而且直接用嘴从母亲身上的乳房中吸吮奶汁。性爱需要身体接触，而且身体要深入到身体之中。

真正意义上的身体接触式传播只能通过触觉和味觉来实现。触觉是接触式传播所独有的，味觉也是在直接接触中产生的。在接触式传播中人才能产生刻骨铭心、沁人心脾、切肤之痛等感受。但是触觉也有自身的局限，触摸毕竟不是看。盲人和正常人也许能进行交谈，但不可能在颜色词汇中找到共同意义。一位盲人通过触觉能确切地了解什么是树叶和树枝，什么是手臂和手指。在复明手术之后，他会惊讶地发现树和人体之间有"巨大差异"。在失明18年后动了手术的病人会试图触摸太阳光，因为他已习惯于用触觉来感受这

图4　母与子（雕塑），张德峰
赵建国2014年7月25日摄于石家庄市世纪公园

个世界。海伦·凯勒以手的触觉、鼻子的嗅觉、舌头的味觉替代了眼睛的视觉。盲人由于失明，习惯于触摸一切。但这种行为方式不利于交际，试想一个视力正常的人被人摸遍全身是一种什么感觉。

通常，视觉和听觉、嗅觉都可以看作一种体验，在这个意义上，接触式传播比体验式传播范围要小。

（二）多义性

先看下面一个实例：

1990年，南非国父曼德拉服刑27年后出狱，美国《时代》周刊总裁史定高应邀前来为他写传记。那天，曼德拉叫上史定高一起乘坐一架小飞机外出考察，没过多久，他就拿起一份报纸阅读起来，看到精彩处，忍不住大声朗读起来。

突然，飞机开始剧烈抖动，而且越抖越厉害。史定高不明白怎么回事，惶恐地望着曼德拉。曼德拉显然也感觉到异常，他停下读报，指向窗外对史定高说："你看看，是不是螺旋桨的引擎坏了？"史定高探出头，然后看见一边的引擎果然不再转动，只有另一边的还在动。他惊恐不已，冲进驾驶舱朝着机师喊道："真是要命啦，螺旋桨的引擎都坏了！"

机师也察觉到引擎出了问题，正在紧急滑翔，试图快速降落。他听见史定高的喊

叫,慌乱地与地面机场联系,通知救护车和消防车到场应变。史定高紧张地回到座位,吞吞吐吐地向曼德拉报告了情况。曼德拉平静地听完,微笑着说:"你和机师都做得很好。"然后拿起报纸,继续若无其事地朗读起来。

飞机有惊无险地着陆后,史定高心有余悸地问:"刚才在飞机上,难道你真的一点也不害怕吗?"

曼德拉摇了摇头,说:"恰恰相反,我刚重获自由,还有很多事要做,所以比你还怕。可那时身边有你和机师需要鼓励,你们的双眼一直在盯着我,我必须摆出冷静无惧的样子才行呀。"说完,曼德拉伸出手,摊在史定高手掌上,令史定高没想到的是,那手心里竟然沾满了湿漉漉的汗水。①

对身体传播应作综合评估,心理和生理反应毕竟都会通过身体显现出来。临危之际,曼德拉若无其事地继续朗读,向周围人传送了沉着冷静、镇定自若的信息,对稳定局面起到了极大的作用。但作为正常人,面对死亡的威胁,其生理、心理反应同样剧烈,手心里"沾满了湿漉漉的汗水",他的担心和害怕并不比别人少。

拿起报纸继续若无其事地朗读,手心里沾满了湿漉漉的汗水,都是身体传播,但传达出的信息却非常不同,甚至是对立的,然而又很好地统一在了曼德拉身上。

真实生理、心理过程与动作、神态不一致,并不少见。这表现出身体传播多义性的一面。

大致相同的动作所表达的意义,由于情境相异可能非常不同。两个熟人见面,互相给一拳算是打招呼了,如果互不相识,这可能导致身体冲突。由此可见,身体接触式传播往往带有多义性。

(三)"告诉""表白"能力

一般实体只能以自己存在的状态和方式"显示"自身的信息。身体信息传播有一个特征,就是作为实体的身体能够"告诉""表白"自己的愿望、思想、打算、病痛等内在信息。这就是医生需要病人述说自己的病痛感受,官方需要倾听抗议示威者的诉求的原因。治病就要向医生诉说病情,医生也需要了解病人的病情。

身体对自身状态、需求信息的感觉一般是准确的,只要态度真诚、表达准确,别人就能够准确地接收到这些信息。但如果故意表白虚假信息或表达不准确,别人就无法得到准确信息,甚至被虚假信息所欺骗、误导。对于医生来说,要同时参照病人的倾诉和其身体实体信息(通过望闻问切、仪器检查等获得),才能够准确地把握患者的病情。

身体的这种"告诉""表白"能力,如果与自身的实体信息相互配合,往往能够得到很好的说服和传播效果。

1783年3月15日,面对随时可能爆发的内乱,华盛顿召开了一次会议,试图说服那些军官们。

华盛顿准备好的演说快到头了,但是他的听众似乎仍未真正为之动情。显然,他

---

① 张小平.藏在手心里的汗水[N].生命时报,2014-01-14(11).

没有达到目的。他想起身上有一封议员写来的保证信,他想念念这封信。他从口袋里把信抽了出来,这时像是出了什么岔子,将军似乎有些惶然,无可奈何地瞪着那张纸瞧。军官们探身向前,紧张得心都缩紧了。华盛顿从口袋里拿出的是只有他最亲密的人才见他戴过的东西:一副眼镜。"先生们,"他说,"请允许我戴上眼镜。为了这个国家,我不光熬白了头发,还差点弄瞎了眼睛。"

亲切的举动,朴实的语言,收到了长篇大论所没有得到的效果。那些铮铮硬汉们都泪如雨下了。华盛顿把美国从暴政和内乱中拯救了出来。①

是什么使危机出现了转机?他拿出的眼镜,他头上的白发,再加上他发自肺腑的话语表白。然而,这些话语表白,如果没有华盛顿头上的白发与只有戴上眼镜才能看清信的眼睛相配合,是不会打动人的。华盛顿头上的白发与戴上眼镜的眼睛都是实体信息。几乎所有的华盛顿传记都叙述过这一情节。

五、身体的几种特殊传播方式

身体是人类的认识工具,人类也曾把世界类比为身体来认识。历史上,人类曾以身体为模型构想自然和人类社会。"人类首先是将世界和社会构想为一个巨大的身体。由此出发,他们由身体的结构组成推衍出了世界、社会以及动物的种属类别。"②"宇宙是一个大身体"就是这一观念的一种表达。中国先贤如老子等在著述时,明显体现出这样一种身体式的思维方式。

人类以身体为尺度改造自然并以身体结构为模型创造工具、建造房屋等。同时,身体结构也对人的审美产生了深刻影响。

许多事物被身体化。马克思有一句非常形象的评价:"资本从诞生的那一天起,每一个毛孔都滴着血和肮脏的东西。"余光中在一首诗中表示要将自己的名字"刻它在世纪的额上","额"就是额头。

(一)人体可以成为建筑的原型

有建筑学家认为人体也可以成为建筑合理性的典范。著名的西班牙建筑师圣地亚哥·卡拉特拉瓦(Santiago Calatrava)说过:"我非常希望能够根据人体的某一部分结构来创作建筑造型。"他的不少重要设计灵感都来自生物体,尤其来自人体的骨架、循环系统,以及皮肤的活动与生长方式。他自己说:"解剖学中,张开的手掌的形象、眼睛的形象、嘴和骨骼的形象都是灵感的源泉。通过研究我们的身体的结构,你可以发现一种对建筑非常有益的内在的逻辑性。"

卡拉特·拉瓦所设计的建筑犹如人的身体,简单而独立的构件组成庞大而复杂的系统。他从身体的特技动作与舞蹈者克服重力的姿势中捕捉形变、得到启迪。比如,

---

① 弗莱克斯纳.华盛顿传[M].胡心吾,译.北京:商务印书馆,1994:164.
② 奥尼尔.身体形态——现代社会的五种身体[M].张旭春,译.沈阳:春风文艺出版社,1999:17.

瑞典马尔默(Malmo)旋转大厦(如图5)力图表现一个扭转的人体造型。"一旦你有了脊柱的概念,让其中的元素在周围移动就非常方便,可以通过多种方式来改变脊柱的形状。……同样值得一提的是,脊柱如何完成扭曲、绕着轴心旋转、弯腰和延伸。有些从前非常含混的运动方式逐渐变得清晰了。"①从这段话中我们可以找到旋转大厦设计的注脚。

瑞士苏黎世斯塔德荷芬火车站像张开的手指,月台像手掌。设计者自己说:"在斯塔德荷芬车站设计中,除了模仿头部的支撑外,还借鉴了张开的手的概念。这种模仿贯穿于整个项目里主要的扶壁柱、一个小顶棚、候车的棚架之中,成为车站大部分建筑外观的一大特征。剖面底部地下空间的柱子,是将

图5　瑞典马尔默(Malmo)旋转大厦

手的形状倒置的形式。"②"我开始关注人的姿态,并从自己的手掌开始研究。张开的手掌,代表着真诚与开放,我从张开的手掌又想到了手掌的侧面,我选择拇指与食指之间的部分使之变为柱的形式,你可以在整个工程中看到这种形式被重复地频繁使用。"③

瓦伦西亚科技中心天文馆像"睁开的眼睛",拱形罩因为两端的支点可以使"眼帘"与"眼球"脱离开。"眼帘"所用的玻璃和钢等材料是可动的,目的在于对自然和光"做出反应",它科学、逼真地再现了眼睛——它是瓦伦西亚的眼睛,也是我们每个人自己的眼睛。

卡拉特拉瓦设计的桥梁的竖向承重的柱子看上去像是双手举过头顶的人的躯体。"至于竖向的支撑,最初的构思始于我联想到一些与人体比例相关的某些柱子的造型。事实上,从前面看去,这些柱子的确有些像将双手举过头顶的人的身体,它们支撑着桥面。而位于较低一些部位的构件,又使人想到在进行辅助支撑时的人的头顶。"④

在塞维利亚世界博览会上,卡拉特拉瓦设计了科威特展亭,白天阳光透过大理石照亮了下面的室内。组成屋顶的每一个构件都装上了马达,屋顶可以慢慢地张开和变形。由于每个构件都是独立的,使用者可以自由控制屋顶的开启方式。在屋顶开启的过程中,人们会联想到手掌和手指弯曲的动作。"它们仿佛在保护着里面的空间,当手

①② 麻省理工学院.圣地亚哥·卡拉特拉瓦与学生的对话[M].张育南,译.北京:中国建筑工业出版社,2003:36-38.
③ 同①:19.
④ 同①:24.

指张开时,又像在拥抱天空。"①

从人的身体获得建筑设计灵感,并且将身体或身体的某些部位转化为建筑,这给建筑带来了哪些影响?人又从这些"人形"建筑中得到了什么?卡拉特拉瓦说:"设想人们在如同人体般的建筑物里活动,或是在如同人体一样的建筑中进行鉴赏。不管怎样,事物的尺度总是与我们的身体有一定的关系。建筑也非常自然地与人的尺度相关,因为它本身就是为人而建造的。"②卡拉特拉瓦以身体为信息源,将其固化为物态,从而传递出身体的某种信息。我们从这些建筑上看到了人体外形和结构的完美等信息。

不只是建筑,许多工具和技术器具都从人体获得了灵感,所谓仿生学也包括对生物人的仿生。卡普指出,人体的外形和功能是所有工具的源泉和本原,是创造技术的外形和功能的尺度,也就是说,工具是从人的器官中衍生出来的。由此,我们又想起"工具是人体的延伸"那句老话。

(二)神和鬼的形象是人的身体的变形

神和鬼的外在形体容貌不管如何稀奇古怪,但万变不离其宗,其实都不过是人的身体的变形。"在官方确认的教会神学那里,基督教训谕承袭古代犹太教的观念,不可用人的样子来再现上帝,但是大众教民却强烈地趋向于将基督的形象再现为人的实在形象。"③在中国,南海龙王龙头是人与"龙"的组合,少不了眼、耳、鼻、嘴,躯干和四肢都人化了(如图6)。在这个意义上,神和鬼的形象的传播也是人和人体的传播。

图 6　南海龙王
赵建国 2014 年 1 月 29 日摄于三亚大小洞天南海龙王别院

---

① 麻省理工学院.圣地亚哥·卡拉特拉瓦与学生的对话[M].张育南,译.北京:中国建筑工业出版社,2003:39.
② 同①:36.
③ 特纳.身体与社会[M].马海良,赵国新,译.沈阳:春风文艺出版社,2000:11-12.

每年11月1日、2日,巴西亡灵节(All Souls Day)都要举行"骷髅身体游行"。在有些地方,人们还戴上骷髅或鬼魂面具,举行盛大游行。孩子们扮成各种妖魔鬼怪,吱吱地发出"鬼叫",向路人讨要糖果。在他们看来,死亡并不是生命的终点,亡魂会去另一个幸福的世界,享受新生命的开始。而在每年的11月1日、2日,亡魂会回到故乡,看望生前的亲人。这些亡灵与活人的身体的不同之处在于变成了骷髅,面部也成了鬼魂的样子,其实亡灵的样子是活人身体基础上的想象和变形。

人的某种器官也可能被神化、宗教化。"史诗中记载,印度的母亲河恒河便是大神湿婆与伴侣的一次长达100年的性爱之后,喷出精液而成。直到今天,印度教徒仍然在朝拜湿婆勃起的阴茎——林伽。标准的林伽像是一根立柱坐落在一个约尼上,约尼则是女性生殖器的象征。"①这应当与生殖崇拜有密切关系。

四川画家李壮平以自己的女儿李勤为模特创作了油画《东方神女》("山鬼"系列作品之一,如图7)。画家根据屈原笔下的"山鬼"和郭沫若的"巫山神女"为想象线索,发现女儿与自己想象中的女神形象相近,于是通过女儿的身体塑造出了巫山神女美丽、纯洁、善良的艺术形象。将人的身体神化、仙化也是身体传播的一种方式。

图7 东方神女("山鬼"系列作品之一),李壮平

(三)身体的幻化

《梁山伯与祝英台》是中国古代民间传说。梁山伯与祝英台爱情破灭,祝英台追随

---

① 方刚.印度:在禁欲与纵欲之间[J].书摘,2014(1):140.

梁山伯而死,两人变成了一对美丽的蝴蝶。歌曲《化蝶》有这样的唱词:"泪染双翅,身化彩蝶,翩翩花丛来。"

戏剧《牡丹亭》中写杜丽娘因爱情,生可以死,死可以复生:"生而不可与死,死而不可复生者,皆非情之至也。"(《牡丹亭记题词》)

小说《西游记》《聊斋志异》都力图超越人的身体。《西游记》中孙悟空的形象令人向往:他一个筋斗可以翻十万八千里,并有火眼金睛、七十二变,拔一根毫毛一吹,就可以变出无数个小猴子,等等。孙悟空集神、猴、人三者为一体,因而超越了人的身体。《聊斋志异》写花妖狐仙变成人身,"出于幻域,顿入人间"(鲁迅语),可以成仙,也可以变成人身并与凡人恋爱结婚。

直到当代,身体幻化的情结依然存在。歌曲《再见吧,妈妈》唱道:"当我在战场上光荣牺牲,你会看到盛开的茶花。"歌曲《血染的风采》也唱道:"也许我长眠,再不能醒来,你是否相信我化作了山脉?"

身体的幻化带有浪漫色彩,人希望能够超越肉身,得到爱情、与山河同在、与世长存。

(四)对称意识、黄金分割率与身体结构

人类关于美的观念和意识很多都发源于身体。普列汉诺夫指出:

我还要指出"对称的规律"。它的意义是巨大的和不容置疑的。它的根源是什么呢?大概是人自己的身体的结构以及动物身体的结构;只有残疾者和畸形者的身体是不对称的,他们总是一定使体格正常的人产生一种不愉快的印象。因此,欣赏对称的能力也是自然赋予我们的。……

人所固有的对称的感觉正是由这些样式养成的,这从下面的情况可以看出来:"野蛮人"(而且不仅是野蛮人)在自己的装饰中重视横的对称甚于直的对称。瞧一瞧您第一次遇到的人或动物的形状(当然不是畸形的),您就会看出,它所固有的对称正是前一种而非后一种。①

由于人的身体具有横的对称结构特征,所以我们更重视和习惯于横向的对称性。

为什么2∶3的长方形最令人喜爱?为什么人们一看到这种比例的形体,就下意识地、本能地觉得它美呢?这与人体的比例有极密切的关系,人类身体的比例就是2∶3。20世纪50年代,北京工业设计院为了编写《建筑设计资料集》,曾对我国各地成年人的人体进行了广泛调查,把全国人体分成较高、较低、中等三种,肩宽和臀宽的平均数为362毫米,从肩峰到臀底的高度为586毫米,躯干的宽与高之比约为1∶1.618。如果取高、中、低三类人体的平均值,男性躯干的宽与高之比约为1∶1.61,女性躯干的宽与高之比也与此相差不远。世界各地各种族的体高差别较大,但躯干的宽与高之比却相差很小,都接近于1∶1.618。可见这个数值在全世界是具有普遍性的。据有关方面研究,在从猿到人的进化过程中,骨骼方面以头骨和腿骨的变化最大,躯干部分的变

---

① 普列汉诺夫.论艺术(没有地址的信)[M].曹葆华,译.北京:生活·读书·新知三联书店,1964:38-39.

化最小。因此,人类对以自己躯干为代表的宽与长之比约为1∶1.618的形体,看得最多,最为熟悉,这已有几十万年的历史,所以人类对这一比例也最为习惯。人是很爱自己身体的,是很喜爱人体美的。由于这个缘故,乃由人及物,凡是与人体比例相同的物体,人都喜爱,都觉得美,短于这个长度的就觉得粗壮,过短就觉得笨拙;如果偏长就觉得略细,过长则瘦削。对物体的这种评价,是以人体比例作标准的。"黄金分割律"长方形的出现,也说明它与人体美有关系,为什么这个比例数由古希腊人首先提出,而不由别的民族先提出呢?这与古希腊人崇尚人体美的习俗有关。由于研究人体美,哲学家和数学家们便从人体美的比例中概括出了一般事物形式美的规律。①

(五)机器人的身体

机器人是对人的身体的直接模仿。人工智能机器人与工具式机器人有所不同:智能机器人应该具有自我认知、感知能力,目前的机器人距离灵肉结合之身体这样的目标还很遥远;而工具式机器人,其"身体"只是一种机器的躯体。

特定的机器人也能完成指定的工作。"接待机器人"可识别人的面孔和声音。比如"客人"问机器人:"钟表在哪儿?"机器人回答说:"请跟我来。"然后,机器人把"客人"引到办公室放钟表的桌子前,说:"就是这儿。"

高科技扰乱了身体的自然属性,而电子人、机器人等则模糊了动物与人的有机物身体和技术机器的边界。其中的伦理问题引人关注,有待深入探讨。

---

① 关于身体美的比例参阅了:陆一帆.新美学原理[M].南宁:广西人民出版社,1983:178-179.

中华文化海外传播研究

孔子学院塑造中国国家形象的路径探析
Analysis of the Path of Confucius Institute to Shape China's National Image

☯ 叶 虎[*]

Ye Hu

摘要：随着全球化时代的来临，国家形象问题日益成为国际传播和国际关系领域里的研究热点。作为推广汉语教育与传播中国文化的重要平台，孔子学院建设的步伐越来越快，在国外的影响力也越来越大。本文首先探讨了国家形象的含义与特点，着重分析了孔子学院塑造中国国家形象的四大路径，以期有助于切实提升中国国家软实力。

Abstract：With the coming of globalization era, the problem of national image has increasingly become the research focus on the field of international communication and international relations. As an important platform to promote Chinese language education and spread Chinese culture, Confucius Institute is building faster and faster, and its influence abroad is also growing. This paper first discusses the connotation and characteristics of national image, analyzing the four paths of Confucius Institute in shaping China's national image, in order to help to enhance China's national soft power effectively.

关键词：孔子学院，中国，国家形象，路径

Key words：Confucius Institute，China，national image，path

随着全球化时代的来临，国家形象问题日益成为国际传播和国际关系领域里的研究热点，同时成为政府官员、专家学者和普通民众普遍关切的一个极富理论和实践意义的课题。人们已经认识到，良好的国家形象不仅是一个国家对外交往的旗帜和走向

---

[*] 叶虎，安徽省巢湖市人，厦门大学新闻传播学院副教授、博士、硕士生导师。研究方向为海外华文传媒研究、文化传播研究、新媒体研究、文化产业研究等。本文系福建省社科规划一般项目、福建省中国特色社会主义理论体系研究中心 2016 年度项目"推进文化强省建设，提升福建文化软实力研究"（项目编号：FJ2016B033）、2016 年福建省新闻理论研究重点课题"福建新闻媒体国际传播能力提升与 21 世纪海上丝绸之路核心区建设研究"（项目编号：2016A09）、"中央高校基本科研业务费专项资金资助"项目"海外华文传媒与中国软实力建设研究"（项目编号：2010221090）的阶段性成果。电子邮箱：tigerye@xmu.edu.cn。

世界的通行证,也是国内政治、经济、社会、文化等各项事业发展的助推器。国家形象直接关系到一个国家在国际社会中的吸引力、影响力和辐射力,以及在国内民众中的认同力、凝聚力和号召力。

作为推广汉语教育与传播中国文化的重要平台,孔子学院建设的步伐越来越快,在国外的影响力也越来越大。根据《中国语言文字事业发展报告(2017)》白皮书,目前,中国已在140个国家和地区建立511所孔子学院和1 073个中小学孔子课堂;现有注册学员210万人,中外专兼职教师4.6万人。截至2017年7月,已有67个国家和地区将汉语教学纳入国民教育体系。① 孔子学院是中国走向国际化的一个不可忽视的重要平台,也是汉语和中华文化走向世界的一个重要载体。孔子学院担当着向国外受众客观、真实、全面地说明中国的公共外交功能,特别是在推动"中国梦"走向世界的新的历史条件下,孔子学院积极倡导的"以和为贵"的处世哲学、"和而不同"的文化理念、"和衷共济"的公德思想等对减少"中国威胁论"的负面影响,塑造中国国家形象具有重要的推动作用。

一、国家形象的含义与特点

有学者认为,"一个国家的国家形象是指其他国家(包括个人、组织和政府)对该国的综合评价和总体印象"②;国家形象就是"一个主权国家和民族在世界舞台上所展示的形状相貌及国际环境中的舆论反映"③。还有学者指出,"国家形象是一个综合体,它是国家的外部公众和内部公众对国家本身、国家行为、国家的各项活动及其成果所给予的总体评价和认定"④。上述定义从不同的角度、侧面描述了国家形象的本质内涵,具有一定的借鉴意义。在我们看来,所谓国家形象,是指国际舆论和国内民众对特定国家的政治、经济、社会、文化、科技、军事与自然等要素的总体评价和认定。国家形象是一国综合国力的集中体现,是国家间权力与利益博弈的重要手段,也是国家立足于国际舞台的重要实力来源。国家形象具有如下特点。

一是国家形象既具有客观性,又具有主观性。作为国家最重要的无形资产,国家形象是一国政治、经济、社会、文化、科技、军事与自然等要素的综合展示,其内容无疑具有客观性。一提到美国,我们的头脑中就会浮现出经济大国、科技大国、军事大国的国家形象,而这正是以其客观实力为前提的。国家形象又具有主观性,国家或公众对某国国家形象的认识与评价"往往受到社会制度、文化传统、意识形态、利益关系、宗教

---

① 赵晓霞.海外孔子学院已达511所[EB/OL].(2017-07-19)[2017-09-19].http://edu.people.com.cn/n1/2017/0719/c1053-29413969.html.
② 刘继南.大众传播和国际关系[M].北京:北京广播学院出版社,1999:25.
③ 李寿源.国际关系与中国外交——大众传播的独特风景线[M].北京:北京广播学院出版社,1999:305.
④ 余红,罗毓琪.自塑与他塑:国家形象的建构差异——中美报纸对"也门撤侨"事件的报道比较分析[C]//张昆.华文传播与中国形象——第九届世界华文传媒与华夏文明国际学术研讨会论文集.武汉:华中科技大学出版社,2016:46.

习俗等因素的影响"①,以至于不同国家的不同公众对同一个国家的国家形象有着不同的评价。同样是物质实力超强的美国,在阿拉伯世界中的形象会截然不同于英法等国的描述。日本国家形象从2007年起就位居世界第一,并在美国《时代》周刊2009年公布的一项调查数据中又一次以77%的赞成票拔得头筹,高出位居世界第五的中国多达15%。② 2014年6月3日,由英国广播公司(BBC)国际部委托国际民调公司GlobeScan进行的全球24国民意调查结果发布。该调查在2013年12月17日至2014年4月28日询问了全世界24个国家的24 542名受访者,调查受访者对全球16个国家及欧盟的看法。在各国受欢迎程度的总体排名中,德国名列第一,之后是加拿大、英国、法国、日本、欧盟、巴西、美国、中国等。其中日本位居第5,中国则名列第9。③ 但是,在众多亚洲人的心目中,日本的国家形象却多是负面的。

二是动态性与相对稳定性。一般而言,国际社会对某一国家的印象与评价一旦形成,往往就会保持相对稳定,不会轻易改变,因此,一国的国家形象通常不会不断地、大幅度地发生变动。相对稳定性一方面具有正面特征,有助于各国通过传播媒介等方式积极地塑造和保持良好的国家形象;另一方面,又极有可能使国家形象呈现出片面性乃至否定性,从而造成负面的刻板印象。例如一提到中国,不少外国人士就自然想到京剧、中医、古装片、武打片等传统国家形象符号;更有甚者,对中国的认识仍然停留在"文化大革命"乃至清末民初时期。连阿兰·德龙这样的法国著名影星在来华前还提出如此的问题:"中国的男人是不是后脑梳着一条辫子?"但国家形象具有相对稳定性,并不排斥国家形象具有动态性。曾经被视为"自由的灯塔"的美国,自"反恐"战争,特别是自伊拉克战争以来,由于肆意推行"单边主义"政策,强化了其在世界人民心目中的霸权形象,美国在国际社会中的形象也每况愈下;"9·11"事件后在全球许多国家和地区进行的多次舆论调查中,对美国持负面看法的人日益增多。正如约瑟夫·奈所指出的:"恢复以单极、霸权主义、主权和单边主义为核心的传统政策,不会产生理想的效果。执行这种政策所造成的美国的傲慢形象必将损害我们的软实力,而在解决我们所面临的问题时,这种软实力经常是必不可少的。我们一定不要让帝国的幻觉模糊了我们的双眼,使我们看不到软实力日益增长的重要性。"④

三是内外形象的不一致性。由于国内外媒体、民众代表着不同的国家利益,并且所处的社会制度以及思想观念、价值立场迥异,对某国国家形象的认识与评价也往往存在着差异。有学者指出,中国现阶段的国家形象存在着三大不一致性:一是本国媒体中的国家形象和外国媒体中的国家形象的不一致性;二是真实国家形象与媒体国家

---

① 管文虎.国家的国际形象浅析[J].当代世界,2006(6).
② 日本国家形象为何居世界第一?[EB/OL].(2009-04-06)[2017-09-10].http://news.sina.com.cn/c/2009-04-06/115915424863s.s html.
③ BBC民调:世界对中国看法分裂[EB/OL].(2014-06-05)[2017-09-10].http://global.dwnews.com/news/2014-06-05/59476237.html.
④ 奈.美国霸权的困惑——为什么美国不能独断专行[M].郑志国,等,译.北京:世界知识出版社,2002:前言10-11.

形象的不一致性;三是期望产生的形象和实际产生的形象的不一致性。① 上述不一致性要求中国既能批判性地吸收西方话语中某些合理、进步的成分,积极完善自我,又要充分揭露那些歪曲、误读背后所隐藏的历史偏见、文化差异和非理性的政治宣泄,通过向国际社会提供多种解释文本来解构外部强国的"话语霸权",消解中国形象中的负面因素,重构中国的良好形象。②

二、孔子学院塑造中国国家形象的路径

孔子学院的成立和快速发展是21世纪以来中国文化走出去的标志性成果。伴随着21世纪以来"汉语热""中国热"的持续升温,孔子学院顺应时势,应运而生。2004年,第一个孔子学院合作协议在乌兹别克斯坦塔什干国立东方学院签署,第一块孔子学院铭牌在首尔韩中文化协力研究院挂出,第一所孔子学院在美国马里兰大学正式投入运行。孔子学院的成长和发展有力地促进了中外文化、教育和人文交流,其已成为中国的一张闪光的名片,是语言之桥、文化之桥、交流之桥和心灵之桥,在很大程度上树立和塑造了良好的中国国家形象,促进了中国软实力的提升。但不可否认的是,与中国综合国力的增强和国际地位的日益提升相比,汉语和中华文化在全球的影响力还难以与中国的身份与地位相称,中国国家形象塑造还远没有达到我们的预期,各式各样的"中国威胁论""中国崩溃论"层出不穷,孔子学院在发展过程中也受到一些国家政界、学者、媒体和民众的猜忌、指责乃至排斥,被称为"文化间谍机构"、"输出共产主义"的工具、"文化侵略"的手段、干预"学术自由",等等。有论者对2005年至2013年欧洲法语报刊对孔子学院的报道进行了量化分析,得出相关结论:"如果说前一个时期(2005—2008),孔子学院的形象还更多地与汉语和'文化走出去'相联系;后一个时期(2009—2013),孔子学院的形象则被欧洲媒体,尤其是法国媒体,与'软实力''外交''政治'等词汇更加鲜明地联系了起来——报道焦点从语言、文化层面跨入到外交、政治层面,孔子学院在欧洲法语报刊中的形象已发生显著改变。""如果说前一个时期孔子学院的形象还多与'文化中心'、教授语言相联系,那么随着时间的推移,孔子学院越来越多地被看成中国政府或共产党对外宣传的工具;而外媒对孔子学院的态度也越来越带有审慎与警惕的色彩。"③继2012年美国签证认证风波后,2014年芝加哥大学、宾夕法尼亚州立大学终止续约孔子学院,多伦多教育局终止开办孔子学院;2015年1月,瑞典宣布6月将关闭欧洲第一所孔子学院——斯德哥尔摩大学孔子学院。这些都证明孔子学院的发展并非一帆风顺,确实有我们需要反思之处。这也许是美国《外交政策》杂志首次发布的"太平洋实力指数榜"将时任孔子学院总部总干事许琳评为影响未来中美关系50人的个中原因之一,而许琳入选的理由正是"领导着困难重重的中国

---

① 郭可.当代对外传播[M].上海:复旦大学出版社,2004:99-105.
② 董青岭.国家形象与国际交往刍议[J].国际政治研究,2006(3).
③ 徐婷婷.孔子学院的欧洲形象研究——基于欧洲法语报刊对孔子学院形象报道的分析[D].北京:北京外国语大学,2015.

软实力事业"。①

面对上述复杂多变的形势,我们必须保持清醒的头脑,一方面要加强和改进孔子学院各项制度和具体运作模式的建设,另一方面也要采取积极措施,不断提升和塑造中国良好的国家形象。具体说来,主要有以下四个方面。

(一)建立新闻发言人制度,大力推进和塑造孔子学院的良好形象

作为中国语言和文化传播的一张烫金名片,孔子学院自身形象的构建和传播在很大程度上决定着中国国家形象的优劣。尽管孔子学院章程明确规定孔子学院是由中外双方(主要是双方高校)合作办学,习近平主席在2014年9月27日全球首个"孔子学院日"的贺信中也强调,孔子学院属于中国,也属于世界,但在国外,无论是主流社会还是一般民众,往往都将孔子学院的形象与中国形象联系起来进行分析和判断,由此得出自己的结论。从国外,尤其是西方社会对孔子学院的认知来看,尽管有不少政府官员、精英人士、民众对孔子学院持欢迎、理解和包容态度,但也确实存在着一些组织和人士对孔子学院的存在、发展持批评乃至敌视态度。这其中既有社会制度、意识形态、价值观念等迥然相异的客观因素的存在,也不乏孔子学院在自身定位、运作模式等方面存在的各种问题引发他者的质疑和批评的影响。这种质疑和批评与国内一些精英人士和民众对孔子学院的"大跃进"发展速度以及"洋扶贫""洋支教"等不解、不满的声音相互叠加在一起,给孔子学院的不断拓展和深入推进带来了不利的舆论场,也对中国国家形象的塑造造成了不利的影响。

面对上述态势,孔子学院总部/国家汉办可以通过多种形式向国内外坦诚说明孔院发展取得的成绩、存在的问题和将要采取的措施,以开放包容的态度欢迎建设性的建议和意见,有则改之,无则继续努力做好工作,满足世界各国孔子学院发展的需要。在此,着重考虑建立孔子学院新闻发言人制度,充分发挥其增信释疑、沟通中外的作用。比如,在孔子学院的建设方面,要切实说明和践行"共建、共有、共管、共享"原则,特别是在争议颇多的资金来源问题上,可以用事实和实际案例说明问题。众所周知,设立于1934年的英国文化协会是负责英国公共外交事务的主要机构之一,是受英国外交部监督的机构,预算的三分之一来自政府拨款。德国外交部向社团和基金会等专门组织提供资金支持,如歌德学院、对外关系协会(IFA)、德国学术交流协会(DAAD)、洪堡基金会(AVH)和世界文化之家(HKW)等。其中最具代表性的是社团法人歌德学院(设立于1951年),它与外交部签订了框架协议,在此基础上开展文化活动。其预算的大约三分之二由政府拨款资助。② 孔子学院的年度项目经费由外方承办单位和中方共同筹措,双方承担比例一般为1:1左右。从孔子学院目前实际情况来看,外方的经费投入主要体现在场所建设、水电维护以及当地人员费用等方面,中方的经费主要用于举办各种教学与文化活动、中方人员费用等领域。近些年来,不少外方

---

① 许琳入选"影响未来中美关系50人"[EB/OL].(2015-01-26)[2017-09-21].http://www.hanban.org/article/2015-01/26/content_5718 28.htm.
② 渡边靖.美国文化中心:美国的国际文化战略[M].金琮轩,译.北京:商务印书馆,2013:145-146.

院校在孔子学院方面的各项投入与日俱增,他们已深刻认识到孔子学院在促进多元文化交流、交融,搭建各国人民心灵沟通的桥梁方面起到了不可或缺的作用。笔者在泰国皇太后大学孔子学院担任中方院长期间,参加了2014年12月1日泰国孔敬大学孔子学院新大楼的落成典礼。占地3 100平方米的新楼由泰方投资6 000多万泰铢(约合1 200万人民币),用于主体工程及周围景观建设。大楼内部硬件装修和软件装饰分别得到中国国家汉办及西南大学的经费支持。孔敬大学成为目前全球唯一一所专门为其孔子学院修建独立大楼的大学。① 这也成为中外双方共建孔子学院的一个典范,从另外一个方面说明外方真正把孔子学院的建设纳入学校的发展规划,有力驳斥了西方媒体和外界想当然地认为孔子学院只是中国方面出资出力、单方面推动的迷思。可惜的是,这样的孔子学院故事并不为当地和我国的多数媒体和公众所知。

在我们看来,新闻发言人作为一种制度,关键在于要被纳入孔子学院的日常工作序列,而不是形同虚设,摆个门面。众所周知,新闻发言人制度的实质就是对下、对外负责的一种制度安排。实践证明,增强回应性是建立发言人制度的必然要求。建立新闻发言人制度,就是要使孔子学院从摆脱民意的黑箱作业变为回归民意的透明作业。尤其当遇到突发事件,应该主动发布新闻而不是采取沉默或回避态度,牢牢掌握舆论的主导权和话语权。新闻发言人制度的人员安排可以考虑由孔子学院经验丰富的中外方主要负责人员担任,定期向当地媒体和公众发布新闻或阐述孔子学院的观点和立场,回答记者和民众的提问,实现孔子学院与当地社会的沟通。随着孔子学院美国中心与拉美中心分别于2013年和2014年相继成立,建立孔子学院新闻发言人制度的平台已经具备。按照时任教育部部长袁贵仁的介绍,孔子学院美国中心的职能包括努力改善总部服务学院的方式,公开透明向美国民众介绍孔子学院,促进美国各孔子学院和课堂之间的资源共享和信息交流,并与美国社会各界一道,共同提升在美汉语教学质量和汉语推广水平。② 根据国家汉办前主任许琳的界定,孔子学院拉美中心旨在根据拉美文化特点,协调整个拉美区域的孔子学院工作,强化区域内孔子学院之间的交流与合作。③ 由此可见,无论是孔子学院美国中心还是孔子学院拉美中心,根据其职能定位,都需要一个对外发布信息和实现与当地社会沟通的新闻发言人制度。当然,孔子学院新闻发言人制度的建设不可能一蹴而就,需要有一个探索和总结经验的过程。可以先在具有实体机构的平台(如美国中心或拉美中心)开展试点工作,在总结经验和教训的基础上,逐步推广。

(二)充分发挥孔子学院公共外交功能,塑造中国良好的国家形象

一般认为,"公共外交"(public diplomacy)作为一个术语,最早出现于1965年的

---

① 余显伦.泰国公主诗琳通为孔敬大学孔子学院新楼揭幕[EB/OL].(2014-12-01)[2017-09-08].http://www.chinanews.com/gj/2014/12-01/6833240.shtml.
② 德永健,张蔚然.孔子学院首个海外地区中心在美成立[EB/OL].(2013-11-21)[2017-09-08].http://www.chinanews.com/cul/2013/11-21/5530451.shtml.
③ 冷彤,李丹.孔子学院拉美中心在智利揭牌[EB/OL].(2014-05-13)[2017-09-08].http://news.xinhuanet.com/world/2014-05/13/c_1110665413.htm.

美国,由塔夫特大学(Tufts University)弗莱彻法律与外交学院教授埃德蒙德·古利恩(Edmund Gullion)首次提出,他认为,"公共外交旨在处理公众态度对政府外交政策的形成和实施所产生的影响。它包含超越传统外交的国际关系领域:政府对其他国家舆论的开发,一国私人利益集团与另一国的互动,外交使者与国外记者的联络等"①。当前,越来越多的学者倾向于认为一国政府主导的多种行为体都是主体。赵启正先生提出,公共外交的行为主体包括政府、民间组织、社会团体、社会精英和广大公众等多个层面。其中,政府是主导,民间组织、社会团体和社会精英是中坚,广大公众是基础,②这一观点为许多学者所接受。应该说,孔子学院是中国公共外交最醒目的名片之一,它通过汉语教学、师资培养培训、中华文化传播、各类汉语水平考试、中外教育和文化交流等方式帮助国外公众了解中国、认识中国和理解中国,在此过程中,自然而然地"展示中国历史底蕴深厚、各民族多元一体、文化多样和谐的文明大国形象,政治清明、经济发展、文化繁荣、社会稳定、人民团结、山河秀美的东方大国形象,坚持和平发展、促进共同发展、维护国际公平正义、为人类作出贡献的负责任大国形象,对外更加开放、更加具有亲和力、充满希望、充满活力的社会主义大国形象"③。在此,要警惕和防止以下三种倾向。

一是将孔子学院的公共外交功能无限拔高。王义桅先生在《孔子学院与公共外交三步走》一文中认为,孔子学院"不仅通过汉语教学帮助世界了解中国,而且在鼓励世界求解中国梦的文化内涵、中国模式的文化基石,达到理解乃至认同中国道路、中国理论及中国制度的目标";"了解中国、求解中国后,更大的挑战是以中国观中国,而非以自身观中国,避免中国形象如水中月、镜中花。思维方式的转换至关重要。让世界理解乃至认同中国道路、中国理论及中国制度,因此成为孔子学院未来重点努力目标"。④ 让世界理解中国已实属不易,还将孔子学院的公共外交功能推至"认同中国道路、中国理论及中国制度"这样一个无法企及的高度,既不现实,也很难有实现的可能性。其实,早在1980年5月31日,邓小平同志就指出:"中国革命就没有按照俄国十月革命的模式去进行。""既然中国革命胜利靠的是马列主义普遍原理同本国具体实践相结合,我们就不应该要求其他发展中国家都按照中国的模式去进行革命,更不应该要求发达的资本主义国家也采取中国的模式。当然,也不能要求这些国家都采取俄国的模式。"⑤1988年5月18日,邓小平在与莫桑比克总统希萨诺谈话时讲道:"要紧紧抓住合乎自己的实际情况这一条。所有别人的东西都可以参考,但也只是参考。世界上的问题不可能都用一个模式解决。中国有中国自己的模式,莫桑比克也应该有莫桑比克

---

① 唐小松,王义桅.美国公共外交研究的兴起及其对美国对外政策的反思[EB/OL].(2015-08-04)[2017-09-08]. http://www.aisixiang.com/data/91017.html.
② 赵启正.国之交在于民相亲[N].社会科学报,2013-08-30(1).
③ 习近平.注重塑造我国的国家形象[EB/OL].(2014-09-02)[2017-09-08].http://www.wenming.cn/djw/specials/djwwpt/wxgx/201409/t20140902_2153937.shtml.
④ 王义桅.孔子学院与公共外交三步走[EB/OL].(2014-09-26)[2017-09-08].http://www.charhar.org.cn/newsinfo.aspx?newsid=8170.
⑤ 邓小平文选:第2卷[M].北京:人民出版社,1994:318.

自己的模式。"①无论是"中国模式",还是"中国道路、中国理论及中国制度",都只是社会发展战略和国家治理模式以及理论范式中的一种,各个国家根据自己的实际情况可以在理解的基础上加以借鉴,但如果说到认同,至少在相当长的历史时段里难以实现。

二是过度美化中国国家形象,对中国国家形象的塑造不客观、不全面、不真实、不准确。比如在论及中国经济发展时,一些孔子学院过于凸显改革开放以来中国在经济社会发展方面所取得的举世瞩目的成就,而对中国经济发展面临的困境和挑战一笔带过或只字不提,这显然不符合中国当前的实际情况。当前,"一带一路"倡议全面展开,不少沿线国家的孔子学院也结合这一热点问题举办了讲座、研讨会、演讲、主题图片展等一系列活动。我们发现,一些孔子学院对"一带一路"的介绍常常更多地传达中国对当地的资金援助、项目建设支持等信息,仿佛中国就是这些国家(通常是发展中国家)慷慨无私的利益输入者,只讲奉献,不求回报。这显然违背了中国推动共建"一带一路"应遵循的"坚持互利共赢,兼顾各方利益和关切,寻求利益契合点和合作最大公约数"②的原则,不利于全面、客观、真实地展现中国促进共同发展、为人类作出贡献的负责任大国形象。

三是将国家形象物化和简化,遮蔽了国家形象本身丰富的精神内涵和文化意蕴。这比较典型地体现在孔子学院对中国文化形象的表征上。在孔子学院,中华文化传播往往集中于剪纸、中国结、书法、绘画、舞蹈、武术等层面,涉及文化价值观和精神层面的深层次内容往往比较缺乏。这一方面源于在国家汉办的志愿者选拔面试中,绝大多数志愿者的"中华才艺"都只局限于这几样,而且属于初级水平。例如关于"中国结"的含义,面试中几乎所有志愿者都说它象征团圆,但却没有人谈到它的"无始无终""处处是圆""迂回曲折""彼此处在紧密联系中"这些更进一步的文化内涵。③ 这会给其他国家的受众造成一种错误印象,即博大精深、源远流长的中华文化就是剪纸、中国结、太极拳等。另一方面,这也可归结于不是所有的受众都具有较高的中华文化修养和认知水平,因此如果深入到中华文化的纵深层面,从接受程度上往往难以得到预期的效果,这也是孔子学院中华文化传播偏向于物质与行为层面,而难以触及精神和价值观层面的客观原因。另一个具有普遍性的问题是,对于中华文化构成的复杂性、发展态势及其对当代中国人思想观念、生活方式、行为模式的影响等方面的对话与沟通比较薄弱和缺乏。客观而论,这其中包孕着丰富多彩、引人入胜的中国故事,如果不将这些内容纳入孔子学院的主题叙事框架,并以所在国民众喜闻乐见的形式加以呈现和展示,必将损害中国文化形象的丰富性及其当代活力,使中华文化传播窄化为单一化、扁平化的叙事。总之,孔子学院对中国文化形象的构建必须注重向世界全方位展示中国优秀的历史文化与当代文化成果:既要对传统文化的生命力进行深度挖掘,也要介绍中国现代文化的繁荣与创新;既要让人领略到中国传统文化的永恒魅力,更要让人体会到

---

① 邓小平文选:第3卷[M].北京:人民出版社,1993:261.
② 中国推动共建"一带一路"将坚持五大原则[EB/OL].(2015-03-28)[2017-09-08].http://www.chinanews.com/gn/2015/03-28/7166565.shtml.
③ 张春燕.中华文化海外传播的路径和内容选择[J].云南师范大学学报(对外汉语教学与研究版),2014(1).

当代中国文化的底蕴,体会当今时代的中国现实。由是,才能从根本上纠正国外受众对中国文化形象的片面乃至错误认识,还原一个真实、客观、全面的中国文化形象。

(三)孔子学院要借助外方平台,融入主流社会,借助主流媒体发声,塑造良好的中国形象

与歌德学院、英国文化协会、法语联盟以及塞万提斯学院等对外语言和文化推广机构不同的是,孔子学院在组织结构方面最大的特点是采取中外合作的方式,尤其是中外高校合作的方式。这种将孔子学院设在所在国高校的方式应该说是在海外进行汉语推广和文化交流的创举。许琳在谈及2012年5月孔子学院在美国的"签证风波"时说,当时孔子学院总部/国家汉办面临这一突发事件,就是通过向合办孔子学院的美国高校校长写信的方式进行危机公关的。因为按照孔子学院章程第九条的规定,"中国境外具有从事语言教学和教育文化交流活动能力且符合本章程规定申办者条件的法人机构,可以向孔子学院总部申办孔子学院",既然当时是美国的高校主动向孔子学院总部申办孔子学院,作为法人机构,美国高校当然有责任,也有义务维护和保证孔子学院的正常运行。后来,多所设有孔子学院的美方大学校长就此事与美国国务院进行联系和交涉,对推动签证事件的妥善解决发挥了重要作用。[①] 当然,这种合作模式也面临着一系列挑战,诸如中外方院长的交流合作是否融洽顺畅,孔子学院制度与所在大学制度的衔接和矛盾问题,汉语教师的跨文化交际难题,中方合作院校的对接和有效支撑是否到位,等等。

以中外方院长合作为例,如果双方相处融洽、合作默契,对于提升中华文化在全球的吸引力和影响力,塑造良好的国家形象会起到正向作用;倘若彼此矛盾丛生、互生嫌隙,那么对于孔子学院各项工作的开展以及国家形象的构建无疑会带来十分不利的影响。孔子学院总部高级顾问、前歌德学院(中国)总院长阿克曼指出:"每一个孔子学院有两个院长,一个是外方院长,是外国机构派的院长,一个中方院长,是中国国家汉办孔子学院总部某一个中国大学派来的人。所以孔子学院确实是一个跨文化的机构,这种跨文化的机构带来好多困难,因为任何两个文化之间都会出现矛盾。听起来非常好,一个中国的,一个外国的,非常和睦地合作做事情,实际上有各种各样的误会、矛盾、分歧,互相不理解。"[②]

其实,中外方院长合作总体上来看是融洽平顺的,有的孔院出现一些问题也是意料之中的事情。我们既不能无视其中存在的问题,也不能无限夸大矛盾和冲突。当然,中外方院长在推进中华文化传播等工作中之所以出现这样那样的问题,原因是多方面的:既有双方个性、为人处世和办事风格等方面的原因,也有制度设计方面存在的问题;既有不同历史、社会、文化等造成的跨文化交际障碍,也有各自固守成见造成的合作不畅。比如,就双方不同的个性、风格以及由此引发的跨文化交际障碍来看,有的

---

① 许琳.2012年孔子学院院长岗前培训结业典礼讲话[C].大连,2012.
② 阿克曼.孔子学院需要停止扩张去抓质量[EB/OL].(2014-12-04)[2017-09-08]. http://cul.qq.com/a/20141204/014701.htm.

外方院长虽然没有表态,但实则有不同意见,做事风格与中方院长有差异;有的中方院长对具体教学和文化活动的安排和运作有不同的观点和见解,但不擅长与人沟通,结果引发误会和矛盾。中外方院长的分歧、误解和矛盾在笔者的接触和了解中还有许多不同的表现形式,这也说明了人际传播和跨文化沟通是亟须关注的课题。

就制度设计来看,《孔子学院章程》第二十六条规定,孔子学院理事会负责审议孔子学院发展规划、年度工作计划、年终总结报告、项目实施方案及其预决算,聘任、解聘院长、副院长。聘任、解聘院长、副院长须报总部备案;中外合作设置的孔子学院院长、副院长的聘任由双方协商确定。[①] 这其中提到的"院长""副院长"指的是"外方院长"(director)和"中方院长"(Chinese director)。在《院长指南》中则没有"院长"和"副院长"的划分,统称为"外方院长"和"中方院长"。除了对中外方院长的任职条件有所规定外,《院长指南》第七至二十条还进一步申明了院长的工作职责。[②] 不过,值得注意的是,十四条工作职责中并没有明确区分外方院长和中方院长的专司领域。就实际情况来看,一方面,"院长/副院长"与"外方院长/中方院长"的不同称谓和命名蕴含着不一样的角色关系。前者中的"院长"无疑属于领导位置,拥有管理全局的角色定位;"副院长"则属于辅助角色,其职能是配合"院长"进行管理。后者中的"外方院长"和"中方院长"则体现出双方对等的角色设定和权力分配,也符合孔子学院相互尊重、友好协商、平等互利的原则。从笔者的调查和实际情况来看,建议统一采用"外方院长"和"中方院长"的称谓。另一方面,工作职责的模糊化说明中外方院长各自的工作并非界限分明,从实际情况来看,与孔子学院总部/国家汉办以及中方合作院校等有关的事宜一般由中方院长负责,中外方院长共同承担汉语教学、文化交流和中华文化传播等事宜。工作职责的模糊化既凸显出包括中华文化传播在内的孔子学院工作是合作双方的"合唱"而非"独唱",又有可能带来职责不清乃至相互推诿等问题。因此,根据各孔子学院的实际情况"因地制宜",进行适当的职责分工,从而使双方互相协作、合力推进,切实提升中华文化在全球的地位和影响力。

美国著名政治学者罗伯特·D.帕特南关于"社会资本"的理论很能说明上述问题。在他看来,"社会资本"指的是社会上个人之间的相互联系——社会关系网络和由此产生的互利互惠和互相信赖的规范。帕特南认为,怎样使社会资本的积极效应,如相互支持、合作、信任,在提高组织效率等方面达到最大化是非常重要的一个问题。[③] 双方合作办学的孔子学院也面临着同样的"社会资本"问题,如何在制度框架下加强中外方院长之间的相互信任和协作,减少或避免双方之间的猜疑、矛盾和冲突,是推进中华文化异域传播,塑造良好的中国国家形象的前提和基础。

第七届全球孔子学院大会的主题为"共同推动孔子学院融入大学和社区",孔子学院总部理事会主席刘延东在谈及这个主题时说:"这使我想起古希腊的神话,英雄安泰是大地的儿子,只要身体不离开大地母亲,就拥有无穷的力量。孔子学院只有扎根当

---

① 孔子学院章程[EB/OL].[2017-09-08].http://www.hanban.edu.cn/confuciousinstitutes/node_7537.htm.
② 院长指南[EB/OL].[2017-09-08].http://www.hanban.edu.cn/confuciousinstitutes/node_7534.htm.
③ 帕特南.独自打保龄:美国社区的衰落与复兴[M].刘波,等,译.北京:北京大学出版社,2011:7-11.

地,服务学校、服务社区、服务民众,才能为各国人民所欢迎,不断焕发生机与活力。"①在我们看来,孔子学院融入大学和社区就是要融入当地主流社会,而不仅仅服务于当地的华人社会。孔子学院只有借助外方平台和力量,争取到当地主流社会的认同,而不是把自己当作他者和另类,才能更好地服务于中国国家形象的塑造。一般来说,我们对于"他者"的界定往往强调其差异性和多样性,他者被放在"我们"与"他者"二元对立的关系中去思考,"他者就是避开了我们意识和认知的东西,就是位于'我们的'文化和社群以外的东西。他者就是非自我和非我们"②。在台湾清华大学学者廖炳惠看来,"针对性别和地理方面的差异他者,在人类学和文学中,都假设了自身与'他者'间的对立,特别是面对无法真正理解的对象时,包括在性别、肤色、年龄、性取向乃至于身体外貌,或行为规范上无法理解的方式等方面,都以'他者化'的方式来建构他者"③。有学者认为,他者的确立对于共同体内部认同的形成和发展也具有近乎决定性的作用,其逻辑的展开主要表现为以下三个步骤:首先,通过寻找和制造"他者"来框定"我们",并以各种名义继续扩大差异来强调"我们";其次,以非友即敌的二元思维引导人们做出孰敌孰友的本质性判断,继而将人们团结在某一面共同的旗帜之下;最后,随着时间的推移和意识的无意识过程,"他者"与"我们"之间的某些文化特征被描述为天然给定的。④ 这种"他者意识",就是视"他者"为一种异己的、陌生的、危险的存在。遗憾的是,有些孔子学院没有清醒地认识到这一点,只是自顾自地教授汉语,在端午、中秋、春节等节庆日传播一下中华文化,与所在大学的其他机构以及当地政府、社会团体和社区的联系很少,更没有与主流社会一道担负对当地社会的责任,和他们一起分担苦痛、分享快乐,致使自己成为一个文化孤岛。这既对孔子学院的可持续发展不利,也会给塑造好中国形象带来阻碍。

在融入主流社会的过程中,孔子学院借助当地主流媒体发声显然是塑造中国国家形象的重要渠道。在这方面,中国媒体或有关机构"借船出海"——借助国外主流媒体发声,继而塑造中国形象的例子也不在少数。2016年2月,由中国五洲传播中心与英国雄狮电视公司联合制作的纪录片《中国春节:全球最大的盛会》在BBC二台播出。此片分《回家》《团圆》《欢庆》三集,采用主持人直播形式,在主线故事的发展中穿插与其他地区连线的视频内容,讲述发生在中国广袤土地上的春节故事。该纪录片颠覆了BBC《中国的秘密》《中国如何愚弄了世界》《中国人来了》等纪录片看似客观纪录,实则裹挟了偏见甚至歪曲事实的模式,"摒弃宏大叙事,瞄准鲜活的生命个体;通过生动的现场直播,接近零距离的观察,引发外国观众共鸣;通过普通人的情感共鸣,超越文化隔阂,获得了广泛的认同"⑤。这正是中国传媒着眼于提升中国文化传播辐射力及文

---

① 刘延东.共同推动孔子学院融入大学和社区——在第七届全球孔子学院大会上的主旨演讲[C].北京,2012.
② 周宪.文化研究关键词[M].北京:北京师范大学出版社,2007:290.
③ 廖炳惠.关键词200:文学与批评研究的通用词汇编[M].南京:江苏教育出版社,2006:177.
④ 薛秀军,赵栋.中国梦:"他者"语境下现代性认同的新探索[J].东南学术,2015(3).
⑤ BBC播出关于中国春节的纪录片 引发外国观众共鸣[EB/OL].(2016-03-02)[2017-09-08].http://news.xinmin.cn/world/2016/03/02/29590878.html.

化交流亲和力,有意识、有目的地设计、开发、包装、营销的结果。不少孔子学院因为语言、文化的接近等因素,更多地选择当地的华文媒体作为塑造中国国家形象的平台,取得了一些成绩。例如,2011年8月24日,泰国曼松德昭帕亚皇家师范大学孔子学院与《亚洲日报》签订了合作协议,于9月27日报纸首刊刊发《中国文化专刊》。专刊每月一期,由曼大孔院负责全版内容的编辑和版面设计,全版使用中文简体字。2014年9月,印尼玛琅国立大学孔子学院与当地《千岛日报》合作,在报上开设专栏"汉风语韵",以宣扬中国语言文化为宗旨。栏目里设诗词散文、古诗欣赏、民间故事、文化长廊、经典名言、常用格式、流行口语、词语用法、你问我答、趣味汉语、书法作品等主题,由孔院中方教师写编组稿,每星期刊出一期。[①] 但由于海外华文媒体毕竟处于非主流地位,受众少,影响力有限,在中国国家形象塑造方面的效果也就相应较弱。建议孔子学院双管齐下,在借助当地主流媒体塑造中国国家形象方面着力。

(四)适应媒体融合时代的需要,主动借助新媒体传播优势塑造中国国家形象

当今世界,新媒体形态层出不穷,传统媒体与新兴媒体融合发展的趋势日益凸显。在媒体融合时代,新兴媒体将文字、图片、音频、视频融为一体,产生比传统媒体更大的吸引力和冲击力;传统的受众已不再仅仅是信息的被动接收者和消费者,而且是信息的再生产者和用户,所谓 prosumer,即 producer + consumer(可以翻译成消费生产者)。以智能手机、iPad 等移动终端为代表的新媒体在各国的日益普及致使民众特别是青年人的媒介消费习惯和学习、工作、生活方式发生了深刻的改变,视频化、移动化、社交化、服务化成为媒体融合时代下用户的集体追求。相较之下,传统媒体特别是纸质华文媒体的处境普遍堪忧。总体来说,在像泰国、印度尼西亚等曾经有过辉煌的华文传媒历史的国家,老年读者逐渐流失,受众群体青黄不接,不论是受众还是媒体从业者,均出现短缺现象,华文报纸消费群体有限、发展空间狭小是不争的事实。华文报纸在这些国家的衰落使华人社会失去另一种传承中华文化的载体和渠道,令人忧虑。[②] 在菲律宾,虽然华侨华人总数约200万到300万,总体人口数量并不算少,但华文报纸的读者主要是四五十岁以上的老一代华侨和一些新移民,多数当地华人第二代、第三代无法阅读华文报纸,这使得华文读者群体"逐代萎缩"。[③]

在这方面,已经有孔子学院和课堂迈开了步伐。成立于2010年10月的美国特拉华大学孔子学院,成立伊始即开通了 Facebook 和 YouTube 账号。自2015年10月起,特大孔子学院将社交媒体宣传提升到孔院战略发展的高度,逐步开通了官方

---

① 印尼孔子学院借助华文媒体推介中国语言文化[EB/OL].(2011-09-29)[2017-09-08].http://www.chinanews.com/hwjy/2011/09-29/3363441.shtml.
② 彭伟步.东南亚华文传媒发展综述[M]//夏春平.2015世界华文传媒年鉴.北京:中国新闻社、世界华文传媒年鉴社,2015:4.
③ 张明.菲律宾华文媒体发展综述[M]//夏春平.2015世界华文传媒年鉴.北京:中国新闻社、世界华文传媒年鉴社,2015:12.

Twitter、Instagram，并定期同步更新 Twitter、Facebook、Instagram。考虑到不同客户群体的需要，孔院还推出了自己的 Newsletter，取得了良好的传播效果，在树立孔院积极正面形象、塑造中国良好的国家形象方面发挥了重要作用。① 2015 年 4 月 7 日，由云南大学与福庆学校孔子课堂联合搭建的平台——缅甸首家中缅文双语网站"胞波信息网"（www.webaobo.com）开通。该网站开设了中文版、缅文版网页平台及微信公共账号、Facebook 平台，以"让中国人了解缅甸、让缅甸人了解中国"为宗旨，传播汉语和推动缅中文化交流。②

在此，需要注意以下两个方面：一是文字、音频、视频等材料最好采用双语形式（汉语＋当地主流语言），这既考虑到接受者的实际情况，也便于他们通过双语材料更好地了解和认识中国；二是在视觉文化时代，要充分考虑到用户的需求，既要制作和传播中华优秀传统文化，也要重视推送反映中国当代社会现实的文化以及各种深受民众喜爱的大众文化。而就大众文化来说，"形象支配梦想，梦想支配行动"，大多数人"更多是以情感而不是理智来建构其世界观，决定其行动。人们相信某段故事，不是因为其思想有多么重要，更重要的是其形象能够在多大程度上让人们感同身受"。③ 正如泰国《星暹日报》评论员岳汉针对中国电视剧《花千骨》和《武媚娘传奇》在 Facebook 泰国朋友圈里"刷屏"的现象发出的感叹："当今中国很多制作精美的电视剧、'国产大片'以及流行文化，就挺好的，至少在东南亚的销路本就不错——有意识对这些东西进行推广，才是文化宣传上真正'四两拨千斤'的终南捷径。"④《花千骨》《武媚娘传奇》等是否可以被称为"制作精美的电视剧"姑且不论，必须承认的是，我们对《大长今》《来自星星的你》等韩国大众文化的热衷和追捧在很大程度上重构了中国民众对韩国形象的认知和评价，同样，我们对以美国为代表的西方大众文化的消费也形塑了自身对西方国家形象的体认和构建。当然，积极利用新媒体传播优势塑造中国形象并不是要否认人际传播、组织传播以及传统媒体大众传播的功效，从实际情况来看，在媒体融合时代，综合运用多种传播形式对于塑造中国国家形象更加有利。

总之，中国国家形象的塑造是一项系统工程，任重而道远。作为中国文化走出去的重要代表，孔子学院是塑造中国良好国家形象的一支重要力量，必须予以高度重视。当然，与国外其他语言文化推广机构相比，孔子学院只有十多年的历史，在塑造中国国家形象方面还存在着许多问题。这需要我们借鉴国外行之有效的经验，结合孔子学院发展的实际加以创造性运用。这既是孔子学院发展的必经之路，也是我们推进国家形象塑造事业时必须认真思考的问题。

---

① 许庆欣.孔院宣传新革命——社交媒体上的特拉华大学孔子学院[EB/OL].(2016-11-09)[2017-09-08]. http://www.xmuci.cn/news/confucius/4140.html.
② 夏春平.2015 世界华文传媒年鉴[M].北京:中国新闻社、世界华文传媒年鉴社,2015:726.
③ 嘉戴尔斯,麦德沃.全球媒体时代的软实力之争:伊拉克战争之后的美国形象[M].何明智,译.北京:中信出版社,2010:20.
④ 岳汉.中泰一家亲 要靠花千骨[N].星暹日报,2015-09-14(A2).

"文化自信"作为国家战略的意义及其建构策略
The Significance of "Self-confidence of Culture" as a National Strategy and Its Construction

◇ 许正林 陈少林[**]
Xu Zhenglin, Chen Shaolin

摘要：全球化背景下，西方价值观不断在全球蔓延并占据主导，而中国的文化建设滞后于经济发展步伐，中国尚未在国际舞台上建立自己的话语体系，当前国外对中国国家形象的认知与现实也是脱节的。党的十六中全会将提升文化自觉、增强文化自信、实现文化自强确定为建设社会主义文化强国的路径。文化自信的提出，既是面对对外文化传播困境的应有之义，也是当前国内存在的文化焦虑及文化认同危机的迫切要求。正视信仰危机，继承文化内在的包容性，处理好国家与社会的关系，是建构文化自信的关键之举。

Abstract：In the context of globalization, western values continue to spread to the world and dominate the ideology. China's cultural construction lags behind the pace of economic development and China has not formed its own discourse system in the international arena yet. The current foreign recognition of China's national image is not consistent with the reality. The 16th Plenary Session of the Communist Party of China takes promoting the self-awareness, enhancing self-confidence and achieving self-strengthening of culture as the path of building a socialist cultural power. The suggestion of self-confidence of culture is not only the proper meaning of facing the dilemma of foreign cultural communication, but also the urgent requirement of cultural anxiety and cultural identity crisis. Facing the crisis of faith, inheriting the internal inclusiveness of culture and handling the relationship between state and society is the key to construct self-confidence of culture.

关键词：文化焦虑，文化自信，国家战略

---

[*] 本文为许正林主持的国家社科重大课题"当代中国文化国际影响力的生成研究"（项目编号：16ZDA219）的前期成果。

[**] 许正林，上海大学上海电影学院教授、博士生导师，邮箱：xzhlsh@126.com。
陈少林，上海大学新闻与传播专业2016级研究生。

Keywords: cultural anxieties, self-confidence of culture, national strategy

文化是特定民族、国家的一种独特存在方式,它关乎"我是谁"的身份问题。本尼迪克特在《文化模式》一书中将"文化"形容为"开始,上帝就给了每个民族一只陶杯,从这杯中,人们饮入了他们的生活"①。随着跨民族、跨国界信息的流动,全球化的蔓延,世界上已很少有文化可以保持对他者文化的隔绝,文化交流、碰撞、冲突、融合的产生正成为国际文化互动的景观。

当前,世界格局变化复杂,国际形势日趋严峻,国家综合国力竞争态势异常激烈。作为国家核心竞争力的重要组成部分,文化软实力正成为国家综合国力竞争的主要战场。世界各个主要大国都已经将文化强国作为重要的国家战略,用以提升本国文化的国际影响力,从而提升国家在国际竞争中的整体实力,力求占据国际和区域间文化战场上的制高点。

一、当前国外对中国国家形象的认知现状

目前中国在国际社会上的评价,应该说与过去相比有很大的改善,但是与我们国家在相关领域的投入和社会期待尚有一定的差距。与此同时,同样的传播行为,同样的传播内容,在不同地区、不同国家产生了不同效果。亚洲、非洲、拉丁美洲的目标对象多是正面的反应,而在欧洲、美洲的发达国家的效果则不如预期。2016年5月3日,美国《国家利益》杂志网站就刊登了一篇题为《中国最危险的敌人是全球舆论》的文章,根据国外的民调数据等资料显示,欧美主要国家及中国周边地区都对中国存有复杂情绪,一方面希望从对华经贸等交往中获利,另一方面,又不同程度地担心来自中国的种种"威胁"。该文反映出我国在国际传播领域时常"挨骂"的现实处境。针对这一现状,习近平总书记多次强调要加强我国国际传播能力建设,争取国际话语权,根本解决"挨骂"问题。国际上对中国国家形象的负面评价居多,主要表现在以下八个方面。

(一)中国整体形象:经济发展迅速,但贫富差距较大

2014年11月至12月,中国外文局对外传播研究中心主持开展了第三次中国国家形象全球调查,总体来看,海外受访者对关于中国形象的描述认同率最高的是"经济发展迅速,人民生活水平较高",占比46%;但是与此同时,45%的受访者也会认为中国是一个贫富差距较大的国家。② 关于中国的未来发展形势,20%的受访者认为中国将超过美国成为世界超级大国;37%的人认为中国经济会继续保持高速发展;20%的人认为中国经济会进入低速发展阶段;18%的人认为具有不确定性;只有6%的人认为中国经济会走向衰退。相比于发达国家,发展中国家对中国未来的发展更为看好。

---

① 本尼迪克特.文化模式[M].王炜,等,译.北京:生活·读书·新知三联书店,1988:1.
② 中国外文局对外传播研究中心课题组,于运全,王眉,翟慧霞.中国国家形象全球调查报告 2014[J].对外传播,2015(3):27-29.

美国皮尤研究中心在2008年和2013年间对20个国家的调查显示,中国崛起在世界范围内被广泛认可,但中国的整体形象拖了后腿,对中国日益增长的经济实力的看法,并没有自动转化成对中国形象的正面评判。在受访的38个国家中,只有50%对中国给出了正面评价(中位数),而有63%对美国有正面评价(中位数)。但是在调查的38个国家中,有19个国家的至少一半受访人群给予中国好评。中国的最大支持者在亚洲——马来西亚(81%)、巴基斯坦(81%),以及非洲——肯尼亚(78%)、塞内加尔(77%)、尼日利亚(76%)。同样,在已经成为对华大宗商品出口国家的拉美各国,多数受访者也给出了很高的正面评价,例如委内瑞拉(71%)、巴西(65%)、智利(62%)。而在发达国家中,仅有28%的德国人和意大利人,以及37%的美国人对中国持正面评价。厌恶中国最严重的国家是日本,仅有5%的日本人对中国持正面评价。

在欧美的大部分地区和中东部分地区,近6年的形势盖过了自2001年以来这些国家亲华情绪带来的正面评价:美国对华好感下降了14%,英国下降11%,法国下降9%。这可能是出于以下原因:将中国作为商业竞争对手引起不安,欧洲对中国处理外交事务中的单边主义感到失望,美国因本国对华贸易赤字及中国持有大量美国国债而担忧。同时期,巴勒斯坦地区对中国的好感下降了15%,埃及下降12%,以色列下降11%,主要受到中国处理国际事务表现出的单边主义的不良影响。

2012年,英国广播公司(BBC)委托西方民调机构以及大学开展了一项关于各国国家形象的调查,该调查由总部设在加拿大的民调公司GlobeScan以及美国马里兰大学国际政策态度项目组执行,于2012年12月至2013年4月间对全球近2.7万人进行问询,让他们对25个国家的影响力进行"正面和负面"评估。结果显示,国家形象最好的是德国,正面观点率达59%。接下来,依次是加拿大、英国、日本、法国,美国排在第8位。伊朗则再次垫底,其国际社会负面看法率为59%。中国的国家形象排第9位、印度排第12位。对中国持正面看法的受访者比例为42%,与2012年相比,下滑8%;持负面看法的比例为39%,上升8%。BBC认为,这是2005年展开这项民调以来,对中国持负面看法比例最高的一年。8%的"负面增幅"让中国与印度一起成为本年度民调负面看法增幅最高的国家。

(二)社会治理被认为是中国未来发展面临的最大挑战

中国的社会治理也是备受西方国家诟病的一大话题。中国外文局对外传播研究中心的第三次中国国家形象全球调查显示,发达国家受访者认为中国排在首位的社会问题是打击国内腐败、社会不公等(35%)。[1] 皮尤研究中心的报告显示,中国国家形象面临的主要挑战之一是很少有人相信中国政府尊重其民众的个人自由,这个观点在欧洲尤为盛行。[2] 只有11个受访国家中有超过半数人对中国人权记录持正面态度。在受访国家中,只有36%(中位数)的人认为个人权力在中国会受到尊重。

---

[1] 中国外文局对外传播研究中心课题组,于运全,王眉,翟慧霞.中国国家形象全球调查报告2014[J].对外传播.2015(3):27-29.
[2] 斯托克斯.中国国际形象调查[J].中国经济报告,2013(11):104-107.

2016年3月11日,美方代表基斯·哈珀在联合国人权理事会会议上代表美国、澳大利亚、英国、丹麦、芬兰、德国、冰岛、爱尔兰、日本、挪威、荷兰、瑞典等12个国家发表联合声明称,对中国"继续恶化的人权纪录感到担忧",尤其是"逮捕和监禁人权活动人士、公民社会领袖和律师"。声明称,这些行动"违背了中国的法律,也违背了中国的国际承诺"。哈珀发表上述声明前,联合国人权事务高级专员扎伊德·侯赛因向联合国人权理事会发表年度主题讲话,重申他对中国自2015年7月以来逮捕多名律师和活动人士的关切。这是近年来西方国家在联合国人权理事会上对中国的一次罕见的攻击。20世纪90年代起,美国等西方国家先后11次向联合国人权委员会提交所谓"中国人权状况"的议案,但都没有通过。2006年人权理事会取代人权委员会后,事情趋于平息。

(三)对我国的执政党形象认知单一集中,存在悲观主义论调

中国外文局对外传播研究中心的第三次中国国家形象全球调查显示,发达国家和发展中国家对中国执政党的共同印象是:权力集中、有超强的组织动员能力、组织严密。除此之外,发达国家中还有较多的受访者(45%)认为中国执政党是贪腐严重的;发展中国家有近1/3(26%)的受访者认为中国执政党是得到民众支持的。中国受访者对于国家执政党虽然也存在着贪腐严重的印象,但是中国受访者同样认为我们的执政党有着较强的自我约束和净化能力。可见,发达国家对中国执政党的评价较负面,存在"刻板印象";反观发展中国家和国内对执政党的评价,则较积极。这样对比,更加突出了西方的话语霸权。美国著名中国问题专家沈大伟(David Shambaugh)的新著《中国共产党:收缩与调适》的第三章主要描述了西方学者对中国的政党—国家体制的研究,根据对中国政治体制未来走向的看法,文章将这些研究分为"悲观主义"和"乐观主义"两个阵营,并分别对这两个阵营的观点进行了阐释。

(四)伴随中国发展的历程,"中国威胁论"不断变调

关于"中国威胁论",一种观点认为,20世纪50年代初,中华人民共和国建立后西方所渲染的"红色威胁"应是最早的"中国威胁论"论调。但由于当时中国实力有限,这一论调并没有被西方学者和舆论普遍认同。1990年8月,日本防卫大学副教授村井友秀在《诸君》月刊上发表《论中国这个潜在的威胁》,首次提出"中国威胁"的说法。[①]在"冷战"结束至今的20余年里,美国的"中国威胁论"一共掀起了四轮大范围的波澜,三次都发生在20世纪。第一次是在1992—1993年间,苏联解体后,中国成了意识形态领域最大的攻击靶子,由芒罗的文章开始,"中国威胁论"一时间风靡太平洋东岸。美国学者哈克特将中国描述成"苏联之后的一个新的邪恶帝国"的言论受到吹捧。第二次是1995—1996年台海危机发生后,美国掀起对华政策大辩论,芒罗这次依然是主角,他和美国《时代》周刊杂志记者伯恩斯坦所著的《即将到来的美中冲突》一书是大辩

---

① 郭明飞.全球化时代挑战我国主流意识形态的西方思潮分析[J].社会主义研究,2007(1):128-130.

论的"扛鼎之作"。第三次是在1998—1999年"李文和案件"爆发后,污蔑中国"窃取"美国核技术的《考克斯报告》出笼引发了反华声浪。

进入21世纪后的10来年里,随着中美经贸合作的深入和人文交流的增加,"中国威胁论"的调门降低了很多,但论调的形态呈现出多样化趋势,一改20世纪以渲染意识形态对立为主的基调,"中国经济威胁论"渐渐成为主导。"经济威胁"的论调成为主导声音的同时,"军事威胁"的论调并未消散。自2000年起,美国仿照冷战时期发布的年度苏联军力报告,每年都撰写和公布《中国军力年度报告》,明显是将中国视为苏联之后的最大竞争对手。

(五)中国企业形象整体偏低,对当地而言既是机遇也是挑战

与西方主要发达国家的企业相比,海外民众对中国企业的整体评价仍然偏低。海外民众主要担心中国企业会对当地企业造成威胁,有54%的受访者认为中国企业可能会冲击当地企业的生存发展。[①]

2014年7月到8月,中国外文局中国报道杂志社、中国外文局对外传播研究中心、国际领先的市场调研机构华通明略(Millward Brown)共同在亚太地区开展了"中国企业海外形象调查"工作。在调查结果中,对世界前五大经济体的企业的打分显示(5分为满分),中国企业的平均得分为2.93分,远低于德国企业(3.83分)、日本企业(3.64分)和美国企业(3.63分),略低于法国企业(3.28分)。在不同国家的民众评价中,马来西亚、墨西哥与俄罗斯对中国企业的评价相对较高,达到3分以上,而美国与韩国民众的评价较低,分别仅有2.63分和2.39分。海外民众认可中国企业对当地经济的贡献,但同时也认为中国企业的进入对该国经济发展带来的机遇与挑战共存。

整体来看,54%的受访者认为中国企业对本国经济作出了一定的贡献,其中有近20%的人认为中国企业作出了很大的贡献。从各国的数据上看,马来西亚民众最为认可中国企业,高达75%的马来西亚受访者肯定了中国企业对当地经济的促进作用;这一数据在墨西哥和俄罗斯分别为55%和53%,在美国及韩国只有40%左右。对于中国企业带来的机遇与挑战,平均有58%的受访者表示两者比例相当。海外民众认为,中国企业为本国经济发展带来的积极作用主要体现在资金投入(53%)和就业机会上(49%),紧随其后的是带来先进的技术、创造税收收入;而在推动产业结构升级调整、改善当地的基础设施、培养本地人才和带来先进的企业管理方法等方面的积极作用则较弱。

对于中国企业带来的挑战,海外民众则主要担心中国企业会对当地企业造成威胁,有54%的受访者认为中国企业可能会冲击当地企业的生存发展。此外,也有超过3成左右的民众认为中国企业可能会掠夺当地优势资源,打破当地原有的产业链平衡,并破坏当地的生态环境。

---

① 中国外文局对外传播研究中心课题组,于运全,王眉,翟慧霞.中国国家形象全球调查报告2014[J].对外传播,2015(3):27-29.

（六）外交的积极与国际责任的缺位，军力成为关注重点

2014年中国外文局对外传播研究中心主持的中国国家形象全球调查结果显示，整体来看，平均有65%的海外受访者很看重与中国的外交关系，并且对此抱有更好的期待。这一数字较2013年有所提升。在所有国家中，俄罗斯民众对中俄关系继续发展的期待最大，有92%的受访者认为中俄关系应进一步加强（如图1）。①

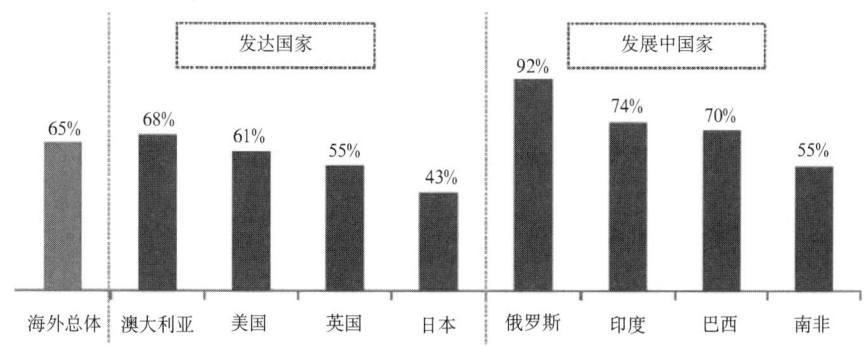

图1 不同国家中对发展与中国的外交关系的支持率

对于中国的国际责任，平均有37%的海外受访者认为中国只在与自身利益相关的国际事务中表现积极，承担的国际责任还不够多。②值得注意的是，这一观点在发展中国家和发达国家中都占较大比例。

调查显示，在美国、英国、日本等西方国家，"中国军事威胁论"仍占有一定舆论市场，认为中国军力发展会对别国国土安全造成威胁的海外受访者平均比例为35%。但与以往相比，海外受访者更多地认可中国军力是稳定国际秩序和维护世界和平的重要力量，持这两种观点的海外受访者比例分别为28%和17%（如图2）。

	海外总体	美国	英国	澳大利亚	日本	俄罗斯	巴西	印度	南非
中国军力发展会对别国国土安全造成威胁	35	38	24	34	69	12	33	43	23
稳定国际秩序的重要力量	28	21	19	19	5	60	34	39	27
维护世界和平的重要力量	17	17	14	17	4	6	19	32	25
中国军力发展对别国国土安全没有威胁	15	13	12	11	6	28	18	15	14
在抗击埃博拉病毒、打击海盗方面做了很多贡献	11	13	10	9	9	10		23	10

注："不了解"及"其他"选项比例不展示 单位：%

图2 不同国家受访者对中国军力发展与中国军事威胁的评价

---

①② 中国外文局对外传播研究中心课题组，于运全，王眉，翟慧霞.中国国家形象全球调查报告2014[J].对外传播，2015(3):27-29.

(七)孔子学院认知度较低

用于推进汉语传播的孔子学院在一定程度上加快了中国语言和文化的传播,但是目前孔子学院暴露出来的问题、缺陷正在引起人们的普遍重视。

随着中国经济的快速发展和国际地位的不断提升,"汉语热"在全球迅速升温,这推动了中国语言文化推广机构——孔子学院的产生。孔子学院是在借鉴国外一些著名语言文化推广机构的成功经验的基础上,在海外设立的以教授汉语和传播中国文化为宗旨的非营利性教育机构。2004年,全球第一所孔子学院合作协议在乌兹别克斯坦签署。截至2015年,中国已在134个国家和地区建立了500所孔子学院和1000个孔子课堂,学员总数达190万人。孔子学院是中国教育走向世界的一个符号,对提升中国的软实力起到了不可忽视的积极作用。比如它加快了中国语言和文化的传播、丰富了中国文化外交的形式、推动了国际软实力的良性竞争,以及改善了中国的国家形象等。尽管孔子学院的发展势头令人欣喜,其积极影响也得到了国际主流舆论的充分肯定,但它暴露出来的一些问题和缺陷却是需要我们认真加以正视的。比如在软实力方面,一些国家对孔子学院还存有一定的质疑和误解,孔子学院本身发展过快也带来了一些不利影响;在办学过程中,孔子学院也逐渐暴露出一些劣势,诸如师资力量不足、教法与教材方面的欠缺以及文化资源没有得到充分转化等。

在海外8国对孔子学院有所了解的960名受访者(占全部受访者的24%)中,平均有57%的受访者认可孔子学院和中国文化中心在他们国家的设立。评价较高的国家有巴西、印度和俄罗斯;评价较差的国家有日本、南非和英国。

孔子学院和孔子课堂数量的急剧增长引起了外界对中国开办此机构的意图的担心,更引起了他们对未来中国最突出和最有争议的文化外交的担心。早在2010年,美国参议院外交关系委员会(Senate Foreign Relations Committee)就举行了一场听证会;2011年2月,所谓的卢格报告(*Lugar Report*)紧随其后,报告认为美国的公共外交远远落后于中国;2012年3月,美国众议院外交事务小组监督和调查委员会(United States House Foreign Affairs Subcommittee on Oversight and Investigation)举行了一场关于"与中国公共外交的代价"的听证会,主要关注中国宣传在美国的影响,其中就包括孔子学院。

孔子学院的纷纷设立,目前来说,只是反映市场需求,还不是文化磁力。尽管华语华文可能在世界各地吸引数以亿计的华人和非华人学习,他们的动机大多还是为了逐利。如何使孔子学院从目前的市场磁力转化为文化磁力是当前学院发展面临的主要问题。除少数有特殊定位的孔子学院外,大多数孔子学院定位为语言教育。这种定位使人不解:语言教育是市场决定的,就像中国人学英文,那么多的中国人学英文是因为英文与人们的利益相关;也就是说,中国人学英文并非美国和英国政府推动。在孔子学院之前,世界各国尤其是西方各国,学习中文的学生人数一直在增长。除了在很贫穷的发展中国家,很难说孔子学院在鼓励人们学中文方面起到了多大的作用。为此,郑永年教授针对海外"孔子学院不仅成不了中国的软力量,而且会成为中国在海外的负资产和包袱"的有关说法提出:孔子学院项目的产生主要是出于教育部门的GDP主义精神,而非专业精神。人们很难看到这个项目中所隐含的专业精神。追求软力量不能盲目,而必须具有专业精神。从专业精神角度看,成立一个孔子基金会比让孔子学院"遍地开花"要有效得多。如果说今天的孔子学院侧重的是毫无实际效果的遍地撒钱,孔子基金会可以成为培养各国中国问题精英,进而传播中国文化的有效方法。

南京大学顾江教授表示,现代文化产品设计要满足青年人的需求,想让西方国家了解、接受中国的传统文化、价值观念,应该让年轻人从内心感受。"从这个角度看,孔子学院的文化影响力和传播效果不如一部《卧虎藏龙》电影。"①

（八）国外民众对中国整体文化了解片面化

从文化符号认知的类别上看,国外民众对中国自然资源的文化符号,如熊猫、长江等认知度最高,其次是中国的生活方式和中国人的符号,如茶叶、瓷器、孔子等。② 但是从整体上来讲,国外民众对中国人文、艺术和哲学观念等优秀文化资源仍然认知度较低。

从中国文化产品的开发与外国民众文化消费的匹配程度来看,现有中国文化产品开发与推广方式较为传统、单一,在文化产品内容开发层面、文化产品外在创新形式和文化产品推广渠道等方面,难以满足外国民众固有的文化产品消费习惯。

外文局的调查显示,海外受访者中,57%的人选择通过当地传统媒体获取有关中国的信息,40%的人通过当地新媒体进行了解。而中国在当地的传统媒体和使用中国产品也是外国民众了解中国的重要渠道。选择通过这两种方式了解中国的受访者比例均超过30%。此外,调查显示,传统文化、经济、民生是海外民众最期望通过中国媒体来了解的信息（如图3）,而发展中国家对中国科技领域的信息也有着十分浓厚的兴趣。

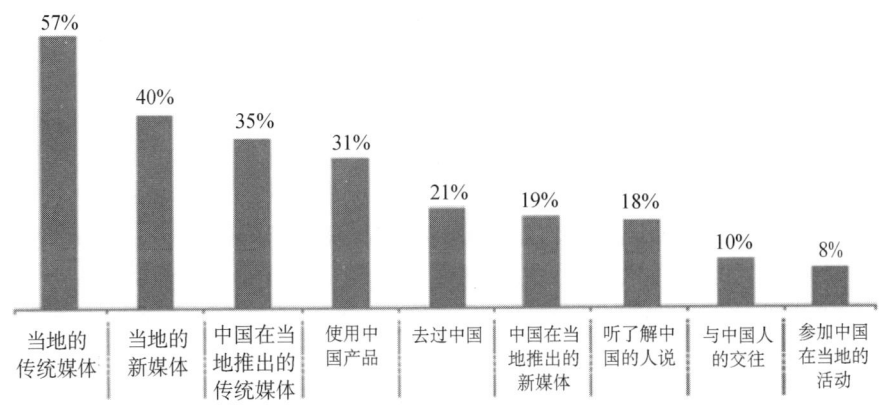

图3　不同国家受访者了解中国的途径

---

① 专家称孔子学院文化影响力尚不如《卧虎藏龙》[EB/OL]（2012-06-10）[2017-10-18].http://news.163.com/12/0610/00/83JLSOD00014AED.html.
② 于丹,杨越明.中国文化"走出去"战略的核心命题"供给"与"需求"双轮驱动——基于六国民众对中国文化的认知度调查[J].人民论坛,2015(24):72-75.

值得注意的是,国内一项调查显示,网络媒介作为快速崛起的信息传播渠道,成为外国民众获取信息、认知世界的重要信息来源,接近2/3的受访者将互联网作为接触中国文化信息的首选渠道。学历越高的外国民众,选择用互联网获取与中国相关的信息的比例越高。与媒介可靠性的选择比例不同的是,信息时代中人际传播在信息获取广度和深度方面的作用显得过于微小。由此可见,大众媒介时代的媒介拟态环境的效应在互联网虚拟世界中依然存在。互联网对外国受众而言是可信度最高的媒介渠道,也是其获取中国信息的首选媒介渠道。以报纸、电视为代表的传统媒体,尽管非首要渠道,但依然是对外文化传播的有效渠道。在互联网上进行文化传播活动时,应针对不同国别的受众使用差异化策略,例如,针对欧美国家,应注重基于搜索引擎技术的关键词设置;针对亚洲近邻,应注重门户网站的头条效应。

二、中国文化国际负影响的制约因素

当前,中国正在稳步向现代化国家迈进,一些西方国家,尤其是西方主流文化国家对中国形象的评价并不是很高,时常还会出现中国形象"挨骂"的现象,给中国的和平发展、现代化建设造成了很大的阻力,产生这些阻力的主要原因有以下几点。

(一)西方价值观居于主导地位

在目前世界文化的大格局中,资本主义文化是主流文化,西方价值观居于主导地位,并积极向世界拓展,增强控制权。[①] 中西方文化和传统差异明显。如西方文化崇尚个人价值的理念;中华文化却推崇"和合"思想,重视求同、中庸、仁义、和谐等整体性诉求,强调个人对整体的义务、责任与担当。欧洲民族主义认为,一个拥有自己独特文明的民族,应该建立一个国家;中国传统价值观认为,中华民族融合发展,多元一体。在中国人的传统政治理念中,个人德行重于法律制度;西方重法治。自由、民主、人权是人类共同的追求,也是人类在长期奋斗中共同创造的文明成果。不同的国家、不同的文化传统、不同的历史发展阶段,自由、民主、人权的实现形式和途径各不相同。

世界上绝大多数地区都直接或者间接地受到极少数西方主流国家的控制,这些极少数西方主流国家向世界各地强行灌输它们的意识形态、道德观念等。整个世界像是存在着一个地理象征(symbolic geography),它由大量的价值等级体系构成。[②] 以美国为首的西方国家一方面把西方制度模式说成"普世价值",一方面把中国一切不好的东西都归咎于制度和体制,鼓吹中国只有接受"普世价值"才有前途。其实这些西方国家所宣扬的"普世价值"根本不是一般意义上的人类共同价值,而是专指西方政治理念和制度模式,推行的是一种文化霸权、思想征服。这反映了文化在本质上是无法摆脱

---

① 欧阳雪梅.中华文化国际影响力的现状及制约因素[J].毛泽东邓小平理论研究,2014(3):68-74.
② MHERZFEL M.Whose rights to which past? archaeologists,anthropologists,and the ethics of heritage in the global hierarchy of value[M]//David Shankland,ed..Archaeology and anthropology:past,present and future. London:Bloomsbury,2013.

意识形态的。在冷战时期形成的传统意识形态观中,在西方的语境里,"共产主义"是恐怖、专制、集权的代名词。由于我国政治制度和文化传统与西方国家不同,"西方媒体至今仍惯用冷战思维来看待中国,他们往往从一些政治性文化问题入手,频频发起攻势"[①]。人权、宗教、环境等问题一直是某些西方国家向中国施压的砝码。

(二)中国在国际舞台上至今仍未形成自己的话语体系

许多当代中国文化理论直接套用西方话语框架来解释当前出现在中国的各种政治、经济和文化现实,这直接导致了将西方价值观视作唯一能改善中国前途命运的"治世良方"。新中国成立后,毛泽东对百年来的探索进行总结,提出了"洋为中用"的理念,但由于处在冷战的国际环境中,没有真正实践的机会。改革开放后,中国开展全方位的对外文化交流,主动融入了西方主导的世界体系之中,学习和引进发达国家的现代观念和文化成果。中国再次大规模学习西方文化,一方面丰富了中华文化的养料,有力地推动了中国当代文化的发展;另一方面,在西方的话语垄断下,中国经典被遮蔽,中华文化被忽视。不少人在学习西方时,迷信"西学",对中华民族自身的优秀传统文化渐渐生疏,不观照中国的现实。

出现如上情况,归根结底在于当代中国知识界、文化界未能充分建立中国自身的文化自信和理论自信,中国知识界至今在国际舞台上未能形成自己的话语体系。中国当代通行的文化理论大多是从西方"拿来"的,照搬西方的话语框架和研究方法,缺乏本民族的东西,缺乏文化理论创造的心态,由于生吞活剥,缺乏自主创新,流行用西方的概念和理论解读中国,理不直、气不壮,找不到文化自信;更有甚者,"挟洋自重",将西方的价值观视为决定中华民族前途命运的"治世良方"而大肆渲染。而运用马克思主义的思想、观点和方法又一定程度上存在简单化、概念化和公式化倾向。结果"一是至今尚未更深入有效地利用西方现有的文化价值体系中所包含的合理成分为我所用,展开我们的文化价值解释;二是我们所说的一套文化价值大都仍不被西方接受"[②]。

(三)我国现有的文化表述不够深入,价值认同和人文关怀不强

国家对外传播所要构建的世界,是一个事实与价值缠结的世界。事实世界着眼于国家之间在利益上的互谋其惠,价值世界则强调意义分享和共同体观念的构筑。在对外传播中,中国一直对外传达"事实议程",而"价值议程"的输出则明显不足。

中国在发展社会主义市场经济时,社会生活出现了一系列的矛盾与问题。如在发展中出现了普遍重视技术经济而忽略人文精神的现象,生活意义及社会价值被消解甚至异化。人文关怀的缺失和物质享受欲的泛滥,又进一步衍生出诸多生态环境问题、社会问题,如大众层面的道德滑坡、诚信危机问题,一些领导干部中的享乐主义和奢靡之风等。这些不良现象影响着国家形象。

---

① 张西平.掌握思想文化领域国际斗争主动权[N].光明日报,2013-10-23(02).
② 欧阳雪梅.中华文化国际影响力的现状及制约因素[J].毛泽东邓小平理论研究,2014(3):68-74.

当前,中国社会正处于转型期,社会矛盾事件频繁爆发,尤其是一切以经济为中心的标准体系给其他人文精神领域带来了一定的消解和重构。这种消解和重构又进一步衍生出诸多的生态环境问题、社会问题、道德危机问题等,这些不良的现象直接影响到国家形象的传播与塑造。文化传播追求的是一种价值、理念的认同,好的作品应当给人以信仰的力量,目前的中国文化与此还有距离。

主流媒体对外传播所体现出的包容和认同不是消极迎合国外对中国的想象性印象,而是通过自身大国文化的自信展示,在"中国故事"的讲述中全面展现人、物、思想、精神的融合,彰显中国文化积淀和思想厚度,传递出中国传统价值观和生活哲学与世界的融通之处,展现中国人的勤劳和善良;以柔性价值传播策略,在中国故事的接触与阅读过程中,积极主动地促进世界对中国思想文化、价值观念的认同;中国主流媒体所讲述的中国故事本身,就是世界故事的有机构成部分,尤其是当下中国发展变化的故事,更需要讲述给全球各国的民众,在互动对话中实现价值观的普遍认同。

(四)我国的对外文化传播尚未找到有效路径

我国的对外传播已经形成的官方基本格局是一社(新华社)、两台(中央电视台和中国国际广播电台)和两报(《中国日报》和《人民日报》海外版),它们共同构成了目前中国主要的对外新闻报道媒体格局。除这五家媒体之外,中国新闻社、中国国际出版集团(旗下有《北京周报》《今日中国》等五份外文杂志)和凤凰卫视也通过各自独特的方式,向世界传递中国的新闻信息。在新媒体环境下,主流媒体应重视运用"三微一端"(微博、微信、微视频和客户端)和国外"GIFA"(谷歌、推特、脸书和亚马逊)构建内涵式的传播渠道,为多层面的受众群体讲述真实的"中国故事"。在对外传播领域,我们做了大量的工作,投入增加了,覆盖率提高了,信息量增大了,但是信息到达了却没有进入,进入了却没有被接受,相当大的部分属于无效传播。其原因主要表现在以下几个方面。

其一,我国官方报道独大。只有官方独家报道,缺少非官方渠道的多家报道。然而由于新闻体制的差异,西方受众更相信民营传媒。西方受众所信任的信息源从高到低依次是:专家、媒体、政府,他们认为"宣传"是贬义词。我国的对外传播媒体都是政府所有,如果所有信息都是由官方发布的,外国受众难免会有抵触情绪。非官方渠道在国际传播领域可以更自主和多元地进行话语表达,而国家不必为此承担责任,这种相对自由的表达同时也是国际传播界接受的"规则"和"秩序"。随着中国日益融入国际社会,要塑造良好的形象,逐渐开放非官方传播资源就成了一种逻辑的必然,它将更灵活有效地、更快地进入国际传播领域(比如国际合作,凤凰卫视正是通过与美国新闻集团的伙伴合作方式开拓全球传播空间而迅速发展起来的)。这构成了一种良性的逻辑链条:民间传播或非官方传播是当代国际认同的一种传播价值理念,当我们要融入国际循环体系,开放这个渠道本身就是一种开放国家的良性形象显示;开放这个渠道会带来前所未有的多种声音的传播,它包含不同意见的表达、争辩和讨论,这种传播形式更具有广泛的传播效应;在传播过程中,争议并不代表混乱,因为舆论的核心是特定社会认同的基本价值观和信念(舆论环境),舆论倾向(主导意见)通常会在争议中必然地倾向大多数人认同的价值观方面。官方传播更多给人留下统治者政治态度的印象,而民间或非官方概念上的国际传播可以避免很多问题,获得更宽的话语空间。

其二,对外传播中NGO缺失。在关于对外传播主体的问题上,西方国家认为非政府组织与政府同样重要。因此在西方国家的对外传播活动中,非政府组织(简称NGO, non-government organization)或配合政府的行为,为政府拉高声势;或补充、代替政府去完成政府不便出面或难以完成的工作。而中国政府的对外传播,却始终面临着国际NGO严重缺失、亲中NGO积弱的困境。传统上,文化外交的主体是政府部门及其代表和专门的外交机构及宗教、文化教育机构,在全球信息一体化、公民社会日渐活跃的现今社会,民间的文化外交活动日趋频繁活跃,所以,文化外交的主体已不只是政府及其代表,也应该包括国民,即事业单位、非政府组织、民间文化团体、宗教团体以及个人等。有些民间文化外交本身就有政府背景,譬如,那些政府直接支持下的民间出面的,或者政府搭台、民间唱戏的文化,音乐,教育,研讨等国际间互动。

其三,我们的对外传播政治口号化、概念化、理论化。这一点主要体现在惯用政治口号、社论式语言,堆砌政治术语,日常化的、生动的语言能力不强,对外传播的内容和方法不适应;只会讲道理,不会讲故事。目前我国的对外宣传存在一种自言自语、自说自话、自我欣赏、自娱自乐的现象。主流媒体没有完全掌握"讲故事"胜过"讲道理"的规律。中国传媒对外传播的主要任务是文化交流,通过文化交流,把中国以构建和谐世界为核心的理念传播出去。只有中国传媒讲述的"中国故事"获得西方民众的接受甚或青睐,中国的文化与价值观念才能得到国际社会的普遍理解。因此,主流媒体的传播方式要柔性化。

好的传播策略应该是"当地化"的,采用当地熟识的方式来讲述中国的故事,运用跨文化传播的意识、策略和技巧,用当地的语言思维习惯来讲述当地人感兴趣的故事。通过构建、扩大共通的意义空间,来加深彼此的相互理解,这是中国对外传播赖以形成和发展的重要机制。

三、"文化自信"作为战略的意义

战略问题是一个政党、一个国家的根本性问题,战略上判断准确,战略上策划科学,战略上赢得主动,党和人民就大有希望。中共十八届三中全会通过的《中共中央关于全面深化改革若干重大问题的决定》(以下简称《决定》)提出,要提高文化开放水平,加强国际传播能力和对外话语体系建设。仅仅一个多月后,中共中央政治局就提高国家文化软实力研究举行第十二次集体学习,习近平总书记在主持学习时强调提高国家文化软实力,要努力夯实国家文化软实力的根基,要努力传播当代中国价值观念,要努力展示中华文化独特魅力,要努力提升国际话语权。这反映了新一届领导集体对扩大中华文化的国际影响力的高度重视并提出了发展路径。扩大中华文化的国际影响力是提高国家文化软实力、建设社会主义文化强国的重要一环,必须了解当前中华文化走向世界的状况,分析中华文化国际影响力的制约因素,才能找到实现任务目标的有效对策。

(一)"文化自信"战略的形成脉络

2013年12月30日,习近平总书记在中共中央政治局第十二次集体学习时强调建设社会主义文化强国,着力提高国家文化软实力,关系到"两个一百年"奋斗目标和中华民族伟大复兴中国梦的实现。提高国家文化软实力,要努力传播当代中国价值观念。当代中国价值观念,就是中国特色社会主义价值观念,代表了中国先进文化的前进方向。要加强提炼和阐释,拓展对外传播平台和载体,把当代中国价值观念贯穿于国际交流和传播的方方面面。中国梦的宣传和阐释,要与当代中国价值观念紧密结合起来。提高对外文化交流水平,完善人文交流机制,创新人文交流方式,综合运用大众传播、群体传播、人际传播等多种方式展示中华文化魅力。

习近平强调,要注重塑造我国的国家形象,重点展示中国历史底蕴深厚、各民族多元一体、文化多样和谐的文明大国形象,政治清明、经济发展、文化繁荣、社会稳定、人民团结、山河秀美的东方大国形象,坚持和平发展、促进共同发展、维护国际公平正义、为人类作出贡献的负责任大国形象,对外更加开放、更加具有亲和力、充满希望、充满活力的社会主义大国形象。提高国家文化软实力,要努力提高国际话语权。要加强国际传播能力建设,精心构建对外话语体系,发挥好新兴媒体作用,增强对外话语的创造力、感召力、公信力,讲好中国故事,传播好中国声音,阐释好中国特色。

2014年2月24日,习近平在中共中央政治局第十三次集体学习时的讲话强调核心价值观是文化软实力的灵魂、文化软实力建设的重点。这是决定文化性质和方向的最深层次要素。一个国家的文化软实力,从根本上说,取决于其核心价值观的生命力、凝聚力、感召力。培育和弘扬社会主义核心价值观必须立足中华优秀传统文化。牢固的核心价值观,都有其固有的根本。

党的十七届六中全会通过了《关于深化文化体制改革推动社会主义文化大发展大繁荣若干重大问题的决定》,将文化建设上升至国家战略层面,并将提升文化自觉、增强文化自信、实现文化自强确定为建设社会主义文化强国的路径。①

党的十八大报告指出:"全党要坚定这样的道路自信、理论自信、制度自信。"这是党中央第一次提出"三个自信"。2014年3月7日,习近平总书记在全国两会期间参加贵州代表团审议时,首次将文化自信和"三个自信"作为一个整体集中提出来,他指出,在坚定"三个自信"的同时,"还要加一个文化自信"。

2014年3月27日,习近平在联合国教科文组织总部的演讲中提到,实现中国梦是物质文明和精神文明均衡发展、相互促进的结果。没有文明的继承和发展,没有文化的弘扬和繁荣,就没有中国梦的实现。每一种文明都延续着一个国家和民族的精神

---

① 启瑄.提升文化自觉 增强文化自信 实现文化自强——学习党的十七届六中全会《决定》几点体会[J].红旗文稿,2012(5):4.

血脉,既需要薪火相传、代代守护,更需要与时俱进、勇于创新。中国人民在实现中国梦的进程中,将按照时代的新进步,推动中华文明创造性转化和创新性发展,激活其生命力,把跨越时空、超越国度、富有永恒魅力、具有当代价值的文化精神弘扬起来。

2014年12月22日,习总书记在与澳门师生座谈时又特别强调,文化自信是"三个自信"的基础。① 2016年5月17日,习近平总书记主持召开哲学社会科学工作座谈会并发表重要讲话,深刻阐述"文化自信",并且首次用"三个更"形容文化自信:"坚定中国特色社会主义道路自信、理论自信、制度自信,说到底是要坚定文化自信,文化自信是更基本、更深沉、更持久的力量。"这充分说明文化自信在国家、民族的发展道路上具有十分重要的意义。

2016年7月1日,在庆祝中国共产党成立95周年大会上的讲话中,习总书记再次指出:"坚持不忘初心、继续前进,就要坚持中国特色社会主义道路自信、理论自信、制度自信、文化自信,坚持党的基本路线不动摇,不断把中国特色社会主义伟大事业推向前进。"②从国家战略高度提出文化自信,足见国家建设文化强国的决心,也引发了全社会的关注。

(二)"文化自信"战略的基本内涵

习近平同志围绕文化强国战略提出了一系列具有重要意义的大思路,主要包括培育核心价值观,弘扬中华优秀传统文化,提高国家文化软实力,把握意识形态工作的领导权、管理权、话语权等。围绕建设社会主义文化强国和提高国家文化软实力,习近平提出稳固"根基"的大思路,主要包括"一条道路""一项改革""四个自信""四种形象""树立四观":"一条道路"就是"要坚持走中国特色社会主义文化发展道路"等,"一项改革"就是"深化文化体制改革";"四个自信"就是"我们要坚定理论自信、道路自信、制度自信,最根本的还要加一个文化自信";"四种形象"就是"文明大国形象、东方大国形象、负责任大国形象、社会主义大国形象";"树立四观"就是"树立和坚持正确的历史观、民族观、国家观、文化观"。这形成了当代我国文化强国的宏观战略构想。

如果说文化自信涉及的基本问题是以怎样的态度对待文化,文化自觉是以怎样的视角认识文化,文化自强则是以怎样的思路发展文化,三者紧密相连但又有各自的独特性。

学界对文化自信的概念厘定和内涵阐释无统一认识。云杉是最早关注文化自信这一概念的人,他认为,文化自信是一个国家、一个民族、一个政党对自身文化价值的充分肯定,对自身文化生命力的坚定信念。③ 从哲学层面上看,文化自信是人类特有的一种具有超生物性、超自然性、超现实性的文化生命机能,是人类社会实践在个体生

---

① 李江波,姚亚平,黎滢.文化自信:理论维度与实践维度[J].江西社会科学.2016(9):217.
② 习近平.在庆祝中国共产党成立95周年大会上的讲话[N].人民日报,2017-07-02(2).
③ 云杉.文化自觉 文化自信 文化自强——对繁荣发展中国特色社会主义文化的思考(中)[J].红旗文稿,2010(16):4.

命内部建构的高级文化结构,也是人类主观能动性和文化创造性的具体表现。[1] 从文化客体的心理出发,刘林涛将文化自信界定为:文化主体通过对象性的文化认知、批判、反思、比较及认同等系列过程,形成对身处其中的作为客体的文化价值和生命力的确信和肯定的稳定性心理特征。[2] 刘芳认为,文化自信是指一个国家、一个民族、一个政党对自己的理想、信念、学说以及优秀文化传统有一种发自内心的尊敬、信任和珍惜,对当代核心价值体系的威望与魅力有一种充满依赖感的尊奉、坚守和虔诚。[3] 王泽应也认为,文化自信源于并依赖于人的主体精神自信和本质力量的自信,人的主体精神和本质力量的自信构成文化自信的核心和根本,因为文化本质上是人的精神追求及其创造的产物。[4]

"文化自觉"这一概念最早是由费孝通先生在北京大学社会学人类学研究所开办的第二届社会文化人类学高级研讨班上提出的,指生活在一定文化历史圈子中的人对其文化要有自知之明,并对其文化的发展历程和未来有充分的认识,要进行文化的自我觉醒、自我反省、自我创建,目的是为了应对全球一体化的发展形势,从而提出解决人与人关系的方法。文化自觉不是文化保守主义,也不是搞文化对垒或文化冲突,更不是奉行文化独尊,而在于促进文化交流、文化共处、文化促进等。费老用16字"各美其美,美人之美,美美与共,天下大同"来高度概括文化自觉历程。[5] 不同于费老文化社会学的角度,云杉从唯物史观出发,指出文化自觉指一个民族、一个政党在文化上的觉悟和觉醒,包括对文化在历史进步中的地位作用的深刻认识,对文化发展规律的正确把握,对发展文化历史责任的主动担当。[6] 文化自觉的提升主要包含两方面:一是对文化意义、文化地位、文化作用的深度认同,二是对文化建设、文化发展、文化进步的责任担当。因此,文化自信必须建立在文化自觉的基础上,建立在文化自觉基础上的文化自信,既有助于克服文化独尊和盲目文化自傲,也有助于克服文化自卑和文化盲从。

文化自觉、文化自信,最终目的还是要实现文化自强。文化自强的"自",就是立足自己的实际,依靠自己的力量,突出自己的特色,走自己的文化发展道路,建设面向现代化、面向世界、面向未来,民族的、科学的、大众的社会主义先进文化;"强",就是要使我们的文化具有强大的吸引力、影响力,强大的活力、创造力,强大的实力、竞争力,把我国建设成一个中国特色社会主义的文化强国。[7] 正如启琯所认为的,实现文化自强,建设社会主义文化强国,重要的是需要我们对文化道路、文化方向、文化灵魂有正

---

[1] 刘士林.中华文化自信的主体考量与阐释[J].江海学刊,2009(1):40.
[2] 刘林涛.文化自信的概念、本质特征及其当代价值[J].思想教育研究.2016(4):21.
[3] 刘芳.对文化自觉和文化自信的战略考量[J].思想理论教育,2012(1):9.
[4] 王泽应.伦理精神自信是文化自信的核心和根本[J].道德与文明.2011(5):16.
[5] 邱柏生.论文化自觉、文化自信需要对待的若干问题[J].思想理论教育,2012(1):14-15.
[6] 云杉.文化自觉 文化自信 文化自强——对繁荣发展中国特色社会主义文化的思考(上)[J].红旗文稿,2010(15):4-5.
[7] 云杉.文化自觉 文化自信 文化自强——对繁荣发展中国特色社会主义文化的思考(下)[J].红旗文稿,2010(17):4.

确的把握,对文化创造、文化传播、文化事业和文化产业发展、文化人才队伍培养有全面协调的整体推进。①

四、当前我国社会的文化焦虑及其深层原因

全球化、信息化背景下,中国社会面临巨大转型,转型带来了双重效应,一方面是社会进步,个体的自由空间得到释放,另一方面是归属感的减弱,社会面临空前的文化冲突和文化焦虑。

文化不仅仅是一种习俗或观念之类的意识形态,还应该包括生产方式、生活方式等核心内容。换言之,文化不单是社会结构的一部分,而是影响社会和个体的重要因素。宏观上看,文化的差异可能造成世界范围内国家或民族之间的冲突,差异既存在于生产方式、制度间,也涉及宗教信仰、价值观念;中观上看,组织文化之间的不同会带来不同的变迁路径和结果,例如政府的治理方式和企业的发展方式;微观而言,个人的心理矛盾、焦虑与文化上的不适应息息相关,这种不适应可能来自传统文化的式微,也可能源于外来文化的冲击,还有可能是文化自身的发展不协调。

有学者认为,我国的文化现状可用"泥沙俱下、鱼龙混杂"来形容,文化庸俗化现象严重,历史虚无主义大行其道,对社会主义的价值观形成了冲击。也有学者认为,"庸俗、低俗、媚俗"的文化乱象正在混淆社会大众的视听,引起文化的审美伦理与价值取向的混乱,为道德迷失推波助澜。还有学者认为,文化"自觉、自信、自强"面临的最大障碍是资本逻辑:文化沦为消费的对象;人文学者生存空间狭小,影响着他们的生产态度和方式。② 目前社会上的文化焦虑现象表现在以下三个方面:一是对西方文化的"爱恨交织";二是"虚热"的传统文化被过早地赋予了治国安邦的重任;三是文化实践中意识形态思维和市场化思维的相互"纠缠"。

文化焦虑折射的是文化认同危机。③ 缺乏对本国文化的认同,文化自觉性无从谈起,遑论文化自信。文化焦虑的出现有多重原因,其中主要原因有:其一,简单将文化等同于所谓的"国学",将中华民族传统文化等同于整个中国文化,忽略了当代文化,其危险性在于非但不利于文化传承,还会陷入抱残守缺的民粹主义和狭隘的文化保守主义误区,④也容易缺乏世界眼光和世界意识。事实上,当今世界有国际影响力的国家没有一个是单纯靠传统文化发展起来的,而是靠当代精神。我们的不自信恰恰正是对自我当代文化的不自信,我们对当代中国文化的发掘整理不够,对当代中国崛起的文化精神发掘整理不够。其二,是西方流行文化、波普文化、大众文化、影视传媒文化和消费主义文化大行其道,使真正的中国文化陷入了混乱与失语状态,而造成这种文化

---

① 启瑄.提升文化自觉增强文化自信实现文化自强——学习党的十七届六中全会《决定》几点体会[J].红旗文稿,2012(5):4.
② 段素革."文化'三自'与社会主义核心价值体系"理论研讨会综述[J].哲学动态.2011(9):107.
③ 童萍,罗艳.文化焦虑与文化自觉[J].新视野,2011(6):84-85.
④ 杨福泉."文化焦虑"弥漫当前社会[J].人民论坛,2011(3):70-71.

混乱的深层原因一是长期以来的文化失败主义和虚无主义情绪,二是后现代主义思潮对于中国社会的双重影响,即所谓中国的思想文化注定是失败的文化,根本无法和西方相比,先秦比不过古希腊,现代比不过文艺复兴,当代比不过后现代主义。[1]

从文化社会学的视角来看,文化焦虑是"文化堕距"[2]的产物,即在社会变迁过程中,不同文化由于发展速度不同而导致各种失调,进而引发焦虑。马克思主义认为,物质文化决定非物质文化,然而非物质文化具有相对的独立性和稳定性。改革开放以降,中国经济保持高速增长,物质文化和科学技术均得到极大提升,而制度和观念相对来说却是发展滞后。与社会主义市场经济不相符的制度、违背市场原则的组织文化、相对落后的社会主义文化建设以及陈旧的个人观念都会导致失调,在环境、认知、行为的不协调中,文化焦虑加剧。

非物质文化内部同样存在着变迁速度不同的问题。大众文化成为发展最快的一部分,得益于西方流行文化的涌入,大众传播媒介,特别是电视、网络媒体的放大效应,使得大众文化为社会所接受。然而如波兹曼所言,这个时代可能沦为"没有历史的时代"[3],电视、网络等大众媒介可能使这个时代变成充满遗忘症患者的焦虑年代,人们只关注当前的信息和现时的享受,怠于回溯过去和展望将来。优秀的传统文化、民族文化,高雅的艺术、文学等都无法博取大众的"注意力"。而集体归属感往往来自于这些文化,而不是大众文化。集体归属感的淡化使个体无法置身于"共同体"之中,从而产生焦虑和不安。

五、文化自信的建构策略

无疑,传统文化是中华民族的文化基因和精神家园,也是民族生生不息的养料;由现实看来,传统文化也是社会主义核心价值观的重要源泉。传统文化并非抽象概念,文化之下是艺术、道德等表现形式,文化自信的形成依赖于各种文化形式的传承与贡献。不论是浅层次的对民族文化的宣扬,还是国民内心深层次的对文化的认可与弘扬,都不是民族文化性质决定的,国民素质也只是其中一个影响因素。从文化自觉到文化自信,都需要在合适的环境下逐步培养起来。

同时,中国需要面对世界,"发现"并"重释"东方,读解自身的文化之谜,重建文化自信,形成良性互动式的文化输出。中国并不缺少文化,缺少的是有效的对外文化传播机制,目前的对外传播重官方、轻民间,重政府、轻市场,缺乏内在协调性,在传播模式上基本"以我为主",对网络媒体这一传播手段利用不足,传播的内容过于单一。文化自信不是故步自封,而是在对外交流中让世界认识到中华文化的魅力,使得国人对自身文化有信心。因此需要学会向世界讲述中国故事,在世界舞台上建立自身的话语

---

[1] 王岳川,胡淼森.大国崛起需要"大文化"守正创新——王岳川教授文化访谈录(之三)[J].西南民族大学学报(人文社科版),2008(11):44.
[2] 郑震.孙本文的文化社会学与中国社会[J].南京大学学报(哲学·人文科学·社会科学版),2012(6):138-143.
[3] 波兹曼.娱乐至死[M].章艳,译.南宁:广西师范大学出版社,2004:178-179.

体系。

文化自信建构的基本逻辑是,文化认知是文化自信发生的前提,文化交流是增进文化自信的条件,文化发展是提升文化自信的基石。文化认知包含对传统文化的合理认知,对当代文化的正确判断以及对文化未来的把握;建立在平等基础上的文化交流,有利于扩大中华文化的国际影响,也有利于消除狭隘的文化心理,文化话语权的掌握则是增进文化自信的关键;文化发展需要发挥人民的创造力,进而增强文化的竞争力和吸引力。[1]

文化自信的确立,需要一定的文化基础,这种文化基础主要指某种文化所具有的包容性、抗压力和反思性。文化的包容性涉及多种文化的兼容性、文化的稳定性和文化的内涵,中华文化的包容性一直都为世人称道,因此为文化自信奠定了良好的基础。文化的抗压力可以转化为文化的生存能力和适应力,中华文化的适应力很强,这从华人到世界的任何地方都能生存就可以得到证明,这与中华文化内涵中的一种灵活机制有关,即该同化就同化,该顺应就顺应。反思性是指拥有某种文化的人们善于对自己的文化进行经常性的反省和自我检查,特别是不回避某些不足或弱点,勇于大胆通过创新而使自己的文化与时俱进。文化的反思性是理性的表现,具有反思性的文化不会故步自封、孤芳自赏,也不会自惭形秽,而是对文化的长处和缺陷有清晰的认识。[2]

全球化带来的是多元文化并存并产生交流和冲突的现状,如何在此背景下培养文化自信?第一,应该正视信仰危机,理性判断当前的信仰问题,并进行文化自省,才能有效应对西方文化的冲击;第二,强化主流价值;第三,打造兼容机制,既包含文化的包容性,也包含国民包容的心理结构;第四,整合传统文化,坚持批判继承,赋予传统文化时代意义;第五,正确对待西方文化,理性吸收,针对性批判。

文化建设的推进,文化自信的加强,绝不是单一力量能促成的。多主体的协作蕴含的是一对核心关系——国家与社会。但国家与社会并非二元对立,而是有机耦合、相互作用的。

国家既包含政府、事业单位等有形主体,也包括法律、政策等无形元素。文化自信的根基在于文化建设,政府应在宏观上把握推进文化自信的方向,通过制度、政策、财政等手段支持文化的建设。各级文化部门在具体落实过程中,既要重视文化创新,倡导多样化发展的现代文化,也要注重继承传统文化,避免现代文化成为"无源之水"。高校涉及推进文化自信的两个关键点,一是理论的建构,二是人才的培养。理论既是经验的抽象概括,也是实践的有力指导,高校是文化理论重要的生产地,但应加强文化研究成果的转化。此外,高校的人才培养机制将影响文化建设人才的质量。

社会这一概念下蕴含的是社会组织、企业及个人等主体。社会组织具有"双重身份",一方面是政府外包服务的承担者,可以帮助落实政府的文化政策;另一方面,它是市场的自由主体,能够通过自发形式促进文化的传承和发展。企业能够将文化资源推

---

[1] 黄晓波.论文化自信的生成机制[J].科学社会主义,2012(3):74-77.
[2] 邱柏生.论文化自觉、文化自信需要对待的若干问题[J].思想理论教育,2012(1):14-15.

向市场并使其实现增值,在这一过程中无形地传播文化,例如影视剧、综艺节目的推出,使得传统文化在电视、网络等媒体上被社会认知并接受。

如果中国梦是由无数普通人的梦汇聚起来的,那么中国的文化自信也离不开每个个体心中对文化的认同。个体文化自信的培养,首先面临的是认知不协调状态:社会个体在内心认同中华文化,但在行为上却偏向于西方式,最典型的表现就是近几年"洋节日"的流行和中国传统节日的没落。要改变这一状态,最直接的方法便是补充新的知识,即加强个体对中华文化的认识,使其了解文化表象背后蕴含的社会意义;同时营造新的文化环境。而这依赖于政府、企业等主体的有机配合。

"中国发展的第一目标首先是世界化,即表明中国属于世界。中国发展的第二目标是中国化,即成为自己,成为自己并非复兴历史,而且在新的时代条件下寻找到中国的身份和认同。"[1]文化自信既是中国身份和认同的表现,也是"成为自己"的基础,因此文化自信的提出是适时而重要的。

---

[1] 王岳川,胡淼森.大国崛起需要"大文化"守正创新——王岳川教授文化访谈录(之三)[J].西南民族大学学报(人文社科版),2008(11):68.

研究动态

"中"、自我能力、社交/传播(沟通)能力:一个中国的视角
Zhong (Centrality), Self-Competence and Social/Communication Competence: A Chinese Perspective

☯〔美〕陈国明　林凯(译)*
Chen Guoming　Lin Kai(Tran.)

摘要:两千多年来,在中国的哲学研究里,对于"中"的论述一直占据着主导地位。"中",决定着从"气"而来的阴阳之间的互动,是中国文化里范式假设的基础。为了调节"气"的运行从而实现整体的平衡状态,哲学家们认为"守中"不仅是培养"自我"与"社交/传播(沟通)能力"的最有效途径,也是在中国社会中获得社交互动成功的关键。本文试图描述"中"的本质,并从一种中国文化的视角,进一步运用它来阐明"自我""社会/传播(沟通)能力"的概念。

Abstract: The discourse of Zhong (centrality) has dominated the study of Chinese philosophy for more than 2 000 years. Zhong, dictating the interaction of Yin and Yang motivated by Chi, is the foundation of the paradigmatic assumptions of Chinese culture. In order to regulate the motion of Chi to reach the holistic state of equilibrium, Shou Zhong (nurturing zhong) is considered to be not only the most effective way of cultivating self-competence, but also the key to the success of social interaction in Chinese society. This paper attempts to delineate the nature of zhong and further applies it to demystify the meaning of self and social/communication competence from a Chinese cultural perspective.

关键词:"中",自我能力,社交/传播(沟通)能力,和谐
Keywords: Zhong, self-competence, social/communication competence, harmony

---

* 陈国明,美国罗德岛大学传播学教授,中华传播学会创始人,国际跨文化传播研究会主席。除了担任多家专业期刊的编辑委员外,还是《中国传媒研究》的联合编辑。主要研究领域为跨文化传播、组织传播、全球传播。出版了大量论文、专著和书刊篇章,持续活跃于教学、研究和服务领域。
林凯,厦门大学新闻传播学院2017级博士研究生。

一、前言

两千多年来,在中国的哲学研究里,对于"中"的论述一直占据着主导地位(Wang,1982a;Xiao,2003)。根据《易经》,道是"阴""阳"互动的体现。"阴""阳"是宇宙中由"气"启动的两股对立却又互补的力量(Chang, Chen, Chung & Holt, 2010; Chung, 2011)。"阴""阳"之"道"指的是一个整体的本体论假设(ontological assumption),认为天、地和人联合成了一个巨大的整体。在"道"之中,宇宙间万物不过是由于"阴""阳"之"气"的运行而持续变换的一个过程。"阴"是一个反向力,"阳"是一个正向力(Chen,2006;Zhang,2010)。因此,由"气"的运行或"阴""阳"的互动达到"太和"(great harmony)的平衡状态,成了中国人追求的核心价值和终极目标(Yu,2005)。为了实现这一目标,中国的哲学家们不断地阐述只有通过"中"才能实现"太和"。本文旨在描述"中"的本质,并将其作为审视中国人的自我和社交/传播(沟通)能力(self-competence and social/communication competence)的基础。

二、"中"的本质

(一)"中"的两个维度

人们认为,宇宙形成之前是处于"无""空""虚""无穷"或"无限"等"无极"之"中"的状态。通过持续不断的"生生"(creative creativity)过程(Fang,1981:109),实现"无极"生"太极","太极"生"两仪","两仪"生"四象","四象"生"八卦","八卦"生"六十四卦",直至"万物"。这个过程代表了从宇宙"虚空"发展而来的空间和时间的起源、延伸和维度(Zhou, n.d.),又或者是"中"生成(being-becoming)的阶段。正如老子所说:"天下万物生于有,有生于无。"(《道德经》第四十章)。Li(1999)进一步将"无"解读为以自然之法生成万物之"道"。也就是说,那些变化之力是从"无极"而生,以实现宇宙万物的本体存在(Shang,2015)。

"无极"的状态,在庄子的《南华经》中被描述成"混沌"(Huang,1983),即《易经》中的"氤氲"(Zhu, 1974)。"混沌"和"氤氲"描述的都是在无生命或者出现生命之前的状态里,"阴""阳"两股力量未分离以前,充满着宇宙的混然稠密的生命力(气),也就是"无为"的状态,也可以说是天和人、主体和客体未分离的状态(Billeter, 2009)。因此,"中"既是"无极"的静态平衡,也是"太极"之中"阴""阳"的动态平衡。更确切地说,"无极"代表了"未生成"(non-being/pre-being)的状态,"太极"代表了"中"的"生成"(being-becoming)状态("太极"生"两仪"直至万物)。简而言之,"无极"和"太极"是"中"的两个维度。

庄子用"虚室生白"(只有空的房子才能产生光/亮度)来解释这一从"无"到"生成"的过程的本质(Huang,1983)。它表明虚空是宇宙的原始状态,生产繁衍的种子隐藏其中。Pereira(1956)将这种虚空称为"零"(zero)——"零"是一个连续体,具有"无穷"的特性,并且是万物的起源。在《道德经》中,老子进一步阐述了这一观点:"三十辐共一毂,当其无,有车之用。埏埴以为器,当其无,有器之用。凿户牖,当其无,有室之用。故有之以为利,无之以为用。"(第十一章)

因此,"中"是互为中心的天、地和人的统一体(Wang,1982a)。在"太极"阶段,"中"表明"太极"是阴阳(两仪)的起源和载体。由此,人的心智开始通过对物理结构和事物之间的关系的感知而形成空间概念。人类思想的这种延伸的力量将自己创造的空间概念与时间联系起来。这个过程的终极目标是回到"中"这一最初的静止状态,也即"无极"。在其中,互为中心的天、地和人合为一体,回归虚空。这也是"肉身成道"的过程,或者说是通过自我实现的过程从肉体归于"道"(Lin,1986)。

(二)"中"的空间、时间和象征/符号

通过人的心智,"太极"的空间延伸过程开始形成空间的结构和维度,这是人类思维所创造与经营的有限与可知的空间。根据Pereira(1956)所言,空间有水平平面(数量)和垂直平面(质量)。空间的水平平面是人类创造和活动的感官领域,它是空间具体、客观的一面。空间的垂直平面则表现为与时间的联系,以及时间本身的连续性。通过人类心智的感知,个体超越了自身肉体的局限,将自我延伸至与未知世界相连。

换言之,通过人类心智的内在启发,水平平面和垂直平面的交汇将时间和空间结合一起。这确立了人在宇宙中的地位与个人的空间,为自我与宇宙之间的同构对应提供了基础。此外,空间的水平平面是人的心智在行动中的延伸和维度呈现。空间的垂直平面则是就空间层级结构维度而言的时间的连续性,它同时也创造了一种历史的连续性。因此,一个人的精神/心灵(spirit)因为心智的作用和对灵魂的渴望而涌动,在浩瀚无垠的时空里奋力寻求一个安稳的身心栖息之所,企求实现与天地的重新联结,又或者说是连于宇宙的中心,即连于"中"(Yang,1989)。

人的心智在不可知的/无限的空间、零的状态或者虚空之中,通过感知而创造时空区域的这一过程,被以一种符号/象征(symbol)的方式表达出来(Kahler,1960)。也就是说,这个人造的时空区域是一个符号的空间。因此,为符号所激活的力量是人的心智功能在发挥作用。换句话说,符号就是空间和时间之中的现实存在。符号的这种创造性来源,以回归并与宇宙或"中"的原始状态相合一的潜在可能性,通过将疆界打开至无限扩张的空间的方式,不断地尝试超越已知边界的局限。当空间和时间,或称水平平面和垂直平面通过新符号的不断激增而达到平衡状态或和谐关系的时候,人类就在一个先验层次上重新连于一个整体或宇宙秩序,也就是从"无极"到"太极",再从"太极"又回到"无极"。它是"中"的"生成"和"未生成"两种状态之间循环的、相互转化的过程。因此,符号形成了空间的结构和维度,建立了时间的连续性。这种符号象征的空间代表了人类经验的全部内容,也是"中"的已知空间。

由人的心智通过符号的使用(即客观的符号陈列)而创造的空间水平平面可以用庄子《南华经》中的六物(贵、富、显、严、名、利)来阐释:"彻志之勃,解心之谬,去德之累,达道之塞。贵富显严名利六者,勃气也。容动色理气意,谬心也。恶欲喜怒哀乐六者,累德也。去就取与知能六者,塞道也。"(第二十三章,庚桑楚)

由人的心智通过符号的使用所创造的空间垂直平面(即符号维度的层次联结结构),可以分别用下列表述中的递进过程来阐释:

此六四者不荡胸中则正,正则静,静则明,明则虚,虚则无为而无不为也。(《南华经》,第二十三章,庚桑楚)

知止而后有定,定而后能静,静而后能安,安而后能虑,虑而后能得。(《大学》)

其次致曲。曲能有诚。诚则形。形则著。著则明。明则动。动则变。变则化。唯天下至诚为能化……故至诚无息。不息则久,久则征。征则悠远。悠远,则博厚。博厚,则高明。(《中庸》)

正是在阴阳互动的基础上,通过符号的创造来发展空间和时间的过程表现了"中"的"生成"状态。这一过程也显示了人类活动的生生不息。因为"中"的作用就存在于这两股对立、互补、相互依存、互相渗透的力量的互动关系中。因此,"中"不仅是"天下之大本也",而且也使得"和"成为天下之达道。正所谓"致中和,天地位焉,万物育焉"。(《中庸》)

因此,"中"提供了中国传播的本体存在,而"和"构成了符号创造和维持的价值论和目的论的基础,中国文化也由此展开。换句话说,文化空间是随着时间的推移和符号交互的积累而形成的。而且,文化空间的迁移涉及了植于过去,也是未来转变基础的当下活动的修正和再创造(St. Clair, 2015; St. Clair & Williams, 2014)。

正是在"中"的"生成"这个阶段,我们见证了人类交流的出现并将之概念化。接下来的部分从这一视角对"中"的本质加以论述,然后从中国文化的视角运用"中"来审视自我和社交/传播(沟通)能力的概念。

三、"中"、自我和社交/传播(沟通)能力

(一)"中"的"生成"

图1　太极图

这里引用了对"中"的两种传统定义。第一,Wang(1970)认为汉字"中"可以解释为"无极"和"太极"的统一。"中"字方形的空间与"无极"的圆圈(即"O")相似,代表无或虚空。"中"的那一竖(即"|")是导致阴阳出现的 s 线(也就是这一竖将"O"分离成两个对立而互补的个体)。因此,如图 1 所示(黑为"阴"、白为"阳"),将"无极"转化为"太极",代表着宇宙生成的阶段。这就是为什么《中庸》将"中"描述为化育万物之大本。它是人类互动的起源、中心与中道。人类的互动是基于阴阳互动的平衡特征 (Xu, 1991; Yu, 2005)。

第二,Tan(1981)指出,"中"在原始的象形文字中就像一面旗帜,这是中国古代有重要事件发生时,在特定地方用来将人们聚集在一起的一种标志。"中"指的就是人类

活动的中心。因此，中心性（centrality）作为"中"的本质，成为理解中国文化和中国传播的重要概念（Chen，2006；Xiao，2003）。"中"作为中心可以用图2、图3和图4来表示。

图2 "中"的阴阳模式（Wang，1982a：143）

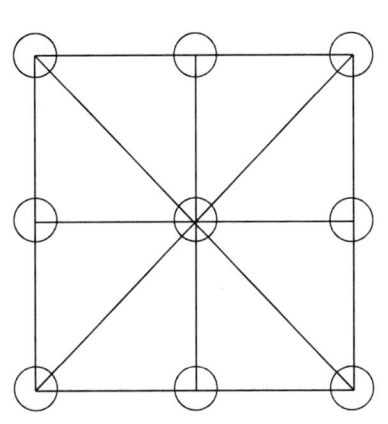

图3 "中"的九宫图（Wang，1982a：137）

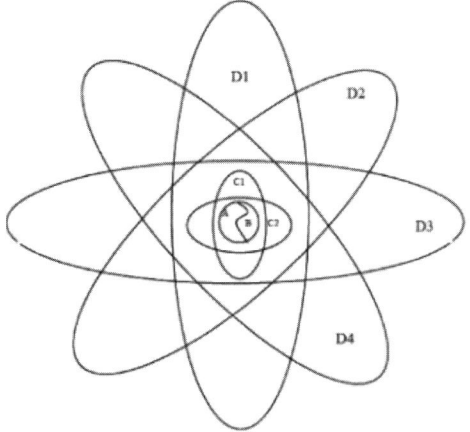

图4 "中"的生生模式（Chen，2009a：24）

图2显示了由阴阳平衡构成的"太极"的平衡状态。它表明，"中"是人类互动中对立或协力的统一（Wilhelm，1979）。图3显示的是"中"位居图中9个点的中心位置。如《黄帝经》（Wang，1982b：139）所述，九个点在一个正方形中共享一个相同的中心点。为了到达另一个点，每一个都必须经过这个相同的中心点。在上面、下面、右边、左边都分别有三个点为一行，每一行都必须共享一个相同的中心点，使自己成为三点一线。这个共同的中心点叫做宇宙的"中"点。（"昔者黄宗质始好信，作自为象，方四面，传一心，四达自中，前三后三，左三右三，践位履三，是以能为天下宗"）。换句话说，中点或"中"是植根于所有事物中的阴阳两种力量之间的旋转、互动和转换的轴心。

图4揭示了《易经》所记载的"生生之德"。"太极"之中的阴阳互动依循了无极生太极，生两仪，生四象，生八卦，生六十四卦到生万物的顺序，衍生出了宇宙万物的发展轨道。《道德经》也有记载："道生一，一生二，二生三，三生万物。万物负阴而抱阳，冲气以为和。"（第四十二章）

从人际交往的角度来看，阴阳互动就像甲、乙两人之间的互动，而"守中"是保持两种力量之间动态平衡的方法（如图4所示）。以下先从自我能力的个人修身养性角度阐释"守中"的概念，接着把"守中"作为实现社交/传播能力的关键进行论述。

（二）"守中"和自我能力

从自我修养的角度，"守中"本身就是以精神为导向，寻求天、地、人合一以达成自我实现的一种精神修养的体现。这是建立在人类心智被激活的基础之上的。人的心智建立了个人的信仰体系，它经由直观、精神或理性的过程，赋予了人类活在这个世界上的意义。"守中"扩展了人们的思维，它提高了自我的心智能力，让人以宽广的视角来审视世界以达到和谐的境界。如此一来,"自我"就能从"太极"的动态状态或"生成"状态回到"无极"的原始静止或"未生成"的状态。这过程就是老子所言的"反者道之动"(第四十章)。

自我经由"守中"回归到原始虚空状态,《中庸》认为必须通过"诚"的践行才能实现。因此,作为"与天地参"的共同创造者,"自我"必须不停地养正、解放、净化自己(Chen,2005)。只有这样,一个人才能达到"天地与我并生,而万物与我为一"的境界(《南华经》第二章)。

根据 Cornford (1952)的说法,自我的内在价值与宇宙秩序之间的一致性通过赋予人与宇宙相互转化的能力来使人进入真正的虚空状态。St. Bonaventure 也提到,这是通过沉思实现回归真实自我的精神经历。在这个过程中,感官和理性的现实被超越了,自我解放的真相也得以彰显,时间、空间和物质的界限随之消解(LaNave,2011)。

"守中"在中国传统中最常见的形式就是"心斋"。如庄子的《南华经》所述:"若一志,无听之以耳,而听之以心,无听之以心,而听之以气。听止于耳,心止于符。气也者,虚而待物也,唯道集于虚。虚者,心斋也。"(第四章,人间世)这一过程与《列子》中的所述有异曲同工之妙:"正如亢仓子所言,'体合于心,心合于气,气合于神,神合于无'。"(仲尼篇)

经由"心斋"来"守中"与下列中国哲学家的解释相一致(Wang,1982a):

(1)止(身体停止活动,思想获得休息):"载营魄抱一,能无离乎?"(《道德经》第十章)。对应"体合于心"。

(2)专(专注于气):"专气致柔,能如婴儿乎?"(《道德经》第十章)对应"心合于气"。

(3)守(养精):"无视无听,抱神以静"(广成子,《南华经》第十章)对应"气合于神"。

(4)虚(空/虚空):"唯道集于虚。虚者,心斋也。"(《南华经》第四章)对应"神合于无"。

因此,"心斋"的四个阶段实际上是在精神修持过程中调节自己的"气"以达到整体的平衡,或回到原来"中"的"未生成"状态。这一从"中"的动态状态回归到静态与整体的"中"的原始状态的内在回归过程,赋予了自我以能力的意义;而在这个自我能力基础上向外扩张的过程,逐渐生成了人类社交/传播能力。换句话说,内在的精神修养是从动态创造力转变到静态承受力,然后进入"无极"的境界。这是在动态创造力与静态承受力彼此和谐的基础上,由"诚"和"敏觉力"(sensitivity)来实现的(Chen & Starosta,2004;Wu,1976)。正如《中庸》所言:"喜怒哀乐之未发,谓之中。发而皆中节,谓之和。中也者,天下之大本也。和也者,天下之达道也。致中和,天地位焉,万物育焉。"

人类的行动显然涵盖了"中"的"平衡"与"和谐"两个面向。"平衡"代表了"中"的"未生成"状态,而"和谐"代表了"中"的"生成"状态。如前所述,前者是"中"的原始虚空状态,或是人类的"真宅"(Wang,1982a),它是自我经由"守中"的实践所欲回归之所。后者指以"和谐"为基础的"中"的"生生"状态,这意味着在人类交往的过程中,"守中"是实现和谐状态的基础。由此可见,在人类交往中,决定社交/传播能力的"中"是由"和谐"这个概念来定义的。

(三)"守中"和社交/传播(沟通)能力

根据Chai和Chai,W.(1969)与Chen(2008)的说法,阴阳之间无止息的互动,使中国先贤和哲学家相信包括人类的互动的宇宙是一个大整体。在这当中,万物永远都是以相互转化的循环变化着的。和谐作为中国文化的核心价值,将连续性引入了这个过程,并在这一整体系统中规范着互动的变化。这种动态变化是靠中国传播中的创造力(creativity)、关联性(interconnection)和层级(hierarchy)等要素来维持的(Chen,2001;Fung,1983;Liu,2011)。

正如Chen(2001)所言,人类传播的创造性体现在阴阳永无止息互动的生生之德中。因此,人类传播是一个在整体空间中包含着不同的次级系统(subsystem)的超系统(suprasystem)。图4说明了人类传播的这一创造性特征。因为这个超系统和包含于其中次级系统本身就是一个包含阴阳的"太极",所有这些系统本质上都是相互关联、相互依存,也因此相互渗透与相互融合的(Chang,1963;Liu,1992)。此外,"在人类传播的整体系统内,各部分的相互关联是建立在关系的等级结构之上的。这种等级结构受制于时间和空间的变项"(Chen,2009a:75)。同时,Fung(1983)认为,相互关联的创造力(interconnected creativity)和和谐的层级(harmonious hierarchy)是理解中国传播本质的两个关键概念。

Fang(1981)用"生生"来描述阴阳之间连续与相互关联的互动,这给了"中"无限的解读、无限的潜力和无限的可能。Wang(1989)和Wu(1976)进一步认为阴阳的互动是"感应"的精神作用,而"感应"源于"诚"。换句话说,中国人相信"至诚之心是引发阴阳两股势力相互感应的要素。它将这两股对立的势力结合起来,在相互关联的运动循环中实现生生之德"(Chen,2009a:74)。Xiao和Chen(2009)把"感应"作为个体在人类互动中建立起双方关联的有机能力。这同时也"赋予了一种道德和精神的气质",并且"激发了人们和谐共存的同情和同理心。这些都需要一个合乎道德要求的感应过程"(Chen,2009a)。

阴阳动态互动而生成的社会关系的发展,并不意味着一个混乱的过程。因为和谐是"中"的终极目标,社交互动的层级结构乃实现这一目标的前提。通过相互关联的创造过程而编织的关系网络,反映了其中和谐的层次结构。这个层级结构也反映了阴阳正负感应之间的秩序和平衡性(Xu,1991)。此外,根据Chen(2009b,2011)和Wilhelm(1979)的说法,双方互动的层级化关系的稳定性决定于"时"(时间变项)、"位"(空间变项)和"几"(动之微/变化之端)三个要素。也就是说,一个和谐的层级关系网络来自一个能辨别的动之微(几),并在合适的场合(位)、合适的时间(时)做出适当、有效的行为。这一原则是中国社交/沟通能力的基本要素。

从上述关于"中"的观点来看,社交/沟通能力因此可以定义为一个人在特定的语境中适当和有效地实现一种和谐互动状态的能力。Cheng(1987)认为,和谐是阴阳两极平衡辨证互动的最终结果。这两种势力的综合统一性反映了人类在不同转化阶段互动的整体性。因此,缺乏和谐就代表失去了沟通的动态平衡,也意味着人类互动的失败(Chen,2001;Liu,2013)。

"中"作为衡量阴阳两股对立势力结合效果的最佳手段,是用来润滑人与人之间相互依赖关系的利器。它是宇宙的两股对立势力互动的轴心,也是解开因"气"的运行而出现的各种矛盾的工具。因此,"守中"而获的社交/沟通能力,是指在适当的时间(时)和适当的地方(位),通过觉知互动者之间的变化之微(几)来取得大和谐的能力(Chen,2013)。

Chen(2001)试图将"时""位"和"几"等概念在中国传播的语境中理论化。他认为"时"是人类互动中的时间变项,它要求对时间关系的意识,从而在不同的互动阶段中做出适当的行为;即理解如何适当地打开话匣子、适当地互动和适当地结束互动的能力(Spitzberg & Cupach,1984)。Chen 认为,在中国人的交流中,一个知"时"的人能制造和谐的氛围,而且被认为具有较强的沟通能力。"位"作为空间的变项,指的是静态的元素,如互动时的社会和物理环境。知"位"意味着能够认识到在互动过程中的谁、什么,以及在什么地方等元素。在中国文化里,"位"在很大程度上是由前面提到的关系层级结构所决定的。因此,就像了解"时",越了解"位",越能推动两者和谐关系的发展,从而成为一个具有较强沟通能力的人。

"几"为动之微,它揭示了互动可能发展的轨迹(Wilhelm,1990)。知道互动的显与微需要具有敏觉力(sensitivity)。敏觉力能培养人开放的心灵,故能推进互动双方的情感;它使互动双方能够察觉、尊重、认可,甚至接受时空变项所导致的差异(Chen & Starosta,2004)。如前所述,Wang(1989)和 Wu(1976)声称,知"几"能力或"敏觉力"是"诚"培养出来的。只有通过"诚",互动双方才能敏锐察知交流的轨迹而彼此合而为一。因此,"诚"是通过"敏觉力"来整合"时""位""几"的力量。"诚"是融合"创造力"和"敏觉力"的关键,因为"创造力"是"时"和"位"的源泉,"敏觉力"是"几"的基石。"诚"就是用于打开隔离"未形成"(无极)和"形成"(太极)之门的钥匙。《中庸》对"诚"的本质和功能如此解释道:

诚者,天之道也。诚之者,人之道也。诚者,不勉而中,不思而得……(第十九章)

唯天下至诚为能尽其性。能尽其性,则能尽人之性。能尽人之性,则能尽物之性。能尽物之性,则可以赞天地之化育。可以赞天地之化育,则可以与天地参矣。(第二十二章)

最后,"诚"经由"感应"来统一阴阳,这在中国传播中有着强烈的道德和精神取向。Xiao 和 Chen(2009)认为,这是东西方传播的主要差异,尤其是当它被应用于处理传播(沟通)能力(communication competence)这个概念的时候。Xiao 和 Chen 批评西方传播具有高度的目的性和工具性,而且强调自信、对抗与直白。因此,西方学者在处理沟通能力的时候,往往忽略了道德维度(Deardorf,2009;Nakayama & Martin,2013;Sorells,2013)。Xiao 和 Chen 宣称,如果不知道道德和伦理因素在中国传播中所起的重要作用,就永远不能顺利与中国人交往。

结 论

本文试图揭示"中"的本质,认为在中国人互动的过程中,"中"是衡量自我和社交/沟通能力的手段。同时,从形而上学、时间、空间、符号象征等方面审视了"中"的内涵,说明了"中"的静态和动态的平衡状态。"中"的静态平衡状态代表了由"空""无""虚"所主导的"无极""未形成"或"形成之前"的状态。"中"的动态平衡状态代表着由"生生"过程所决定的"太极"或"形成"状态。时间和空间通过阴阳的互动而产生,时空之网里的符号生成则创造了人类文化的形态,人类的交流活动也因此而生。

"中"因此成为自我与社交/沟通能力的衡量标准,"守中"则是获取自我和社交/沟通能力的手段。自我能力是引导自我回归静态平衡状态的精神修养过程;社交/沟通能力指的是在特定的环境中适当而有效地进行互动的能力。"中"经由"感应"的精神和道德过程而实现的"诚",是开启"无极"与"太极"之间的大门的钥匙。

从人类互动的角度来看,"中"认为中国传播是一个由相互关联的创造力与和谐的层级构成的整体系统。在道德原则下,知"时"、知"位"与知"几"是中国传播能力的基础。对道德原则的这种强调显示了中国传播与西方传播的主要差异。换句话说,除了互动的有效性(effectiveness)之外,中国人更注重互动的恰当性(appropriateness)。了解东西方的这种差异对能否在当今全球化社会安居乐业是至关重要的。全球化社会需要一种能展示多元文化的共存的生活方式。了解不同文化之间的差异并基于文化双融方式发展出一种融合的传播模式,应该是减除文化二分法问题,进而实现多元文化共存目标的可行方法(Chen,2009c;Chen,M.J.,2002;Tu,2014)。

参考文献

BILLETTER,FRANCOIS J. Zhuangzi si jiang (Four lectures on Zhuangzi)[M].SONG G,trans. Beijing,China:Zhonghua,2009.

CHAI C,CHAI W. Introduction[M]. LEGGE J, trans. I Ching: Book of Changes. New York: Bantam,1969.

The way of Lao Tzu[M].CHAN W T,trans.Indianapolis,IN:The Bobbs-Merrill,1963.

A source book in Chinese philosophy[M].CHAN W T,trans.Princeton, NJ:Princeton University Press,1963.

CHANG C Y.Creativity and taoism:a study of Chinese philosophy art and poetry[M].New York: Harper & Row,1963.

CHANG H C,CHEN L,CHUNG, JENSEN, RICHARD H. In search of western counterpart of Ch'i:eastern and western cognitive frames in interpreting relevant Ch'i terms[J].China media research, 2010,6(1):20-36.

CHEN G M.Toward transcultural understanding:a harmony theory of Chinese communication[M]// MILHOUSE V H,ASANTE M K,NWOSU P O(Eds.).Transcultural realities:interdisciplinary perspectives on cross-cultural relations.Thousand Oaks, CA:Sage,2001:55-70.

CHEN G M.A model of global communication competence[J].China media research,2005(1):3-11.

CHEN G M.Asian communication studies:what and where to now[J].The review of communication,2006,6(4):295-311.

CHEN G M.Bian (change):a perpetual discourse of I Ching[J].Intercultural communication studies,2008,17(4):7-16.

CHEN G M.Toward an I Ching model of communication[M].China media research,2009,5(3):72-81.

CHEN G M.Chinese harmony theory[M]//LITTLEJOHN S, FOSS K (Eds.). Encyclopedia of communication theory.Thousand Oaks, CA: Sage,2009:95-96.

CHEN G M.Beyond the dichotomy of communication studies[J].Journal of Asian communication,2009,19 (4):398-411.

CHEN G M. An introduction to key concepts in understanding the Chinese: Harmony as the foundation of Chinese communication[J].China media research, 2011:7(4):1-12.

CHEN G M. A zhong dao model of management in global context[J].Intercultural communication studies,2013:22 (1) 1-8.

CHEN G M,STAROSTA, WILLIAM J. Communication among cultural diversities:a dialogue[J]. International and intercultural communication annual,2004(27):3-16.

CHEN G M,STAROSTA, WILLIAM J.Foundations of intercultural communication[M].Lanham, MD: University Press of America,2005.

CHEN M J.Transcending paradox:the Chinese "middle-way" perspective[J].Asian pacific journal of management,2002(19):179-199.

CHENG C Y.Chinese philosophy and contemporary human communication theory[M]//KINCAID D L(Ed.).Communication theory: eastern and western perspectives.New York: Academic, 1987: 23-43.

Chung, Jensen.Chi (qi) process: The interplay of opposites in selected communication contexts[J]. China media research,2011,7 (4):85-92.

CORNFOLD, FRANCIS M. Principium sapientiae[M]. Cambridge, UK: Cambridge University Press,1952.

DEARDORFF, DARLA K(Ed.).The sage handbook of intercultural competence[M]. Thousand Oaks, CA: Sage,2009.

FANG T M.Chinese philosophy:its spirit and its development[M].Taipei, Taiwan: Linking,1981.

FUNG Y L.A history of Chinese philosophy[M].Princeton, NJ: Princeton University Press,1983.

HUANG J H. Zhuangzi du ben (The interpretation of Zhuangzi)[M].Taipei, Taiwan: Sanmin,1983.

KAHLER, ERICH. The nature of the symbol[M]//MAY R (Ed.). Symbolism in religion and literature.New York: George Braziller,1960:50-73.

LANAVE, GREGORY F.Bonaventure[M]//GAVRILYUK P L,COAKLEY S(Eds.).The spiritual senses:perceiving god in western christianity.Cambridge, UK: University of Cambridge,2011: 159-173.

The four books[M].LEGGE J,trans.Taipei, Taiwan: Wenyou,1955.

The texts of Taoism[M].LEGGE J,trans.New York: Dover,1962.

Chuang Tzu[EB/OL].LEGGE J,trans.http://oaks.nvg.org/zhuangzi22-.html#23.

LI R Y."Wu" de yi yi (The meaning of wu)[M].Beijing, China: Ren Ming Wen Xue,1999.

LIN A W.Zhong guo zong jiao yu yi yi zhi liao (Chinese religion and meaning therapy)[M].Taipei, Taiwan: Wen Hai Foundation for Culture & Education,1986.

LIU C L.Zhong guo zhi hui yu xi tong si wei (Chinese wisdom and systematic thinking)[M].Taipei, Taiwan: Shangwu,1992.

LIU H L.He xie hua yu lun (Ann intercultural & multidisciplinary approach to rapport discourse) [M].Hunan, China: Hunan Ren Ming Publisher,2013.

LIU S. Hierarchy (Dengji): a pyramid of interconnected relationships[M].China media research, 2011,7 (4):77-84.

NAKAYAMA T K, MARTIN J N. Ethical issues in intercultural communication competence: a dialectical approach [M]//DAI X D, CHEN G M (Eds.). Intercultural communication competence: conceptualization and its development in cultural contexts and interactions.London: Cambridge Scholars,2014:197-117.

PEREIRA,IRENE R. The nature of space[M].New York: Privately Published,1956.

SHANG, GELING(forthcoming). Interality shows through: an introduction to interalogy[J].China media research,2015,11 (2).

SORRELLS, KATHRYN. Intercultural praxis: transforming intercultural communication competence[M]//DAI X D, CHEN G M(Eds.). Intercultural communication competence: conceptualization and its development in cultural contexts and interactions. London: Cambridge Scholars,2014:144-167.

SPITZBERG,BRIAN H, CUPACH, WILLIAM R. Interpersonal communication competence[M]. Beverly Hills, CA: Sage,1984.

CLAIR S, ROBERT(forthcoming). The stratification of culture[J]. Intercultural communication studies, 2015,24 (1).

CLAIR S,ROBERT,WILLIAMS, ANA C T.The framework of cultural space[M]//HOFFER B, JIA Y X, NOBUYUKI H, SONG L (Eds.). Intercultural communication: east and west. Shanghai, China: Shanghai Foreign Language Education Press,2014: 81-97.

TAN L. Yinxue wenzi ji (The written records in Yin Dynasty ruins) [M]. Beijing, China: Zhonghua,1981.

TU W M.The context of dialogue:globalization and diversity[M]//ASANTE M K,MIIKE Y,YIN J (Eds.).The global intercultural communication reader.New York: Routledge,2014:496-514.

WANG B X.Between confucianism and taoism[M].Taipei, Taiwan: Han Kuan,1989.

WANG H S.I Ching lun zhu(Notes on I Ching)[M].Taipei, Taiwan: Xin Shi Ming,1970.

WANG H S.Xin fa xin lun (A new thesis of mind law)[M].Taipei, Taiwan: Longhua,1982.

WANG H S. Huang Di Jing (The doctrine of the yellow emperor) [M]. Taipei, Taiwan: Longhua,1982.

WILHELM, RICHARD. Lectures on the I Ching: constancy and change [M]. Princeton, NJ: Princeton University Press,1979.

The I Ching[M].WILHELM,RICHARD,trans.Princeton, NJ: Princeton University Press,1990.

WU,JOHN. Lao Tzu Tao Te Ching[M].New York: Barnes & Noble,1961.

WU Y.The philosophy of cheng in Chuon Yuon[M].Taipei, Taiwan: Don Da,1976.

XIAO X S. Zhong (centrality): an everlasting subject of Chinese discourse [J]. Intercultural communication studies,2013,12(4):127-150.

XIAO X S,CHEN G M.Communication competence and moral competence:a confucian perspective[J]. Journal of multicultural discourses, 2009,4(1):61-74.

XU Z R.The interpretation of the yin yang hexagrams of I Ching[M].Taipei, Taiwan: Li Ren,1991.

YANG H J.Tien ren he yi lun (On the relationship between heaven and human)[M]. Taipei, Taiwan: Shuniu,1989.

YU D K. Zhou yi jin xi (The modern view of I Ching)[M]. Guilin, China: Guangxi Normal University Press,2005.

ZHANG C F. I Ching yu bian zheng fa za shuo (On I Ching and dialectics)[M].Hangzhou, China: Zhejiang University Publisher,2010.

ZHOU D Y(n.d.).Tai chi tu shou (On tai chi diagram)[EB/OL].[2017-09-08].http://baike.baidu.com/view/82869.htm

ZHU X.A collected interpretations of I Ching[M].Taipei, Taiwan: Wen Hua Tu Shu,1974.

ZHU X.A collected interpretations of Si Shu[M].Taipei, Taiwan: Ruicheng,1978.

* 原文出自：Chen G M. Zhong (Centrality), self-competence, and social/communication competence: A Chinese perspective[J]. Intercultural Communication Studies,2016,25(1):17-31. 感谢 *Intercultural Communication Studies* 授权此文的中文翻译。

用"问题意识"观照"内在理路"
——评谢清果新作《华夏文明与传播学本土化研究》*

To See Inner Logic Clearly from Problem Awareness
—A Review of *Research of Huaxia Civilization and Communication Indigenization* by Xie Qingguo

◆ 姚锦云**
　Yao Jinyun

摘要：从问题意识和内在理路的意义上说，谢清果教授著作《华夏文明与传播学本土化研究》超越了前人。一方面，该书从华夏传播的内在理路中提炼出了至少五大传播问题，并进行了创造性的诠释；另一方面，能避免偏狭的现代传播学框架，扩展传播问题的视域，对话现代传播理论。此外，该书还对四十年来的华夏传播研究进行了细致周详的回顾和梳理，并编撰了《华夏传播研究核心论著编目》，实为传灯照路的功德之举。当然，这样的学术渐进也是应有之义，因为今天的我们占尽天时地利。今后的目标是呼唤"华夏传播的想象力"——一种既能转换视角又能融合视角的能力，帮助我们在历史、传记（biography）和社会三种视角之间游刃有余。

Abstract：From the perspectives of problem awareness and inner logic, Professor Xie Qingguo's book *Research of Huaxia Civilization and Communication Indigenization* goes beyond many researchers. On the one hand, this book has put forward at least five major problems from the internal logic of Huaxia communication and interpreted it creatively. On the other hand, it has avoided the narrow framework of modern communication, expanded its field and had a dialogue with modern communication theory. In addition, it also had a detailed review of the research of Huaxia communication forty years and compiled *The Catalog of Core Works of Huaxia Communication Research* which paves the way for future generations. Of course, such academic progression is also due for we having the right time and place today. The next objective is to call for "the imagination of Huaxia communication"— an ability to transform and integrate perspectives and help us to

---

* 本文为2017年度教育部人文社科青年基金项目"先秦儒家传播思想与春秋战国的政治沟通"（项目编号：17YJC860031）和2016年国家社科基金后期资助项目"华夏传播观念研究"（项目编号：16FXW002）的成果之一。

** 姚锦云，男，暨南大学新闻与传播学院讲师，新闻传播学博士，主要从事华夏传播和华莱坞电影研究。

关键词：华夏传播，华夏文明，问题意识，内在理路，本土化
Key words：Huaxia communication, Huaxia civilization, problem awareness, inner logic, indigenization

<blockquote>
古镜重磨要古方，眼明偏与日争光。
明明直照吾家路，莫指并州作故乡。

——朱熹
</blockquote>

一、问题意识与内在理路：明明直照吾家路，莫指并州作故乡

与历史学者的古代研究相比，传播学者的古代研究有何区别？意义何在？这既是我的"私人困扰"，也是华夏传播研究者的"公众议题"。要回答这个问题，不妨再抛出另一个可以互通的问题——为什么两千年来注解《易经》的著作如此之多？他山之石，可以为错，雷蒙·威廉斯的说法甚妙："传统不是过去，而是对过去的一种解释。"①换言之，任何时代的人想要对接传统，靠空守故纸堆或诵读经典是无法实现的，他必须重新解释和评价过去，从而将过去纳入到现在的时间序列中。实际上，中国强大的注经传统，不仅仅是引经据典、整理国故，恰恰相反，这是一个温故知新、返本开新的过程。如果一个学科想对接传统，它也势必需要一批学者以新的眼光去解释传统，并从传统中开出新的气象。这正是华夏传播研究的意义，犹如朱熹所言的"明明直照吾家路"——余英时解读为既接续"中国的深厚传统"，又"反照这个传统，使它重新发出现代的光芒"。② 只不过如今用的是社会科学"概念化"的语言，而且不仅要反照传统，还要反照传播学本身，以启示新的研究问题，扩大学科视野。笔者认为，华夏传播研究的进路恰如"明明直照吾家路，莫指并州作故乡"，一方面需要自觉的"问题意识"，另一方面又需要走"内在理路"。

具体来说，其一是用"问题意识"来"明明直照吾家路"。真正的科学研究是以问题为核心的。卡尔·波普尔说："科学和知识的增长永远始于问题，终于问题。"③爱因斯坦也认为："提出一个问题往往比解决一个问题更重要，因为解决问题也许仅是一个数学上的或实验上的技能而已。而提出新的问题，新的可能性，从新的角度去看旧的问题，却需要有创造性的想象力，而且标志着科学的真正进步。"④马丁·诺瓦克更直截

---

① 威廉斯.现代悲剧[M].丁尔苏,译.南京:译林出版社,2007:7.
② 余英时."明明直照吾家路"——《陈寅恪晚年诗文释证》新版自序[M]//余英时.中国文化的重建.北京:中信出版社,2011:225.
③ 波普尔.猜想与反驳——科学知识的增长[M].傅季重,纪树立,周昌忠,等,译.上海:上海译文出版社,1986:318.
④ 爱因斯坦,英费尔德.物理学的进化[M].周肇威,译.上海:上海科学技术出版社,1962:66.

了当:"优秀的科学方法,就是要问出正确的问题。"①实际上,传播学界对问题的敏感度很高。陈韬文很早就呼吁:"发展华人社会传播研究,首要是提出重要的理论问题,然后找出答案,再以答案回应世界理论界的关注,提出补充性或者创新的想法。"②潘忠党也认为,"所有的研究都以提出问题为启动,以回答问题而暂告一段落",因而必须"研究真问题",避免陷入"伪问题"。③ 董天策认为,"新闻传播理论的深化与创新,必须强化问题意识,以问题研究为中心,而不是以理论体系建构为中心"④。传播学者对问题的执着,一言以蔽之,诚如郭中实所言——"提问"比"答题"更重要。⑤

其二在于"莫指并州作故乡"的"内在理路"。在中国研究中,柯文曾提出了"内部取向"(internal approach)⑥。余英时也主张"内在理路"(inner logic):"学术思想的发展绝不可能不受种种外在环境的刺激,然而只讲外缘,忽略了'内在理路',则学术思想史终无法讲得到家,无法讲得细致入微。"⑦葛兆光在中国思想史研究领域反思了"'中国'作为问题和作为问题的'中国'"⑧,而黄旦则在传播学本土化领域,同样反思了"问题的'中国'与中国的'问题'"⑨。"内在理路"或许可以避免李金铨所言的"只看文本,强作解人,用现代的名词附会古代的语脉"⑩,或是吴予敏所说的"用古代材料为今人的概念加注解"⑪,以及刘海龙说的"将中国传统经验塞进了西方理论的模子里"⑫。尽管华夏传播的先行者受到上述各种批评,但陈国明和肖小穗的《周易》传播研究还是走出了一条"内在理路",⑬他们探索着从《周易》的思想内核出发,梳理其内在概念并进

---

① 诺瓦克,海菲尔德.超级合作者[M].龙志勇,魏薇,译.杭州:浙江人民出版社,2013:147.
② 陈韬文.理论化是华人社会传播研究的出路:全球化与本土化的张力处理[M]//陈国明.中华传播理论与原则.台北:五南图书出版股份有限公司,2004:28-43.
③ 潘忠党.反思、思维的独立和研究真问题[J].新闻大学,2008(2):31-33.
④ 董天策.新闻传播理论深化与创新的方法论路径[J].当代传播,2015(4).
⑤ 观点引自香港浸会大学郭中实教授 2014 年 7 月 12 日在"第十期复旦暑期学校"讲座上的发言。
⑥ 柯文.在中国发现历史——中国中心观在美国的兴起[M].林同奇,译.北京:中华书局,1989:165-173.
⑦ 余英时.清代思想史的一个新解释[M]//余英时文集:第二卷.桂林:广西师范大学出版社,2014:257.
⑧ 葛兆光.宅兹中国:重建有关"中国"的历史论述[M].北京:中华书局,2011:3.
⑨ 黄旦.问题的"中国"与中国的"问题"——对于中国大陆传播研究"本土化"讨论的思考[M]//黄旦,沈国麟.理论与经验——中国传播研究的问题及路径.上海:复旦大学出版社,2013:35.
⑩ 李金铨.视点与沟通:中国传媒研究与西方主流学术的对话[J].新闻学研究,2003(77):1-21.
⑪ 吴予敏.中国传播观念史研究的进路与方法[J].新闻与传播研究.2008(3):33-39.
⑫ 刘海龙.传播研究本土化的两个维度[J].现代传播,2011(9):43-48.
⑬ 陈国明和肖小穗的研究参见:陈国明.易经八卦的人际关系发展模式[M]//陈国明.中华传播理论与原则.台北:五南图书出版股份有限公司,2004;陈国明.关于《易经》传播模式[R].爱门森,译.中国传媒海外报告,2011(1):120-128;陈国明.易经八卦与人际关系的演进[J].中华易学,1996(202):64-68;肖小穗.易经的叙事模式[R].徐俪成,译.中国传媒海外报告,2009(4):56-63;肖小穗.修辞建构的"天意":《易传》的拟天手法分析[J].传播与社会学刊,2010(14):103-130; XIAO X S, CHEN G M. Communication competence and moral competence: a confucian perspective[J]. Journal of multicultural discourses, 2009, 4(1):61-74. CHEN G M. Bian (Change): a perpetual discourse of I Ching[J]. Intercultural communication studies, 2008, 7(4):7-16; XIAO X S. Yijing as a self-circulating and self-justified Chinese cultural discourse[J]. Intercultural communication studies, 2006, 15, (1):1-11; XIAO X S. The narrative model of Yijing[J]. China media research, 2009, 5(3):102-109.

行理论阐发。①

　　从"问题意识"和"内在理路"的意义上说,谢清果教授著作《华夏文明与传播学本土化研究》(九州出版社 2016 年版,以下简称《华夏文明》)无疑超越了前人。一方面,《华夏文明》从华夏传播的内在理路中提炼出了至少五大传播问题,并进行了创造性的诠释;另一方面,《华夏文明》跳出偏狭的现代传播学框架,尝试论述"信息不等于传播",扩展传播的视域,对话现代传播理论。此外,作者在《华夏文明》中还对四十年来的华夏传播研究进行了细致周详的回顾和梳理,并编撰了《华夏传播研究核心论著编目》,实为传灯照路的功德之举。

二、用问题意识观照内在理路:华夏传播五大问题与《华夏文明》的创造性诠释

(一)华夏特色的"传—受"观念:"风吹草偃"与本土传播理论的"胚胎"

　　作者认为"风草论"是中国学者对传播理论本土化的一大尝试。"风草论"源于孔子之言"君子之德风,小人之德草,草上之风必偃"(《论语·颜渊》),在《周易》《尚书》及《诗经》《论语》的注家中还能找到更多的类似观念,②当代传播学者(黄星民,1986,2000;陈世敏,1993;惠萍,2008;李黎明,2011;邵培仁,姚锦云,2013)也相继对此进行过阐述。

　　笔者也认为"风草论"很像"传播理论的胚胎"③。一方面,它是中国古代思想家通过观察传播事实而推出的传播信念,这是杜威所说的归纳(发展信念)过程;另一方面,它还需要一个将信念返回到事实加以验证的演绎(检验信念)过程。④ 当然,从科学思维到科学理论,还有很多工作要做,特别是明确概念和提炼命题,⑤并注意这些命题的适用条件(condition)和语境(context)⑥。吉登斯提出的"双重解释"(double hermeneutic)说对传播思想的现代理论转化颇有启发。他认为,社会科学的研究对象是有思想的人,他们通过思想资源开展社会行动,因而社会科学家要像"社会成员理解自身"一样来理解社会成员的行动。这样一来,社会科学家与普通人必然拥有一部分"共有知识"(mutual knowledge),只是社会科学家必须比普通人更理解"为什么会这

---

① 邵培仁,姚锦云.天地交而万物通:《周易》对人类传播图景的描绘[J].浙江社会科学,2016(8).
② 谢清果.华夏文明与传播学本土化研究[M].北京:九州出版社,2016:64.
③ 邵培仁,姚锦云.传播理论的胚胎:华夏传播十大观念[J].浙江学刊,2016(1).
④ 杜威认为,科学思维是一种双向过程,即发展信念(归纳)和检验信念(演绎)的过程。"归纳性运动是要发现能起联结作用的基本信念;演绎性运动则是要检验这一基本信念——检验它能不能统一解释各分隔的细节。"杜威.我们如何思维[M].伍中友,译.北京:新华出版社,2010:67.
⑤ "科学演化"论认为,理论由概念和命题两层结构组成。杨国枢,黄光国,杨忠芳.华人本土心理学:上册[M].重庆:重庆大学出版社,2008:221.
⑥ 实际上也只有做好了这些才能进行"检验信念"的演绎工作。条件(conditions)和语境(context)的观点来自李金铨教授 2016 年在浙江大学的讲座。

样",因而以常识理解为基础并超越常识理解,建构更为精致的理论。①"双重解释"说对通过"传统思想"发展"传播理论"的路径意义重大,它意味着理论和经验之间并不存在绝对的鸿沟。而传统思想与常识之间有着更密切的联系,中国传统思想和中国人的日常经验是难舍难分的,要理解中国人的社会互动,就必须理解中国人经常调用的传统思想资源。两千年的文化连续性,特别是语言文字的连续性,使中国的传统思想无处不在发挥作用,只不过一般人日用而不知罢了。②

（二）诠释与传播的深层问题："我注六经"与"六经注我"的华夏传统

传播学者很少关注传播与诠释的问题,但对与此互通的传播过程中的意义失真问题却多有探讨。例如拉斯韦尔就提出:"凡是行使接力功能的人,我们都可以根据信息的输入和输出予以检视。什么言论被带入了他那个环节并引起了人们的注意?他用口头方式传递了什么信息?他丢弃了什么信息?加工了什么信息?又追加了什么信息?信息输入和输出的差度与文化和人格有何关系?"③拉斯韦尔注重的是"传播之链"(chain of communication)中"输入"(input)与"输出"(output)之间的巨大鸿沟,他所提出的这个问题非常有价值。霍尔对此展开进一步研究,他用"编码""译码"的概念来说明这一过程。讯息生产者必须依照公共的规则进行"编码",从而生产出受众能够以同种规则"译码"的意义。如果规则不同,那就无法被理解。"为了使其产品(即讯息)被'理解',生产机构和社会之间的关系就必须服从语言的话语规则,……在这一讯息能产生'效果'(不管怎么定义它)、能满足一种'需要'或能被'利用'之前,它首先得作为一种有意义的话语,并能被人人有意义地译码。"④

实际上,诠释与传播高度相关。伽达默尔认为:"神学诠释学并非用来对圣经进行科学理解,而是用作布道的实践,据此使福音通达个人,从而使人们意识到那里所谈论的和所意指的乃是他们自身。"⑤换言之,诠释不仅仅是一个理解的过程,而且是一个沟通与交往的过程。施莱尔马赫就直接认为,理解的艺术并非仅以文本为研究对象,它同样处于人际交往的事物之中。⑥ 彼得斯在《对空言说》中全面而细致地探讨了传播中的诠释问题:"由于有媒介的中介作用,我们面临的种种交流情境本质上都是诠释性的,而不是对话式的。"⑦

"我注六经"与"六经注我"的问题,是中国古代延绵不断的传播实践和思想探讨的重点之一,形成了一种深刻的思想观念乃至方法论资源。尽管"我注六经"具有"正本

---

① 吉登斯.社会学方法的新规则——一种对解释社会学的建设性批判[M].田佑中,刘江涛,译.北京:社会科学文献出版社,2003:65-75.
② 邵培仁,姚锦云.从思想到理论:论本土传播理论建构的可能性路径[J].浙江社会科学,2016(1).
③ 拉斯韦尔.社会传播的结构与功能[M].何道宽,译.北京:中国传媒大学出版社,2013:53.
④ 霍尔.编码/译码[M]//张国良.20世纪传播学经典文本.上海:复旦大学出版社,2006:426.
⑤ 伽达默尔.作为理论和实践双重任务的诠释学[M]//洪汉鼎.理解与解释:诠释学经典文本.北京:东方出版社,2006:508.
⑥ 同②:496.
⑦ 彼得斯.对空言说:传播的观念史[M].邓建国,译.上海:上海译文出版社,2017:220.

清源"的作用,可以对接西方讲求逻辑和实证的社会科学思维,但"六经注我"同样是一种宝贵的资源,如果没有它,或许就不会有《易传》、禅宗思想、宋明理学、阳明心学等一座座思想高峰。《华夏文明》将"我注六经"与"六经注我"作为传播问题来探讨,意义重大,一方面"我注六经"继承发扬了华夏文化;另一方面,"六经注我"根据时代发展创新了华夏文化。①

(三)符号背后的交注与关系:从"夷夏""家国"到"四海""天下"

与其说人是"理性的动物",不如说人是"符号的动物"(animal symbolicum)。② 因为人"先是用符号创造了世界",然后又居住在自己所创造的符号世界里。③ 这个符号世界是一个"想象的共同体",而"关于传播的任何真实理论都是关于共同体的理论(theory of community)"④。总之,正如库利在《社会组织》中所说的,传播指的是人与人的关系赖以成立和发展的机制。⑤

1.共同体内部

符号背后的权力与秩序问题是关键。一大批中国古代思想家曾针对符号与意义问题展开论述,当代传播学也已经涌现出很多此类研究,例如关绍箕的《中国传播思想史》(2000)和《中国传播理论》(1994)。《华夏文明》的新意在于,它还提出了符号背后的重要问题——"既然社会需要一个相应的社会交往机制,那么我们通过什么来形成这样的交往机制?"⑥无论是作为思想的孔子-荀子"正名"说,还是作为制度的礼乐,以及作为文化的服饰、建筑,都承载着"符号建构政治和伦理秩序"这样的功能。这样的问题意识能够跟彼得斯对话:"无论'交流'(communication)是何意义,从根本上说,它是一个政治问题和伦理问题,而不仅仅是一个语义问题。"⑦从某种意义上说,中国古代的传播观念与活动都与政治有着千丝万缕的联系。《华夏文明》认为,中国古代的宗族关系是"家国同构"社会结构的基础,士、师、圣人是其主体;⑧而举孝廉、科举取士等制度恰恰是这个共同体背后的动力机制,⑨维持着"四海一家"的制度体系⑩。

2.共同体之间

自我与他者的认同问题是关键。人类社会用符号建构了"想象的共同体",如果说共同体内部交往涉及权力与秩序问题,那么不同共同体间的交往就涉及自我与他者的认同问题。吴尔敦甚至说得很极端:"传通越来越不是信息的传递,也很难得分享共同

---

① 谢清果.华夏文明与传播学本土化研究[M].北京:九州出版社,2016:214.
② 卡西尔.人论:人类文化哲学导引[M].甘阳,译.上海:上海世纪出版股份股份有限公司·译文出版社,2013:45.
③ 凯瑞.作为文化的传播[M].丁未,译.北京:华夏出版社,2005:17.
④ 威廉斯.文化与社会[M].高晓玲,译.长春:吉林出版集团有限责任公司,2011:327.
⑤ 郭庆光.传播学教程:第二版[M].北京:中国人民大学出版社,2011:2.
⑥ 谢清果.华夏文明与传播学本土化研究[M].北京:九州出版社,2016:258.
⑦ 彼得斯.交流的无奈:传播思想史[M].何道宽,译.北京:华夏出版社,2003:25.
⑧ 同⑥:97.
⑨ 同⑥:235.
⑩ 同⑥:152-154.

的观点,而更多地意味着协商以及最终的共处。"①认同问题必定是具体问题,它在历史和社会的时空脉络中发生和发展。《华夏文明》从民族中心到民族自觉,从夷夏之防到改土归流,从和亲策略到朝贡体系,②建构了华夏传播研究的"时空脉络"。《华夏文明》还认为,中国对国际传播新秩序的理想追求,是从"和而不同"到"天下大同"。"和而不同"意味着"多样性意义上的平等共处",而"天下大同"意味着"从'多元'中求'和谐'"。③

一言以蔽之,无论是共同体内部,还是共同体内外之间,都融于"保合太和"的传播秩序当中。④

(四)华夏传播传统的价值追求:"心传天下""以文载道"和"秉笔直书"

人类是"悬在由他自己所编织的意义之网中的动物"⑤,传播并非"智力信息的传递",其功能在于"建构并维系一个有秩序、有意义,能够用来支配和容纳人类行为的文化世界"。⑥ 那么华夏文明中的传播行为建构的是一个怎样的文化世界?编织的是一张怎样的"意义之网"?是如何建构和编织的?《华夏文明》给出了几个重要的华夏传统:"心传天下""以文载道"和"秉笔直书"。

首先是"心传天下"。"心"在中国人的沟通中极为重要,"心"既是一个基本的起点,又是一个终极的目标。⑦ "知我者,谓我心忧;不知我者,谓我何求。"(《诗经·王风·黍离》)"人心惟危,道心惟微。"(《尚书·大禹谟》)"二人同心,其利断金;同心之言,其臭如兰。"(《周易·系辞上》)在华夏传统观念中,儒家讲心,道家和佛家也讲心。"天下之民归心焉。"(《论语·尧曰》)"尽其心者,知其性也。知其性,则知天矣。存其心,养其性,所以事天也。"(《孟子·尽心上》)"心体即所谓道,心体明即是道明。"(《传习录上·第三十一条》)"圣人无常心,以百姓心为心。"(《老子·第四十九章》)"名闻不争,未达人心。"(《庄子·人间世》)"相视而笑,莫逆于心。"(《庄子·大宗师》)禅宗更是主张"不立文字,直指人心,见性成佛"。不仅如此,历代的文人骚客也多以"心"来表达人之往来沟通。"洛阳亲友如相问,一片冰心在玉壶。"(王昌龄《芙蓉楼送辛渐》)"身无彩凤双飞翼,心有灵犀一点通。"(李商隐《无题》)"时人不识余心乐,将谓偷闲学少年。"(程颢《春日偶成》)而在关于沟通的日常成语中,"心"字更是随处可见。《华夏文明》提出,西方传播学具有重视科学方法和实证主义的传统,即"理剖万物";而中国传播观念则注重人文主义和仁义道德,即"心传天下"。⑧

其次是"以文载道"。在中国人的眼中,"文"已经超越了符号形式和媒介载体,它

---

① 吴尔敦.信息不等于传播[M].宋嘉宁,译.北京:中国传媒大学出版社,2012.
② 谢清果.华夏文明与传播学本土化研究[M].北京:九州出版社,2016:281-292.
③ 同②:141-142.
④ 同②:155-170.
⑤ 格尔茨.文化的解释[M].韩莉,译.南京:译林出版社,2008:5.
⑥ 凯瑞.作为文化的传播[M].丁未,译.北京:华夏出版社,2005:7.
⑦ 邵培仁,姚锦云.传播理论的胚胎:华夏传播十大观念[J].浙江学刊,2016(1).
⑧ 谢清果.华夏文明与传播学本土化研究[M].北京:九州出版社,2016:32.

俨然已是"道"的化身。尽管在"德、功、言"三不朽中,"言"排序最低,"大上有立德,其次有立功,其次有立言。虽久不废,此之谓不朽"(《左传·襄公二十四年》),但"言"能进入"死而不朽"(而非西方人进入"天国")的境界,不是很能发人深省吗?因为无论是"德"还是"功",终究是在世人之间获得意义的,而百年之后如之奈何?墨子说得实在:"以其所书于竹帛,镂于金石,琢于盘盂,传遗后世子孙者知之。"(《墨子·兼爱下》)因此韩愈说:"化当世莫若口,传来世莫若书。"(《答张籍书》)而文天祥则一语道尽:"人生自古谁无死,留取丹心照汗青。"(《过零丁洋》)"以文载道"成为中国士人的使命感和责任感:"仆诚以著此书,藏之名山,传之其人,通邑大都,则仆偿前辱之责,虽万被戮,岂有悔哉!"(司马迁《报任少卿书》)《华夏文明》正是从"媒介即道"的视角来考察历代的文献整理、媒介变迁及其社会功能,提出"古代文献传播是一种重要的大众传播形态"①。

最后是"秉笔直书"。如果说大部分社会科学都是从西方引进的"舶来品",那么史学则是我们自己的学术传统。中国历史的延续性堪称奇迹,正如冯友兰在《国立西南联合大学纪念碑碑文》中所说:"盖并世列强,虽新而不古;希腊罗马,有古而无今。惟我国家,亘古亘今,亦新亦旧,斯所谓'周虽旧邦,其命维新'者也。""秉笔直书"和"文以载道"也是一脉相承的,它有着自身的价值追求,"使乱臣贼子惧",与"春秋笔法"异曲同工。《华夏文明》将中国的历史书写与华夏道统建构结合起来,既制约王权又直书实录。②

(五)儒释道传播中的情感观念:"仁者无敌""太上忘情"与"慈悲为怀"

如果说传播是人类社会的黏合剂的话,那么"情"就是此黏合剂不可或缺的原料。李泽厚提出了中国文化"情本体"说。本体在哲学中指"最后的实在",在"情本体"中,这"最后的实在"就是日常人生:眷恋过去,珍惜当下,了悟未来,三者统一于个体对生命和生活的真情实感中。"情本体"体现了中国传统文化的"生存智慧",是一种"至善"。"情本体"就存在于追求各种人间真情的日常生活中,即"日常生活的生物欲求中渗透融合理性"。因为要回归日常生活,就要重视多样的个体,尊重"一室千灯"的生命,从而"把握偶然,消除异化,超越死亡,实现人本身"。③《华夏文明》认为,从传播情感论的角度看,儒家传播注重道德情感,道家传播注重自然情感,佛家传播则追求圆融境界。④

孔子或许给人一种"老夫子"的呆板印象,但其实孔子极富生活情趣。他的理想之一就是曾点说的"莫春者……浴乎沂,风乎舞雩,咏而归"(《论语·先进》)。朱熹赋诗曰:"春服初成丽景迟,步随流水玩晴漪。微吟缓节归来晚,一任轻风拂面吹。"(《曾点》)实际上,儒家学说的基础就是人性,而情感是人性的重要内容。儒家的传播思维

---

① 谢清果.华夏文明与传播学本土化研究[M].北京:九州出版社,2016:187.
② 同①:173-186.
③ 李泽厚,刘绪源.中国哲学如何登场?李泽厚2011年谈话录[M].上海:上海译文出版社,2012:112-113.
④ 同①:109.

也始终围绕着人性展开,情感与理性的统一正是儒家传播的目标。① 因此,根据《华夏文明》中的观点,儒家的"亲亲尊尊"和自省理性、仁者爱人是融为一体的,这是其传播深远的深层原因。②

道家庄子是中国审美的无限源泉,尤其是其对情的阐发更发人深省。子游曾说:"事君数,斯辱矣,朋友数,斯疏矣。"(《论语·里仁》)而庄子更甚:"相濡以沫,不如相忘于江湖。"(《庄子·大宗师》)"君子之交淡若水,小人之交甘若醴。"(《庄子·山木》)道家主张"返璞归真""物我同一",认为外在的事物引发人之情感欲望,使人心迷性乱而受外物役使,庄子就对这种使人为外物所役使的工具之情有所反省。③ 道家情感论对传播问题的启示,就是让我们重新思考传播中的人如何建构一个丰富的精神世界,而不只是作为传递信息的导管。④

佛家貌似"不执情感",实则对情有着深刻省察。吴承恩《西游记》中的"取经"就是一个巧妙的隐喻:佛家久藏深山,反主为客,只期"愿者上钩"人,不做主动传经事。而且佛教徒也是人,佛教僧人的团体组织在梵语中称为"僧伽",意译即为"和合众"。⑤ 佛家有"六和敬"之说,杭州六和塔之名即取此意。"六和敬"即"身和同住,语和无诤,意和同悦,戒和同行,见和同解,利和同均"⑥。《华夏文明》认为,无论是慈悲为怀,还是宽容待人,都是佛家劝善化俗之社会功能的体现。⑦

总之,谢清果教授的《华夏文明》超越前人,在"问题意识"与"内在理路"方面实现了突破,体现为用"问题意识"观照"内在理路"。关于《华夏文明》,可作如下表述:

> 夷夏四海太和志,天下归一家国心。
> 忘情慈悲庄禅意,风吹草偃仁者情。
> 我注六经释旧简,六经注我新汗青。
> 以文载道照上下,直书竹帛传古今。

三、展望华夏传播的想象力:个人、历史与两者在社会中的联结

不妨再次回到开篇提出的问题:与历史学者的古代研究相比,传播学者的古代研究有何区别?意义何在?尽管我们已经知晓了其意义所在,却不得不承认华夏传播研究与历史研究的差距所在——缺乏"想象力"。这不是对谢清果教授著作的评价,而是对笔者自身作为研究同行的自勉,也是对未来同道成果的期待。不得不承认,包括笔

---

① 邵培仁,姚锦云.传播模式论:《论语》的核心传播模式与儒家传播思维[J].浙江大学学报(人文社会科学版),2014(4).
② 谢清果.华夏文明与传播学本土化研究[M].北京:九州出版社,2016:111-116.
③ 同②:116-117.
④ 邵培仁,姚锦云.传播受体论:庄子、慧能与王阳明的接受主体性[J].新闻与传播研究,2014(10).
⑤ 韩焕忠.佛教对中国和文化的贡献[J].中国宗教,2009(12):29-31.
⑥ 邵培仁,姚锦云.和而不同 交而遂通:中华优秀传统文化的当代价值[J].新疆师范大学学报(哲学社会科学版),2015(6).
⑦ 同②:120-122.

者在内的很多华夏传播研究"发思古之幽情"太多,而除去诠释,很少有创新。傅伟勋问得好:"为何永远脱离不了大量的引经据典？假如从这类著作去掉经典引句,到底剩下多少著者本人真正的观点或创见？"① 林毓生则在《中国传统的创造性转化》中一语道破:"重大与原创的问题必须是具体的、特殊的;如果我们只能提出一个形式的或概括的问题,重大与原创的思想便无从产生,所得的答案,如果不是错误的或与文化和思想之进展不相干的,便也只能是泛泛的而已。"②

"想象力"的概念来自米尔斯的名著《社会学的想象力》。那么什么是社会学的想象力？简单说,社会学的想象力是一种既能转换视角又能融合视角的能力。确切地说,它是一种对历史(history)、传记(biography)③和社会(society)三种"叙述"视角的转换和联结。"传记是个人生命在时代脉络下的呈现,历史则是许多个人在社会生活中的共同记录,传记有时代的烙印和意义,历史抽离个体也是抽象空洞的,而传记和历史必在'社会'中交汇。"④米尔斯曾说:"人们只有将个人的生活与社会的历史这两者放在一起认识,才能真正理解它们。"⑤

可以从三个层面对"社会学的想象力"加以理解。第一,个人传记(biography)就是一个个男人和女人"被选择、被塑造、被解放或被压迫"以及"变得敏感和迟钝"的故事。⑥ 第二,微观的个人故事(what is happening in themselves)是在宏观的周遭环境(what is going on in the world)中发生的,从更大的视角看,个人的故事可被看作是"人生与历史在社会中的相互交织的细小节点"(minute points of the intersections of biography and history within society)。⑦ 第三,宏观的周遭环境是由可被分析的更大单位组成的,李金铨称之为"时空脉络"⑧。一方面,每个人所生活于其间的社会可被看作一个有结构(structure)的整体,它由各个相互关联的要素组成,正是这些要素的相互作用,影响着社会整体的维系(continuance)或变迁(change),这体现了"社会的相互依存性"⑨(social relativity);⑩另一方面,这个社会是人类历史序列中的一环,它既不同于过去、又来自过去,既不同于未来、又形塑未来,这体现了"历史的转型力量"⑪,而其变迁的动力则是我们要重点考察的内容。如果按照李金铨教授的解读和写作实践,社会学想象力的这三个方面即"点－线－面","点"指个人(individual)的人生(biography),"面"指作为时间的历史和作为空间的社会,"线"指个人人生与历史在社会中的关联。其视角的转换和联结体现在"由点到线到面,再由面到线到点,出入宏观

---

① 傅伟勋.从西方哲学到禅佛教[M].北京:生活·读书·新知三联书店,1989:224.
② 林毓生.中国传统的创造性转化[M].北京:生活·读书·新知三联书店,2011:48.
③ 两个内地译本都将 biography 译为人生,而李金铨将其翻译为传记,更强调了社会科学的建构论意义。
④ 李金铨.记者与时代相遇:以萧乾、陆铿、刘宾雁为个案[M]//李金铨.报人报国.香港:香港中文大学出版社,2013:404.
⑤ 米尔斯.社会学的想象力[M].陈强,张永强,译.北京:生活·读书·新知三联书店,2005:1.
⑥ 米尔斯.社会学的想象力[M].李康,译.北京:北京师范大学出版社,2017:6-7.
⑦⑩ MILLS C W.The sociological imagination[M]. New York:Oxford University Press,2000:7.
⑧ 李金铨认为,米尔斯强调要不断联系个人关怀与公共议题,任何重大问题都必须放在历史(时间)的视野和全球(空间)的架构中考察。李金铨.传播研究的时空脉络[J].开放时代,2017(3):215.
⑨⑪ 同⑥:8.

和微观之间"①。

四、超越前人与突破自我:莫负当时传法意,唯余短发报长春

谢清果教授的《华夏文明》超越前人,在"问题意识"与"内在理路"方面实现突破,体现为用"问题意识"观照"内在理路"。当然,对当今华夏传播研究者来说,超越前人是"应有之义",是踩着人梯的"学术渐进",因为今天的我们占尽天时地利,"既坐拥群书之利",又有"期刊网搜索、阅读论文之便",②更有海外交流机会与英文研读能力。换言之,我们对前辈同仁受到的批评要有清醒的认识和深刻的反省,但却不必苛责,因为那只是囿于时代的"不能"而非"不为"。借用"真正的哲学嘲弄哲学"的"他山之石",我们亦可说"真正的华夏传播研究嘲弄华夏传播研究"。至少,我们对自己的要求必须"加码",要通过不懈的努力和做出高质量的成果回馈传播学界。华夏传播研究需要少一些"发思古之幽情",多一些"华夏传播的想象力"——既能转换视角又能融合视角的能力,在历史(history)、传记(biography)和社会(society)三种"叙述"视角间游刃有余。一言以蔽之,"莫负当时传法意,唯余短发报长春"③。

---

① 李金铨.记者与时代相遇:以萧乾、陆铿、刘宾雁为个案[M]//李金铨.报人报国.香港:香港中文大学出版社,2013:407.
② 这里借用江勇振评论那些批判胡适"肤浅"的人作比,主张不必对以往华夏研究过于苛责,这并非因为研究者"肤浅",只是他们囿于那一时代的局限而已。江勇振.舍我其谁:胡适(第一部)[M].北京:新星出版社,2011:6.
③ 此为余英时贺钱穆先生九十岁寿辰诗四首之一,原句为"愧负当时传法意,唯余短发报长春"。

编后语

出版一本专门刊载华夏传播研究领域的学术成果的刊物,一直是我们的梦想。我们的祖国有中华民族伟大复兴的中国梦,作为其中的一员,我们位卑未敢忘忧国。虽然我们只是高校教学科研战线上的普通一兵,但是推进哲学社会科学繁荣发展的使命是义不容辞的,也是我们乐于担当的。我们的梦想就是将《华夏传播研究》办成一份在海内外传播学界有特色、有影响力且能引领中华文化传播研究方向的优秀辑刊,并为厦门大学争创"双一流"大学贡献我们的力量。

得道必多助。当我就这一想法跟前辈学者黄星民教授交流,并向学院领导报告了我们的构想,没想到,不仅学院党政领导们大力支持,为刊物解决了出版经费问题,而且同事们一听要创办自己的刊物,都积极响应,很快我们便成立了筹备小组,开展工作。

后来,借在中国传媒大学参加"第二届政治传播研讨会"之机,在与中国传媒大学出版社的副总编张毓强博士、南京大学传播学院的胡翼青教授等人一同闲聊时,我提出了这一设想,没曾想,毓强兄早有建设中国传播学学术辑刊方阵的宏伟构想,于是,一切都顺理成章了。大家议定争取共同打造中国传播学学术品牌,把辑刊办出特色,办出水平,办出风格。

当我启动创刊约稿的时候,许多师友都大力支持,或应允为刊物题词祝贺,或亲自撰写论文为刊物增色,或积极参与编辑审稿,或慷慨支持……于是,一切都水到渠成了。尤其难得的是,华夏传播研究的前辈学者郑学檬闻说要创刊并请他题写刊名时,他欣然同意。后来不仅题写了刊名,而且题写了贺词。正是因为有许多像他一样的前辈学者,如李彬、吴予敏、孙旭培、戴元光、陈培爱、赵振祥、许正林、赵建国、毛峰、黄鸣奋、郝雨等的大力支持,本刊才能如期与读者见面。

老子说:"千里之行,始于足下。""慎终如始,故无败事。"我们谨遵圣贤之教,力争有条不紊地一辑辑办好。革命先驱者孙中山先生曾在《共和与自由之真谛》演说中提到:"功不必自我成,名不必自我居。"任何一项伟大的事业都是集体的成就,绝非某个人或某几个人的功劳。我们要做的是顺应历史潮流,顺应学术发展大势,顺应自身"良知"的指引,做自己所当为之事,以便将来回首往事时,不觉得遗憾。因为我们曾经努力过,曾经勇敢地遵从前辈们的嘱托,继续辛勤耕耘"华夏传播研究"这片学术沃土,让她春色满园,姹紫嫣红!

现在《华夏传播研究》正式创刊了,但这只是万里长征的第一步,下面如何健康有序地办好,任重道远。不过,屈原那"路漫漫,其修远兮,吾将上下而求索"的气魄给予我们以无限的动力。习近平同志那句"我们说一张蓝图抓到底,不仅需要科学决策,也需要思想境界。什么思想境界?就是功成不必在我"的训诫则时常在心中激荡,使我们明白要做好事业,需要格局,需要情怀,需要奉献。诚然如斯,我们这个团队正是凭着满腔热血,致力于打造华夏传播研究这一学术交流平台,以无愧于这个多娇的时代。

热切盼望各界朋友一起本着"共商、共建、共享"的协作精神,共同出谋献策,共同各尽所能来办好《华夏传播研究》。

是以为后记,与诸君共勉!

主编:谢清果

2017 年 9 月 16 日

图书在版编目(CIP)数据

华夏传播研究.第一辑 / 谢清果主编. — 北京：中国传媒大学出版社，2018.2
（传媒集刊）
ISBN 978-7-5657-2212-7

Ⅰ.①华… Ⅱ.①谢… Ⅲ.①新闻学－传播学－中国－文集 Ⅳ.①G219.2-53

中国版本图书馆 CIP 数据核字(2018)第 023997 号

华夏传播研究（第一辑）

HUAXIA CHUANBO YANJIU(DIYIJI)

主　　编	谢清果
策划编辑	王雁来
责任编辑	张　玥
特约编辑	沈梦绮
封面设计	拓美设计
责任印制	曹　辉
出版发行	中国传媒大学出版社
社　　址	北京市朝阳区定福庄东街 1 号　　邮编：100024
电　　话	010-65450532 或 65450528　　传真：010-65779405
网　　址	http://www.cucp.com.cn
经　　销	全国新华书店
印　　刷	北京玺诚印务有限公司
开　　本	787mm×1092mm　　1/16
印　　张	18.25
字　　数	411 千字
版　　次	2018 年 6 月第 1 版　2018 年 6 月第 1 次印刷
书　　号	ISBN 978-7-5657-2212-7/G · 2212　　定　价　78.00 元

版权所有　　翻印必究　　印装错误　　负责调换

《华夏传播研究》征稿函

中国拥有五千年的文明,拥有丰富的传播实践、传播思想,拥有巨大的学术研究空间。前辈学者余也鲁、徐佳士、郑学檬、孙旭培等首倡"华夏传播",随后黄星民教授在《华夏传播研究刍议》一文中将"华夏传播研究"界定为"是对中国传统社会中的传播活动和传播观念的发掘、整理、研究和扬弃"。华夏传播研究的终极指向是构建系统化的华夏传播学理论。该理论立足于中国历史与现实,能够阐释中华文明传播现象,解决中国社会传播问题,运用中华术语建构起来的具有中国风格、中国气派的理论体系。其使命在于整理中国传统的传播理念、传播理论、传播制度,这不仅是理解当下中国诸社会现象的重要依据,也是反思中国传统、构建未来和谐社会所需要的传播资源,还是丰富世界传播理论的必由之路。总之,华夏传播学作为华夏传播研究领域的理论成就,为促进作为传播学"中华学派"理论表征的"中华传播学"的最终形成奠定了基础。

华夏传播研究具有推动与深化中国传播学研究,回应传播学基本问题的理论特质,未来必将成为研究热点。当前,在中国注重国家形象传播,追求提升自身文化话语权与软实力的大好形势下,传播学主体性凸显的学术界在华夏传播研究方面的热情正在不断被激发,一批青年学者涌现,一批有分量的成果出现,使这一领域大有兴起新高潮之势。21世纪的第二个十年以来,华夏传播研究获得迅猛发展。

传承与发展中华优秀传统文化是时代的使命,也是学者的责任。为不断发扬光大华夏传播研究事业,我们在广大热爱中华文化、关注中华文化研究与传播的众多学者和社会贤达的大力支持下,将以"厦门大学传播研究所"这一校级机构为组织者,以两岸关系和平发展协同创新中心为联合主办单位,以新闻传播学院为依托,以广大中华文化研究学者和新闻传播学研究学者为强大的后盾,搭建文史哲与新闻传播对话交流的平台,以嘉惠学林。为此,厦门大学传播研究所在学院领导、前辈学者和众多同仁的关心与支持下,决定再创办一本具有鲜明领域特色和专业性、严肃性的学术辑刊——《华夏传播研究》。我们希望以此刊为平台,继续集聚海内外有志于传播华夏文明、展现中华博大精深的沟通智慧的各方人士,分享研究成果,提供学术动态,推进中华文化的社会传播与国际传播,同时兼及新闻学与传播学各领域的新成果,以便更深入地发掘中华文化中的传播智慧,提炼中华传播观念,锻造中华传播理论,推动传播学"中华学派"的早日形成。

稿件方向:

(1)基础理论,研究中华文化的传播思想、传播制度与传播方法等;

(2)历史发展,研究中华文明不同时代的传播观念与传播技术等方面的变迁,探索

中华传统文化对于弥合大陆和台湾民众心灵距离、增强文化共有空间的重要意义;

（3）民俗传播，探讨中华大地上民间社会生活中依然鲜活传承的民俗传播形态及其文化传承方式，也包括大陆和台湾民俗交融研究，特别是妈祖文化、闽南文化、客家文化、族谱文化的交流与传承等;

（4）传播观照，包括从健康传播、公共传播、政治传播、科技传播、跨文化传播、情感传播、新媒体传播等各领域来探讨中华文化的传播问题;

（5）古今融通，注重中外传播智慧的比较研究和中国传播观念的古今传承;

（6）经典发微，注重挖掘中华文化经典作品中的传播智慧;

（7）传播实践，着重推介那些致力于国学当代运用的新观点和新做法，积极探讨中华文化海外传播的路径，传扬中华文化传承与发展的实践经验，当然也包括大陆和台湾如何协作共同传承好、发展好中华优秀传统文化的问题;

（8）学术动态，通过译介、摘编、撰写著作提要等方式来介绍海内外学者华夏传播研究的新成果，同时也刊发相关的学术会议综述和重要研究著作的书评。

来稿规范:

论文题目、内容提要、英文摘要、关键词、作者简介、通讯地址（含邮箱和手机号码）、参考文献等内容均应书写清楚，论文字数以控制在 20 000－30 000 字以内为宜，优秀稿件可以不受此限制。引文务必核对原书。格式为自动生成的脚注，以①②为标记，每页重新编号。若有"参考文献"，可放于文末，以[1][2]为序号，格式同引文。引文中已有的，不再罗列。具体注解格式请参照《中国社会科学》。

截稿时间:

本刊为半年刊，上半年截稿时间为当年 5 月 1 日;下半年截稿时间为当年 10 月 1 日。欢迎各位同仁提前联系，探讨相关选题，以保证推出高质量的学术论文，进而推进传播学中国化的进程，以无愧于这个中华传统文化勃兴的时代。

稿件一经刊用，酌付稿酬，并赠送样刊两本。

赐稿方式:

来稿请通过电子邮件发送 word 文稿。

本刊编辑部联系地址:福建省厦门市思明区思明南路 422 号厦门大学传播研究所（新闻传播学院内）;

邮政编码:361005;

联系人:若水先生;

赐稿邮箱:hxcs2018a@163.com。

厦门大学传播研究所
《华夏传播研究》编辑部
2018 年 5 月 1 日